DANIEL COHN-BENDIT
THOMAS SCHMID

Heimat Babylon

Das Wagnis der multikulturellen Demokratie

Hoffmann und Campe

Die Deutsche Bibliothek – CIP-Einheitsaufnahme

Cohn-Bendit, Daniel:
Heimat Babylon : Das Wagnis der multikulturellen
Demokratie / Daniel Cohn-Bendit ; Thomas Schmid.
– 1. Aufl. –
Hamburg : Hoffmann und Campe, 1992
ISBN 3-455-08444-3
NE: Schmid, Thomas:

Copyright © 1992 by Hoffmann und Campe Verlag, Hamburg
Schutzumschlaggestaltung: Lo Breier
Gesetzt aus der Bembo-Antiqua
Satz: Fotosatz Otto Gutfreund GmbH, Darmstadt
Druck und Bindung: Clausen & Bosse, Leck
Printed in Germany

Inhalt

3. Kapitel
Einwanderungsland Deutschland:
Der Weg zurück von der Wirklichkeit zum Dementi 76

4. Kapitel
Von der willkommenen Ausnahme
zur ungeliebten Regel: Ausländer in Deutschland 115

5. Kapitel
Neue Heimaten.
Szenen aus der Geschichte der Aus- und Einwanderung 176

6. Kapitel
Das Recht auf Zuflucht.
Über alte wie neue Fluchtgründe, Asylmißbrauch und das Prinzip
der Generosität 239

7. Kapitel
Kommunikation und Kleinkrieg.
Das Amt für Multikulturelle Angelegenheiten in Frankfurt 283

8. Kapitel
Weder Ausgrenzung noch Assimilation.
Der Weg der multikulturellen Demokratie 315

Wem gehört Deutschland?
Über das Wagnis der multikulturellen Demokratie

Wem gehört Deutschland? In Rostock-Lichtenhagen lautete die Antwort im August 1992 kurz und knapp: »Deutschland den Deutschen! Ausländer raus!« Die sie skandierten, konnten sich der Zustimmung eines Volkes aus Anwohnern sicher sein. »Ausländer raus!«: Dieser zweite Teil der Parole zeigt, daß es nicht nur um realen Verdruß mit realen Asylbewerbern, vor allem Sinti und Roma, ging. Massiver als je zuvor in der deutschen Nachkriegsgeschichte wurde hier das Programm eines fremdenfreien Deutschland formuliert.

Rostock-Lichtenhagen war eine Premiere. Einen Moment lang gab es das staatliche Gewaltmonopol nicht mehr, das Volk hatte es sich angeeignet: Still brannte ein Heim für Asylbewerber vor sich hin. Es war nur einem glücklichen Zufall zu verdanken, daß Tote nicht zu beklagen waren.

Es gibt Situationen, in denen *allein* Solidarität und Mitgefühl mit den Opfern zählen. Das war eine solche Situation. Sicher, tags darauf bekundete man Abscheu. Doch schon im nächsten Satz war – etwa aus dem Munde von Rita Süssmuth, Deutschlands zweithöchster Instanz in Sachen Anstand und Moral – davon die Rede, daß nun »unverzüglich« das Ayslrecht geändert werden müsse.[1] So gesehen, waren die Brandstifter äußerst erfolgreich. Warum ist das Programm »Deutschland den Deutschen« attraktiv?

Mit der Ausländerfeindlichkeit verhält es sich nicht anders als mit der Wirklichkeit: Argumente sind nur sehr begrenzt in der Lage, ihr beizukommen. So unbegründet sie auch sein mag – jede Phobie ist, ganz einfach weil es sie gibt, *real*. Man kann sie nicht widerlegen; zwischen Angst und Argument sind die Brükken abgebrochen.

Aber man kann Evidenzen ins Spiel bringen. Das ist das Anliegen dieses Buches. Gerade angesichts einer Xenophobie, die sich roh und bedenkenlos zu äußern beginnt, plädiert es für Gelassenheit. Für eine Gelassenheit, die den Predigern der Trutzburg Deutschland ebenso fremd ist wie denen, die das faschistische Ungeheuer im Anmarsch sehen. Es geht uns darum, einen Weg und eine Methode zu finden, die es möglich machen, das Thema untaktisch, ohne ideologische Schattengefechte und in Ruhe zu beraten.

Wir sagen: Deutschland ist ein Einwanderungsland. Wir werden zeigen, daß es keinen Sinn hat, diese Wirklichkeit – die so neu nicht ist – zu leugnen. Denn kein noch so inbrünstiges Dementi kann sie aus der Welt schaffen, heute sowenig wie morgen. Und wir werden zeigen, daß die Einwanderung Deutschland nicht geschadet, sondern eher genutzt hat. Deutschland wird – was auch immer politisch entschieden werden mag – ein Einwanderungsland bleiben. Und zwar nicht, weil dieser Staat zu schwach ist, es zu verhindern, sondern weil diese Gesellschaft Einwanderung braucht. Wer Deutschland für die Deutschen reservieren will, schadet auch den Deutschen.

Deutschland ist ein Einwanderungsland, und ein gut Teil der Probleme, die es damit hat, kommt daher, daß diese Realität hartnäckig geleugnet wird – statt daß man endlich beginnt, den *Umgang* mit ihr zu lernen. Wir plädieren für die Anerkennung dieser Realität und werden zeigen, daß der beste Weg dorthin darin bestehen würde, das Institutionengefüge der Bundesrepublik Deutschland allmählich der Tatsache anzupassen, daß dies Land ein Einwanderungsland ist.

Deutschland ist ein Einwanderungsland, und das bringt auch Probleme mit sich. Es gibt Ausländerfreunde, die das leugnen oder lieber verschweigen – es könnte ja Wasser auf die Mühlen der Ausländerfeinde sein. Das ist das Gegenstück zu der offiziellen Haltung, derzufolge Deutschland kein Einwanderungsland sei: Auch wer die Probleme und Konflikte leugnet, die Einwanderung notwendigerweise schafft, dementiert die Wirklichkeit. Gelöst werden können solche Probleme und Konflikte aber nur dann, wenn sie zuvor benannt wurden. Und genau das werden wir tun.

Deutschland ist ein Einwanderungsland, und damit steht es nicht allein. Alle modernen Gesellschaften haben ihre Erfahrungen mit Migration. Ohne den *homo migrans*[2] wäre die Geschichte der letzten 200 Jahre nicht denkbar. Diese Geschichte hat gezeigt, daß Migration – wenn überhaupt – nur mit Waffengewalt und eisernen Vorhängen zu verhindern ist. Auch Deutsche waren in großer Zahl Migranten, wie umgekehrt die Einwanderung nach Deutschland gleichfalls nichts Neues ist. Es ist in modernen Gesellschaften grundsätzlich nicht möglich, das Fremde draußen zu halten. Schon deswegen nicht, weil es immer schon da war: Oft erkennt man es nur nicht, weil es längst zu einem Teil des eigenen Lebens geworden ist. Das werden wir deutlich machen.

Deutschland ist ein Einwanderungsland, und auch dadurch multikulturell. Wir feiern das nicht, wir stellen es nur fest. Wo es multikulturell zugeht, geht es auch unübersichtlich zu. Multikulturelle Gesellschaft: Das ist, so gesehen, nur ein anderes Wort für die Vielfalt und Uneinheitlichkeit aller modernen Gesellschaften, die offene Gesellschaften sein wollen. Diese Tendenz ist nicht umkehrbar. Und sie hat zwei Seiten: eine vorteilhafte und eine, die angst macht. Von beiden muß gesprochen werden.

Das ist mit »Heimat Babylon« gemeint. Hoyerswerda, Hünxe, Rostock: Das war *nur* Babylon. Hier war »die Sprache aller Welt verwirrt«[3]; die strikte Weigerung, zu verstehen und zu reden, war Programm. Daß Ausländer anwesend sind, ist Teil der modernen Unübersichtlichkeit. Die »Ausländer raus!«-Fraktion meint, mit der Erfüllung ihrer Forderung wäre es auch mit der Unübersichtlichkeit vorbei. Sie will nicht sehen, daß die Ausländer nur die Boten, nicht die Botschaft sind. Auch ein fremdenfreies Deutschland könnte nie die widerspruchsfreie Heimat werden, von der die Ausländerfeinde vielleicht träumen, die es aber nie gegeben hat.

Obwohl alle modernen Gesellschaften in der Aufnahme und Integration des Fremden wie der Fremden seit langem außerordentlich geübt sind, ist das Fremde – und zwar in Deutschland wie anderswo – selten willkommen. Denn es überbringt immer auch die Botschaft, daß es nicht so bleiben wird, wie es war. Da man so komplexe Prozesse wie Industrialisierung, Bürokratisierung und Wertewandel nicht zur Rechenschaft ziehen kann, ist es für viele verlockend, die Fremden aus Fleisch und Blut zur Rechenschaft ziehen zu wollen.

Das Eigene gegen das Fremde: In diesem Muster wahrzunehmen, ist weder neu noch eigentümlich deutsch. Es prägt alle Kulturen. Es ist die Abgrenzung, die Identität stiftet. Das hat eine nur scheinbar paradoxe Folge: Das Fremde wird geradezu gebraucht, um dem Eigenen Kontur zu geben. Das gilt im Alltag – und das gilt auch für die Militanten von Rostock. Denn was wären sie, könnten sie sich nicht von den Fremden abgrenzen?

Die Vielfalt hat große Vorteile, es ist zugleich aber auch schwer, mit ihr zu leben. Denn immer stört sie die vertrauten Kreise. Das Bedürfnis nach Heimat, d. h. Übersichtlichkeit, ist legitim. Wir möchten zeigen, daß sich diejenigen auch selbst keinen Gefallen tun, die meinen, mit dem Export der Fremden ihr Bedürfnis nach Heimat befriedigen zu können. Viel besser ist der umgekehrte Weg: den Fremden die Chance einzuräumen, hier eine neue Heimat zu finden. Nur so könnte das moderne Babylon – zu dem es keine Alternative gibt – so etwas wie eine Heimat werden.

Babylon: Das heißt auch, daß die multikulturelle Gesellschaft eine Konfliktgesellschaft ist und bleiben wird. Es irrt, wer meint, ohne Ausländer ginge es in dieser Gesellschaft friedlicher zu. Es irrt aber auch, wer meint, die multikulturelle Gesellschaft wäre eine harmonische Gesellschaft. Zauberformeln und Königswege gibt es so oder so nicht. Man kann sich den Umgang mit der Tatsache, daß Deutschland ein Einwanderungsland ist, aber schwermachen oder erleichtern. Wir plädieren für den zweiten Weg. Will man ihn gehen, braucht es dazu verbindliche Regeln. Nur mit ihnen ist die *demokratische* Integration von Fremden möglich; und nur mit ihnen kann es gelingen, diejenigen zu überzeugen, die heute von einem ausländerfreien Deutschland träumen.

In jeder Einwanderungsgesellschaft stößt Ungleichzeitiges aufeinander, und vieles ist erst einmal nicht kompatibel. Reibung kann zur Blockade führen, sie kann aber auch der Anfang eines Prozesses der Bereicherung sein, und zwar im wörtlichen wie im übertragenen Sinne des Wortes. Soll Bereicherung das Ziel sein, dann braucht es politische und gesellschaftliche Verfahren, um – wo immer möglich – das Blockadepotential der Einwanderungsgesellschaft in Chancen umzuwandeln. Das meinen wir mit multikultureller Demokratie. Da es für sie – wie für fast alles in der offenen Gesellschaft – keine Garantie gibt, nennen wir sie ein Wagnis. Ihr größter Feind ist der Fundamentalismus: der nach Art des Peter Gauweiler ebenso wie der islamische oder der linke.

Wenn sich die Politik mit der gleichen Unermüdlichkeit der Probleme der Einwanderungsgesellschaft angenommen hätte, mit der über sie geschrieben worden ist, dann wäre dieses Buch nicht nötig. Um mit ihm die politische Diskussion anzuregen, haben wir die Argumente und Informationen, die in einer breit gefächerten und leider nicht immer auf öffentliche Wirksamkeit bedachten Literatur ausgebreitet sind, zusammengetragen. Diesen Quellen, die wir in den Anmerkungen stets angeben, verdanken wir viel.

Für Hilfe bei der Beschaffung des Materials sowie für Unterstützung danken wir Monika Bethscheider, Eva Blum, Wilfried Buchhorn, Edda Eisenhardt, Klaus Fischer, Maryam Ghaffari, Andreas Goldberg, Irene Khateeb, Rainer Münz, Alp Otman, Pia Schmid, Donald Vaughn, Beate Winkler, Rosi Wolf-Almanasreh, unserer Lektorin Anneliese Schumacher und ganz besonders Edith Kohn.

Frankfurt, im September 1992   Daniel Cohn-Bendit
                                                Thomas Schmid

1. Kapitel

Einwanderung und die neue Weltunordnung

Die multikulturelle Gesellschaft entzweit. Zumindest heute noch. Obwohl niemand so genau sagen kann, worin sie denn eigentlich besteht, gibt es entschlossene Befürworter ebenso wie entschiedene Gegner. Die einen versprechen sich viel von der multikulturellen Gesellschaft, die andern sehen sie als Bedrohung. In beiden Fällen geht Unruhe von ihr aus.

Es hat sich eingebürgert, von multikultureller Gesellschaft zu sprechen, und nur deswegen verwenden wir den unscharfen, spektakelhaften Begriff. Er hat mehrere Nachteile, etwa den, daß er zu den Begriffen gehört, die so tun, als wäre mit der Benennung eines Problems dieses auch schon im Griff. Vor allem aber: Er erweckt den Eindruck, als sei die multikulturelle Gesellschaft etwas Neues und Unerhörtes – und als gäbe es die realistische Alternative der monokulturellen Gesellschaft.

Tatsächlich aber gibt es diese Alternative nicht. Denn die multikulturelle Gesellschaft ist immer und überall und schon ziemlich alt. Deutschland z. B. war schon lange vor dem Tag multikulturell, an dem der erste türkische Arbeitsmigrant in die Bundesrepublik kam. Man kann das den Telefonbüchern des Ruhrgebiets entnehmen, und gräbt man etwas tiefer, dann erweisen sich – wir werden darauf zurückkommen – sogar die Bayern als ein außerordentlich multikultureller Menschenschlag. Die Einwanderung, die es in der Bundesrepublik seit Jahrzehnten gibt, ist nichts Neues, sondern setzt eine alte deutsche Tradition fort.

Das ist aber nur die eine Seite. Denn zwar ist die multikulturelle Gesellschaft nie neu – sie ist aber auch selten normal. Oder genauer: Sie ist eine immer wieder provozierende Normalität. Sie ist die Regel, die hartnäckig für die Ausnahme gehalten wird. Weil sie so wahrgenommen wird, überrascht und verwirrt sie

immer wieder. Ist der Italiener gerade eben halbwegs eingemeindet, kommt die Türkin und nach ihr der Mann aus dem
Maghreb. Das wird kein Ende nehmen, jeder Überraschung
folgt die nächste auf dem Fuß. Das hat zwar auch Pizza, Kebab,
Couscous und noch viel mehr ins Land gebracht, wogegen sich
nicht einmal eingefleischte Fremdenfeinde ernsthaft wehren
(schon gar nicht der politisch organisierte Teil von ihnen, der
sich – auch das ein Teil der wundersamen multikulturellen Wirklichkeit – bevorzugt in den Hinterzimmern von Kneipen zu
versammeln scheint, die von Ausländern betrieben werden).
Dennoch ist die Meinung populär, allmählich sei es nun genug,
irgendwann müsse Schluß sein; nichts gegen Ausländer, aber sie
müssen die Ausnahme bleiben. Deswegen ist vielen die multikulturelle Gesellschaft ein Greuel.

Wir sind nicht der Meinung, daß die Furcht vor der multikulturellen Gesellschaft per se reaktionär ist. Denn diese Gesellschaft ist nicht eben einfach; sie bringt Probleme zuhauf, und sie
stellt die Fähigkeit der Institutionen wie der einzelnen, das vorerst Disparate zusammenzufügen, auf keine leichte Probe. Und
der Wunsch des deutschen Vorstadtbewohners nach Ruhe ist
nicht weniger verständlich als der Wunsch des türkischen Klein-
händlers, als ehrenwertes Mitglied des deutschen Kommerzes
anerkannt zu werden.

Man kann lange darüber streiten, ob die multikulturelle Gesellschaft etwas Begrüßenswertes ist oder nicht: Es wird sie, so
oder so, geben. Ob wir sie wollen, ist nicht die Frage – es geht
nur noch darum, wie wir mit ihr umgehen. Weder *melting pot*
noch Vielvölkerstaat wird in Deutschland die Perspektive sein.
Das Deutschland, das exklusiv den Deutschen gehört, aber auch
nicht. Es wird etwas sein, das dazwischen liegt: nicht das Chaos
sowie die Sprachen- und Sittenverwirrung, die manche befürchten, noch die große Befreiung, die sich manche andere von der
multikulturellen Gesellschaft erhoffen. Dieses Dazwischen ist
unser Thema. Die Vitalität der multikulturellen Gesellschaft besteht auch darin, daß sie ihre Gegner kaum weniger ansteckt als
ihre Befürworter.

Um mit ihren Fans zu beginnen: Sie sind selbst ein ziemlich
multikultureller Haufen, und zwar mehr, als vielen von ihnen

lieb ist. Linksautonome Deutsche, die aus politischen Gründen mit den Deutschen nicht allein gelassen sein wollen, gehören ebenso dazu wie wirtschaftsliberale Prognostiker, die aus Sorge um das zukünftige Wirtschaftswachstum mit den Deutschen nicht allein bleiben wollen; fortschrittliche Sozialarbeiter, die eine neue Klientel ausgemacht haben, sind ebenso mit von der Partie wie schlaue Reaktionäre, die einer Vielfalt gleichberechtigter Kulturen das Wort reden und damit der Verbindlichkeit der Menschenrechte und den laizistischen Werten der Demokratie ein Schnippchen zu schlagen hoffen; in die Jahre gekommene grüne Internationalisten mischen ebenso mit wie ein ehemaliger christdemokratischer Generalsekretär.

Sozialpolitiker rechnen vor, daß die Deutschen allein schon bald nicht mehr in der Lage sein werden, die Renten der Zukunft zu garantieren. Verfassungsrechtler heben hervor, daß es unverträglich mit der Idee der Republik sei, wenn es Bürger mit minderen Rechten gibt. Soziologen warnen vor der Gefahr einer Vergreisung und Sklerotisierung der Gesellschaft, die Innovationsfeindschaft und Unbeweglichkeit zur Folge haben müßten. Europa-Begeisterte schwärmen von einem offenen Kontinent des freien Austauschs der Waren, Gedanken und Menschen. Kluge Manager plädieren für eine offensive Einwanderungspolitik, während linke und alternative Fortschrittsfeinde die multikulturelle Gesellschaft herbeiwünschen, weil sie die planierte industrielle Lebensweise aufbreche und uns ein Stück von dem zurückgeben könne, was durch die normierte Einheitskultur Tag für Tag mehr zerstört wird: Nähe, Nachbarschaft, Geborgenheit und Gemeinschaft. Ziemlich genau das Gegenteil versprechen sich schneidige linke Fortschrittsfreunde von der multikulturellen Gesellschaft: daß sie uns ein Moment der Unruhe bringe, daß sie das behäbige Tempo einer allzu selbstzufriedenen Gesellschaft beschleunige, daß sie zum Stachel im Fleische des deutschen Spießertums werde.

Etwas weniger bunt geht es bei den Gegnern der multikulturellen Gesellschaft zu, aber auch hier überwiegt die Vielfalt der Motive, auch hier kommt es zu ungewöhnlichen Koalitionen. Konservative befürchten die Überfremdung, Überflutung und »Durchrassung« des Gemeinwesens. Linke befürchten, die wachsende Vielfalt kultureller Traditionen und Wertsysteme komme jenen gerade recht, denen der Imperativ der Menschenrechte und die verbindlichen Normen der Republik immer schon ein Dorn im Auge waren. Rechte Besitzstandswahrer erblicken in der multikulturellen Gesellschaft das Einfallstor, durch das die Habenichtse aus aller Herren Länder auf uns niedergehen werden. Dritt-Welt-Aktivisten dagegen argwöhnen, die multikulturelle Einwanderungsgesellschaft sei nichts anderes als ein perfides Manöver der hochentwickelten Länder, die – aus eigennützigen Motiven – den *happy few* der Dritten Welt Zugang gewähren, ansonsten aber die »Verdammten dieser Erde« sich selbst und ihrem Elend überlassen: Multikulturalismus als Fortsetzung von Kolonialismus und Imperialismus mit anderen Mitteln.

Die multikulturelle Gesellschaft ist also ein verwirrendes Phänomen. Sie widersetzt sich herkömmlichen Zuordnungen, sie gehört weder der Rechten noch der Linken. Sie mischt die Fronten auf und bringt ungewöhnliche Bündnisse hervor.

Die große Mobilmachung

Die multikulturelle Gesellschaft ist eine Einwanderungsgesellschaft. Die Anwesenheit von Fremden gilt als ihr Erkennungszeichen. Es geht in ihr – schon gar in Deutschland – keineswegs immer babylonisch zu. Aber sie ist unübersichtlich und Teil jenes großen Umwälzungsprozesses, der seit der frühen Neuzeit andauert. Dieser Prozeß hat mit ungeheurer Wucht alte Bindungen und Sicherheiten gelockert oder zerstört. Alle modernen Gesellschaften verfügen über kein steuerndes Zentrum mehr; und die Ökonomie behandelt den Globus längst als *eine* Welt. Dieser Prozeß der universellen Öffnung bescherte den Menschen eine Mobilität, die in früheren Zeiten undenkbar gewesen wäre.

Nicht, daß es zuvor keine Mobilität gegeben hätte. Schon die Gesellschaften des Altertums wie des Mittelalters waren weit weniger stationär, als lange angenommen wurde. Seit der frühen Neuzeit kam allerdings ein anderes Tempo auf, und das hatte erst einmal nicht so sehr mit der Ökonomie als vielmehr mit der

Religion, also einem auch kulturellen Phänomen, zu tun. Die Reformation (die eine offizielle und eine volkstümliche Seite hatte) stellte erstmals und erfolgreich das bislang unangefochtene Monopol der Kirche auf Rechtgläubigkeit und Deutung der Welt in Frage. Das hatte ungeheure Konsequenzen.

Sichtbares Zeichen dafür waren die zahlreichen Glaubensflüchtlinge (etwa die Hugenotten oder die Salzburger Protestanten), die ihres Bekenntnisses wegen die Heimat verlassen mußten. Aber nicht nur sie traf der neue Zwang zur Mobilität: Ganz allgemein war – wenn auch für viele nur in abstrakter und für den Alltag nicht relevanter Weise – die Frage des Glaubens zu einer *individuellen Entscheidung*, zu einer im Prinzip freien Wahl geworden.

Damit war der Grundstein für eine Entwicklung gelegt, die fast alle Bereiche der Gesellschaft erfassen sollte. Wenn der Glaube nicht mehr vorgegeben und fortan hinterfragbar war, dann mußte das auch für anderes gelten: Die Gegend, aus der einer kam, blieb nicht mehr sein lebenslang verbindlicher Kosmos; und die gesellschaftliche Position, in die einer hineingeboren wurde, mußte nicht mehr sein lebenslanges Schicksal sein. Geographische und soziale Mobilität – zwei Seiten der gleichen Modernisierungsmedaille – nahmen erst langsam und dann immer schneller zu.

Das Ganze wurde zu einem sich selbst verstärkenden Prozeß. Die absolutistischen Territorialstaaten entwickelten erstmals Instrumente einer staatlich geförderten, wenn nicht gelenkten Wirtschaftspolitik. Es entstanden neue Berufe und neue Aufstiegsmöglichkeiten; sehr viel stärker als zuvor wurden Fachleute gebraucht, und Bürger konnten zu Festungsbauern und Finanzministern an der Seite von Königen werden; planmäßig wurden Arbeitskräfte in die Gegenden mit hohem Rohstoffvorkommen verfrachtet; und zur Sicherung gefährdeter Grenzregionen oder zur Belebung dünn besiedelter Landstriche betrieb der Staat eine aktive »Peuplierungs«-Politik. Die Gesellschaft wurde zu einem »Feld«, das nicht einfach nur da, sondern zu bestellen war. Da das aber ein Experiment ohne Präzedenzfälle war, kam es zu Reibungen, Einbrüchen und Katastrophen. Beträchtliche Teile der Bevölkerung empfanden das als Druck, noch mehr in die Beweglichkeit zu fliehen. Und seit dem Beginn des 19. Jahrhunderts gaben Mißernten, Hungersnöte und ein wachsender Bevölkerungsdruck der ohnehin schon gestiegenen Mobilität erneuten und diesmal massenhaften Auftrieb.

Die Not zwang zur Mobilität. In vielen Gegenden Europas – in Italien, in Süddeutschland, im Osnabrücker Raum[1] – kam die saisonale Arbeitswanderung auf. Und auch die Nahwanderung. Wo beides nicht möglich war, weil auch in der näheren und weiteren Umgebung die Arbeitsmöglichkeiten fehlten, setzte die große Wanderung ein: nach Osteuropa, nach Südosteuropa und nach Übersee. Als dann mit der Herausbildung erster industrieller Zentren neue Arbeitsmöglichkeiten entstanden, begann – zuerst parallel zur Migration ins Ausland – eine riesige neue Wanderungsbewegung, die Binnenmigration vom Land in die industriellen Ballungsgebiete.

Die Wahrscheinlichkeit, daß einer sein Leben lang dort bleiben würde, wo er geboren wurde, nahm rapide ab. Der Tagelöhner wurde Arbeiter, der Handwerker Hausierer, die Bauerntochter Dienstmädchen. Wo und als was einer begann, daraus ließ sich immer weniger ablesen, wo und als was er enden würde. Die alten Milieus lockerten sich, und es entstanden neue und vielschichtigere. Die Wahrscheinlichkeit, einen Hessen oder eine Ostpreußin an der Ruhr oder gar einen Bayern in Hamburg anzutreffen, nahm sprunghaft zu; die Deutschen taten erstmals, was sie bisher unterlassen hatten: Sie breiteten sich in Deutschland aus.

Das 20. Jahrhundert schließlich, in dem all diese Prozesse sich fortsetzten, bescherte zudem eine weitere Erfahrung von Mobilität. Zwei Weltkriege und zwei politische Barbareien haben dem Jahrhundert den Beinamen »Jahrhundert der Flüchtlinge« verschafft. Nationalismus, eine unglückselige Minderheitenpolitik nach dem Ersten Weltkrieg, der mörderische nationalsozialistische Versuch, West- und Osteuropa zu germanisieren, und die Etablierung kommunistischer Regime in Ost- und Südosteuropa: All das hat Millionen von Menschen das Leben gekostet – und hat Millionen von Überlebenden nur die Chance der Flucht gelassen.

Die Migranten des 19. Jahrhunderts flohen in ihrer großen

Mehrheit vor der heimischen Not; ihre Zukunft war zwar ungewiß. Sie flohen aber nicht planlos, sie hatten – wie vage auch immer – ein Ziel. Das gilt für die Millionen von Fliehenden des 20. Jahrhunderts nicht. Ihre Flucht war (meist) nicht ökonomisch geboten, sondern politisch erzwungen; und es gab anfangs in der Regel kein klares Ziel, sondern eben nur das: die Vertreibung, den Zwang, die vertraute Umgebung für vermutlich immer zu verlassen.

Hat das 19. Jahrhundert gelehrt, daß die Wirren der gesellschaftlichen und wirtschaftlichen Modernisierung Mobilität und Migration erzwingen können, so hat dem das 20. Jahrhundert die (zuvor nur vereinzelt gemachte) Erfahrung hinzugefügt, daß Menschen durch die Welt getrieben werden können, nur weil sie sind, was sie sind: Juden, Polen, Tschechen, Slowaken, Deutsche, Antikommunisten, Kommunisten, Bürger, Bauern usw. Nachdrücklich hat das 20. Jahrhundert gelehrt, daß der Wunsch nach Heimat und Freiwilligkeit eine *quantité négligeable* sein und daß man Menschen wie das Vieh quer durch die Länder und über den Kontinent treiben kann.

Wir wollten mit diesem kurzen Blick in die Geschichte der Mobilität nur eines deutlich machen: Sie muß stets auch eine traumatische Erfahrung gewesen sein. Man kann die Neuzeit als einen gewaltigen Prozeß der Freisetzung beschreiben – Freisetzung im doppelten Sinn des Wortes. Zum einen als die Schaffung und Entdeckung ungeahnter neuer Möglichkeiten und Chancen: Menschen verlassen die vorgegebenen Bahnen, vervielfältigen ihre Identitäten, wechseln die Milieus und die Heimaten, machen Karrieren quer durch die soziale Hierarchie und erobern sich das Recht, zu Künstlern ihres eigenen Lebensentwurfs zu werden.

Freisetzung bedeutet zum andern aber auch Verlust, und insofern hat das Wort einen höhnischen Unterton: Die Quantität dessen, was sich von selbst versteht und worauf man unverbrüchlich bauen kann, hat in rasendem Tempo abgenommen. Der eigene Lebensentwurf ist nicht mehr vorgegeben, man muß ihn, viel stärker als früher, selbst schaffen. Die Ökonomie wie auch die soziale Welt zwingen den einzelnen zu beträchtlicher Mobilität, und die Politik dieses Jahrhunderts hat ihn nachdrücklich gelehrt, wie unsicher das scheinbar Sichere sein kann. Die modernen Gesellschaften haben dem einzelnen ungeahnte Chancen eröffnet, *und* sie haben ihm gezeigt, daß er ein Nichts sein kann. Beides sind Erfahrungen, die beunruhigen.

Unbegrenzte Möglichkeiten und grenzenlose Ängste

Es ist der Neuzeit eigentümlich, daß sie den Menschen wenig Zeit einräumt, das jeweils Neue zu verarbeiten. Auf die allfälligen Premieren folgen keine Wiederholungen, sondern erneut Premieren: auf die Manufaktur der mechanisierte Großbetrieb, auf den Pauperismus die Proletarisierung, auf die Landflucht die Mietwohnung, auf die Eisenbahn der Telegraph, auf die Pädagogik das Erziehungs- und das Armenhaus, auf die empfindsame Pflege der Seele die Psychoanalyse, auf den Verlust des Bekannten die Vielfalt der unbekannten Möglichkeiten. Die Gesellschaften und die einzelnen haben zwar erstaunliche Fähigkeiten an den Tag gelegt, sich der je neuen Situation anzupassen und mit ihr umzugehen (Fähigkeiten, die von der konservativ, ökologisch oder alternativ inspirierten Gesellschaftskritik meist unterschätzt werden). Dennoch war das Ganze ein ungleiches Rennen. Das Zeitalter, das das autonome Subjekt und dessen Freiheit, zu wählen, gepriesen hat, hat Gesellschaft wie einzelne zugleich unter einen ungeheuren Zugzwang gesetzt. Der Igel der Modernisierung war dem individuellen Hasen stets voraus. Oder anders gesagt: Die ökonomische, bürokratische, mediale, wissenschaftliche und militärische Modernisierung verlief so schnell, daß sie *gesellschaftlich* und *mental* nicht einzuholen war. So haben sich gewaltige Potentiale an Nicht-Verarbeitetem angesammelt. Zumeist sind diese nach innen abgewandert. Man sieht sie darum nicht, und das hat oft zu dem Irrtum verleitet, es gebe sie nicht mehr, man müsse daher keine Rücksicht auf sie nehmen.

Wie falsch das ist, wurde von Zeit zu Zeit offenkundig – in Ausbrüchen und Revolten, in denen die Skepsis gegenüber der Moderne nicht selten als Ressentiment und Chauvinismus auftrat: etwa im Maschinensturm oder in Brot- und Hungerrevolten, in denen eine traditionelle »moralische Ökonomie«[2], also der Vorrang der herkömmlichen Regeln und Rücksichten vor der Erneuerung der Ökonomie, verteidigt wurden und in denen zuweilen Juden, Händler und aufgeklärte Kosmopoliten Ziel der Angriffe waren. (Auch der Nationalsozialismus wurde später für viele u. a. deswegen attraktiv, weil er – der später selbst ein Modernisierungsregime schuf – der Skepsis gegenüber der Moderne Ausdruck zu verleihen schien; und kaum minder kam der Kommunismus mit seiner Erlösungsphilosophie atavistischen Bedürfnissen nach einem Ende der großen modernen Unordnung entgegen.)

Es blieb aber bei Ausbrüchen und Revolten: *Im* Prozeß gesellschaftlicher Modernisierung spielten die Verwerfungen, zu denen er notwendig auch führen mußte, lange keine Rolle; keine Institution nahm sich ihrer an, niemand war zuständig. Also lebte die Skepsis – schwankend zwischen Resignation, Selbstverleugnung und kurzzeitigem Aufbegehren – im Inneren fort. Und regelmäßig sind alle aufs neue verwundert, wenn sie sich einmal wieder zu Wort meldet: in Gestalt von Bauern, die den Verkehr lahmlegen; in Gestalt von proletarischen Stammwählern der SPD, die zu den »Republikanern« abwandern; oder in Gestalt von radikal sich fühlenden Grünen, die ihre tiefsitzende Angst vor der Fremdheit der Moderne mit dem bodenlosen Mut der gegen Einsicht Immunen überspringen und gänzlich offene Grenzen fordern.

Mit großer Geschwindigkeit hat die Neuzeit die Bestände des Fremden abgebaut und in Bekanntes umgewandelt. Nichts, was man nicht wissen, kennen, verstehen, nachvollziehen könnte; kein Ort, der nicht in Augenschein genommen werden könnte; kein Volk, keine Ethnie, keine *community*, die nicht erforscht, verstanden und entfremdet worden wäre. Noch der Ungebildetste weiß heute unendlich viel mehr über die Welt und ihre Bewohner als sein gelehrter Vorfahr. Mit hohem Tempo hat die Moderne eingemeindet, entzaubert und mit Krethi und Plethi vertraut gemacht. Alles, so die optimistische Hoffnung, sollte vertraut werden: keine Angst, nirgends.

Doch die Angst kam wieder. Der gewaltige Prozeß der Fremdheitsvertilgung und der Durchleuchtung der Welt hat eine neue Fremdheit und ein neues Dunkel hervorgebracht. Die vertraute, erforschte und bereiste Welt ist auch die *eine* Welt geworden, in der fast alles mit fast allem anderen zusammenhängt und in der in Tokio über ein westfälisches Arbeiterschicksal oder in irgendeinem kalifornischen Labor über das Wetter und die Ernteaussichten von übermorgen entschieden wird. Die erforschte Welt ist zugleich eine unübersichtliche Welt geworden. Was hier geschieht, wird anderswo vorbereitet, und umgekehrt. Der nie abbrechende, nie pausierende Prozeß der Steigerung von Unübersichtlichkeit macht für den einzelnen das Geschehen, von dem er im übrigen durchaus profitieren kann, weithin anonym. Die Welt, die ihre Fremdheit verloren hat, ist zugleich eine entrückte Welt. Und zu oft wurde in den letzten zwei Jahrhunderten die Erfahrung gemacht, daß Sicherheiten, die gestern noch unerschütterlich schienen, morgen schon alle Gültigkeit verloren haben können.

Es ist zu vermuten, daß wiederholte Erfahrungen dieser Art von langfristiger Wirkung sind, daß die Angst, die sie erzeugt haben, groß ist und sehr tief sitzt. Es scheint uns vor allem eine Angst vor dem Unvorhersehbaren, vor dem plötzlichen und unerklärlichen Einbruch zu sein. Wer sie empfindet, kann in der Regel das, wovor er sich fürchtet, nicht genau bezeichnen: Das Unvorhersehbare hat ja gerade kein Gesicht. Daher sucht sich diese Angst immer wieder identifizierbare Objekte, und zwar bevorzugt Gruppen, die nicht der gewohnten Umwelt dessen entstammen, der da Angst hat, und die daher als Sendboten, Träger oder Agenten des Unvorhersehbaren erscheinen können. Es ist oft gefragt worden, warum in der Moderne, die doch über alle Mittel der Aufklärung verfügt, Fremdenfeindlichkeit und Xenophobie nicht verschwunden sind, sondern an Umfang, Intensität und Aggressivität bedeutend zugenommen haben. Die Antwort liegt nahe. Das Fremde mag auch in früheren Zeiten als bedrohlich empfunden worden sein, es war aber auch fern, es störte die eigenen Kreise nicht.

Durch die große Mobilmachung der Moderne wurde das anders; das Fremde verlor seine Exotik und Unerhörtheit – wurde aber auch allgegenwärtig. Die Anwesenheit von Fremden als Normalfall: das verlangte nicht nur den Fremden, sondern ebenso den Einheimischen große kulturelle Verarbeitungsleistungen ab. Und zwar erst einmal gar nicht so sehr Fähigkeiten des alltäglichen Zusammenlebens, denn dafür bleiben Fremde und Einheimische vorerst viel zu sehr auf Distanz. Mit der alltäglichen Anwesenheit von Fremden machen die Einheimischen erstmals *real* die Erfahrung, daß es das Fremde, daß es andere Lebensweisen, Gewohnheiten und Wertsysteme wirklich (und nicht nur im Reich der Fabel oder der Exotik) gibt.

Man darf die Provokation und die Nötigung, die darin enthalten sind, nicht unterschätzen. Durch ihre pure Anwesenheit zwingen die Fremden die Einheimischen dazu, das eigene Wertsystem zu relativieren. Dieses ist fortan nicht mehr selbstverständlich und ohne Konkurrenz. Der Einheimische macht die *aktive* Erfahrung der eigenen Relativität, der Relativität der Welt, die er zuvor für die ihm einzig mögliche gehalten hatte. Das kann zu einer bereichernden Erfahrung werden – erst einmal ist es aber zumeist eine schmerzliche. Eine Erfahrung, die zwar erlitten wird, die aber den einzelnen unausweichlich zu einem hohen Maß an Aktivität, an Tätigkeit *zwingt*. Da seine Welt nun nicht mehr die einzig mögliche ist, *muß* er sich neu definieren, er hat keine Wahl. Wie auch immer er reagiert, er muß sich entscheiden, muß handeln. Er kann auf die Fremden zugehen, kann ihr Erscheinen als Chance nutzen, zu einer vielfältigeren Identität zu gelangen. Er kann aber das Fremde und die Fremden auch abwehren, ausgrenzen, mit Nichtbeachtung strafen und sich darauf verlegen, nun ganz besonders am Eigenen festzuhalten und es zu pflegen.

Ein solcher Traditionalist gilt dann gewöhnlich als unbeweglich, als einer, der zurückgeblieben ist. Das ist aber ein Vorurteil. Denn die Abgrenzung vom Fremden setzt dessen Existenz (und sei es nur dessen *mögliche* Existenz) voraus. Und wer sich auf das Eigene versteift, hat es oft erst in dem Moment entdeckt, in dem es nicht mehr selbstverständlich geworden ist. Wo er es pflegt, tut er das *gegen* das Fremde: Er handelt also. Auch die Abwehr ist eine Form der Auseinandersetzung. Eine Auseinandersetzung, die kein Ende finden kann.

Nichts kann die verwirrende Unübersichtlichkeit der Moderne rückgängig machen, und die ersten zwei Jahrhunderte ihrer

Geschichte haben hinreichend gelehrt, daß sie Hand in Hand mit Katastrophe und Barbarei gehen kann. Sie bietet zuhauf Anlaß für Klage, Beschwerde, Einspruch. Zugleich aber ist es ihr eigentümlich, daß dafür in den meisten Fällen keine Instanzen vorgesehen sind. Nur sehr selten gibt es überhaupt noch Verantwortliche, die zur Rechenschaft gezogen werden könnten. (Wie schwer dies selbst bei einem vergleichsweise einfachen Fall wie dem der Auseinandersetzung mit dem kriminellen Vermächtnis einer Diktatur ist, kann man zur Zeit an dem nahezu aussichtslosen Bemühen ablesen, irgendwelche Verantwortlichen für die in der DDR begangenen Verbrechen ausfindig zu machen.)

Für die Wunden, die die Moderne auch schlägt, gibt es in gewisser Weise keine Verantwortlichen. Niemand kann zur Rechenschaft gezogen werden. Der einzelne lebt im Nahbereich, seine begrenzten Mittel beschränken sich auf diesen; an die größeren und oft entscheidenden Zusammenhänge kommt er nicht heran. Sie entziehen sich. Kaum jemand mag sich jedoch mit diesem Bescheid zufriedengeben, denn das hieße ja auch, in die eigene Machtlosigkeit einzuwilligen. Und da das Bewußtsein dem Stand der erreichten Komplexität notorisch hinterherhinkt, gibt es ein tiefsitzendes Bedürfnis, wider allen Augenschein dennoch Verantwortliche und Schuldige auszumachen. (Damit reden wir jedoch nicht der sog. »Sündenbock-Theorie« das Wort. Diese ist schon deswegen wenig brauchbar, weil sie nicht erklären kann, warum sich der Zorn mit großer Regelmäßigkeit immer wieder gegen dieselben Gruppen – etwa die Juden – richtet.)

Man könnte dieses Bedürfnis als eines nach Vereinfachung, nach Verringerung der Unübersichtlichkeit und der Unvorhersehbarkeit bezeichnen. Es kann viele Gestalten annehmen, »rechte« wie »linke«. Es kann die gesellschaftliche Figur des Kapitalisten zum *Allein*verantwortlichen für Not, Arbeitslosigkeit und Krise erklärt werden; man kann die hochentwickelten Industrieländer als die *Allein*schuldigen für das Elend der Dritten Welt ausmachen; man kann das überaus komplizierte Problem der ökologischen Krise, bei der die »Täter« längst ein klassen- und nationenübergreifendes Kollektiv geworden sind, so lange vereinfachen, bis nur noch ein paar Konzerne und Regierungen auf der Anklagebank sitzen; man kann, der Einfachheit halber, eine Partei und einen Kanzler für alle Folgeprobleme eines staatlichen Vereinigungsmanövers, das – weil ohne Vorbild – ein Sprung ins Wasser sein *mußte*, verantwortlich machen; und man kann Ausschau halten nach identifizierbaren Gruppen, die durch den Prozeß der Modernisierung auftauchten oder an Bedeutung gewannen, und sie stellvertretend für alle Verwerfungen verantwortlich machen, die die Moderne mit sich gebracht hat.

Diese Versuche, der undurchdringlichen Anonymität der Moderne dennoch Verantwortliche (und zu Bestrafende) abzuringen, *folgen alle dem gleichen Muster*. Kaum jemand bleibt von der Verlockung verschont, die von diesen Angeboten ausgeht, das Komplizierte wieder einfach zu machen.

Um es deutlich zu sagen: Es gibt keinen qualitativen Unterschied zwischen dem, der in *den* Ausländern oder *den* Asylbewerbern den Quell aller Übel der Zeit sieht, und dem, der *die* Deutschen für tendenziell rassistisch hält oder der einer bestimmten Partei die Verantwortung für die ausländerfeindlichen Ausschreitungen der letzten Jahre zuschiebt. Beide machen aus einem schwierigen Problem ein einfaches. Beide werden von der Versuchung eingeholt, in einer immer unübersichtlicher werdenden Welt bei einfachen Weltbildern Zuflucht zu suchen, in denen Ursache und Wirkung noch klar voneinander zu trennen und Verantwortliche auszumachen sind.

Erwachen im Einwanderungsland

Seit dem Beginn der achtziger Jahre wurde in der Bundesrepublik Deutschland der Ton der Diskussion über Ausländer und Flüchtlinge allmählich schriller. Nicht, daß es zuvor immer sachlich und friedlich zugegangen wäre. Flüchtlinge wurden nur widerwillig aufgenommen, und Ausländer wurden diskriminiert. Seit Anfang der achtziger Jahre aber nahm die Unduldsamkeit zu. Kommentatoren großer Zeitungen plädierten immer direkter für eine restriktivere Asylpolitik und ganz allgemein dafür, die Zahl der Ausländer in der Bundesrepublik nicht nur nicht weiter anwachsen zu lassen, sondern zu senken, also möglichst viele von ihnen wieder in ihre Heimatländer zurückzuschicken.

Neue Menschen wurden in dieser neuerungssüchtigen Gesellschaft zunehmend als störend empfunden. Immer wieder hieß es nun, die »Belastungsgrenze« sei erreicht. Warum ein solcher Wandel?

Ohne die trüben Motive, von denen diese seitdem nicht mehr abbrechende Kampagne getragen ist, herunterspielen zu wollen, behaupten wir dennoch: Der Umschlag eines beträchtlichen Teils der öffentlichen Meinung ist für sich genommen kein Beweis für wachsende Ausländerfeindlichkeit und allgemein für eine antidemokratische Rückentwicklung der Bundesrepublik. Wir glauben vielmehr, daß dieser Umschlag *erstens* ein Zeichen der Normalisierung ist; daß es *zweitens* nicht zufällig genau in dem Moment zu diesem Umschlag kam, in dem die Vision von der immerwährenden Steigerung des Wohlstands zu verblassen begann und deutlich wurde, daß die Bundesrepublik keine Insel der Glückseligen sein kann, die von den Krisen der Welt verschont bleiben wird; und wir glauben *drittens*, daß der gesellschaftliche Unfriede, den das Thema seitdem stiftet, nicht zuletzt daher kommt, daß viel getan wird, um der Realität nicht in die Augen zu schauen.

1951 lebten in der Bundesrepublik etwa 450000 Ausländer. Dreißig Jahre später waren es beinahe zehnmal soviel, knapp 4.5 Millionen. In diesen dreißig Jahren ist die offizielle Bundesrepublik im Grunde nie von ihrer ursprünglichen Version des Geschehens abgerückt. Sie ist dabei geblieben, daß es sich bei diesen Ausländern um temporäre »Gastarbeiter« handle, die geholt worden seien, um die jeweiligen Lücken des heimischen Arbeitsmarktes zu schließen. Also eine Art Hilfstruppe, die nach Bedarf wieder zurückgeschickt werden kann. Was bald schon sichtbar wurde, nahm man offiziell nicht zur Kenntnis: daß zwar *Arbeitskräfte* (und nur Arbeitskräfte) geholt worden waren, daß aber – weil nun einmal das eine vom andern nicht zu trennen ist – *Menschen* gekommen waren.

Diese Einsicht ist unzählige Male und bis zum Verdruß in Traktaten und Aufrufen zur Ausländerfreundlichkeit wiederholt worden. Das hat ihr einen pastoralen, bekehrenden Unterton gegeben und ihren eigentlich ganz nüchternen Sinn fast vergessen gemacht. Nämlich ganz schlicht: In einer Gesellschaft, die

27

nicht planwirtschaftlich und auch nicht (wie etwa die des Dritten Reiches) kriegswirtschaftlich organisiert sein will, ist die menschliche Arbeitskraft niemals nur eine nach Bedarf einsetzbare Größe. Ihr Träger besitzt ein Eigenleben, das er auch entfalten will. Daß dies so ist, zeigt die Geschichte der Ausländer in der Bundesrepublik. Es blieb nicht bei Arbeitsplatz plus Wohnheim oder Baracke. Familienangehörige zogen nach, die Zahl der in Deutschland geborenen und aufgewachsenen ausländischen, genauer: deutsch-ausländischen Kinder nahm zu. Es bildeten sich ausdifferenzierte ausländische Populationen heraus mit regionalen Schwerpunkten und allmählich auch mit eigener Infrastruktur; die Ausländer machten sich auch als – zunehmend unverzichtbare – Konsumenten bemerkbar, und es wurde immer deutlicher, daß sie zu einem integralen Bestandteil des bundesdeutschen Wirtschaftsgeschehens geworden waren.

All das zeichnete sich, wie im Rückblick leicht festzustellen ist, relativ frühzeitig ab. Viel zu lange blieb man aber bei der liebgewordenen Vorstellung, man könne sich – sollte es einmal wirklich enger werden – des ganzen Problems durch dessen Export wieder entledigen.

Mit der Ölkrise in den siebziger Jahren fiel (nach der kurzen Rezession von 1966/67) zum zweitenmal ein Schatten auf das, was bisher als Automatismus, ja als etwas gegolten hatte, das fast naturgesetzlichen und – entlang der Forderung nach der »Einheitlichkeit der Lebensverhältnisse« – nahezu grundgesetzlichen Rang besaß: Es fiel ein Schatten auf den immerwährenden Anstieg von Wohlstand und Prosperität. Die Bundesregierung reagierte darauf u. a. mit dem Anwerbestopp für Ausländer aus Nicht-EG-Staaten (1973) und später mit finanziellen Anreizen für die Rückkehr von Ausländern in ihre Heimatstaaten.

Man war ernsthaft der Meinung gewesen, solche Maßnahmen könnten die Zahl der in der Bundesrepublik lebenden Ausländer verringern, zumindest aber einen weiteren Anstieg verhindern. Tatsächlich nahm die ausländische Bevölkerung dreimal deutlich ab: von 1974 bis 1976 um etwa 177000, von 1982 bis 1984 um etwa 367000 und von 1986 bis 1987 um etwa 270000 Personen.[3] In ihrer Konsequenz aber wurde mit diesen restriktiven Maßnahmen das genaue Gegenteil des Gewünschten erreicht: nicht die Reduzierung des ausländischen Bevölkerungsanteils, sondern seine Konsolidierung – und letztlich dann auch seine Vergrößerung. Zwar sank zeitweilig die Zahl der ausländischen Beschäftigten beträchtlich ab, die ausländische Wohnbevölkerung ging jedoch nur in sehr viel geringerem Umfang zurück, um schließlich sogar beträchtlich anzuwachsen.

Das heißt: Der Versuch der Bundesrepublik, sich etwas mehr abzuschotten und ein wenig mehr zur Festung zu werden, hatte nur zur Folge, daß die Ausländer, die schon da waren und für die nach einer zeitweiligen Rückkehr in die Heimat die Bundesrepublik verschlossen gewesen wäre, sich nun zu einem großen Teil für einen längeren Verbleib entschieden und deswegen ihre Familien nachholten. Der Versuch, die »Gäste« allmählich wieder vor die Tür zu setzen, hat in seiner Konsequenz offenkundig gemacht, daß die Gäste längst dazugehörten, daß sie zu einer *Einwandererminorität*[4] geworden waren.

Jetzt erst dämmerte die Einsicht, daß die Anwesenheit von Ausländern in Deutschland nicht die Ausnahme, sondern der Normalfall war und bleiben würde. Und damit war das Problem, das bisher geleugnet oder für ein Übergangsphänomen gehalten worden war, endgültig auf der politischen Tagesordnung. Jetzt mußte auffallen, daß die Institutionen der Bundesrepublik – von den Schulen bis zu den städtischen Planungsämtern – darauf nicht vorbereitet waren. Und jetzt auch wurde definitiv die Frage aktuell, ob und wie Deutsche mit Ausländern zusammenleben wollen. Zwar hatte man sich daran gewöhnt, daß sie da waren, aber man sah in ihnen Durchreisende und in ihren Lebenszusammenhängen vorübergehende Enklaven des Fremden, die auf die Mehrheitsgesellschaft allenfalls ganz schwach abfärben würden. Jetzt wurde klar, daß das eine Selbsttäuschung war: Fremde in großer Zahl würden in Deutschland bleiben und wie jede andere Gruppe oder Schicht auch ihre eigene Dynamik entwickeln. Eine sehr kleine Minderheit der Deutschen wird das begrüßt haben, und ein nicht unbeträchtlicher Teil wird darauf vergleichsweise indifferent reagiert haben. Es hat aber sicher auch die nicht geringe Zahl derer gegeben, denen diese Aussichten alles andere als angenehm waren.

Wir raten davon ab, angesichts dieser Gruppe allzu schnell mit

Etiketten wie »unbelehrbar«, »ausländerfeindlich« oder gar »rassistisch« zur Hand zu sein. Einwanderung hat in Deutschland zwar Tradition; es gab sie in früheren Jahrhunderten, und es gab sie, zahlenmäßig weit stärker, zur Zeit der Industrialisierung. Es hat in Deutschland aber auch Tradition, diese Wirklichkeit zu leugnen, sie für die Ausnahme und etwas Vorübergehendes zu erklären. Vieles von dem, was als einheimisch oder autochthon gilt, ist von Fremden mitgeprägt; es hat jedoch – nicht zuletzt durch den deutschen Nationalismus, der das »unverfälschte«, das »reine« Deutsche propagiert und alles Fremde verächtlich gemacht hat – kaum Versuche gegeben, diese immer schon vorhandene Vielfalt bewußt zu machen. Statt ihre Normalität und die Vorteile, die sie mit sich gebracht hat, herauszustreichen, hat man diese Vielfalt heruntergespielt, geleugnet, weggefälscht. Das war im Kaiserreich so, das wurde in der Weimarer Republik, die von rechten wie linken Feinden der Toleranz bekämpft wurde, nicht viel anders, und erst recht blieb es während des Dritten Reichs dabei.

Vor diesem historischen Hintergrund kann es nicht erstaunen, daß es zu Konflikten kam, als Anfang der achtziger Jahre für die Mehrheit der Bevölkerung erkennbar wurde, daß die Arbeitsmigration nichts Vorübergehendes sein würde. Jetzt machten sich die Versäumnisse einer langen Vorgeschichte bemerkbar, und jetzt waren die Bundesbürger erstmals mit der Einwanderung als einem Dauerphänomen konfrontiert und aufgefordert, sich damit abzufinden.

Die Grenzen der Belastbarkeit

Seit in zahlreichen Ländern Westeuropas die Einwanderung zum Normalfall geworden ist, wird darüber gestritten, wieviel an Fremdem eine Gesellschaft vertrage. Anders als jene Mehrheit der Grünen, die offensichtlich auch nur den Gedanken an eine mögliche Begrenzung oder nur Regulierung von Einwanderung für unstatthaft hält, sind wir nicht der Meinung, dies müsse grundsätzlich ein Tabu sein. Jede Einwanderungsgesellschaft (die Vereinigten Staaten sind das beste Beispiel dafür) ist per se

eine Konfliktgesellschaft. Es ist (auch das beweist das amerikanische Beispiel, wenn auch nur zum Teil) möglich, diese Konflikte, zivil, demokratisch, friedlich und zum Nutzen der gesamten Gesellschaft auszutragen, aber es gibt diese Konflikte erst
einmal: Nicht deswegen, weil die jeweils Einheimischen böswil-
lige Rassisten wären (was sie *auch* sein können), sondern weil in
jeder Einwanderungsgesellschaft Kulturen, Lebensstile und
Wertsysteme miteinander in Kontakt kommen, die auf diesen
Kontakt nicht vorbereitet sind.

Und es ist sehr wohl vorstellbar, daß in diesen Konflikten
derart schwer Vereinbares aufeinanderstößt, daß die betreffende
Gesellschaft nicht in der Lage ist, auf demokratische Weise damit
umzugehen – gerade dann nicht, wenn sie ohnehin schon mit
anderen Problemen ökonomischer, kultureller oder religiöser
Natur konfrontiert ist. Die ganz unbestreitbare, skandalöse Ungerechtigkeit in der Verteilung des Wohlstands auf der Welt darf
daher nicht zum Anlaß genommen werden, die Einwanderung
als die gerechte Strafe für das räuberische Glück der hochentwik-
kelten Länder, als Vergeltungsschlag der Dritten Welt gegen die
Zitadellen des Kolonialismus zu begrüßen. Mit einer Destabili-
sierung der westlichen Länder wäre im übrigen niemandem gedient, dem Westen sowenig wie der Dritten Welt.

Es muß also den Immigrationsgesellschaften erlaubt sein, über
mögliche Grenzen der Einwanderung nachzudenken. Freilich
sollte man dabei nie vergessen, daß es sich hier um ein brandge-
fährliches Thema handelt, über das sinnvoll, d. h. in demokratischen Bahnen, nur dann geredet und verhandelt werden kann,
wenn es einen breiten gesellschaftlichen Konsens gibt, daß der
populistische Kurzschluß aus dem Widerstreit der Argumente
grundsätzlich ausgeschlossen bleibt. Die Gründe dafür sind bekannt. Immer wieder ist es Nationalisten, autoritären Regimen
sowie Propagandisten einfacher Weltbilder in den letzten hundert Jahren gelungen, die Diskriminierung, Ausschaltung und
Vernichtung von Minderheiten als die einfache Lösung sehr
schwieriger Probleme plausibel zu machen.

Dabei hat in Deutschland (aber nicht nur in Deutschland) stets
der Verdacht eine große Rolle gespielt, diese Minderheiten näh-
men den Angestammten Raum weg, geographischen wie sozia-

len. Einmal in Gang gebracht, war gegen diesen frei flottierenden Verdacht kein argumentatives Kraut mehr gewachsen. Keine Evidenz konnte die sich bedrängt, eingeengt und überfremdet Fühlenden mehr dazu bewegen, nach dem realen Kern ihrer Furcht zu suchen. Denn es ging ja gar nicht um Reales, sondern um ein unbestimmtes Gefühl, zu kurz gekommen zu sein, das sich ein nahezu beliebiges Objekt suchte, um dieses für alle – realen oder eingebildeten – Mißstände verantwortlich zu machen. Für einen, der so empfindet – und es gab ihrer in Deutschland einmal sehr viele –, *ist das Boot immer schon voll.* Er fühlt sich immer als der Gebeutelte und Betrogene – schon *ein* Fremder muß ihm ein Greuel sein. Die Nachricht, es seien zu viele »andere«, zu viele Nicht-Dazugehörige da, wird er immer mit Zustimmung und trüber Genugtuung vernehmen.

Wir halten nichts davon, die Deutschen unter antifaschistische Quarantäne zu stellen, wie es vielen Linken seit Jahrzehnten am liebsten wäre – auch deswegen nicht, weil der Generalverdacht gegenüber den auf ewig für völkisch angesehenen Deutschen selbst wieder völkisch wäre und weil es immer falsch ist, auf rechte Tabus mit linken Tabus zu antworten. Die Tatsache, daß es eine xenophobe Disposition gibt, darf also nicht dazu verleiten, die möglicherweise negativen Seiten der Einwanderung zu tabuisieren – nicht zuletzt deswegen nicht, weil gerade durch eine solche Tabuisierung (die ja von einigen ausländerfreundlichen Organisationen und Initiativen betrieben wird) die Populisten letztlich recht bekämen. Nur eines muß klar und unumstritten sein: Das Spiel auf den Saiten der xenophoben Disposition hat grundsätzlich zu unterbleiben – auch auf die Gefahr hin, eine Wahl zu verlieren oder der eigenen Klientel Unangenehmes mitteilen zu müssen. Es gibt in der Demokratie nicht viele Werte, die über dem Wahlerfolg, der Einschaltquote und der Auflagenstärke angesiedelt sind. Dies – um des Friedens und der Zivilität der Gesellschaft willen der Verzicht aufs Spiel mit dem Ressentiment – wäre einer. Das Spiel mit der Metapher vom vollen Boot (ganz zu schweigen von der – später zurückgenommenen – Äußerung des damaligen Generalsekretärs der CSU, Edmund Stoiber, es drohe die Gefahr einer »durchraßten« Gesellschaft) ist unverzeihlich.

Zudem gibt es ganz nüchterne, pragmatische Gründe, vom vollen Boot zu lassen. Während man nämlich bei einem wirklichen Boot messen kann, wann es überfüllt ist und folglich untergehen wird, fehlen dazu bei den Staats- und Gesellschaftsbooten ganz einfach die Meßinstrumente. Und das hat eben damit zu tun, daß Gesellschaften nun einmal erheblich kompliziertere Gebilde sind als Schiffe. Denn anders als diese verfügen sie – und zwar, ob sie wollen oder nicht – über die Kunst der Selbstwahrnehmung: Was für eine Gesellschaft gut oder schlecht ist, läßt sich objektiv nicht messen, sondern hängt davon ab, ob es von denen, die eine Gesellschaft ausmachen, als gut oder schlecht *empfunden* wird. Abgesehen davon, daß es etwas Zynisches hat, angesichts des in der Dritten Welt – und nur in der Dritten Welt – explosiv anwachsenden Bevölkerungsdrucks über die Überfüllung Europas zu klagen: Wer eigentlich vermag mit Gewißheit zu sagen, ab welchem Punkt das Schild mit der Aufschrift »besetzt« vor die Tür zu hängen sei?

Ein Beispiel: In Frankfurt am Main besteht heute die Wohnbevölkerung zu mehr als einem Viertel aus Ausländern (und würde man die Angehörigen der amerikanischen Streitkräfte hinzuzählen, wären es noch einmal mehr). Es gibt nun in Frankfurt – wie u. a. der Erfolg der NPD bei der Kommunalwahl 1989 gezeigt hat – nicht wenige, denen das deutlich zuviel ist und die sich dadurch gestört fühlen; am andern Ende gibt es des weiteren ebenfalls nicht wenige, die das begrüßen: weil sie Multikulti-Fans sind, weil sie allem gegenüber aufgeschlossen sind, was das Deutsche in Deutschland relativiert und verflüssigt, und aus vielen anderen Gründen mehr. Und zwischen beiden Polen gibt es eine Gruppe, vermutlich die Mehrheit, die über das Viertel Nicht-Deutsche in Frankfurt weder besonders erfreut noch besonders verärgert ist. Die Stadt insgesamt hat sich mit der Anwesenheit von vielen Ausländern arrangiert; es gibt Probleme, die aber nicht Probleme *der* Ausländer, sondern bestimmte Probleme bestimmter Schichten und Bereiche sind; und es sieht ganz so aus, als würde Frankfurt am Main auch dann nicht untergehen, wenn der Anteil der Ausländer auf ein Drittel der Bevölkerung ansteigen würde.

Ein anderes Beispiel: Als die Deutsche Demokratische Republik (ein Staat, der gern die Prinzipien der »Völkerfreundschaft«, des »Internationalismus« und des »Antirassismus« hochgehalten hatte) im Jahre 1990 mangels Zustimmung seiner Bürgerinnen und Bürger das Zeitliche segnete, lebten in ihr etwas mehr als 190000 Ausländer; diese machten damit 1.2 Prozent der – ohnehin schon nicht unbeträchtlich geschrumpften – Gesamtbevölkerung aus. (Zum Vergleich: Der Anteil der Ausländer an der Gesamtbevölkerung lag in der »alten« Bundesrepublik fast siebenmal so hoch, nämlich bei 7.7 Prozent.) Seitdem ist – trotz des Hinzukommens von Asylbewerbern und einigen wenigen türkischen Kebab-Verkäufern – die Zahl der Ausländer in den fünf neuen Bundesländern kontinuierlich zurückgegangen, u. a. dadurch, daß zahlreiche Ausländer (insbesondere Vietnamesen, Mosambikaner, Kubaner und Angolaner) vertragswidrig, wenn auch vielleicht zu ihrem Glück in die Heimatländer zurückbefördert worden sind. In jedem Fall liegt heute in den fünf neuen Bundesländern der Anteil der Ausländer an der Bevölkerung deutlich unter einem Prozent.[5] Das hindert viele in der ehemaligen DDR, und keineswegs nur Skinheads, organisierte Faschisten und zu den benachbarten »Republikanern« konvertierte ehemalige SED-Mitglieder, nicht daran, das ostdeutsche Boot für voll, für übervoll zu halten.

Eine Erfahrung aus der »alten« Bundesrepublik wiederholt sich auch hier: Es gibt *keinen* ursächlichen Zusammenhang zwischen der Höhe des ausländischen Bevölkerungsanteils und dem Grad der Ausländerfeindlichkeit. (Wenn in Stadtteilen mit hohem ausländischen Bevölkerungsanteil die Ausländerfeindlichkeit groß ist, hat das in der Regel Ursachen, die nur indirekt mit der Anwesenheit der Ausländer zu tun haben: Meist handelt es sich um Stadtteile, in denen sich die Verlierer und die Unterprivilegierten der Gesellschaft treffen. Die Ausländerfeindlichkeit der Deutschen in solchen Wohngebieten ist in der Regel *auch* ein Mittel im Kampf des unteren Endes der Gesellschaft um Distinktionsgewinne, also der Versuch deutscher Unterschichten, sich wenigstens auf die *vor*letzte Sprosse der sozialen Stufenleiter zu retten.)

Es ist in der ehemaligen DDR wiederholt zu gewaltsamen ausländerfeindlichen Ausschreitungen auch in Orten gekommen, in denen nur eine Handvoll Ausländer lebten. Das bestätigt in drastischer Weise, was schon aus den Ländern Westeuropas bekannt war: Während die *reale* Anwesenheit von Ausländern aus Fleisch und Blut in der Regel zwar keine Begeisterung auslöst, wohl aber allmählich zu Arrangements zwischen Deutschen und Ausländern und mit der Zeit auch zu einer zwischen Indifferenz und Freundschaft schwankenden Haltung führt oder zumindest führen kann, löst die nur *mögliche*, die nur *imaginierte* Anwesenheit einer großen Zahl von Ausländern sehr viel mehr Sorgen, Vorbehalte und Ressentiments aus.

Es klingt paradox, ist es aber nicht: Wo Ausländer derart in der Minderzahl sind, daß sie *statistisch* kaum zu Buche schlagen, fallen sie – weil die eine große und exotische Ausnahme – um so mehr auf; wo sie dagegen an Zahl und Sichtbarkeit zunehmen, da fordern sie die einheimische Bevölkerung nicht ideologisch und auf dem Feld der Phantasmagorien, sondern ganz real heraus. Da aber auch der gemeine Feld-, Wald-, Wiesen- und Vorstadtsiedlungsdeutsche (anders als es der gemeine Feld-, Wald-, Wiesen- und Metropolenlinke wahrhaben will) ein Realist und Pragmatiker ist, geht es dann nicht mehr um pro oder kontra Ausländer, sondern im Grunde nur noch um das Wie eines zwar nicht ersehnten, aber nun einmal unausweichlichen Zusammenlebens. Daraus könnte man, um auf das Problem der Überfüllung und des »vollen Bootes« zurückzukommen, den Schluß ziehen, daß das beste Mittel zur Verminderung der Ausländerfeindlichkeit nicht die Verminderung der Zahl der Ausländer, sondern deren Vermehrung sei.

Das mag ein etwas kühner und, angesichts der gegenwärtigen Exzesse, allzu leichtfertiger Schluß sein. Sicher ist aber, daß es fast nichts mit der Zahl und der Herkunft der in einem Land anwesenden Ausländer zu tun hat, ob sich deren einheimische Bevölkerung überfremdet, überflutet und in den Untergang getrieben fühlt oder nicht. Eine Gesellschaft ist kein Eimer: Ob und wann sie »voll« ist, ist keine Frage des Messens, sondern eine kulturelle und in der Folge erst eine politische Frage. Und da man inzwischen wissen kann, daß stets die sofort zur Stelle sein werden, die schon den ersten Tropfen als Überschwemmung wahrnehmen, wäre es ratsam, die Belastungsskala – nicht um des Prinzips willen, sondern nur bis auf weiteres – nach oben hin offenzuhalten.

Dies übrigens durchaus auch im Eigeninteresse der CSU-Populisten und jener FAZ-Kommentatoren, die ihr geneigtes Publikum ein ums andere Mal ins erquickend-gruselige Bad der Überfremdungsphobie schicken: Denn was nützt es ihnen, wenn sie morgens eine Realität verhindern wollen oder anklagen bzw. leugnen, mit der sie als Politiker schon abends umgehen und die sie als Kommentatoren tags darauf ihrem ebenso befremdeten wie darauf unvorbereiteten Publikum erklären müssen? Einer der Schwachpunkte der parlamentarischen Demokratie liegt darin, daß sie es den politischen Konkurrenten um Macht und Mandate nahelegt, des Volkes, also des *demos*, Stimme zu folgen bzw. wenigstens so zu tun. Auch deswegen ist es nicht eben einfach, für unpopuläre Wahrheiten politische Repräsentationen zu finden. (Und das gilt übrigens gerade für die Fortschrittspartei SPD, die sich zwar gern im Umfeld von Björn Engholms Pfeifenqualm problembewußt, zivil und postmodern-xenophil gibt, die es aber – eine Arbeitsteilung höchst dialektischer Art – ihren unteren, kommunalpolitischen Hardlinertruppen überläßt, das wahltaktisch bedeutsame, insbesondere der traditionellen Klientel auf den Nägeln brennende Problem der vollen Turnhallen, der Videorecorder im Besitz von Asylbewerbern und insgesamt des »vollen Bootes« zu bearbeiten: Björn fürs Feine, fürs Zivile, fürs Europäische und Kosmopolitisch-Diffizile, ein Niggemeier aus Datteln und ein Kronawitter aus München fürs Grobe, fürs Lokale, fürs Ressentiment und fürs simple Besitzstandswahren.)

Einiges wäre gewonnen, wenn es gelänge, einen Konsens darüber herzustellen, daß das heikle Problem der Ausländer in Deutschland von der Bühne der populistischen Schaukämpfe wie der demonstrativen internationalistischen Verbrüderungsmatinees heruntergeholt werden sollte – und zwar aus drei Gründen. Erstens weil es moralisch verwerflich ist, das verlogene, nach ganz rechts hin zielende Klagelied vom immer schon »vollen Boot« anzustimmen; zweitens weil es bestenfalls naiv ist, dagegen das Hohe Lied vom prästabilierten Segen der multikulturellen Gesellschaft zu setzen; und drittens weil es einer Demokratie nicht eben gut zu Gesicht steht, über einen Teil der Bevölkerung im guten wie im bösen zu richten, dem es seinerseits vorenthalten wird, bei dieser Urteilssprechung ein Wort – im guten wie im bösen – mitzureden.

Das volle Boot von Bari

Wie ein Fliegender Holländer geistert seit Beginn der achtziger Jahre das Bild vom »vollen Boot« durch das Bewußtsein der westeuropäischen Gesellschaften. Es besitzt große apokalyptische Kraft, und es würde nicht so oft bemüht, wäre in ihm nicht eine tiefsitzende Furcht mustergültig formuliert. Seine Kraft scheint es jedoch nicht zuletzt daraus zu ziehen, daß es die Wirklichkeit gerade *nicht* abbildet, sondern die fast panische Flucht vor ihr beschreibt. Denn volle Boote hat es ja reichlich gegeben: die überfüllten Schiffe, auf denen europäische Juden nach Übersee flohen und von Hafen zu Hafen – wenn man will: von vollem Boot zu vollem Boot – weitergeschickt wurden; oder die winzigen, hochseeuntauglichen Schiffe und Kähne, auf denen seit dem Ende der siebziger Jahre die *boat people* Indochina zu entkommen suchten und von denen nicht wenige tatsächlich wegen Überfüllung untergingen; und schließlich, im Sommer 1991, das volle Boot von Bari, auf dem 20000 Albaner nach Italien geflohen waren – um von den italienischen Behörden, die das eigene Staatsboot kurzentschlossen für voll erklärten, erst getäuscht und dann nach Albanien zurückgeschickt zu werden.

Die Bilder von Bari gingen wie ein Lauffeuer durch die westliche Welt und wurden mit begierigem Schaudern aufgenommen. Sie haben das westliche Bewußtsein mit ungeheurer Kraft okkupiert, haben die Wahrnehmung gebannt und die Wirklichkeit gewissermaßen ersetzt. (Und eben daran ist der Versuch von Benetton gescheitert, mit einem Bild aus Bari das öffentliche Bewußtsein zu schärfen: Das Plakat hat nicht Hilfsbereitschaft geweckt, sondern nur angst gemacht.) Daß es Zehntausende und nicht Millionen waren, daß sie nicht aus Prinzip, sondern aufgrund einer ganz konkreten Notlage geflohen waren und daß sie nicht Europa im allgemeinen überschwemmen, sondern im benachbarten Italien Zuflucht finden wollten – all das zählte nicht. Über alles Konkrete legte sich die apokalyptische Vision von der womöglich bevorstehenden Endzeit: Die Hunnen werden, in endloser, nicht abbrechender Zahl, kommen, werden alle Dämme niederreißen und Europa in den Untergang treiben. Anderthalb Jahrtausende nach der ersten (und in ihrem Umfang häufig überschätzten) wird eine zweite Völkerwanderung ein neues Zeitalter der Barbarei einläuten.

Nichts davon entspricht der Wirklichkeit. Reale Probleme werden in dieser Bilderwelt vielmehr ins Monströse vergrößert; der Theaterdonner dieser *Apocalypse now* dient letztlich dazu, die Wirklichkeit, die konkretes Handeln erfordern würde, verschwinden zu lassen. Mit von der Partie ist auch hier ein Mechanismus, der aus anderen Zusammenhängen bekannt ist: die Vertauschung von Täter und Opfer. Bewerkstelligt wird dieser Rösselsprung eben durch das Bild vom »vollen Boot«. Dieses legitimiert, im Namen des Selbstmitleids, die Hartherzigkeit. Es wiegt die westeuropäischen Einwanderungsländer in dem illusionären Glauben, es sei möglich, das eigene »Boot« nach Belieben zu füllen und zu leeren. Und es gibt einer gefährlichen Anti-Politik der Vertagung und Realitätsleugnung Auftrieb.

Das aber könnte in der Tat unliebsame Folgen haben. Es wäre töricht, leugnen zu wollen, daß Einwanderung Probleme schafft. Noch törichter aber wäre es, die Augen vor der Tatsache zu verschließen, daß die Bundesrepublik (wie andere europäische und außereuropäische Länder auch) ein Einwanderungsland ist und bleiben wird. Daß die apokalyptischen Bilder von einer bevorstehenden Hunnifizierung Europas gerade heute vermehrt Abnehmer finden, ist freilich kein Zufall.

Migration und Einwanderung sind – übrigens für die Aus- wie die Einwanderungsländer – auch früher schon zumeist Skandalthemen gewesen. Wanderung wurde als Störung, als das Anomale wahrgenommen; Wanderung schien immer (und nicht selten entsprach das ja auch der Wahrheit) auf Defizite zu verweisen. Daß aber stets das Beunruhigende an ihr mehr hervorgehoben worden ist als ihre andere Seite, die Normalität, hat damit zu tun, daß man sie als einen Vorgang an sich, als einen isolierten Vorgang betrachtet hat. Man hat die Migranten nicht verstanden, weil man die Migration nicht verstanden hat. Wie Wesen von einem anderen Stern gingen sie auf die jeweilige Gesellschaft nieder. Man hat erst nicht sehen können und dann nicht sehen wollen, daß die Migranten Teil eines gesellschafts- und staatenübergreifenden Prozesses sind, an dem man selbst teilhat.

Als seit Mitte der fünfziger Jahre die ersten »Gastarbeiter« in die Bundesrepublik kamen, schien es (trotz einer immer noch beträchtlichen heimischen Arbeitslosigkeit übrigens!) zuerst so, als greife die Wirtschaft nur nach einer irgendwo und aus welchen Gründen auch immer verfügbaren Arbeitskraftreserve. Als dann die »Gäste« in beträchtlicher Zahl zu bleiben begannen, änderte auch das – bei allem populären Unmut im einzelnen – nichts Wesentliches an der Überzeugung, es liege im Prinzip in der Macht der Bundesrepublik, die Migration zu ihrem Nutz und Frommen zu steuern. Es wurde nicht gesehen, daß die Bundesrepublik, durch die Migration unwillentlich längst aufs *internationale* bevölkerungspolitische Parkett geschlittert, nun auch auf diesem eher schwierigen Gebiet Teil eines größeren Ganzen geworden war. Und weder die Regierung noch die Parteien, weder die Wirtschaft noch die Bundesanstalt für Arbeit, weder die öffentlich-rechtlichen Rundfunkanstalten noch das Bundesverfassungsgericht haben irgend etwas Relevantes unternommen, um dieser Tatsache institutionell gerecht zu werden.

Und so wurde der Bundesrepublik die Einsicht, daß sie kein stilles und selbstgenügsames Eiland im Meer des Weltgeschehens ist, von außen aufgedrückt. Und wie vieles, was von außen kommt, wurde diese als bedrohlich wahrgenommen. In zwei Schüben brach sich die Einsicht Bahn. Das erste Mal durch die großen Flüchtlingsbewegungen der siebziger und achtziger Jahre, die zwar die Bundesrepublik nur streiften, ihr aber dennoch nachhaltig verdeutlichten, daß ihr im Zweifelsfall unmöglich sein würde, sich vor den Verwerfungen der Weltpolitik gänzlich zu schützen. Und das zweite Mal Ende der achtziger Jahre, als mit dem Zusammenbruch der sozialistischen Regime in Ost- und Südosteuropa Westeuropa schlagartig (und völlig unvorbereitet) aus seiner *splendid isolation* gerissen wurde und die Bundesrepublik ihren angenehmen Platz im toten Winkel der Geschichte räumen mußte. Das – nur stillgestellte – Unerledigte der gesamteuropäischen Geschichte begann in rasantem Tempo auf Westeuropa einzustürzen; auf den kurzen Moment der Freude und des Triumphes folgten bald Sorge und Furcht.

Schnell hatte sich herumgesprochen, daß zumindest vorerst die Zukunft Europas nicht das Erblühen von Demokratie und Marktwirtschaft bringen würde, sondern Krisen, ethnische Konflikte, regionale Kriege, autoritäre, para-demokratische Regime und Unzufriedenheit in Ost wie West. Bald auch geisterten phantastische Zahlen über die kommenden Migrationsbewegungen von Ost- nach Westeuropa durch die Medien. Und wieder war sie zur Stelle: die Furcht vor dem alsbald überfüllten Boot – diesmal fast noch realistischer auszumalen. Denn die Horden, die uns da niedertrampeln würden, wohnten gewissermaßen Tür an Tür mit Westeuropa, es würde für sie also ein leichtes sein, die Festung mit nun offener Ostflanke zu stürmen. Als der Zerfall Jugoslawiens in den ersten regionalen Krieg in Europa seit langer Zeit mündete und bosnische Flüchtlinge in Westeuropa Zuflucht zu suchen begannen, konnte diese Furcht sich bestätigt sehen. Zugleich aber wurde im *konkreten* Ernstfall auch deutlich, daß die Aufnahme von Flüchtlingen keineswegs die schier unlösbaren Probleme aufwerfen *muß*, von denen ansonsten immer finster dräuend die Rede ist.[6]

Wir wollen damit die zum Teil schier unlösbaren Probleme nicht leugnen, die die Unterbringung von Flüchtlingen und Asylbewerbern aufwirft. Das Beispiel zeigt aber, daß dann, wenn das Mitgefühl vorherrscht, diese Gesellschaft beträchtlich mehr verkraften kann, als oft behauptet wird.

2. Kapitel

Der multikulturelle Alltag –
ein Spiegelkabinett der Mißverständnisse

Die Einwanderungsgesellschaft ist Realität, und keine Macht der Welt könnte sie rückgängig machen. Diese Realität wirft Probleme auf, ist aber auch von Nutzen. Doch nicht vom *Wie* und *Wie weiter?*, sondern fast nur vom *Ob* handelt die öffentliche Diskussion.

Auf diesen Widerspruch gehen wir im folgenden ein. Wir zeigen an einem Beispiel, daß unsinnige Regeln den sinnvollen Umgang mit dem Problem erschweren. Wir zeigen an einem anderen Beispiel, wie sehr die Bundesrepublik von den Einwanderern profitiert. Schließlich gehen wir ausführlich der Frage nach, warum dennoch der Umgang mit den Fremden so schwierig ist. Und diese Frage richten wir, Gegner beider Richtungen der Xenophobie, an die Deutschen wie auch an die Ausländer.

Not könnte erfinderisch machen

Ausländer sind Ausländer, also keine Deutschen. Das ist banal, hat aber Folgen. Etwa die, daß Ausländern beträchtliche Bereiche des Arbeitsmarktes verschlossen bleiben. Sie können z. B. nicht Beamte werden. Während sie in den unteren Beschäftigungsrängen teilweise sehr zahlreich vertreten sind, wird es nach oben hin immer dünner. Und wenn es ans Allerheiligste des Staates, an den Beamtenapparat, geht, ist die Tür ganz verschlossen. Das hat auch damit zu tun, daß das deutsche Staatsbürgerrecht – fast einmalig in der Welt – allein auf das Abstammungs-, also das Blutsprinzip gegründet ist: Deutscher ist, wer deutschen Blutes ist. Man könnte auch sagen: Deutscher ist, wer Deutscher ist. Kaum ein anderer Staat der Welt hat der Einbürgerung Fremder derart hohe Hürden entgegengesetzt wie die Bundesrepublik Deutschland. Entsprechend niedrig ist folglich die Zahl der Einbürgerungen: Bevor 1990 das neue Ausländergesetz in Kraft trat, lag die Zahl der jährlichen Einbürgerungen bei etwa 14000 (und davon wiederum waren ein Drittel Ehegatten Deutscher). Andere Länder sind da offener: In Frankreich ist die Einbürgerungsrate viermal, in den Vereinigten Staaten zehnmal, in Schweden fünfzehnmal und in Kanada mehr als zwanzigmal so hoch.[1] Und weil in Deutschland diese letztlich völkische Tradition und die Furcht vor der Verunreinigung der völkisch-kulturellen Substanz so tief verankert sind, muß die Berufsgruppe, die den Staat repräsentiert, rein und deutsch bleiben.

Und doch kann es zu wundersamen Ausnahmen kommen. Dann nämlich, wenn es nicht mehr anders geht, wenn die Not die Prinzipien davonschwimmen läßt. So geschehen in West-Berlin im Jahre 1988. Bei der Polizei der »Frontstadt«, die sie damals noch war, stand man vor einem Problem, das auch aus anderen Bereichen und Regionen bekannt ist: vor dem Nachwuchsproblem. 1952 und 1953 war die Berliner Bereitschaftspolizei aufgestellt worden, man hatte fast gleichzeitig sehr viele junge Beamte eingestellt. Die kamen jetzt ins Pensionierungsalter; statt bisher 500 hätten nun jährlich 600 bis 750 Polizeischüler ihre Ausbildung beginnen müssen. Da aber die Kinderzahl deutscher Familien schon lange rückläufig ist, war ausreichender Nachschub nicht in Sicht. Ausgerechnet die Institution, die für Ruhe und Ordnung zuständig ist, war von Auszehrung bedroht, und da sieht man im sensiblen Berlin sofort das Chaos vor der Tür stehen. Eine Zeitlang behalf man sich, auch hier dem Zwang folgend, mit einer ersten unkonventionellen Maßnahme: Man warb verstärkt Frauen für den Polizeidienst an, bald waren 40 Prozent der Polizeischüler Frauen. Doch schnell zeigte sich, daß auch das nicht reichen würde.

Not macht erfinderisch und hilft dem unverstellten Blick auf die Wirklichkeit auf die Sprünge. In der für die Ausbildung zuständigen Abteilung der Berliner Polizei erschien auf einmal die lange schon bekannte Tatsache, daß jeder fünfte Jugendliche der Stadt zwischen 15 und 25 Jahren ein Ausländer war, in einem anderen Licht. Womöglich wäre hier – staatsrechtliche Bedenken hin oder her – der fehlende Nachwuchs zu beschaffen. Man startete das Pilotprojekt »Ausländer in die Polizei« und fand dafür auch schnell Begründungen, die über das Ausfüllen von Stellenlücken sogar deutlich hinausgingen. Der damalige stellvertretende Ausbildungsleiter der Berliner Polizei, Rolf Joswig, befand: »Die Berliner Behörden und Verwaltungen müssen sich in Zukunft ähnlich zusammensetzen wie die Bevölkerung der Stadt. Auf diese Art und Weise lassen sich die Spannungen zwischen den ethnischen Gruppen der Stadt nachhaltig abbauen. «[2]

Was bisher undenkbar und eine Zumutung gewesen wäre, erschien nun sogar als Chance: Nicht nur das nüchterne Problem des Personalmangels sei mit Ausländern in der Polizei möglicherweise zu lösen – vielleicht trage das Projekt ja sogar zur Verbesserung des sozialen Klimas in der Stadt bei.

Bisher waren Ausländer und Staatsmacht zwei vergleichsweise strikt getrennte Bereiche gewesen, und das hatte Konflikte programmiert: Deutsche Polizisten traten, ob sie es wollten oder nicht, den Ausländern als Sendboten der fremden Staatsmacht gegenüber, sie vertraten gegenüber einer nicht gleichberechtigten Schicht die Staatsräson des Gastlandes, kannten sich in der Lebensweise der ausländischen Nationalitäten meist nicht aus, verstanden deren Sprache nicht usw. Es war daher nicht sehr wahrscheinlich, daß sich die »Bürger in Uniform« und die »ausländischen Mitbürger« von gleich zu gleich begegnen würden; und das versprach nicht die Lösung von Konflikten, sondern deren dauerhaftes Fortschwelen.

Mit dem Projekt »Ausländer in die Polizei« schienen nun auf einmal zwei Probleme mit einem Streich der Lösung zumindest näherzukommen: das des Personalmangels und das der Fremdheit zwischen Ausländern und deutscher Staatsmacht. Ein junger Türke, der von dem Pilotversuch gehört, sofort seinen Beruf als Schlosser in Köln aufgegeben und sich bei der Berliner Polizei beworben hatte: »Wenn ich mich mit meinen Landsleuten unterhalte, höre ich immer wieder, daß sie schlechte Erfahrungen mit der Polizei machen. Sie berichten davon, daß sie bei Verkehrsunfällen ungleich behandelt werden oder von Beamten ruppig angeschnauzt werden. Mit meinen Sprachkenntnissen kann ich da am meisten Hilfe leisten. «

Man sieht: Wenn es eng wird, weichen die unerschütterlichen Prinzipien zuweilen einem nüchternen Pragmatismus, und in der Regel zeigt sich dann, daß damit *allen* Seiten gedient ist. Die Anerkennung der Realität führt nicht zum großen Dammbruch, sondern zu vernünftigen Lösungen. Zumindest *könnte* sie dazu führen.

In Berlin ist das, im Fall des Nachwuchsproblems der Polizei, jedoch nicht, genauer: nur halb, noch genauer: nur ganz wenig gelungen. Es hat ein paar Vorzeigekarrieren gegeben, eine ehemalige Ausländerin hat es gar bis zur Oberkommissarin gebracht – das Projekt insgesamt aber ist im Sande verlaufen. Offiziell ist es nie für beendet erklärt worden, es dümpelt daher weiter. Jeder neue ausländische Bewerber ist die eine weitere Ausnahme, die die Regel bestätigt. Die ursprünglichen Hoffnungen haben sich nicht erfüllt. Die Gründe dafür sind aufschlußreich. Denn sie zeigen, daß nicht »die« Ausländer das Problem sind, sondern der Umstand, daß die Institutionen viel zu wenig auf die Anwesenheit von Ausländern eingestellt sind, sowie die Unbeweglichkeit deutscher Behörden, zu der sie durch die Antiquiertheit des deutschen Staatsbürgerrechts gezwungen werden.

Zum einen lag es ganz einfach an der Berliner Schulsituation. Wer in den Polizeidienst will, braucht einen Realschulabschluß, und den haben zwar drei Viertel aller deutschen, jedoch nur ein Viertel aller ausländischen Schüler. Schon damit war eine Hürde aufgebaut. Nur wenige bewarben sich, kaum mehr als zwanzig. Und auch bei denen gab es bald Probleme. Und das lag, befragt man die Verantwortlichen, am Recht und an den Mentalitäten. Um mit diesen zu beginnen: Vielen, auch gutwilligen jungen Ausländern sei es eben doch sehr schwergefallen, sich in das deutsche Beamtenleben und dessen Disziplin hineinzufinden; auch seien etliche vor dem großen Schritt zurückgeschreckt, ganz und gar und allein dem deutschen Staat zu dienen. Hinzu komme vor allem aber das rechtliche Problem, Beamter könne nun einmal nur werden, wer deutscher Staatsangehörigkeit sei. Deswegen mußten sich die jungen Ausländer beim Abschluß ihres Ausbildungsvertrags auch verpflichten, bis zum Ende der Ausbildung die deutsche Staatsbürgerschaft zu erwerben. Einige taten das gern, mußten aber schnell erkennen, daß Einbürgerung in Deutschland ein Hindernislauf ist. Andere taten es weniger gern und mußten erfahren, daß ihr spezielles Problem im deutschen Recht keine Berücksichtigung finden würde.

Dies Problem hört auf den Namen *Heimat*. Ein Türke etwa verliert, wenn er Deutscher wird, in der Türkei automatisch alle Besitzansprüche. Das ist nur ein besonders krasses Beispiel für ein ganz allgemeines und weit über die vergleichsweise äußerliche Frage des Besitzes hinausreichendes Problem: Viele junge Ausländer fühlen sich als Deutsche, freilich als Bindestrich-Deutsche, als Deutsch-Italiener, Deutsch-Türken, Deutsch-Spanier usw. Selbst wenn sie (wie inzwischen die Mehrheit) in Deutschland geboren sind, sind sie doch meist in *zwei* Kulturen aufgewachsen, der deutschen und der ihres Herkunftslandes. Beiden gegenüber haben sie Loyalitäten.

Der Druck, sich für eine von beiden zu entscheiden (ein Druck, der sowohl von Eltern und deren Umfeld wie von den Deutschen ausgehen kann), stürzt diese Jugendlichen oft in einen kaum lösbaren Kulturkonflikt. Denn die Entscheidung für die Identität A verärgert die, die im Besitz der Identität B sind, und umgekehrt; A *und* B: das bleibt aber ausgeschlossen. Da die Entscheidung für die deutsche Staatsbürgerschaft etwas Definitives hätte, also ein Schnitt wäre, scheuen viele vor ihr zurück. Der Ausbildungsleiter der Berliner Polizei, Gerhard Pordzik (auch das im übrigen kein sehr deutsch klingender Name in der alten Einwanderungsstadt Berlin), berichtete von einem eindrucksvollen Fall: »Wir hatten einen jungen türkischen Mann, der schwäbischen Akzent sprach, in Österreich geboren und dort aufgewachsen war. Als er den Vertrag las und sah, daß er Deutscher werden sollte und damit einen Antrag auf Entlassung aus seiner alten Staatsbürgerschaft stellen mußte, sagte er: ›Das kann ich nicht, ich könnte meinen Verwandten dann nicht mehr in die Augen schauen.‹« Weil er das nicht wollte, quittierte er vor Antritt den Dienst.

Und das tat nicht nur er allein. Von den ohnehin schon wenigen Bewerbern (vor allem Türken und auch Türkinnen, einige Jugoslawen und ein Grieche) schreckten viele, vor diese Entscheidung gestellt, zurück. Andere hatten mit den Fallstricken des deutschen Einbürgerungsrechts oder mit der nicht immer besonders freundlichen Haltung ihrer deutschen Kolleginnen und Kollegen zu kämpfen und gaben auch auf. Bevor der lange Marsch in die Institutionen in Gang gekommen war, war er also schon wieder zu Ende. Und als die absolute Ausnahme, die sie darstellt, beweist die eine ex-türkische Oberkommissarin, die gerne vorgezeigt wird, gerade das nicht, was sie doch beweisen soll: Ihre Karriere zeugt als Einzelfall – den es auch in Zukunft geben wird – davon, wie schwierig Integration ist. Jeder Ausländer, der die deutsche Staatsbürgerschaft schon erworben hat, kann sich ohne Probleme für den Polizeidienst bewerben; der sehr viel größeren Zahl derer aber, die aus einer Fülle von Gründen – noch – keine Deutschen sind, ist keine Brücke gebaut worden.

Das Beispiel der Berliner Polizei lehrt Verschiedenes: Wenn die Lösung praktischer Probleme ansteht, fördert das Nüchternheit und Pragmatismus. Und dieser erzwungene Pragmatismus hilft der Einsicht auf die Beine, daß eine erleichterte Integration von Ausländern nicht nur ein geeignetes Mittel gegen Stellenmangel und ansonsten eine freundliche, entgegenkommende Geste wäre. Er lehrt noch mehr: Probleme (etwa in Wohngegenden mit hohem Ausländeranteil) kann eine exklusiv deutsche Polizei nur eher konfrontativ und unter hohem Personalaufwand gerade mal in Schach halten; Ausländer in der Polizei könnten dagegen womöglich mehr bewirken: Sozial und kulturell mit den Problemen besser vertraut, zudem der Sprache der Ausländer mächtig, könnten sie eher als ihre deutschen Kollegen zur De-Eskalierung beitragen, und zudem käme man (kein eben unwichtiger Aspekt in Zeiten angegriffener öffentlicher Haushalte) dann vielleicht mit weniger Beamten aus.

Mit anderen Worten: Die Tatsache, daß Ausländer *anders* sind als Deutsche, wäre nicht mehr wie bisher ein Mangel oder ein Defekt, sondern ein Vorteil. Das Ausländersein der Ausländer wäre von einem Hinderungsgrund zu einer sozialen Produktivkraft geworden – und beiden Seiten wäre genützt. Diesem beschwingten Pragmatismus werden aber schnell die Flügel gestutzt, denn er verfängt sich in einem Netz gesetzlicher und grundgesetzlicher Bestimmungen, die zwar alle – wie etwa das seit 1913 unveränderte »Gesetz zur Regelung von Fragen der Staatsangehörigkeit«[3] – aus einer früheren Epoche stammen und deren Geist atmen, an denen aber bis heute eisern festgehalten wird, ganz nach dem alten Prinzip des deutschen Idealismus: Wenn Wirklichkeit und Idee nicht zusammenpassen, dann spricht das nicht gegen die Idee, sondern gegen die Wirklichkeit.

Und diese hat dann darunter zu leiden: Die aufgeschlossenen Kräfte im Polizeiapparat resignieren; die weniger aufgeschlossenen sehen sich in ihrer Überzeugung bestätigt, daß das ohnehin lästige Bemühen um Integration am Ende doch vergeblich sei; junge Ausländer müssen die Überzeugung gewinnen, daß man sie allenfalls als Überläufer will, nicht aber als das, was sie sind: Bewohner *zweier* gesellschaftlicher Welten (und, zählt man das neuentstandene Milieu der Einwanderer hinzu, sogar *dreier* Welten!); die ethnischen, religiösen oder politischen Traditionalisten in ihren Familien werden triumphieren und sich in der Ansicht bestätigt sehen, daß die Deutschen die Ausländer eben doch nicht wollen; in Kreuzberg und im Wedding wird keine polyglotte, interkulturell erfahrene Polizei unterwegs sein, die manchen Konflikt vor seiner Eskalierung entschärfen könnte; also muß mehr Polizei nach Kreuzberg und in den Wedding geschickt werden; das wiederum trägt bekanntlich nicht zur De-Eskalierung, sondern zum Gegenteil bei; damit verschwinden Kreuzberg und der Wedding auf Dauer nicht aus den Gazetten, schon gar nicht aus denen, die über jeden Streit und jede Tätlichkeit ausführlich berichten, in die Ausländer verwickelt sind; das aber bringt den wenig bemittelten Steuerzahler in Harnisch, der seinen Tribut an Staat und Gemeinwesen gerne anders verwendet sähe; und da er dem Staat, der die Ausländer ja wirklich nicht privilegiert, außer mangelnder Entschlußkraft nichts vorzuwerfen hat, hält er sich an die, die ihm für das ganze Schlamassel verantwortlich zu sein scheinen, an die Ausländer: Wären sie weg, so wähnt er, wären auch die Probleme weg; daß dann zwar nicht die Probleme gelöst, wohl aber sofort die Müllabfuhr oder das Hotel- und Gaststättengewerbe zusammengebrochen wären, weiß man bei der Stadt natürlich, und deswegen schickt man nette sozialarbeiterische *streetworker* in den Wedding und nach Kreuzberg oder Neukölln, die für Verständigung, Toleranz und

Ruhe werben sollen; die aber kommen auf keinen grünen Zweig, weil sie ihrer ausländischen Klientel eben das nicht versprechen können, was die Voraussetzung für Ruhe wäre, nämlich gleiche Rechte.

Und so beißt sich die Katze der vertagten Ausländerpolitik wieder und wieder in den Schwanz. Die Versuchsanordnung erfüllt alle Voraussetzungen, daß der Versuch beweise, was vorher schon feststand: Integration funktioniert nicht, *quod erat demonstrandum*. Problem verkannt, Problem gebannt. Dafür aber Konflikt auf Konflikt. Statt das gesellschaftliche Regelsystem der Wirklichkeit allmählich anzupassen, wird weiterhin die Wirklichkeit, die nicht in das Regelsystem paßt, ausgeblendet und geleugnet.

Kleiner Nachtrag, Berlin und ganz Deutschland betreffend: Der Pragmatismus, der in polizeilicher, staatlicher und staatsbürgerlicher Hinsicht noch immer auf sich warten läßt, kann auf dem Gebiet des Fußballs jedoch schon einige Erfolge vorweisen. Der Deutsche Fußball-Bund ist bekanntlich nicht unbedingt ein Schrittmacher in Sachen Liberalität und Offenheit. Die Not hat ihm aber zur Einsicht verholfen. Da es ohne Ausländer nicht immer glänzend um den deutschen Fußball stünde, hat er mit der sogenannten Ausländerregelung eine Art Quotierung eingeführt: Im Profifußball dürfen in einem Punktspiel maximal drei ausländische Spieler pro Mannschaft eingesetzt werden. Immerhin! Das ist aber noch nicht alles. Es gibt auch noch – gewissermaßen in umgekehrter Analogie zum »Auslandsdeutschen« – den »Fußballdeutschen«; ein solcher ist, nach der Definition des Deutschen Fußball-Bundes, wer mindestens fünf Jahre, davon drei in Jugendmannschaften, aktives Mitglied eines Fußballvereins in Deutschland war. Pro Mannschaft sind bisher beliebig viele »Fußballdeutsche« zugelassen. Das aber könnte ungeahnte Folgen haben. Etwa in Gestalt des 1978 gegründeten Berliner Fußballclubs »Türkiyemspor« (dessen Mitglieder zumeist Türken sind, zu dessen Spielerstamm aber auch ein Russe, ein Pole, ein Brite, ein Grieche und vier Deutsche gehören). 1991 wurde der Verein Vizemeister in West-Berlin, 1992 hat es in der nun gesamtdeutschen Oberliga Nordost nur zum fünften Platz gereicht. Doch der Verein will höher hinaus: Die zweite Bundesliga ist das Ziel.[4] Und sollte er es eines Tages schaffen, wäre dagegen – dank der fußballdeutschen Philosophie des DFB – kein Kraut gewachsen. Das Beispiel sollte Schule machen.

Der Untergang von Düsseldorf

Ausländer sind Ausländer, aber nun einmal da. Ihre Anwesenheit ist zwar in vielen Städten und Gebieten Deutschlands etwas Normales, wird aber immer noch als irgendwie doch anomal wahrgenommen. Es scheint sogar, als wäre dieses Gefühl in den letzten fünf bis zehn Jahren noch stärker geworden. Seit Deutschland der rauhere Wind der neuen Weltunordnung ins Gesicht schlägt, seit die fremden Deutschen, die Aussiedler, durch keinen Eisernen Vorhang mehr gebremst hierherkommen, seit die ersten Bürgerkriege in Europa in mehr als vierzig Jahren neue innereuropäische Fluchtbewegungen in Gang gesetzt haben und seit Flüchtlinge aus den Krisen- und Elendsregionen der Dritten Welt auch bei uns, wenngleich in ganz geringer Zahl, sichtbar geworden und medial zum Problem befördert worden sind, finden die wieder mehr Gehör, die zur Entleerung des angeblich vollen Bootes aufrufen.

Und insgesamt entsteht der Eindruck, als wären die Deutschen vor allem Leidtragende des Teils der internationalen Migrationsprozesse, den sie abbekommen. Voll und immer voller werde das Boot, immer größer werde die Zahl der ausgehaltenen Flüchtlinge und Asylbewerber, der arbeitslosen oder kindergeldbeziehenden Ausländer und (das hört man freilich nur hinter vorgehaltener Hand) der staatlich heftig subventionierten Aussiedler. Fremde in Deutschland erscheinen als parasitäre Existenzen, die das ohne Mühe einstreichen, was Einheimische sich mühsam erarbeiten müssen. Ohne diese *troublemakers*, so lautet der Schluß, wäre alles besser: kaum noch Arbeitslose, weniger Konflikte, größere Sicherheit und mehr Wohlstand.

Wir wollen zeigen, daß das Unsinn ist und daß das Fehlen der Ausländer nicht zuletzt denen beträchtlich zusetzen und schaden würde, die sich heute so viel davon versprechen. Daß es in der Bundesrepublik Deutschland Ausländer gibt, ist kein Schaden, sondern äußerst nützlich. Anders als die eher ideologisch motivierten Freunde der multikulturellen oder der Einwanderungsgesellschaft sind wir nicht der Meinung, von Eigennutz und Ökonomie müsse geschwiegen werden, wenn in Deutschland vom ebenso heiklen wie erhabenen Problem des Fremden geredet wird. Wir glauben im Gegenteil, daß die multikulturelle Gesellschaft und die Überzeugung, sie sei nicht von Übel, gerade dann befördert werden können, wenn deutlich wird, daß das Zusammenleben mit Ausländern – trotz aller unvermeidlichen Spannungen – kein Verlust-, sondern eher ein Gewinngeschäft ist. Das wollen wir im folgenden am Beispiel der nordrhein-westfälischen Landeshauptstadt Düsseldorf plausibel machen, genauer: an der Katastrophe, der sie dank des Beharrungsvermögens und des Fleißes der in ihren Toren lebenden Ausländer entgehen konnte.

Düsseldorf ist, was die Bevölkerungszahl angeht, die achtgrößte Stadt der »alten« wie der »neuen« Bundesrepublik: Etwas weniger als 600000 Menschen leben hier, etwa 80000 (also knapp 14 Prozent davon sind) Ausländer; das ist für Städte dieser Größenordnung nichts Besonderes. Von den zwölf größten Städten der »alten« Bundesrepublik[5] weisen nur vier einen geringeren Anteil von Ausländern auf: Essen (7.6 Prozent), Dortmund (10.5 Prozent), Hannover (11 Prozent) und Hamburg (12 Prozent); in Köln und München, vor allem aber in Stuttgart (20 Prozent) und Frankfurt am Main (26 Prozent) liegt der Ausländeranteil deutlich höher. Wie in allen anderen Großstädten der Bundesrepublik (nur Köln macht hier eine Ausnahme) liegt auch in Düsseldorf die Sterberate höher als die der Geburten; dennoch nimmt die Düsseldorfer Bevölkerung (wie die aller anderen Großstädte auch) nicht ab, sondern zu.

Dafür sind fast allein die Ausländer verantwortlich: durch Zuwanderung, aber auch durch eine höhere Geburtenzahl. Während z. B. im Jahre 1989 insgesamt den 5500 Geburten 7300 Sterbefälle gegenüberstanden, lag bei der ausländischen Bevölkerung die Zahl der Geburten um 1000 über den Sterbefällen. Von 1988 bis 1990 nahm die Düsseldorfer Gesamtbevölkerung um etwa 6000 Personen zu, davon aber waren etwas mehr als 4200, also fast 70 Prozent, Ausländer. Düsseldorf ist eine florierende Stadt mit einem großen Dienstleistungssektor; in seiner Bruttowertschöpfung liegt es im Mittelfeld der zwölf größten Städte der Bundesrepublik, und mit einer Arbeitslosenquote von unter zehn Prozent rangiert die Stadt nach München, Stuttgart und Frankfurt an vierter Stelle.[6] Kann sich Düsseldorf einen Ausländeranteil von 14 Prozent, der zudem in Zukunft vermutlich noch zunehmen wird, leisten?

Im Sozialdezernat der Stadt ist man auf die pfiffige Idee gekommen, diesen Spieß herumzudrehen und die Antwort auf die Gegenfrage zu suchen: Kann sich Düsseldorf den Wegzug seiner Ausländer leisten? Es ist der Frage nachgegangen, wie es Düsseldorf ergehen würde, wenn im Laufe von zwei bis drei Jahren alle Ausländer die Stadt verlassen würden. Im Vorwort der Untersuchung hebt Sozialdezernent Paul Saatkamp hervor, mit Absicht habe man sich auf die materiellen Folgen beschränkt und alle humanitären und kulturellen Gründe, die gegen den Exodus der Ausländer sprechen, unberücksichtigt gelassen.[7] Zu welchem Ergebnis kommt diese Untersuchung, die den für deutsche Ohren beziehungsreichen Titel »Stunde Null« trägt?

Hier einige Ergebnisse. In den eher traditionell strukturierten Großbetrieben der Stadt wie etwa Mannesmann, Thyssen, Henkel oder auch bei der Rheinischen Bahngesellschaft käme es augenblicklich zu einem dramatischen Personalmangel, der weder kurz- noch längerfristig zu beheben wäre; denn für die freigewordenen Arbeitsplätze – fast ohne Ausnahme wenig attraktive und unterdurchschnittlich bezahlte – wäre Ersatz nicht zu finden. Längst stehen Deutsche, auch arbeitslose Deutsche, für diese Arbeiten nicht mehr zur Verfügung. Die Produktion in Großbetrieben müßte zurückgefahren werden, was wiederum deutsche Arbeitsplätze – nicht zuletzt im Angestelltenbereich, in den viele ehemalige Arbeiter aufgestiegen sind – gefährden und zudem die Nachfrage auf dem deutschen Markt beeinträchtigen würde.

Ein paar Zahlen. Im Fuhrpark der Stadt Düsseldorf sind mehr als 14 Prozent der Beschäftigten Ausländer, ebensohoch ist ihr Anteil bei der Rheinbahn; bei der Firma Stockheim sind knapp 40 Prozent der Beschäftigten Ausländer, bei Henkel nur etwas mehr als 9 Prozent. Deutlicher noch wird das Problem, wenn man nach den Berufen schaut. Bei etlichen Berufen, die von Deutschen nicht eben heißbegehrt sind, liegt folglich der Anteil der ausländischen Beschäftigten sehr hoch: Metallschleifer (knapp 40 Prozent), Schweißer und Löter (knapp 35 Prozent), Köche (etwas mehr als 30 Prozent), Straßen- und Tiefbauer (knapp 30 Prozent), Bauhilfsarbeiter (knapp 29 Prozent). Hoch- und Tiefbau würden mit dem Wegzug der Ausländer mehr als ein Fünftel ihrer Beschäftigten verlieren, und bei den Betrieben, die Kraftfahrzeugteile herstellen, würden mit einem Schlag mehr als 40 Prozent der Belegschaften fehlen.

In aller Regel sind die Ausländer also in den Betrieben unproportional verteilt; stark in der Produktion vertreten, wird ihre Präsenz immer dünner, je mehr es in Bereiche wie Verkauf, Marketing, Einkauf und Buchhaltung geht. Eben deswegen aber würde ihre Entlassung schnell eine Kettenreaktion mit möglicherweise katastrophalem Ausgang auslösen. Weniger Produktion würde geringere Umsätze zur Folge haben, mithin müßte Personal im Handel entlassen werden; das wiederum hätte die Drosselung der Warenproduktion zur Folge, also die weitere Entlassung von Arbeitskräften in der Herstellung; ergo würden die Umsätze erneut zurückgehen usw.

Bei den Betrieben, die für das Funktionieren der öffentlichen Infrastruktur zuständig sind, ist der Anteil der ausländischen Beschäftigten zwar vergleichsweise niedrig, dennoch würde auch da schnell nichts mehr gehen. Das hat damit zu tun, daß die Deutschen eher dort sitzen, wo verwaltet wird, während das, was da verwaltet wird, also die weniger angenehme Arbeit, in den Zuständigkeitsbereich von Ausländern fällt. Nur ein Beispiel: Von den etwa 4100 Beschäftigten der Rheinbahn sind zwar »nur« knapp 600 (etwa 14 Prozent) Ausländer; im Fahrdienst der Rheinbahn beträgt der Anteil der Ausländer jedoch fast 60 Prozent!

Schlagartig würde es im Bereich des Dienstleistungsgewerbes sehr eng. Fast 30 Prozent der Kellner in Düsseldorf sind Ausländer, vom Gesamtpersonal der Gastwirtschaften machen sie fast 35 Prozent aus, in den hauswirtschaftlichen Berufen stellen sie ein Viertel des Personals, im Reinigungsgewerbe fast ein Drittel. Sofort wäre (was oft nicht wahrgenommen wird) auch das Gesundheitswesen ganz empfindlich getroffen: In den Städtischen Krankenanstalten sind fast 14 Prozent der Beschäftigten Ausländer, in den Städtischen Altenheimen fast 15 Prozent und in den Universitätskliniken sogar mehr als 37 Prozent!

Ein Exodus der Ausländer würde also die Arbeitslosigkeit nicht nur nicht senken, sondern noch erhöhen; und damit die Ausgaben für Arbeitslosengeld wie -hilfe und für Sozialhilfe ansteigen lassen. Dem stünden dann aber zugleich beträchtliche Ausfälle gegenüber: an Lohn- und Einkommenssteuer, an Gewerbesteuer, an Rentenversicherungsbeiträgen, an anderen Sozialversicherungsbeiträgen. Um das nur an zwei Beispielen zu erläutern: Die Stadt müßte pro Monat (!) auf eine Lohnsteuersumme von mehr als 20 Millionen D-Mark und auf Rentenversicherungsbeiträge von etwas mehr als 18 Millionen D-Mark verzichten.

Durch diese Ausfälle wäre die Stadt gezwungen, die Mittel, die u. a. für die Infrastruktur und das Soziale gebraucht werden, zu kürzen. Da die Ausländer nicht nur arbeiten, sondern auch leben und zu einem beträchtlichen Teil ihre Familien nachgeholt haben, würde ihr Wegzug der Stadt Düsseldorf einen jährlichen Kaufkraftverlust von mindestens 50 Millionen D-Mark bescheren. Auch im Bereich des Handels käme es also zu Entlassungen; viele kleine Läden, die nicht zuletzt von der ausländischen Klientel gelebt hatten, müßten schließen, und die Tendenz zur Monokultur der Supermärkte, die durch die Ausländer als Käufer *und* als Händler einen Einbruch erlebt hatte, bekäme wieder die Oberhand.

Zudem würden nun viele Dienstleistungen, die gerade in einer so wohlhabenden und selbstbewußten Stadt wie Düsseldorf sehr nachgefragt sind, für viele unbezahlbar werden, die Qualität des Lebens außerhalb der eigenen vier Wände würde mithin abnehmen, und das wiederum würde ein zweites Mal die in Düsseldorf nicht eben unterrepräsentierte Gastronomie treffen, die zuvor schon durch den Verlust ausländischen Personals geschwächt und an den Rand des Kalkulierbaren getrieben worden wäre.

Und schließlich würde der Wegzug der Ausländer gerade das nicht bringen, was viele enragierte »Ausländer-raus«-Strategen sich davon versprechen: eine Entspannung auf dem Wohnungsmarkt. Ganz im Gegenteil. Ausländer wohnen zumeist in wenig attraktiven Gegenden, zudem in Wohnungen, die nicht den durchschnittlichen Ansprüchen der Deutschen entsprechen. Zögen die Ausländer weg, bliebe als Alternative zum Verfall nur der Weg der umfangreichen Renovierung und Modernisierung. Nur dann wären Deutsche bereit, nachzuziehen. Doch sie würden sich wundern: Neuer Wohnraum wäre zwar entstanden, wegen der Renovierung und Modernisierung aber nicht preiswerter, sondern teurer. Das Gros der Wohnungssuchenden müßte wieder passen.

Die Liste der negativen Folgen, die jeweils weitere negative Folgen zeitigen, ließe sich noch lange fortsetzen, und es käme dabei am Ende eine *Tour d'horizon* durch ganz Düsseldorf sowie sein näheres und ferneres Umland heraus. Alle Bereiche des städtischen Lebens wären betroffen, es würde sich buchstäblich nichts finden, was nicht – wie vermittelt auch immer – von der Anwesenheit, der Tätigkeit und dem Konsum der Ausländer in irgendeiner Weise abhängig wäre. Die Infrastruktur würde ausgedünnt, das soziale Netz breitmaschiger; Kinder wären ebenso betroffen wie pflegebedürftige Alte, alleinerziehende Mütter ebenso wie Facharbeiter, Yuppies ebenso wie zu Angestellten aufgestiegene Arbeiter, Kleinhändler ebenso wie der Bundesfinanzminister. Die Altersstruktur würde sich, da die ausländische Bevölkerung im Durchschnitt jünger ist als die deutsche, rasch noch weiter zugunsten der Älteren verschieben.

Damit würde in der Stadt die Skepsis gegenüber Veränderung und Innovation zunehmen – und dies in einer Situation, die Züge von Chaos tragen und ein ziemliches Maß an Innovationsbereitschaft erfordern würde. Und gerade in den unteren Rängen der Gesellschaft, also dort, wo die Ausländer noch am ehesten als Konkurrenten wahrgenommen wurden, würde nach dem Wegzug der Ausländer der Konkurrenzkampf erst recht losbrechen: Denn gerade hier würde es zu Entlassungen sowie zu Rückstufungen in schlechter bezahlte und noch weniger angesehene Arbeitsbereiche kommen – ohne daß es, wie bisher, eine noch tiefer angesiedelte Schicht, die Ausländer, gäbe, von denen man sich absetzen könnte. Ganz am unteren Ende der sozialen Skala würden sich wieder vermehrt Deutsche ansammeln, die Kluft zwischen ganz oben und ganz unten würde beträchtlich größer. Spannungen und Konflikte wären programmiert, die Bereitschaft der einzelnen, zum finanziellen Dauertransfer gen Osten beizutragen, wäre bald erschöpft, und alle Postmaterialisten wie Ökologen könnten ihre Projekte fürs erste zu den Akten legen.

Das Beispiel lehrt: Ohne Ausländer geht es längst nicht mehr. Gingen sie weg, wären alle betroffen – nicht zuletzt die, die sich heute am ehesten von ihnen bedroht oder an den Rand gedrängt fühlen. Ohne Ausländer wäre das Gleichgewicht der Gesellschaft augenblicklich dahin, denn längst ruht dieses Gleichgewicht zu nicht unwesentlichen Teilen auf der Existenz von Ausländern als Beschäftigten *und* Konsumenten. Es ist daher absurd, in ihnen Kostgänger des bundesdeutschen Wohlfahrtsstaates zu sehen.

Im Gegenteil; die Bundesrepublik tut sich bekanntlich in all den Bereichen schwer, in denen es zwar viel zu tun gibt, das Prinzip der tariflichen Erwerbsarbeit aber zu ungeheuer hohen Kosten führen würde (nur ein Beispiel: der Pflegebereich). Gerade hier wäre *mit* Ausländern vieles zu lösen.

Um das Wort »Fremdarbeiter«, das allzu offen an das Dritte Reich erinnerte, zu vermeiden, hat man sie »Gastarbeiter« genannt. Das ist in doppelter Hinsicht ein Euphemismus. Denn abgesehen davon, daß man Gäste in der Regel bewirtet, nicht aber arbeiten läßt, hat das Wort einen ganz und gar unerträglichen Unterton von Generosität, ganz so, als sei es bundesdeutscher Güte und Großherzigkeit zu verdanken, daß all die südeuropäischen Habenichtse bei uns arbeiten dürfen.

Die Ausländerbeschäftigung in der Bundesrepublik ist kein Gnadenakt gegenüber einem Teil der Ärmeren in Europa – sie ist vielmehr auch ein Stück außerdeutscher Entwicklungshilfe für die Bundesrepublik Deutschland. Daß diese Entwicklungshelfer subjektiv nicht mit der Absicht kamen, den Deutschen das Leben angenehmer, sorgenfreier und freizeitreicher zu gestalten, ändert nichts an der Tatsache, daß sie es getan haben. Deutschland kann froh sein, daß sich die ungeliebten Gäste nicht haben herausekeln lassen.

Daß die Ausländer in der Bundesrepublik Deutschland stets zu einer mehr oder minder prekären Existenz am Rande verurteilt waren und von vielen Eingeborenen nicht ohne Mißtrauen beargwöhnt werden, hat jedoch noch einen anderen, wenn man will: pragmatischeren und fast beiläufigen Grund. Die Entwicklung der Ausländerbeschäftigung, die Mitte der fünfziger Jahre definitiv in Gang kam, hat so, wie sie dann verlaufen ist, niemand gewollt. Sie ist eines der vielen Beispiele für das, worunter moderne Gesellschaften häufig zu leiden haben, wovon sie freilich auch immer wieder profitieren: für *unintended effects*, für ungewollte Folgewirkungen.

Die Vielfalt dieser Gesellschaften bringt es mit sich, daß wenig in ihnen wirklich plan- und voraussehbar ist. Welche Folgen die Durchsetzung des Autos als Massenverkehrsmittel haben würde, war so wenig vorauszusehen wie das, was der Anstieg der Abiturienten- und Studentenzahlen bewirken würde; und genauso gilt das für das TV, die Anti-Baby-Pille, die Eigenheimbewegung, den Massentourismus, die Studentenrevolte von 1968 – und eben auch die Ausländerbeschäftigung. Man mag (teilweise sicher zu Recht) den Verantwortlichen für die erste Phase der Arbeitsimmigration in die Bundesrepublik finstere Motive unterstellen, die ganz in der Tradition der kriegswirtschaftlichen »Fremdarbeiterpolitik« des Dritten Reichs gestanden haben könnten: Die Quasi-Kasernierung vieler Arbeitsmigranten der ersten Generation in Baracken, in denen zuvor Flüchtlinge und davor »Fremdarbeiter« untergebracht gewesen waren, legt diesen Verdacht nahe.

Gleichwohl darf man nicht übersehen, daß der in den fünfziger Jahren einsetzende Import von nicht-deutschen Arbeitskräften ein sehr nüchternes Unternehmen war, bei dem alle Beteiligten davon ausgingen, daß es nur von begrenzter Reichweite und vor allem nur von begrenzter Dauer sein würde. Es gab lange Zeit buchstäblich niemanden, der die Folgen auch nur geahnt hätte. Heute klingt es auf peinliche Weise banal, wenn mahnend die Weisheit verkündet wird, Arbeitskräfte seien geholt worden, Menschen jedoch gekommen. Es hat aber – so unglaublich das auch klingt – wirklich *niemand* daran gedacht: Bundeswirt-schaftsminister Ludwig Erhard nicht, die Bundesanstalt für Arbeit nicht, die Unternehmerverbände nicht und auch die Kirchen, die Medien und die kritische Intelligenz nicht, die sonst ja immer sehr genau zu sagen weiß, wo »die« Macht versagt hat.

Später mehrten sich die Anzeichen dafür, daß die Beschäftigung von Ausländern nicht die einmalige Ausnahme bleiben würde. Weil es aber – in Deutschland vielleicht mehr noch als in anderen Ländern – schwer ist, die Mehrheit der Bevölkerung offen mit der Tatsache vertraut zu machen, daß es zu dem auch schwierigen Zusammenleben mit Ausländern keine Alternative geben wird, ist man bei der ursprünglichen Version stehengeblieben. Viele der Probleme, die sich heute stellen, haben hier ihren Grund: in der viel zu lange aufrechterhaltenen Kluft zwischen der Realität und ihrer Wahrnehmung.

Zu Recht macht man dafür die Institutionen wie auch die Mentalität der Deutschen verantwortlich. Doch das ist nur die eine Seite. Über die andere wird in den Kreisen der Ausländerfreunde weniger gern gesprochen, weil das das liebgewordene Bild von den Ausländern als den *Nur*-Opfern der deutschen Wirtschaftswölfe und der deutschen Xenophobie beschädigen könnte. Auch die Ausländer selbst haben zu der Unklarheit über die Rolle, die sie in der bundesdeutschen Gesellschaft spielen und spielen wollen, beigetragen.

Auf deutscher Seite hatte man ein gänzlich funktionales Verhältnis zu den immer zahlreicher werdenden Arbeitsmigranten: Nicht an irgendwelche Formen von Integration dieser Neubürger in die bundesdeutsche Gesellschaft oder gar an deren Einbeziehung ins gesellschaftliche und politische Geschehen der Republik war gedacht worden. Die Wege der Integration und Partizipation, die anderen Fremden, den Flüchtlingen und Vertriebenen, von Anfang an offenstanden, blieben den Ausländern auf Dauer verschlossen. Sie zählten als Arbeitskräfte und nur als Arbeitskräfte; man muß in ihnen so etwas gesehen haben wie gesellschaftslose, gewissermaßen kontextbereinigte Wesen, die sich nur durch eines auszeichnen, durch ihr Arbeitsvermögen.

Doch auch die Ausländer selbst haben diesem langwährenden und folgenreichen Mißverständnis den Weg bereitet. Denn auch ihr Verhältnis zu dem ungastlichen Land im Norden war ganz und gar funktional gewesen. Auch sie sahen die Arbeitsplätze und nur sie. Sicher, früh schon führten sie Klage über die abweisende Haltung der Deutschen. Aber an der Gesellschaft der Deutschen waren sie durchaus uninteressiert. Sie kamen in die Fremde, und sie hatten alles andere als die Absicht, diese Fremde zu ihrer neuen Heimat zu machen (weswegen sie die kühle Distanz der Deutschen oft weder überrascht noch gekränkt hat: Sie kam ihnen, der klaren Verhältnisse wegen, gar nicht so ungelegen). An ein befristetes Intermezzo war gedacht. Ziel- und Fluchtpunkt aller Phantasien war nicht eine mögliche neue, sondern die alte Heimat. Die neue, die verbesserte, vor allem die selbständige Existenz im Heimatland: das war der Stern, der – trügerisch oft – über dem provisorischen Leben in der Fremde stand und es erträglich machte.

Lange Zeit blieben die Arbeitsmigranten unter sich. Man hat das mit der Art ihrer Unterbringung erst in Baracken, Wohnheimen sowie Werkswohnungen und dann in Wohngegenden, die von Deutschen eher gemieden werden, zu erklären versucht: die Isolation der Ausländer als Folge ihrer Ausgrenzung und Marginalisierung. Das ist natürlich nicht falsch, aber nur ein Teil der Wahrheit. Denn die Isolation war auch bewußt gewählte Selbstisolation, und zwar nicht nur im Sinne von Schutz vor der fremden neuen Gesellschaft.

Es wiederholte sich hier, was in der Geschichte der Einwanderung (insbesondere der in die Vereinigten Staaten) schon oft geschehen war. Die Migranten schließen sich vorerst ab, verkehren nur im Milieu ihrer Landsleute und bilden *communities*, die im Extremfall (den es in der Bundesrepublik freilich nie gab, auch nicht in Berlin-Kreuzberg oder in den Duisburger Stadtteilen Hüttenheim und Bruckhausen) wie Transplantationen der Heimat in die Fremde wirken, ihren Bewohnern ein Leben fast ohne Kontakt mit den Fremden ermöglichen und das Fremde der Fremde auf Distanz halten. Diese nationalen oder auch ethnischen Milieus schützen.

Es wird freilich oft übersehen, daß sie in doppelter Hinsicht schützen, daß sie vor zwei entgegengesetzt erscheinenden Gefahren schützen. Sie schützen vor der Unwirtlichkeit, der Kälte, der Unübersichtlichkeit und der anfangs vollkommenen Unvertrautheit mit der Fremde sowie vor der Feindseligkeit und Aggressivität der Einheimischen. Sie schützen aber auch vor dem geraden Gegenteil: vor der *Verführungskraft* der Fremde sowie vor der Neugier auf ihre Bewohner und deren Lebensweise.

Von der fernen zur nahen Fremde

Das Problem, das sich hinter dieser Gleichzeitigkeit von Ablehnung der Fremde und geradezu Sehnsucht nach ihr verbirgt, ist von großer Tragweite für alle modernen Gesellschaften. Wir wollen daher seine Entstehung in einem kurzen historischen Exkurs erläutern. Der größte Teil der Migranten, die in den fünfziger und sechziger Jahren nach Deutschland kamen, stammte aus Ländern bzw. aus Regionen in diesen Ländern, die noch weitgehend agrarisch strukturiert waren. Und sie kamen, was fast schon in Vergessenheit geraten ist, zu einer Zeit, in der die Bundesrepublik ökonomisch wie gesellschaftlich gerade erst Tritt gefaßt hatte und in der das sozialstaatlich abgefederte Wohlstandsmodell, das heute wie die zweite oder wenigstens dritte Natur Deutschlands erscheint, noch als ein absolutes, in der Geschichte einmaliges und ungläubig bestauntes Wunder galt.

Seit mehr als hundert Jahren war die Welt schon im großen Aufbruch begriffen, längst schon gab es – zumindest in Europa – keine selbstgenügsamen Inseln der Nichtentwicklung und des Stillstands mehr. Seit der – nicht immer sonderlich friedlichen – Herausbildung der europäischen Territorialstaaten waren die Teile und Regionen Europas untereinander allmählich in ungleich intensivere Beziehungen als je zuvor gebracht worden. Europa, der kleinste, gedrängteste und am dichtesten besiedelte Kontinent der Welt (als »ein Ausläufer Asiens, ein Anhängsel, eine Landzunge« erscheine er auf der Weltkarte, so der französische Historiker Fernand Braudel[8]), war in seiner Geschichte schon immer weit mehr als andere Kontinente von Austausch, gegenseitiger Neugier und Durchdringung geprägt gewesen. Die Bildung großer Reiche, nie abbrechende Kriegszüge, die Araber in Spanien, der Handel, die Wanderungen der Baumeister, Mönche, Scholaren und Maler, die Fluchtbewegungen der verschiedenen Glaubensflüchtlinge, die (häufig unterschätzte) Beweglichkeit beträchtlicher Teile der Unterschichten usw.: All dies hat Europa früh zu einem Kontinent gemacht, in dem Mobilität nie wirklich ein Privileg nur der obersten Schichten war und in dem die Vertrautheit mit ferneren Ländern sowie ihren Sitten und Gewohnheiten stets vergleichsweise groß war.

Und dennoch gab es, und zwar im Grunde bis zur Mitte dieses Jahrhunderts, stets auch eine Kluft zwischen realer politischer wie ökonomischer Durchdringung des Kontinents und dem Bewußtsein davon. Auch hier blieben die Menschen, insbesondere die der später erst vom Prozeß der Modernisierung ergriffenen Länder, notgedrungen hinter der Entwicklung zurück. Wohl drang die Kunde vom Reichtum der großen Städte im europäischen Norden, die Kunde von Industrialisierung und Mechanisierung, von neuen, unerhörten Produkten und Bequemlichkeiten früh bis in fast alle Winkel des Kontinents vor. Noch aber waren, der schon erreichten innereuropäischen Interdependenz zum Trotz, die Länder des Kontinents noch nicht derart eng aufeinander bezogen und voneinander auch abhängig, daß dieses Wissen in den »peripheren« Regionen Europas Folgen gehabt hätte.

Wohl spricht vieles dafür, daß die moderne Lebens- und Konsumwelt, deren weltweiter Siegeszug von ganz wenigen europäischen Ländern (und den Vereinigten Staaten) ausging, dank ihrer Unwiderstehlichkeit Oberhand gewonnen hat: So gewaltsam die Durchsetzung dieses Arbeits- und Lebensmodells auch verlaufen ist – zu seinem ungeheuren Erfolg konnte es nur kommen, weil es auch attraktiv war und diese Attraktivität seine Nachteile (etwa seine Gewaltsamkeit und seine Gleichgültigkeit gegenüber Erfahrung, Tradition und herkömmlicher Lebensweisheit) eindeutig überwog bzw. in den Augen aller, die mit dieser Moderne in Berührung kamen, zu überwiegen schien. Doch es hat vergleichsweise lange gedauert, bis sich die sich selbst verstärkende und später dann zur Lawine verdichtende Botschaft herumgesprochen hatte. Von den ersten Zeugnissen der industriellen Moderne ging in vielen Gebieten Europas erst einmal kein Aufforderungscharakter aus.

Telefon und Automobil wirkten im sizilianischen Caltanissetta, im portugiesischen Setúbal oder im griechischen Iraklion lange wie exotische Wunderdinge, mit denen sich zwar die Angehörigen der Oberschicht schmückten, die aber für die meisten Menschen real nichts *bedeuteten*. Es waren Sensationen aus einer fernen, entrückten Welt, nicht anders als die Jungfrau mit den zwei Köpfen oder das Fabeltier vom Amazonas. Als solche fingen sie an, die Innenwelt der Menschen zu bevölkern, und waren insofern sehr wohl von nachhaltiger Wirkung. Noch aber war nicht vorstellbar, daß sie zu Gegenständen des alltäglichen Umgangs der vielen werden könnten. Noch fühlten sich die Bewohner der peripheren Regionen nicht als Angehörige der Moderne.

Zwar gab es die nicht unbeträchtliche Zahl derer, die vor der Not nach Norden oder nach Übersee flohen (und die zu einem Teil als Erfolgreiche oder Gescheiterte zurückkehrten). Deren Migration stand aber vorerst noch nicht im Zeichen der *einen* Welt: Obwohl sie sehr oft Wanderer zwischen zwei oder mehr Welten und in diesem Sinne Vermittler und Brückenbauer waren, galten sie in ihrer Heimat doch eher als Flüchtige, als Exilanten, als die ebenso mutige wie exotische Ausnahme. Ihr Exodus zielte auf den Ausbruch, auf das mögliche Glück in der Ferne; und wo sie erfolgreich waren, bestätigten sie nur die Kunde, daß es das ferne Reich des Wohlstands wirklich gab. Undenkbar aber blieb der Gedanke, daß es ein *Recht* der vielen auf Wohlstand und Vorankommen geben könnte. Der Exilant, *real* ein Pionier im Brückenbau, *erschien* als einer, der Brücken abbricht. Das Stück Wohlstand, das er als Rückkehrer für sich selbst, seine Familie und vielleicht sein soziales Umfeld mitbrachte, erschien eher als ein Wunder denn als Teil eines ebenso gerechtfertigten wie notwendigen übernationalen Transfers.

Schon die frühe Arbeitsmigration des 19. Jahrhunderts hat in den »peripheren« Ländern Süd-, Ost- und Südosteuropas den Keim für die Autopropaganda von der Überlegenheit und Attraktivität der Lebensweise in den entwickelten Industrieländern gelegt. Aber erst die innereuropäische Migration nach dem Zweiten Weltkrieg brachte den Umschlag und führte dazu, daß man nun überall in Europa diese Propaganda als Botschaft und als Aufforderung zum Handeln, d. h. zum Wandern und zur Steigerung der Bedürfnisse, verstand. Schon zuvor hatte es bekanntlich die Migration als Massenphänomen gegeben. Was also war anders geworden?

Erstens erlebte der Westen Europas in den Jahrzehnten nach dem Ende des Zweiten Weltkriegs eine Phase bisher noch nie dagewesener politischer Stabilität: kein Krieg, kaum Grenzkonflikte, fast keine territorialen Querelen; Westeuropa wurde erstmals in seiner Geschichte zu einem Kontinent, dessen Staaten und Völker sich nicht mehr eo ipso von *feindlichen* Nachbarn umgeben sahen. Schon das half, ein bisher unbekanntes Gefühl von Gemeinsamkeit, von Zusammenhalt und innereuropäischer Vertrautheit zu schaffen; schon das ließ Bari und Amsterdam, Porto und Kopenhagen, Kehl und Straßburg näher zusammenrücken. Hinzu kam zweitens der ungeahnte ökonomische Aufschwung in den hochentwickelten Ländern Europas.

Man kann dessen Bedeutung schwerlich hoch genug veranschlagen, denn erst mit ihm setzte sich das Modell der industriell geprägten Arbeits- und Lebensweise endgültig durch, erst mit diesem Aufschwung wurde es – allen temporären Rezessionen zum Trotz – von einem bedrohlichen Krisen- zu einem unbestrittenen, von seinem Zentrum auf die Peripherie ausstrahlenden Erfolgsmodell. Nicht länger waren Not, Arbeitslosigkeit, Entwurzelung und eine ständige Kriegsgefahr die wesentlichen Kennzeichen des Kapitalismus; erstmals erwies er sich – und zwar gerade auch für die proletarischen Schichten – als ein ökonomisches, zudem sozialstaatlich abgefedertes System, das die existentielle Sorge um Auskommen und Zukunft weithin gegenstandslos machte und eine ungeheure Verallgemeinerung des Wohlstands, seiner Güter und seiner Insignien zustande brachte. Westeuropa war zu einer Zone bisher nicht vorstellbarer Sicherheit und Berechenbarkeit geworden. Die propagandistische Wirkung dieses *fait social total* war von ungeheurer Kraft (und es war ein großer Fehler der Linken, daß sie das nicht sehen und anerkennen wollte und statt dessen diesen von allen nur denkbaren »Massen« längst begeistert begrüßten Erfolg des Kapitalismus immer und immer wieder allein auf mögliche Krisen- und Verelendungspferdefüße hin begutachtet hat).

Und drittens schließlich brachte die Idee des vereinten Europa, die schon sehr bald nach dem Ende des Zweiten Weltkriegs aufkam und schnell weit populärer wurde, als sie es inzwischen wieder geworden ist, einen weiteren Umschwung. Mit ihr wurde mental und in gewisser Weise auch gesellschaftlich nachvollzogen, was ökonomisch geraume Zeit schon Wirklichkeit war: die Entdeckung der virtuellen Einheit (West-)Europas, die Einsicht in die Vorläufigkeit, die Willkür und die begrenzte Bedeutung von Grenzen – die Einsicht also, daß die Souveränität der Europa ausmachenden Staaten eine Fiktion und daß es an der Zeit ist, dem wirtschaftlich schon weitgehend und gesellschaftlich schon ein wenig erschlossenen gemeinsamen Raum Europas auch politisch Gestalt zu geben. Man sollte, was da in Bewegung kam, nicht aus europhilem Wunschdenken heraus zu hoch veranschlagen – ganz sicher aber haben nach dem Zweiten Weltkrieg die Grenzen in Europa (mit Ausnahme der einen großen: des Eisernen Vorhangs, dessen Existenz den Frieden im Innern Westeuropas ja auch nahelegte) rapide an Bedeutung verloren; Grenzübertritte hatten nicht länger das Flair von Abenteuern, das sie trotz aller Migration und trotz alles Oberschichttourismus bisher stets ausgezeichnet hatte.

All dies hat dazu beigetragen, daß die Länder und Regionen Europas wie in einem System kommunizierender Röhren immer intensiver in Kontakt miteinander gerieten. Die Nachrichten aus dem »Zentrum« gewannen in den »peripheren« Regionen an Bedeutung; exotisch waren sie wohl noch immer, aber es wurde allmählich vorstellbar, daß sie eine Botschaft enthalten könnten, die auch die verschlafenen Städte und Dörfer der Peripherie angehen und verändern könnte.

Dafür spricht auch die Veränderung im Charakter der Migration. Ein Ausdruck von wachsender Mobilität war sie natürlich immer schon gewesen, Migration *ist* schließlich Mobilität. Nach dem Zweiten Weltkrieg erfuhr sie jedoch, aus den genannten Gründen, eine gewichtige Veränderung. Viele Rückkehrer hatte es zwar stets gegeben, von einer Einbahnstraße der Migration konnte also noch nie die Rede sein: Zwischen 1900 und 1930 wanderten z. B. etwas mehr als 1.2 Millionen Italiener ins europäische Ausland und nach Übersee aus; vorsichtigen Schätzungen zufolge kehrten im gleichen Zeitraum mindestens 600000 bis 700000 Italiener aus dem Ausland in die Heimat zurück.[9] Doch nun begann die Zahl der Rückkehrer merklich zu steigen. Um beim italienischen Beispiel zu bleiben: In den fünfziger Jahren wanderten etwa 150000 Italiener ins europäische Ausland aus, und etwa 100000 kehrten aus ihm zurück. Und das folgende Jahrzehnt (das Jahrzehnt also, in dem die größte Zahl italienischer Arbeitsmigranten *in* die Bundesrepublik kam) brachte einen noch deutlicheren Anstieg der Rückkehrer: Etwa 210000 Italiener gingen ins europäische Ausland, etwas mehr als 170000 kehrten zurück.[10] Es stieg gleichzeitig die Zahl der Auswanderer *und* die der Rückkehrer an. Die Mobilität nahm in beiden Richtungen zu. Die Migration verlor damit, so kann man schließen, den Charakter des Außergewöhnlichen. Die Länder des europäischen Nordens und Nordwestens waren noch immer Länder der Ferne, aber es war eine *nahe Ferne* daraus geworden.

Das hatte Folgen. In Gestalt der Rückkehrer (die ja, sofern sie Bürger von EG-Staaten waren und daher innereuropäische Freizügigkeit genossen, nicht immer definitiv zurückkehrten, sondern in nicht geringer Zahl mal hier und mal dort lebten) rückten die hochentwickelten Länder Europas näher, die fremde Moderne wurde als etwas halb Ungewöhnliches, halb Normales präsent, sie lag nicht mehr nur jenseits der Alpen. Durch die Geldüberweisungen der Migranten stieg das Konsumniveau, und vor allem die Insignien des Konsumismus waren es, die – vom TV über die Waschmaschine bis zum Auto – von der heimischen Bevölkerung, wo immer möglich, sofort übernommen wurden. Aus den Wunderdingen waren schnell Dinge des Alltags geworden: nicht mehr Geschenke, sondern Produkte, auf die man ein Recht hatte und ohne die das Leben nicht mehr vorstellbar war.

Die zur Normalität gewordene Migration löste das aus, was man mangels eines weniger martialischen Begriffs eine »Bedürfnisrevolution« genannt hat. Diese reichte weit über das Bedürfnis nach den technischen Produkten der Moderne hinaus (deren Bedeutung die griesgrämige Konsumismuskritik ohnehin häufig überschätzt, ja fast dämonisiert). Die Arbeitsmigranten, die ihren Urlaub in der Heimat verbrachten, in immer größerer Zahl zurückkehrten und nicht selten fast zu Pendlern wurden, brachten ja nicht nur Geld und Gegenstände mit. Sie waren inzwischen mehr oder minder (oft nur für die Daheimgebliebenen erkennbar) von der Lebensweise der moderneren Länder geprägt; sie waren, in gewisser Weise, *andere* geworden. Nicht nur durch Geld und Mitbringsel importierten sie die industrielle Moderne – auch sie selbst begannen, diese Moderne zu repräsentieren und mithin zu importieren: den Kult der Jugendlichkeit ebenso wie den Individualismus, die Familie mit geringer Kinderzahl ebenso wie das Tempo der Metropolen.

Migration als Zeitmaschine

Zentrum und Peripherie waren fortan in Europa in einer Weise miteinander verzahnt, wie sie das noch nie zuvor gewesen waren. Jeder rückte gewissermaßen jedem auf die Haut, und der Migrant wurde zum Träger und Herold dieser Entwicklung. In den hochentwickelten Ländern wies er qua Existenz auf die Tatsache hin, daß es ein europäisches Wohlstandsgefälle gibt und daß an der Peripherie die Bereitschaft abnimmt, dies weiterhin einfach nur hinzunehmen. Und mit seinem massenhaften Erscheinen in den Heimatländern wies er auf die Nähe der industriellen Fremde und darauf hin, daß der Weg in sie gangbar und zudem keine Einbahnstraße ist. Die Migration war schon immer ein sich selbst verstärkender Prozeß gewesen: Die ersten ebnen einen Weg, den andere dann leichter, also auch in größerer Zahl beschreiten können; die ersten errichten in der Fremde »Brückenköpfe«, die ebenfalls den Folgenden den Eintritt in die Wanderungsbewegung erleichtern. Und stets war auf die Wanderung von Menschen die gegenläufige Wanderung von Nachrichten über die Fremde gefolgt – Nachrichten, die oft von grotesken Übertreibungen und Schönfärbereien geprägt waren, gerade deswegen ihre Wirkung jedoch meist nicht verfehlten.

In der Folge des ökonomischen Nachkriegsaufschwungs in den industriellen Zentren Europas und der Migration, die dieser wie ein Sog verstärkte, nahmen diese Nachrichten nun an Verläßlichkeit zu, ohne freilich den Charakter der Sensation zu verlieren. Und von diesen Nachrichten ging jetzt eine Aufforderung aus. Das Wohlstands- und Entwicklungsgefälle in Europa war nicht länger eine unverrückbare Tatsache, die der Süden wie ein Schicksal hinzunehmen habe. Sie war vielmehr zu einem Skandal, zu einer Provokation, zu einer großen Ungerechtigkeit geworden. Je größer die Zahl der Migranten, also derer wurde, denen es zu einem beträchtlichen Teil gelang, gleich mehrere Stationen dieses Gefälles zu überspringen, desto sicherer wurde auch die Überzeugung, daß die Zurückgebliebenheit des Südens kein Schicksal ist.

Weil so viele Italiener, Spanier, Portugiesen, Griechen, (damals noch) Jugoslawen, Türken und anderswo Algerier, Marokkaner, Tunesier die Chance ergriffen, sich dem reichen, entwickelten, in den unteren Etagen aber mit Arbeitskräfteknappheit geschlagenen Norden zur Verfügung zu stellen, konnte der Eindruck entstehen, der große Sprung die Entwicklungsleiter hinauf sei ein leichtes gewesen. Nicht eben wenige Beispiele erfolgreicher Integration ehemaliger Arbeitsmigranten scheinen in der Tat die große Geschichte von der Möglichkeit des großen kulturellen Sprungs zu erzählen.

Doch so schön diese Geschichte ist, meist bleibt sie lange ein Märchen. Zwar sollte man das Vermögen gerade auch der Bewohner »peripherer« Regionen zu kultureller Wendigkeit und Mehrsprachigkeit nicht so unterschätzen wie jene Apologeten des national oder ethnisch eingefärbten Kulturalismus, die in den Menschen so etwas wie Gefangene ihrer Herkunft, ihrer Heimat, ihres Volkes und vor allem ihres angeblich fast unveränderlichen kulturellen Gehäuses sehen. Wenn Amerika eines lehrt, dann dies: Der große Sprung und die Integration sind möglich, die Menschen können sich in der Jetztzeit zusammentun und etwas zustande bringen, das mehr, anderes und Vielfältigeres ist als die Fortsetzung ihrer Vergangenheit.[11] Doch der Sprung von der agrarisch geprägten Gesellschaft in die Moderne und deren rasend schnelle Durchsetzung in den Ländern des europäischen Südens sind Erfahrungen, die auch schockieren, lähmen und Wunden schlagen.

Man kennt die Bilder der südeuropäischen Armut der fünfziger und sechziger Jahre. Der nord- oder westeuropäische Beobachter neigt dazu, aus ihnen eine falsche, weil einseitige Botschaft herauszulesen: Ein solches Elend und ein solcher Stillstand können bei denen, die dem ausgeliefert sind, nur den sehnlichen Wunsch wecken, möglichst schnell das Weite zu suchen. Das ist – die Migration beweist es ja – nicht ganz falsch, aber nur ein Teil der Wahrheit. Denn der Stillstand hat auch seine Verlockungen, selbst dort, wo die Not groß ist.

Es gibt – auch wenn die gesamte Erfahrung der Moderne das Gegenteil zu beweisen scheint – kein anthropologisch fundiertes Bedürfnis nach Bewegung, nach Veränderung. Fast alle Gesellschaften erzwingen Bewegung und Veränderung – sehr oft aber erleben die in Bewegung und Veränderung Gebrachten dies nicht als Erlösung und Chance, sondern als Fluch.[12] Noch immer gilt, was die Geschichte vom Exodus aus der *Genesis* lehrt: Es ist ein wenig bequemes, überaus beschwerliches und evolutionär eher unwahrscheinliches Wagnis, aus dem Hause der Sklaverei (oder des Rückstands oder des Elends) in die unbekannte Fremde loszuziehen. Das Wagnis wird immer wieder unternommen, zuweilen gar (wie unter der Führung von Moses) freiwillig; aber es bleibt eher die Ausnahme.[13]

Wäre es anders, dann hätten – seit die Nachrichten vom Wohlleben in den hochentwickelten Ländern sich herumzusprechen begannen – weitaus mehr Menschen als ohnehin schon den Süden Europas verlassen. Es sind nicht einfach Gewohnheit und die Macht der Tradition, die immerhin die Mehrheit am Exodus hindert. Die Fremde ist vielmehr auch eine furchtbare Bedrohung, ein unbekanntes Ungeheuer, von dem man (alle Nachrichten gingen ja in die Richtung) sehr wohl weiß, daß es alles durcheinanderwerfen und das bisher verbindliche Werte- und Symbolsystem vermutlich restlos außer Kraft setzen und entwerten wird.[14]

Kein Zweifel, von dem industriell unterfütterten Lebensstil geht für die, die von ihm gehört und sich seiner Existenz vergewissert haben, eine ungeheure Faszinationskraft aus: Gerade weil er vorerst so exotisch fern ist, weil er die zeiten- und länderüberspringende Überzeugungskraft des Märchens besitzt und weil er – fern, wie er zu Anfang noch war – nicht die Phantasie des Exodus, sondern eher die der Wundergläubigkeit freisetzt, muß er wie eine fern am Horizont auftauchende Möglichkeit der Erlösung erschienen sein. Doch nicht minder präsent war das Gegenstück zur Hoffnung, die Furcht. Die Furcht, all dem entfremdet zu werden, was bisher Gültigkeit und Verbindlichkeit besessen hatte; im Grunde die Furcht, der Boden des Vertrauten werde einem unter den Füßen weggezogen. Und da das unbekannte Neue sowohl den Erfolg wie den Untergang bereithalten konnte, war es ein Spiel mit offenem Ausgang. Die Furcht und die Ablehnung der fremden Moderne (auch dies im übrigen sehr wohl eine Form der Feindschaft gegenüber dem Fremden, der Xenophobie also) gingen Hand in Hand mit der Sehnsucht nach dem modernen anderen und mit der Faszination, die von ihm ausging.

Fluchtpunkt Arbeit

Oft sieht es so aus, als würden sich die Arbeitsmigranten mit bewundernswerter Geschwindigkeit in dem neuen Ambiente zurechtfinden. Das ist auch so – doch möglich wird es, weil der Migrant in der Regel radikal *selektiv* mit seiner neuen Umgebung umgeht. Das Neue, das da unvermittelt auf ihn einstürzt, hat etwas Bedrohliches, in jedem Fall etwas Verwirrendes. Keiner der Codes, die hier gebräuchlich sind, ist ihm vertraut. Zudem sind die Codes in den Zentren der Moderne nicht nur anders, sondern auch vielschichtiger und unübersichtlicher: Weil sich Klasse- und andere herkömmliche Bindungen gelockert haben und die soziale Mobilität sehr groß ist, sind vergleichsweise einfache Zuordnungen, wie sie die Migranten in ihrer Heimat gewohnt waren, nicht mehr möglich. Karrieren sind unberechenbar, die Herkunft verrät nicht mehr viel, und Frauen gehen eigene Wege. Diese brechungs- und überraschungsreiche Vielstimmigkeit hat für den Migranten sicher von Beginn an auch etwas Faszinierendes. Aber eben auch etwas Bedrohliches. Also ist er gezwungen, die Vielfalt zu reduzieren und einen Ausschnitt zu suchen, der noch am ehesten zu ihm paßt.

Da liegt es nahe, sich auf den Bereich zu konzentrieren, dessentwegen er gekommen ist *und* dessentwegen er geholt wurde:

auf die Arbeit. Sie stellt, vorerst zumindest, die einzige Sphäre dar, in der sich noch am ehesten seine Interessen mit denen der Aufnahmegesellschaft treffen. Auch wenn diese Sphäre reicher und vielfältiger ist und in weit stärkerem Maße eine eigene Lebenswelt darstellt, als oft angenommen wird, ist sie doch ein Bereich, der es an lebensweltlicher Vielfalt mit der Welt jenseits der Arbeit nicht aufnehmen kann. Das kommt dem Migranten vermutlich gerade recht: Erleichtert es ihm doch die Eingewöhnung und verschont es ihn doch davor, sich allzu weit auf das säkularisierte (und nicht selten im Ruch der Amoralität stehende) Durcheinander der neuen Welt einlassen zu müssen.[15] Damit aber ist eine weitreichende Entscheidung gefallen. Denn der Migrant landet hiermit in einem sozialen Milieu, von dem sich die Aufnahmegesellschaft schon seit geraumer Zeit wegbewegt. Die Arbeitsmigranten haben bekanntlich in ihrer großen Mehrzahl jene schlechten, wenig angesehenen, unterdurchschnittlich bezahlten und oft auch besonders gesundheitsgefährdenden Arbeitsplätze gefunden, die an Einheimische zunehmend nicht mehr zu vermitteln waren, und man hat das zu Recht als Unterprivilegierung beschrieben. Es kommt aber etwas anderes noch hinzu, was für den Ausschluß der Migranten aus der Mehrheitsgesellschaft vielleicht noch bedeutsamer ist.

Gesellschaften wie die bundesrepublikanische sind als »Freizeitgesellschaften« beschrieben worden. An diesem etwas zu vollmundigen Begriff ist soviel jedoch wahr: Im Laufe mehrerer Jahrzehnte ist die durchschnittliche Arbeitszeit beträchtlich (und sehr viel schneller als in den ersten Jahrzehnten dieses Jahrhunderts) gesunken, und die Freizeit hat an Bedeutung gewonnen. Das sind nur zwei von vielen Indikatoren für den großen Wertewandel, der seit Jahrzehnten im Gang ist und der der Erwerbsarbeit den Vorrang streitig zu machen beginnt. Wenn es auch nur grob eine Tendenz beschreibt, so stimmt es doch: Die »Arbeitsgesellschaft« ist in den hochentwickelten Industrieländern auf dem Rückzug, Lebenswelt und »postmaterialistische« Werte gewinnen an Bedeutung. Die Mehrheitsgesellschaft flieht also genau die Stelle im sozialen Gefüge, die für die große Zahl der Migranten vorgesehen ist und an die sie – das sollte nicht unterschlagen werden – aus Selbstschutz vor der verwirrenden Vielfalt der industriellen Moderne auch mit einiger Absicht fliehen. Mit anderen Worten: Mehrheitsgesellschaft und Migranten bewegen sich – aus jeweils verschiedenen Motiven, die zu einem beträchtlichen Teil mit Ausländerfeindschaft bzw. Unwilligkeit zur Integration gar nichts zu tun haben – voneinander weg. Die gleiche Gesellschaft, die Migration braucht und die damit die Chance von interkulturellem Austausch und Integration überhaupt erst eröffnet, stellt Austausch und Integration zugleich beträchtliche Hindernisse in den Weg, und zwar eben nicht nur und vermutlich nicht einmal in erster Linie aus Böswilligkeit, sondern ganz einfach durch den alltäglichen Lauf ihrer Entwicklung, die auf Ausdifferenzierung und vielleicht sogar den Vorrang des Lebens vor der Arbeit zielt.

Zugvögel und der Stern der Heimat

Doch das ist noch nicht alles. Selektiv gehen die Migranten (zumindest in den ersten Jahren) mit der neuen Wirklichkeit nicht nur gezwungenermaßen und aus Selbstschutz um. *Sie wollen es vielmehr auch so.* Denn ihr Ziel ist ja in aller Regel nicht die neue, sondern ihre alte Welt. Anders als die Migranten nach Übersee, die im letzten Jahrhundert zumindest damit rechnen mußten, nie mehr zurückzukehren, waren die Migranten der fünfziger und sechziger Jahre zuerst einmal keine *Auswanderer*, sondern eben *Arbeits*migranten. Und gerade weil durch die weiter oben beschriebenen Prozesse der allmählichen europäischen Integration die Arbeitswanderung den Charakter des großen Wagnisses und des definitiven Schnitts zu verlieren begann, konnte die Perspektive der Rückkehr in die Heimat um so ungebrochener und konsequenter beibehalten werden.

Auch das eines der vielen Paradoxa der multikultureller werdenden Gesellschaft: Im gleichen Maße, wie sie den definitiven Eintritt der Migranten in die neue Gesellschaft ermöglicht, ermöglicht sie es den Migranten auch, an der Perspektive der Rückkehr festzuhalten. Diese Perspektive erweist sich in sehr vielen Fällen zwar als Fiktion, die dann auch Schritt um Schritt fallengelassen wird – sie besitzt zugleich aber einen größeren Realitätsgehalt als je zuvor. Und noch eine Wendung des Paradoxons weiter: Weil die Rückkehr leichter geworden ist und an Normalität gewonnen hat, ist sie unwahrscheinlicher geworden.

Über dem Leben der meisten Arbeitsmigranten stand zu Anfang der Stern der Heimat, und der erleichterte es ihnen, in der Fremde *nicht* anzukommen. Alle frühen Befragungen von Arbeitsmigranten beweisen, daß sie nur ein kurzes Zwischenspiel in der Fremde vor Augen hatten, ein, zwei, allenfalls drei und sicher nicht vier Jahre.[16] Man brachte sie in Baracken und miserablen Wohnungen unter, aber das wunderte sie nicht: Lebensgeschichtlich war der Aufenthalt hier zuerst als Auszeit geplant, als ein Nicht-Leben, das später das bessere Leben ermöglichen sollte. Karge Lebensumstände und vielleicht sogar die gesellschaftliche Marginalisierung unterstrichen dies Transitorische, waren also in gewisser Weise auch hilfreich, um nicht in Verführung zu geraten.

Die Arbeitsmigranten, in ihrer Mehrheit ganz auf die Arbeit konzentriert, fanden sich auch deswegen in der neuen Gesellschaft vergleichsweise gut und schnell zurecht, weil sie sich vorerst gar nicht sonderlich für sie interessierten. Zu ihrer Arbeit hatten sie ein extensives, kein intensives Verhältnis. Nicht um Qualifikation und Vorankommen ging es (denn das hätte ja die Perspektive der Rückkehr beschädigen können), sondern um möglichst viel Geld. Zwar strikt das Ziel der Heimkehr im Auge und daher die Bedürfnisse im Namen der Zukunft zurückstellend, lebten viele Arbeitsmigranten dennoch in gewisser Weise von der Hand in den Mund: Sie wählten nicht den Umweg einer Qualifikation, der ihnen längerfristig bessere Verdienstmöglichkeiten eröffnet hätte[17], sondern den kürzeren, direkteren Weg der Überstunden und der Sonderschichten.

Das hat ihre Beliebtheit bei den deutschen Kollegen nicht gesteigert (auch andere Fremde hatten das zuvor schon erfahren müssen: die Flüchtlinge und Vertriebenen). Sie galten als allzu willige Arbeitsmulis, die immer zur Stelle waren und noch die schmutzigste Arbeit klaglos verrichteten. Wie insgesamt ihr Desinteresse für das gesellschaftliche Umfeld oft als Provokation wahrgenommen wurde. Als die, die in den Betriebshierarchien ganz unten waren und nur ein prekäres Aufenthaltsrecht besaßen, konnten sie sich Widersetzlichkeiten gegen Meister und proletarisches Selbstbewußtsein anfangs kaum leisten – waren daran aber auch nicht sonderlich interessiert. Denn als die Zugvögel[18], als die sie sich verstanden, schien es ihnen der Mühe nicht wert zu sein, hier einen Streit vom Zaun zu brechen, der schon morgen in der Heimat Schnee von gestern sein würde. Und so galten sie – eines der vielen Beispiele für die kulturellen Mißverständnisse, die den Weg der multikulturellen Gesellschaft pflastern – bei ihren deutschen Kollegen als Streber, Kriecher, Anpasser.

Das ist eine Übertreibung, die den deutschen Kollegen auch deswegen leicht von den Lippen kam, weil so ihr eigenes, nicht eben immer sonderlich couragiertes Verhalten in einem besseren Licht erschien (der Blick *herunter* auf die Ausländer war also auch nützlich: Er verhalf zu Distinktionsgewinnen). Aber ganz falsch war die Mutmaßung nicht. Und was da geargwöhnt wurde, galt nicht nur für die Sphäre der Arbeit, sondern die gesamte Existenz der Migranten. Jeder Einheimische ist der gesellschaftlichen Welt, in der er lebt, mehr oder minder verpflichtet. Er stammt aus ihr, ist durch tausend Fäden an sie gebunden und muß stets auf dies und das Rücksicht nehmen. Das bremst in gewisser Weise den Egoismus. Bei der Planung von Karrieren muß *auch* auf die Umwelt Rücksicht genommen werden: Wie reagieren das Herkunftsmilieu, der Freundeskreis, die Kollegen? Die Beispiele ließen sich leicht fortsetzen – immer belegen sie die bekannte Einsicht, daß Gesellschaft, so modern und metropolitan sie auch sein mag, immer auch *soziale Kontrolle* bedeutet und dadurch dem rigorosen Durchsetzungswillen die Flügel stutzt. Für die Arbeitsmigranten galt das lange nicht oder jedenfalls sehr viel schwächer. Die sozialen Zusammenhänge, auf die *sie* Rücksicht zu nehmen hatten, waren nicht hier, sondern in der Heimat. In gewisser Weise sahen sie ihr Leben in der Fremde als eines in einem gesellschaftslosen Raum an. Ihre Loyalitäten waren an einen anderen gesellschaftlichen Ort gebunden. Der Meister konnte ihnen so egal sein wie der Vermieter, der Kollege so egal wie der deutsche Nachbar.

Sie wollten es nicht, aber sie taten es: Sie *mißachteten* das soziale und kulturelle Umfeld, in dem sie nun bis auf Abruf lebten.

Oft ist (insbesondere am Beispiel der Einwanderung in die Vereinigten Staaten und da vor allem an dem der Einwanderer aus Asien) das erstaunliche Adaptionsvermögen von Migranten beschrieben worden. Dieses Vermögen beruhte jedoch zu wesentlichen Anteilen auf einem einfachen Prinzip: auf dem Prinzip der *radikalen Vereinfachung* der neuen Umgebung, und zwar unter strikter Orientierung an den eigenen, fast ausnahmslos ökonomischen Interessen. Die Konzentration auf nur einen Sektor der gesellschaftlichen Wirklichkeit ermöglichte ihnen oft in diesem ein weit schnelleres Vorankommen, als es den Einheimischen möglich gewesen wäre. Aus der Perspektive der Mehrheitsgesellschaft, die an eine Vielzahl von Konventionen gebunden und daher langsamer und weniger beweglich ist, mußte das als Rücksichtslosigkeit erscheinen: die Migranten als Eindringlinge, die sich – mit der Machete ihrer Arbeitskraft ausgestattet – einen Pfad durch die unübersichtliche Wildnis der Fremde schlagen. Und ganz falsch war dieser Eindruck ja nicht.

Vom Umgang mit der Welt, die nicht mehr stimmt

Auch dieses Beispiel lehrt, daß es ratsam ist, von einem allzu schlichten Bild der multikulturellen Gesellschaft Abstand zu nehmen. In ihr begegnen sich nicht einheimische Täter und fremde Opfer. Es ist viel komplizierter. Im Labyrinth der kulturellen Mißverständnisse, die diese Gesellschaft ohn' Unterlaß produziert, sind die Opfer oft Täter wider Willen und die Täter in der Regel auch Opfer: so sehr und so voller wechselseitiger Spiegelungen, daß es fast scheint, als sei das kulturelle Mißverständnis *der* Bewegungsmodus der multikulturellen Gesellschaft und als sei stets das neue Mißverständnis schon zur Stelle, wenn man gerade noch dabei ist, das alte aus dem Wege zu räumen.

Der Einheimische verfolgt die Ankunft der Fremden mit Mißtrauen. Er ahnt, daß sie bisher Selbstverständliches in Frage stellen werden und ein anderes Tempo in die Gesellschaft bringen könnten; und er argwöhnt, daß sie Konkurrenten werden könnten. Das spüren die Fremden, und deswegen gehen sie auf Distanz, schließen sich ab und werden damit erst recht zu Fremden.

Weil also der Einheimische den Fremden beargwöhnt, macht er ihn noch mehr zum Fremden und sieht sich mithin von allem Folgenden in seinem Anfangsverdacht bestätigt. Mit anderen Worten: Weil der Fremde fremd ist, macht der Einheimische ihn, damit die Welt noch stimme, zum Fremden; da der Fremde aber bleibt, stimmt die Welt nicht mehr.

Und umgekehrt dasselbe fast: Der Migrant, auf Durchzug eingestellt, erkennt die Fremde nicht an – weil er sie fürchtet, weil er sie für verführerisch hält, weil er gar nicht in ihr ankommen will. Er ist ein abwesender Anwesender. Er folgt allein dem Stern der Heimat, und das macht ihm die Fremde erträglich. Deren Lebenswelt gegenüber zu Anfang ganz gleichgültig, ist auch er fremdenfeindlich. Das spüren die Einheimischen, und so sehen sie sich ausgegrenzt. Dann merken sie, daß der Fremde, der doch nur ganz kurz hereinschauen wollte, bleibt, Jahr um Jahr. Das halten sie dann für ein heimtückisches Manöver. Der Fremde bleibt dabei, daß er eigentlich nicht bleiben will, und er glaubt das auch. Damit seine Welt stimme, hält er auch dann noch lange am Traum der Rückkehr fest, wenn dieser schon längst zur Fiktion geworden ist. Dadurch stimmt für den Einheimischen die Welt nicht mehr: Die dableiben und doch gehen wollten, müssen Eindringlinge sein. Aber auch für den Fremden stimmt die Welt nicht mehr: Ohne es zu merken, hat er in einer Fremde Wurzeln geschlagen, die ihm deswegen so fremd geblieben ist, weil deren Kultur ihm ohne Bedeutung zu sein schien. Nun fehlt ihm, was er zur Integration bräuchte, der über die Verrichtungen hinausreichende Kontakt zur Umwelt, und er merkt, daß es Luftwurzeln sind, die ihn mit der neuen Heimat verbinden. Wieder stimmt die Welt nicht mehr.

Es ließe sich diese pendelnde Bewegung noch lange nachzeichnen. Sicher beschreibt sie die Entwicklung viel zu ausweglos. In der Wirklichkeit kennt das Pendel andere, überraschende Ausschläge, viele Mißverständnisse lassen sich aufklären, und Integration findet statt, fast immer auf Umwegen, nicht kalkulierbar und daher meist eine Überraschung, die erst dann auffällt, wenn sie schon Normalität geworden ist. Die Welt stimmt zwar auch dann nicht mehr, denn beide Seiten haben von Vorstellungen Abschied nehmen müssen, die ihnen lieb und teuer waren und die erst kommende Generationen – die Generationen, die die Partie entscheiden – vergessen können. Aber es ist ein Modus vivendi gefunden, und nicht selten erweist er sich als ebenso nützlich wie bereichernd.

Freilich hat die Reise durch die Vorstellungen, die die Migration bei den Migranten wie bei den jeweils Einheimischen ausgelöst hat, auch etwas anderes überdeutlich gezeigt: Notorisch hinken hier Wahrnehmung und Selbstwahrnehmung hinter der Realität her. Oder anders herum: Es gibt nicht viele Bereiche, in denen so sehr wie hier nicht die *Tatsachen* zählen, sondern die *Wahrnehmungen* der Tatsachen. Das gilt für den Migranten, der ziemlich lange ziemlich eisern an der Vorstellung vom Zwischenspiel und vom Provisorium festhält, ebenso wie für den Einheimischen, der durch die Migranten ein Chaos und eine Deklassierung ausgelöst wähnt, vor denen ihn ebendiese Migranten letztlich bewahren. Nicht Einsichten zählen hier, sondern Visionen, Wunschbilder, Fluchtpunkte und Ängste. Man weiß, jede Angst ist, *weil* sie empfunden wird, real. Aufklärung vermag weniger gegen sie auszurichten als Erfahrung.

Das Problem der Einwanderungsgesellschaft liegt nicht so sehr in der Tatsache der Einwanderung, sondern in den Bildern, die über sie in Umlauf sind. Diese Bilder helfen beiden Seiten, die Wirklichkeit nicht oder verspätet zur Kenntnis zu nehmen. Und sie bewirken, daß die Vorteile der Einwanderungsgesellschaft gar nicht erst in den Blick geraten und auf ihre Probleme ein apokalyptisches, Lösungen verhinderndes Licht fällt. Gegen diese Neigung zur Wirklichkeitsleugnung und -dämonisierung wollen wir im folgenden Kapitel einige Evidenzen ins Feld führen. Wir zeigen darin, wie und warum die Bundesrepublik Deutschland zu einer Einwanderungsgesellschaft wurde, schildern die Erfahrungen, die die Migranten hier gemacht haben, und gehen einer Frage nach, die das öffentliche wie das weniger öffentliche Bewußtsein seit geraumer Zeit beschäftigt: der Frage, ob Deutschland durch die Einwanderung aus den Fugen zu geraten droht.

3. Kapitel

Einwanderung in Deutschland:
Der Weg zurück von der Wirklichkeit zum Dementi

Wenn die Welt, die Staaten, die Gesellschaften und die Völker in Bewegung geraten, kommt es stets auch zu Migrationen. Diese sind fast nie willkürliche Aufbrüche ins gänzlich Unbekannte, sondern folgen Mustern, die durch Nachrichten und Vorgänger vorgezeichnet wurden. Und da die moderne Welt in ständiger Veränderung begriffen ist, verändert die Migration immer wieder ihre Richtung. Auch Deutschland hat diese Erfahrung gemacht: In der ersten, ja noch in der zweiten Hälfte des 19. Jahrhunderts eines der großen Auswanderungsländer Europas, war es gegen Ende des Jahrhunderts Aus- *und* Einwanderungsland zugleich, um in den folgenden Jahrzehnten bis zum Beginn des Ersten Weltkriegs vor allem Einwanderungsland zu werden. In den anderthalb Jahrzehnten der politisch wie ökonomisch instabilen Weimarer Republik überwog dann wieder die (wenngleich nicht mehr so starke) Auswanderung vor allem in die beiden Amerikas eindeutig die Zuwanderung nach Deutschland.

Das folgende, das nationalsozialistische Jahrzwölft brachte die brutalsten Formen von Migration. Es begann mit der Ausbürgerung und der Auswanderung vor allem der deutschen Juden, es endete mit Deportationen und dem Massenmord in den Vernichtungslagern. Doch das ist noch nicht alles, was das Dritte Reich zur Geschichte der Migration beigetragen hat: Im Rahmen seiner barbarischen Politik der Welteroberung und der neuerlich geplanten Ostkolonisation begann es, riesige Umsiedlungen einzuleiten; zudem betrieb es massiv die »Einwanderung« von Fremdarbeitern, ohne die die ausgeweitete Kriegsproduktion nicht möglich gewesen wäre. Und als das Regime dann militärisch zusammenzubrechen begann, löste das eine der großen Migrationsbewegungen der Neuzeit aus.

Diese setzte schon vor dem Ende des Krieges ein und machte Deutschland erneut zu einem Einwanderungsland. Etwa 8.3 Millionen Flüchtlinge, Vertriebene und Übersiedler hatte die Bundesrepublik Deutschland schon bis zum Jahr 1950 aufgenommen, und bis zum Herbst 1990 war diese Zahl (einschließlich der Aussiedler) auf 15 Millionen angestiegen:[1] 25 Prozent der bundesdeutschen Bevölkerung sind also deutsche und deutschstämmige Zuwanderer. (Zum Vergleich: Im gleichen Herbst 1990 machten die Ausländer 8.2 Prozent der bundesdeutschen Bevölkerung aus.) Diese deutschen Zuwanderer waren – wie etwa die Konflikte beweisen, die ihr Erscheinen nicht selten auslöste – Fremde; aber sie waren auch Deutsche, und deswegen galten sie nicht als das, was sie doch waren: Einwanderer. Obgleich die Bundesrepublik in ihren ersten Jahren, zudem ökonomisch wie politisch noch längst nicht konsolidiert, mit einer gewaltigen Immigrationsbewegung zurechtkommen mußte und auch zurechtkam, ist diese Erfahrung im kollektiven Bewußtsein nicht als eine der Einwanderung gespeichert worden.[2] Auch damit hat es zu tun, daß die folgende Einwanderungsetappe, die Ausländer aus Südeuropa nach Deutschland brachte, wie ein absolutes Novum bestaunt und beargwöhnt wurde. Davon soll im folgenden die Rede sein: von der stillheimlichleisen Art und Weise, in der die Einwanderung erneut über die Deutschen kam.[3]

Wie die ersten Südeuropäer unter die Deutschen kamen

Mitte der fünfziger Jahre fielen die Würfel für eine Entwicklung, die die Bundesrepublik Deutschland in den folgenden Jahrzehnten zu einem Einwanderungsland machen sollte.[4] Die Entscheidung dafür wurde von der Öffentlichkeit fast gar nicht beachtet, und auch denen, die sie trafen, war nicht im Traum klar, welche Weichen sie da stellten.

Der kometenhafte Anstieg des Wirtschaftswachstums in der frühen Bundesrepublik ist oft ein Wunder genannt worden. Es gab freilich auch nüchterne Ursachen, die es ermöglichten. Insbesondere verfügte die Bundesrepublik, noch bevor es sie gab, über eine gewaltige Produktionskapazität. Und die hatte sie dem Dritten Reich und der gigantischen Steigerung und Beschleunigung der Kriegsproduktion zu verdanken, die vor allem in den letzten Jahren des Zweiten Weltkriegs betrieben wurde. Diese Kapazitäten waren durch die Zerstörungen des Krieges nur in vergleichsweise geringem Maße getroffen worden. Eine Zahl kann das verdeutlichen: Während die Brutto-Anlageinvestitionen von 1936 bis 1945 um mehr als 75 Prozent gestiegen waren, machten die Zerstörungen der Produktionsanlagen bei Kriegsende nur etwa 17 Prozent aus.[5]

Die Hochrüstung des Dritten Reichs hatte also beste Voraussetzungen für einen Wiederanfang geschaffen. Dennoch gab es ein großes Problem: Es fehlten die Menschen, die dafür gebraucht wurden. Die Kriegsproduktion war – da die Mehrzahl der deutschen Männer zur Wehrmacht eingezogen wurde – nur durch den Einsatz von Frauen, Fremdarbeitern und ausländischen Kriegsgefangenen möglich gewesen. Das entfiel nun weithin, und die entstandene Lücke konnte nur sehr unzureichend mit Deutschen gefüllt werden, denn viele waren im Krieg umgekommen oder noch in Gefangenschaft.[6] So gesehen, war die massive Einwanderung von Flüchtlingen ein ökonomischer Segen für die frühe Bundesrepublik.

Doch die fremden Deutschen kamen Monat um Monat in so großer Zahl, daß an ihre schnelle Integration in den Arbeitsprozeß nicht zu denken war – auch deswegen nicht, weil man sie nicht mehr (wie zuvor die ausländischen Fremd- und Zwangsarbeiter) nach Belieben an die gerade passenden Arbeitsplätze schaffen konnte. Es gab also eine große Zahl von Arbeitslosen. (Noch 1950 betrug die Arbeitslosenquote 11 Prozent; zum Vergleich: 1960 lag sie bei 1.3 Prozent, 1970 gar nur bei 0.7 Prozent).

Von Vollbeschäftigung konnte also noch keine Rede sein, und in der öffentlichen Diskussion dieser Jahre überwogen lange die Zweifel daran, daß es möglich sein würde, all die Heimkehrer, Vertriebenen und Ost- wie DDR-Flüchtlinge ins wirtschaftliche Geschehen der Bundesrepublik zu integrieren. Mehr als vier Millionen Kriegsgefangene waren bis 1950 in eine ihnen fremd gewordene und davongelaufene Heimat zurückgekehrt. Insgesamt waren bis 1950 mehr als acht Millionen Deutsche zugewandert.[7] Danach verlangsamte sich die deutsche Zuwanderung aus dem Osten zwar, blieb aber Jahr für Jahr immer noch beträchtlich: 1951 kamen etwas mehr als eine Viertel Million (die Arbeitslosenquote des Jahres: 10.4 Prozent), und noch 1955 waren es etwas mehr als 180 000 (Arbeitslosenquote: 5.6 Prozent). Kein Platz also für die Habenichtse aus dem Süden, sollte man annehmen.

Doch der Eindruck täuscht. Schon im Sommer 1952 – die Arbeitslosenquote lag bei 9.5 Prozent, und noch immer wanderten Deutsche aus dem Osten in großer Zahl zu – arbeiteten in der Landwirtschaft Südbadens Italiener (wenngleich in geringer Zahl, da das italienische Konsulat nur sehr zögernd vermittelte).[8] Warum diese Beschäftigung von Ausländern, wo doch noch mehr als 1.6 Millionen Deutsche arbeitslos waren? Schon an diesem frühen Beispiel wird deutlich, warum der Ausländerbeschäftigung weder mit germanophiler Rhetorik noch mit einer betont deutschenfreundlichen Arbeitsmarktpolitik beizukommen ist. Denn erstens zeigt das Beispiel, daß auch in Deutschland der Arbeitsmarkt anderen Regeln folgt als denen des nationalen Selbstverständnisses: Herkunft und Paß spielen auf ihm eine weit geringere Rolle als auf den Gängen deutscher Behörden. In gewisser Weise ist der Arbeitsmarkt farben- und nationalitätenblind – nicht aus Menschenfreundlichkeit, sondern aus ganz sachlichen Gründen; die billigere Arbeitskraft aus dem Ausland etwa ist ihm sehr viel lieber als die deutsche, aber teure. Und es ist keine wie auch immer geartete Ausländerpolitik vorstellbar, die ihm diese Vorliebe austreiben könnte.

Zweitens zeigt schon dieses kleine Beispiel, daß die Ausländerbeschäftigung in Deutschland nicht der Invasionsbereitschaft der Südeuropäer zu verdanken ist, sondern der Strebsamkeit und der Zielstrebigkeit der Deutschen, die sich dann gern über das angebliche Überhandnehmen der Ausländer beklagen. Die südbadischen Bauern hätten ja vermutlich lieber deutsche Landarbeiter eingestellt – sie fanden nur keine. Sie mögen (wie viele ihrer Kollegen in der ganzen Bundesrepublik) die Hoffnung gehegt haben, daß gerade die Zuwanderung der Deutschen aus dem Osten, die zu einem beträchtlichen Teil aus agrarisch geprägten Regionen kamen, ihnen neue Arbeitskräfte bescheren würde.

Doch das war ein Irrtum: Das Gros der Vertriebenen erwies sich als außerordentlich aufstiegsbewußt und mied, da hier eine selbständige Existenz auch als Zielperspektive kaum vorstellbar war, die Landwirtschaft (zumindest galt dies für die südlichen Länder der Bundesrepublik). Die in den ersten Jahrzehnten der Bundesrepublik sehr ausgeprägte Landflucht dünnte den landwirtschaftlichen Arbeitsmarkt drastisch aus, und die neu hinzugekommenen Deutschen, die Vertriebenen, schlossen sich in ihrer großen Mehrheit diesem Trend sogleich an. Mit anderen Worten: Weil es die Chance des sozialen Aufstiegs gab, war das Gros der Deutschen – nicht zum erstenmal in ihrer Geschichte[9] – für einige der härteren Arbeiten nicht mehr zu haben.

Und weil dies so war und ist, lehrt schon diese kleine Anekdote drittens, daß *der* Arbeitsmarkt kein topfartiges Gebilde ist, das man mit Arbeitskräften so lange füllen kann, bis es voll ist. Es wäre eine Milchmädchenrechnung, die Zahl der Arbeitslosen gegen die Zahl der offenen Stellen aufzurechnen. Denn es zeichnet die menschliche Arbeitskraft (und schon gar die deutsche) aus, daß sie nicht wie ein Waggon, der nur Schienen braucht, nach Belieben quer über die Landkarte verschoben werden kann. Das kommt z. B. daher, daß ihr Besitzer neben dem Arbeitsplatz in aller Regel auch noch eine Wohnung braucht, daß ihm die Lebensumwelt in den seltensten Fällen gänzlich gleichgültig ist, daß er als Objekt ökonomischer Planung nur begrenzt zur Verfügung steht, kurz: daß er dort, wo nicht Kriegswirtschaft und Zwangsarbeit herrschen, über Bedürfnisse und einen freien Willen verfügt, die er auch in die Waagschale werfen wird. Er nimmt seine (wenn auch begrenzte) Wahlfreiheit in Anspruch, und da sich die moderne Gesellschaft in einem ständigen Prozeß der Ausdifferenzierung und des Vorankommens befindet, versucht auch er, sich abzusetzen und voranzukommen. Er meidet, wo immer möglich, den schlechten Arbeitsplatz, sucht sich den besseren, um bald den noch besseren zu finden. Und dieser Weg ist in der Regel ein Weg nach vorn, der Besitzstände schafft: Wenn einem der Sprung von der Werkhalle in die Verwaltung gelungen ist, steht er fortan für die Werkhalle im Prinzip nicht mehr zur Verfügung. Selbst wenn er nun als Angestellter arbeitslos werden und zugleich in der Werkhalle Arbeitskräfteknappheit herrschen sollte – der Weg zurück in die Werkhalle fiele ihm im Traum nicht ein.

Mit anderen Worten: Es gibt nicht einen homogenen Arbeitsmarkt, auf dem alle Besitzer von Arbeitskraft als Gleiche und Austauschbare gehandelt würden, sondern mehrere, zwar ineinander verzahnte, aber auch ausdifferenzierte und voneinander getrennte Arbeitsmärkte. Und weil das so ist, konnte es 1952 bei einer Arbeitslosenzahl von 1.65 Millionen zugleich in der südbadischen Landwirtschaft Arbeitskräfteknappheit geben, die wiederum zur ersten Anwerbung von Ausländern führte.

Das folgenreiche Schweigen des dicken Mannes

Die Öffentlichkeit der Bundesrepublik war von diesen Italienern im Herzen der blühenden badischen Landwirtschaft nicht beunruhigt; es gibt keine Anzeichen dafür, daß sie diese ersten Gastarbeiter auch nur bemerkt hätte. Für eine politische Initiative, zu der es zwei Jahre später kam, galt das nicht mehr. Wir stellen sie kurz dar, weil sie erstens sehr folgenreich sein sollte und weil zweitens ihr Verlauf zeigt, daß die offizielle Bundesrepublik schon mit dem Beginn der Arbeitsmigration den Grundstein für die späteren Lebenslügen und Wirklichkeitsdementis legte, die dann den vernünftigen Umgang mit dem Problem bis auf den heutigen Tag so schwermachen.[10]

Die Geschichte, die es zu erzählen gilt, handelt von der Furcht vor dem Krieg und davon, wie diese die Arbeitsmigration in die Bundesrepublik (mit) in Gang gebracht hat. Im Frühjahr 1954 waren, durch Ergänzungen des Grundgesetzes, die verfassungsrechtlichen Voraussetzungen für die Aufstellung bundesdeutscher Streitkräfte geschaffen worden. Und sogleich dachte der kluge Dicke vor: Bundeswirtschaftsminister Erhard sah durch die bevorstehende Wiederaufnahme der Rüstungsproduktion sowie durch die ersten Jahrgänge von Rekruten, die ja auf Zeit dem Arbeitsmarkt entzogen wären, ein mögliches Arbeitskräftedefizit auf die Wirtschaft zukommen. In einem Gespräch mit dem italienischen Außenminister verhandelte er über die Möglichkeit, in Zukunft 100 000 bis 200 000 Italiener, vor allem Landarbeiter, in der Bundesrepublik arbeiten zu lassen. Das blieb der Öffentlichkeit nicht verborgen; das »Hamburger Echo« wartete am 10. November 1954 mit einem überraschenden Titel auf: »Fremdarbeiter statt Rekruten«. Sofort war die Aufregung groß; die Gewerkschaften (als die Lobby der schon Beschäftigten, die vor lohndrückender Konkurrenz zu schützen waren) und die Vertriebenenverbände (als die Lobby der fremden Deutschen, die vorrangig und bis zum letzten Mann unterzubringen seien) reagierten verwundert, und auch im benachbarten Arbeitsministerium verstand man die Welt nicht mehr – gab es doch noch mehr als 1.4 Millionen arbeitslose Deutsche. Was nicht sein sollte, durfte auch nicht sein, und so stellte das Bundesarbeitsministerium fest, »es bestehe zunächst nicht die Absicht, ausländische Arbeitnehmer in die Bundesrepublik zu holen«; ähnlich das Bundesvertriebenenministerium, das verkündete, »an eine Anwerbung ausländischer Arbeitskräfte soll[e] erst dann gedacht werden, wenn die Masse der jetzt noch arbeitslosen Vertriebenen und Flüchtlinge feste Arbeitsplätze erhalten« habe. Der Dicke aber, der es besser wußte, schwieg. Und das war der Beginn einer bis heute andauernden Politik des Verschweigens und Leugnens, des Mogelns und Schummelns, der Dementis, die stets weitere Dementis nach sich zogen.

Denn allen öffentlichen Beteuerungen zum Trotz – die Entscheidung war schon gefallen. Und sie war weniger in Rüstungsproduktion und Rekruten, als vielmehr in den Besonderheiten des Arbeitsmarktes begründet. Zwar gab es 1955 noch mehr als eine Million Arbeitslose, und die durchschnittliche Arbeitslosigkeit lag bei 5.1 Prozent, doch waren die *regionalen* Unterschiede sehr groß. Lag die Arbeitslosigkeit etwa in Schleswig-Holstein über 11 Prozent, so lag sie in Baden-Württemberg nur noch bei 2.9 und in Bayern sogar nur bei 2.2 Prozent. (Besonders im Fall Bayerns ist das verblüffend; der frühere Präsident der Bundesanstalt für Arbeit, Josef Stingl, hat 1979 in einem Vortrag darauf hingewiesen, daß Bayern erst nach 1945 den Sprung von einem eher agrarisch strukturierten zu einem Land an der industriellen Spitze gelungen sei – und dies nicht zuletzt dank der Zuwanderung von Vertriebenen, insbesondere derer aus dem überwiegend industriellen Sudetenland.[11]) Und noch deutlicher wird das Problem, das nun sichtbar wurde, wenn man nur die Männer berücksichtigt: Im September 1955, knapp zwei Monate vor dem ersten Anwerbevertrag, lag deren durchschnittliche Arbeitslosenquote nur noch bei 1.8 Prozent. Mit anderen Worten: Insbesondere in den wirtschaftlichen Ballungsgebieten des Südens zeichnete sich Vollbeschäftigung, wenn nicht gar Arbeitskräfteknappheit ab.

Das war der Hintergrund, vor dem der erste Anwerbevertrag mit Italien zustande kam. Als sich die Nachrichten darüber verdichteten, war die Aufregung wieder groß. SPD und Gewerkschaften – schon damals nicht frei von jenem Konservatismus, der ihnen heute so zu schaffen macht – plädierten gegen das Abenteuer der Arbeitsmigration, und der CDU-Abgeordnete Niederalt sprach wohl für die Mehrheit seiner Fraktion, als er vor dem Deutschen Bundestag forderte, »der letzte deutsche Arbeiter muß doch erst in Arbeit sein, bevor wir an diese Dinge denken, und wir müssen die Bundesregierung wirklich bitten, zunächst alle Anstrengungen zu machen, um unsere Wirtschaft und Industrie zu bewegen, dort hinzugehen, wo noch Arbeitskräfte sind«.

Doch Wirtschaft wie Industrie waren damals sowenig wie heute bereit, in den strukturschwachen Regionen riskante (und zudem vermutlich nicht eben viele Arbeitsplätze schaffende) Investitionen zu tätigen. Statt zu den Arbeitskräften zu wandern, zogen sie es vor, die Arbeitskräfte wandern zu lassen. Und da schon damals – trotz der noch nicht abgeschlossenen Massenwanderungen aus dem Osten – das Wandern nicht mehr des Deutschen Lust war, behalf man sich mit Ausländern, die offensichtlich weniger ortsgebunden waren. Also wieder: Migration der Ausländer auch deswegen, weil die Deutschen zu Migration und hoher Mobilität nicht mehr so recht bereit waren.

Es gab freilich noch ein anderes Motiv, das zwar letztlich nie zum Zuge kam, dennoch aber zur Ursache für eine Reihe von imaginären Konflikten geworden ist, mit dem sich das Einwanderungsland Deutschland bis heute herumzuschlagen hat. Der

ORDO-Liberale Ludwig Erhard machte sich – im Einklang mit den Verbänden der Unternehmer – frühzeitig Sorgen um die Lohnstruktur der allmählich der Prosperität sich nähernden Bundesrepublik. Je knapper die Arbeitskräfte werden würden, desto mehr wären – ganz nach den Regeln des Marktes – die Unternehmer im Konkurrenzkampf um diese immer knappere Ressource zu Lohnzugeständnissen, also höheren Löhnen gezwungen.

Die Ausländerbeschäftigung hatte also auch ein doppeltes lohnpolitisches Ziel: Erstens sollte sie das verfügbare Potential an Arbeitskräften erhöhen und damit den lohnpolitischen Konkurrenzkampf der Unternehmen präventiv entschärfen; und zweitens sollte sie durch den Import *billiger* Arbeitskräfte der Tendenz zum Steigen der Lohnsumme entgegenwirken.

Wohlgemerkt, so *sollte* es sein. Es kam freilich anders. Die Gewerkschaften, die andernfalls um ihre tarifliche Verhandlungsposition hätten fürchten müssen, setzten früh durch, daß die Arbeitsmigranten den Deutschen in arbeits-, tarif- und sozialrechtlicher Hinsicht gleichgestellt wurden (und dies keineswegs zur reinen Freude ihrer deutschen Mitgliedschaft!). Damit war es – von dem später beträchtlichen Bereich der illegalen Beschäftigung abgesehen – unmöglich geworden, ein lohnpolitisches Dumping zu betreiben.[12] Zudem schufen die gewaltigen Wachstumsraten von der Mitte der fünfziger bis zur Mitte der sechziger Jahre einen solchen Arbeitskräftebedarf (zumal mit dem Mauerbau im Jahre 1961 die innerdeutsche Zuwanderung abrupt abnahm) und damit eine solche Konkurrenz um Arbeitskräfte, daß die Politik der Lohndämpfung schnell zum Scheitern verurteilt war.

Die Arbeitsmigranten haben also weder den Deutschen die Arbeitsplätze weggenommen noch sie in eine ruinöse Lohnkonkurrenz mit abfallender Tendenz gezwungen. Sie haben vielmehr ziemlich genau das Gegenteil bewirkt. Sie haben das untere Ende der Beschäftigungsskala besetzt, damit vielen Deutschen diese wenig angesehenen und schlechter bezahlten Arbeiten abgenommen, den Deutschen also einen relativen Aufstieg und damit auch das Überwechseln in höhere Lohn- und zum Teil Gehaltsgruppen ermöglicht.

Eines bleibt noch nachzutragen: eine Banalität, die große Folgen haben sollte. Als 1955 erstmals offiziell die Arbeitsmigration aus Südeuropa anstand, entsprang die Idee – wie so vieles in offenen Gesellschaften, deren Planungsmarge außerordentlich klein ist – einer Eingebung des *Augenblicks*. Da gab es keine langfristige Planung, sondern nur die kurze Bewegung der Hand zum Mund: Bald schon könnte es an Arbeitskräften mangeln – also müßten, woher auch immer, neue her. Kein Gedanke an eine mögliche (und teure) Umgestaltung der Produktionsstruktur, die weniger Arbeitskräfte erfordert hätte, und erst recht kein Gedanke an ein nicht ganz so schnelles Wachstumstempo, das ebenfalls weniger Arbeitskräfte erfordert hätte! Weil man genauso weitermachen wollte, wie man es bisher gemacht hatte, und weil man im Traum nicht an entweder aufwendige oder unpopuläre Maßnahmen, weil man also weder an umfassende Rationalisierung noch an ein gedrosseltes Wachstum dachte, holte man Ausländer als Garanten für die Fortsetzbarkeit des einmal eingeschlagenen Weges. Weder Weitblick noch Menschenfreundlichkeit, weder wirtschaftspolitische Pfiffigkeit noch gar der Geist des Internationalismus standen am Anfang der Ausländerbeschäftigung – es war vielmehr die pure *Bequemlichkeit*.

Die Ausländerfrage: kein Problem der Ausländer, sondern eines der Deutschen

Diese Bequemlichkeit hat zwei Seiten. Die eine betrifft die Arbeitsmigranten bzw. die Länder, aus denen sie kamen, die andere die Bundesrepublik, die hier lebenden Ausländer, die Perspektiven, die ihnen geboten wie verweigert wurden; sie betrifft aber auch die Deutschen, denen mit einer Politik der Unterlassungen die so notwendige Gewöhnung an den Wandel der Gesellschaft zur Einwanderungsgesellschaft nicht eben erleichtert worden ist.

Beginnen wir mit den Arbeitsmigranten und ihren Herkunftsländern. Kapitalismus und Marktwirtschaft sind bekanntlich Unternehmungen, die eine Menge mit Eigennutz zu tun haben und in denen es außerordentlich schwer ist, Strukturpolitik zu betreiben, also den Eigennutz (der ja häufig ein sehr kurzfristig disponierendes Wesen ist) so einzubetten und auch zu dämpfen, daß er längerfristigen und oft ebenfalls eigennützigen Zielen nicht im Wege steht. Auf unseren Gegenstand der Arbeitsmigration angewandt heißt das: Allein weil sich in einem bestimmten Moment der bundesrepublikanischen Entwicklung das u. a. lohnpolitisch bedrohliche Gespenst der Arbeitskräfteknappheit abzeichnete, entschied man sich – wie wir sahen – von einem Moment zum andern für den Import von Arbeitskräften. Zwar bekam mit den wenig später abgeschlossenen »Römischen Verträgen« (1957), die den europäischen Vereinigungsprozeß entscheidend einleiteten, die Idee der Verantwortung aller europäischen Länder für den gesamten Kontinent einigen Auftrieb; bei der Entscheidung für den Beginn der südeuropäischen Einwanderung nach Deutschland spielte sie jedoch – einigen nachgereichten Festtagsbekundungen zum Trotz – nicht die geringste Rolle. Es ging allein um den Arbeitsmarkt und die Lohnstruktur der Bundesrepublik, die Interessen der »Entsendeländer« zählten nichts.

Es ist später – insbesondere von eher kosmopolitisch orientierten Anhängern des Wirtschaftsliberalismus[13] – oft behauptet worden, Arbeitsmigration nütze langfristig auch den Herkunftsländern, sei es durch die in die Heimat überwiesenen Gelder, die so etwas wie ein Konjunkturprogramm darstellten, sei es durch die Qualifikationen, die Rückkehrer in der Fremde erworben haben. Einiges spricht für diese These, einiges, wenn nicht mehr, jedoch auch für die Gegenthese: Arbeitsmigration – so heißt es etwa – entziehe einem Land gerade die zur eigenen Entwicklung nötigen jungen Arbeitskräfte; oder sie bewirke, via Geldüberweisungen in die Heimat, zwar eine Anhebung des Konsums, dieser aber verhindere gerade produktive Investitionen. Wir werden im folgenden Kapitel ausführlicher auf die entwicklungspolitische Kritik an der Arbeitsmigration eingehen; hier genügt der schlichte Hinweis darauf, daß – immerhin in einer Zeit gewaltig fortgeschrittener internationaler ökonomischer Abhängigkeit! – am Beginn der Arbeitsmigration in die Bundesrepublik Deutschland die Entwicklungsinteressen der

Entsendeländer nicht die geringste Rolle spielten. Diese Länder dienten ausschließlich als Steinbruch von Arbeitskräften.

Um Mißverständnissen vorzubeugen: Wir tragen das nicht als *moralische* Kritik vor. Die Marktwirtschaft ist nun einmal weder ein philanthropisches Unternehmen noch eine Initiative zur Verminderung des Wohlstandsgefälles zwischen mehr und weniger entwickelten Ländern, und der moralisch motivierte Internationalismus vermag weder hier noch dort Arbeitsplätze zu schaffen oder der Entwicklung auf die Sprünge zu helfen. Es gehört zu den unwiderruflichen Eigenarten der Marktwirtschaft, daß sie den Wohlstand keineswegs immer zu den Menschen trägt, daß sie Ungerechtigkeiten produziert und vielen nur die Wahl läßt, sich auf den – kurzen oder weiten – Weg zum möglichen Wohlstand zu machen.

Die Arbeitsmigration, an deren Ursprung meist eine Not, ein Mangel oder ein Ungenügen stehen, eröffnete in den letzten 200 Jahren zugleich immer wieder mehr als nur individuelle Möglichkeiten, dem schlechten Alten zu entkommen. Dies hat eine Kehrseite, die ins Gewicht fällt: Entwurzelung, Verlust des Vertrauten und eher Nichtentwicklung in den Ländern und Regionen, aus denen die Menschen aufbrechen. Insgesamt ist diese Entwicklung nicht dazu angetan, das Vertrauen in das Vermögen der Moderne zu stärken, allen Menschen dieser Erde ein menschenwürdiges Leben zu ermöglichen. Daran ist aber nicht die Marktwirtschaft schuld, sondern die ordnungspolitisch unbekümmerte und letztlich verantwortungsscheue Weise, in der sie sich gewissermaßen selbst überlassen wird.

Und schon gar nicht ist die Migration daran schuld. Denn wenngleich sie stets auf gravierende Probleme im Land ihres Ursprungs verweist, beweist sie zugleich doch auch die Fähigkeit der Moderne, unerwartete und, wenn man will, pragmatische Auswege und Chancen zu eröffnen. Mit anderen Worten: Unterhalb der Schwelle der – historisch zu Recht diskreditierten – Systemfrage ist es sehr schwer, die Vor- und die Nachteile der Migration gegeneinander aufzuwiegen. Die Existenz des Migranten verweist ebenso auf einen Mangel und auf Unterlassungen wie auf einen Erfolg und ein kleines Stück Lösung. Dies alles ändert freilich nichts daran, daß die Bundesrepublik

Deutschland mit der von ihr gewollten Arbeitsimmigration das Leben von Millionen von Migranten entscheidend geprägt und verändert sowie nolens volens in die inneren Angelegenheiten der Entsendeländer eingegriffen hat. Sie hat das weder gewollt noch gesehen, sie hat es aber getan. Und damit hat sie sich eine politische und gesellschaftliche Verantwortung aufgeladen, aus der sie – auch in schwankenderen Zeiten wie den heutigen – nicht mehr herauskommt.

Die andere Seite der Bequemlichkeit, die zur Ausländerbeschäftigung in Deutschland geführt hat, betrifft das Geschehen im eigenen Land. Weil man – vermutlich ohne Argwohn, dafür ganz einseitig und stur – am Arbeitsmarkt und an der Lohnpolitik orientiert war, hat man sich nicht den geringsten Gedanken über die möglichen Folgen gemacht. Der Entsendeländer bediente man sich, wie gesagt, als eines Steinbruchs von Arbeitskräften – und das Bild läßt sich mühelos ins bundesrepublikanische Geschehen weiterverlängern: Allen Ernstes sah man in den Migranten aus Fleisch und Blut und Seele und Heimat, die da geholt worden waren, so etwas wie Steine, wie arbeitsbegabte Gegenstände, die man nach Bedarf holen, nach Bedarf aber auch wieder abtransportieren kann. Der Umstand, daß an jedem Menschen viel mehr noch als seine Arbeitskraft klebt, spielte buchstäblich keine Rolle. Hier fällt es – auch weil das schlimmste und brutalste Kapitel der Arbeitsmigration in Deutschland nur gerade einmal zehn Jahre zurücklag – sehr viel schwerer, *nicht* moralisch zu argumentieren.

Dennoch ist auch hier nicht zu übersehen, daß bei der unbedachten Entscheidung für die Arbeitsmigration nach Deutschland ganz nüchterne Gründe im Vordergrund standen (und etliche der Beteiligten wohl gar der ehrlichen Überzeugung waren, sie würden – ganz im Sinne der neuerlich angesagten europäischen Völkerverständigung – damit irgendwie auch noch etwas Gutes tun). Wir werden im folgenden Abschnitt auf die eigentümliche »Unschuld« eingehen, mit der man im ersten Jahrzehnt der Ausländerbeschäftigung den neuen Fremden begegnete. Hier genügt der Hinweis, daß mit der Entscheidung für den Import von Arbeitskräften (und nicht erst später mit dem Verbleib vieler Ausländer und dem Nachzug ihrer Familien!) definitiv die Würfel für die Folgeprobleme fielen, die unausweichlich waren und eigentlich auch vorhersehbar hätten sein können, da es doch Menschen waren, die man da importierte.

Was hier – wie gesagt: vermutlich ohne böse Absicht – übersehen wurde, sollte nicht nur für die Ausländer, sondern auch für die Deutschen Folgen haben. Denn während man jenen zu verstehen gab, ihr Bleiben werde nur von kurzer Dauer sein, und bald schon würden sie, reicher als je zuvor, in die Heimat zurückkehren können, wiegte man auch die Deutschen in dem Glauben, der Einbruch der Fremden in diese – durch die östliche Zuwanderung eben zwar noch deutscher, aber auch sehr viel mobiler gewordene Gesellschaft – werde ein Phänomen des Übergangs bleiben: die Ausländer als vorübergehende Aushilfskräfte, die nie in die Stammbelegschaft der deutschen Gesellschaft vordringen würden.

Im Lichte der erst später möglichen Einsichten kann es erscheinen, als wäre damals eine Chance verpaßt worden. Die Deutschen, die in einem mörderischen Krieg der halben Welt Mobilität aufgezwungen hatten, wurden nach dessen Ende selbst zu einer Mobilität genötigt, die die regimeverordnete der Jahre davor sogar noch übertraf. Es war eine geographische *und* eine soziale Mobilität: Sie betraf daher die Flüchtlinge, Vertriebenen und Heimkehrer – also die, die ihre Heimat verlassen mußten oder erst nach Jahren in sie zurückkehren konnten – ebenso wie die, die den Ort nicht hatten wechseln müssen, die sich aber in der Unordnung der Nachkriegszeit völlig neu orientieren mußten. Diese zwangsweise Mobilität mag das Bedürfnis nach Ruhe und Stillstand geschürt haben, sie hat aber auch der – nach Kriegen und Katastrophen immer wieder zum Vorschein kommenden – Fähigkeit ungeheuren Auftrieb gegeben, sich mit neuen Situationen zurechtzufinden, das Ungewohnte und das Störende hinzunehmen, das Fremde nolens volens zu akzeptieren und aus dem unübersichtlichen Gewirr einer nicht mehr festgefügten Realität gemeinsam etwas Neues zu formen.

An dieses im Nachkriegsjahrzehnt erworbene Vermögen der Deutschen hätte man, als an dessen Ende die Südeuropäer kamen, appellieren und anknüpfen können. Man tat es nicht, vermutlich in dem Glauben, nun sei der nurdeutsche Ruhe- und

Normalzustand wieder eingekehrt. Die Migranten aus dem Süden Europas, die die *deutsche* Geschichte der Mobilität mit anderen Mitteln fortsetzten, sah man als die Ausnahme, als die – des Wachstums wegen notwendige – Regelverletzung und als den vorübergehenden Einbruch des Fremden in eine Gesellschaft, die sich – ganz unter sich – im Glück ihres ungeahnten Wohlstands und ihrer ungeahnten Stabilität sonnen wollte.

Es mag müßig sein, von dieser verpaßten Chance zu reden, die Ausländerbeschäftigung in der Bundesrepublik als gewissermaßen kongeniale Fortsetzung der produktiven Unruhe zu begreifen, die die Nachkriegsjahre geprägt hatte. Jedenfalls hatte es zur Folge, daß es für die Tatsache, daß Ausländer in immer größerer Zahl kamen, auf Dauer nur zwei Deutungsmuster gab: Entweder konnten sie (nach temporärer Lage der Dinge am Arbeitsmarkt) als willkommene Aushilfskräfte gelten, oder sie waren (wenn der Arbeitsmarkt eine restriktivere Sprache sprach) Störung, Sand im Getriebe, unnütze Fresser, Parasiten und illegitime Okkupanten deutscher Arbeitsplätze. Die gesamte Diskussion um die Anwesenheit von Ausländern in Deutschland beweist bis auf den heutigen Tag: Es war und ist nicht vorgesehen, Ausländer in Deutschland als eine im wesentlichen willkommene, nützliche und sogar übers Vorteilskalkül hinaus vorteilhafte neue Bevölkerungsgruppe zu betrachten; als eine Bevölkerungsgruppe, die zugleich – wie alles, was nicht durch die Regeln des Herkömmlichen abgesichert ist – das Selbstverständnis der »Eingeborenen« auf die Probe der Erweiterbarkeit stellt und darüber hinaus eine Reihe von ganz praktischen und mit pragmatischem Verstand auch lösbaren Problemen wirtschafts-, arbeitsmarkt- und wohnungspolitischer, vor allem kultureller Natur aufwirft.

Kein Vorwurf, nur eine Feststellung: Die Bundesrepublik Deutschland hat sich, wie man im Rückblick sehen kann, mit der von ihr betriebenen Immigration von Ausländern zwar sehr wohl in Kontinuität mit ihrer eigenen Geschichte, doch im Bruch mit ihrer eigenen Selbstwahrnehmung auf das Abenteuer der fremden Normalität eingelassen. Als sie sich darauf einließ, blickte sie stur auf die kommenden Engpässe des Arbeitsmarktes, nicht aber auf die eigene Geschichte und schon gar nicht auf die Belange und die Lebenswelt der Importierten. Die Entscheidung dafür aber traf nicht Kanakkistan, sondern die Bundesrepublik Deutschland herself.[14]

Und deswegen ist *sie allein* (samt ihren »Eingeborenen« natürlich) für diese Entscheidung und ihre Folgen verantwortlich. Was das heißt? Sosehr es – gerade in demokratischer Absicht – notwendig ist, die »ausländischen Mitbürger« nicht nur als Opfer, sondern auch als verantwortliche (und zur Rechenschaft zu ziehende) Akteure zu sehen, so unumgänglich ist es andrerseits auch, Ursache und Wirkung auseinanderzuhalten. Selbst die äußerst unwahrscheinliche Vermutung als Wahrheit unterstellt, in Südeuropa habe man in den fünfziger und sechziger Jahren auf gen Norden gepackten Koffern gesessen: Die Entscheidung dafür, daß die mit den gepackten Koffern dann auch wirklich kamen, fiel *allein* in der Bundesrepublik. Dieses Kommen hatte dann Folgen, darunter auch unangenehme, und die Gekommenen waren sowenig Unschuldslämmer wie die, zu denen sie kamen. Nur: Die Probleme, die sich die Bundesrepublik mit der Zufuhr lebendiger Arbeitskraft eingehandelt hat, gehen – weil *fait social* und nicht Panne – auf ihr eigenes Konto. Sind *Menschen*, die man aus heute schwer nachvollziehbaren Gründen für jeglichen Kontexts bereinigte Arbeitskräfte hielt, erst einmal geholt, nimmt ein soziales Geschehen seinen Lauf, für das die Akquisiteure und nicht die Akquirierten verantwortlich sind.

Meinhard Miegel – Leiter des von Kurt Biedenkopf begründeten »Instituts für Wirtschaft und Gesellschaft« und ein Freund der betont nüchtern-materialistischen Provokation an die Adresse aller realen oder vermeintlichen Schwarmgeister und Weltverbesserer, also einer, der gewiß nicht im Verdacht humanitärer Xenophilie steht – hat das 1984 ganz am Anfang einer Untersuchung über die Ausländerbeschäftigung in der Bundesrepublik Deutschland in aller Klarheit formuliert: »Die Verantwortung, die die Deutschen mit der Anwerbung ausländischer Arbeitskräfte in den sechziger Jahren auf sich genommen haben, läßt sich heute weder auf die in der Bundesrepublik lebenden Ausländer noch auf deren Heimatländer abwälzen.«[15] Mit anderen Worten: Wenn es mit der Ausländerbeschäftigung und darüber hinaus mit der Anwesenheit von mehr Ausländern, als einigen verträglich scheint, Probleme gibt, dann nützt es nichts, diese Probleme zu leugnen. Nur muß eines klar sein: Es handelt sich in erster Linie nicht um ein Problem der *Ausländer*, sondern um ein *deutsches* Problem. Es kann nicht auf dem Wege des Exports derer gelöst werden, die es nicht geschaffen haben, die es vielmehr nur am deutlichsten repräsentieren. Es kann nicht auf dem Wege der Externalisierung des Problems gelöst werden.

Selektion und Wohlwollen

Am 22. November 1955 wurde in Rom das deutsch-italienische Anwerbeabkommen geschlossen, dem in den nächsten Jahren weitere vergleichbare Abkommen folgen sollten und das für diese zum Muster wurde. Es legte ein präzises Regelwerk für den Import von Arbeitskräften fest. Zuständig für den Import war eine Anwerbekommission der Nürnberger Bundesanstalt für Arbeit, die in Zusammenarbeit mit der italienischen Arbeitsverwaltung die Migranten auswählte und anwarb. Die Kommission tat das nicht nach eigenem Ermessen, sondern nach präzisen Vorgaben: Deutsche Betriebe gaben ihnen genaue Beschreibungen ihre Bedarfs mit auf den Weg. In dem Musterarbeitsvertrag, den die Angeworbenen zu unterschreiben hatten, waren die Forderungen der Gewerkschaften weitgehend berücksichtigt: Gleichstellung der ausländischen mit vergleichbaren deutschen Arbeitskräften, tarifliche Entlohnung, Recht der Ausländer auf Lohntransfer in die Heimat und Zusicherung »angemessener Unterkunft«; und es war sogar ein Passus enthalten, daß Anträge auf Familiennachzug – bei Nachweis angemessenen Wohnraums – wohlwollend geprüft werden sollten.[16]
  Der Vorgang hatte etwas Paternalistisches: Selektion *und* Wohlwollen. Es ist verblüffend, mit welcher Chuzpe Deutsche sich damals als Wohltäter in Szene setzten, ohne zugleich den geringsten Zweifel daran zu lassen, daß es ihnen um den Import von arbeitsamem Menschenmaterial ging. Der Personalchef eines großen rheinländischen Industrieunternehmens ließ 1955 verlauten: »Wir haben an unsere [!] Kriegsgefangenen geschrieben in Norditalien. Beinahe alle haben geantwortet. Sie selbst

sind nur zu einem kleinen Teil gekommen, dafür nannten sie uns Freunde und Bekannte. Mit denen setzten wir uns in Verbindung, und die sind dann gern gekommen!«[17]

Der wirtschaftsnahe »Industriekurier« plädierte im Oktober 1955 mit verschiedenen Argumenten offensiv für die zumindest kurzfristige Beschäftigung von Ausländern und benannte dabei Verschiedenes, das von Nutzen sein werde: Nicht zuletzt seien »die Vorteile, die ein Rückgriff auf Italiener mit sich bringt, daß dadurch keine Wohnraumballung verursacht wird, sondern die *Gestellung von Baracken* im allgemeinen ausreichen dürfte, nicht zu verkennen«[18].

Und zwei Wochen zuvor hatte das »Handelsblatt« seine geneigte Leserschaft in den Chefetagen der Industrie auf äußerst feinfühlige Weise darauf hingewiesen, daß sich – verglichen mit der zehn Jahre zuvor zu Ende gegangenen Zeit – einiges zum Schlechteren gewendet habe, mit dem man nun aber leider zu rechnen habe. Das Blatt riet den Unternehmern, schon bei der Anwerbung darauf zu achten, »sich selbst in jedem Falle das Auswahlrecht der Arbeitskräfte vorzubehalten, damit man nicht Gefahr läuft, das [!] zu bekommen, was man abschieben möchte. [...] Schließlich wird man noch eines Vertrauensmannes bedürfen, der die örtlichen Verhältnisse kennt und die erforderlichen Auskünfte über Charakter, Arbeitsfreudigkeit, Familienverhältnisse, politische Einstellung, Vorstrafen usw. einholen kann. [...] Ein großer Fehler wäre es bei all diesem, Erfahrungen, die man während des letzten Krieges mit ausländischen Arbeitskräften im Positiven und Negativen gemacht hat, als auch für heute gültig anzunehmen. Die heutige Lage ist völlig neu. Schon dies ist anders: damals kamen die Ausländer gezwungen, heute kommen sie freiwillig; damals bedingten schon die Kriegsverhältnisse geringere Ansprüche, heute sind – auch beim Italiener! – die Ansprüche an den Lebensstandard und den Lohn hoch.«[19]

Unsere Kriegsgefangenen; Rückgriff auf Italiener; Gestellung von Baracken; äußerste Vorsicht, »damit man nicht Gefahr läuft, das zu bekommen, was man abschieben möchte«; und hohe Ansprüche sogar »auch beim Italiener«[20]: Es ist unverkennbar, daß hier eine Sprache, eine Wahrnehmung und ein Geist des Herrenmenschtums am Werk sind, die in der Zeit des Dritten und davor des Bismarck-Reichs ausgebildet wurden. Das legt den Verdacht nahe, hier sei in bruchloser Kontinuität mit der Tradition des Drittes Reiches gehandelt worden, und Anhänger schlichter Weltbilder mit verschwörungstheoretischem Hintergrund (Bernt Engelmann ist einer von ihnen) haben ja viel getan, die These unter die Leute zu bringen, die Bundesrepublik Deutschland sei, vergleichsweise bruchlos, der »Nachfolgestaat« und Erbe des Dritten Reiches. Die Dinge sind jedoch komplizierter.

Kein Zweifel, die Art und Weise, wie die Migranten ausgesucht, in die Fremde expediert und dann in dieser eingewiesen und untergebracht wurden, unterschied sich insofern nicht sehr von der deutschen Fremdarbeiterpolitik in den letzten Jahren des Zweiten Weltkriegs, als auch hier der Respekt vor der *Würde* der Fremden kaum eine Rolle spielte. Man sah in ihnen allein Werkzeuge, und so ging man mit ihnen auch um. Ein einziges Zeugnis soll es belegen, John Bergers Beschreibung der ärztlichen Untersuchung, die einen Teil der Anwerbeprozedur darstellte. Es heißt dort: »Sie werfen schnelle Blicke (genau hinschauen, würde Erstaunen zeigen) auf die Verrichtungen und Maschinen, die benutzt werden, um sie zu untersuchen. Ebenso hastige Blicke tauschen sie untereinander; jeder versucht die Chancen der Nebenmänner mit seinen eigenen zu vergleichen. Nichts hat ihn auf diese Situation vorbereitet. Sie ist beispiellos. Und doch ist sie bereits normal. Die demütigende Forderung, sich vor Fremden zu entblößen. Die unverständliche Sprache, die die verantwortlichen Funktionäre sprechen. Die Bedeutung der Tests. Die Nummern, die ihnen mit Filzstift auf den Körper geschrieben werden. Die strenge Geometrie des Raumes. Die Frauen, wie Männer in Overalls gekleidet. Der Geruch einer unbekannten medizinischen Tinktur. Das Schweigen so vieler, die wie er selbst sind.«[21] Und in Deutschland dann die Unterbringung in Baracken, in denen zuvor oft Flüchtlinge und davor die kriegsgefangenen und verschleppten Fremdarbeiter gehaust hatten.

Im Rückblick springt die Parallele zur nationalsozialistischen Politik der Arbeitskräftebeschaffung, die ja erst zehn Jahre der Vergangenheit angehörte, ins Auge. Aber gerade weil es diese Parallele gab, wurde sie mit Eifer übersehen. In der gesamten öffentlichen Diskussion der Zeit wird sie mit keinem einzigen Wort erwähnt (und auch deswegen sind Fehler gemacht worden, die ein Blick in die Geschichte hätte vermeiden helfen können). Wie in vielem anderen war diese Bundesrepublik auch hier bemüht, ihren Ausgangspunkt, ihr politisches und gesellschaftliches Herkunftsterrain geradezu fluchtartig zu verlassen. Weil der Blick zurück unterblieb, fiel der nach vorne eigentümlich naiv und unbekümmert aus.

Daß die Arbeitsmigranten kamen und Deutschland, zur Demokratie gekommen, es lernen mußte, mit den Fremden im eigenen Land umzugehen und irgendwie auch auszukommen, hat nicht unwesentlich zum zivilen Charakter der Republik beigetragen. Wäre die junge Republik Mitte der fünfziger Jahre jedoch so auf die Auseinandersetzung mit der nationalsozialistischen Vergangenheit konzentriert gewesen, wie sie das später war – dann wäre es vermutlich gar nicht erst zur Arbeitsmigration gekommen. Tausend Warnlämpchen wären aufgeleuchtet, und die kritische Öffentlichkeit hätte – unter Verweis auf die barbarische Geschichte der Fremdarbeit in Deutschland – alles darangesetzt, die Republik auf alle Zeit von der Versuchung des Fremden und des herkömmlich-deutschen Umgangs mit ihm fernzuhalten. Für diese fürsorglich-antifaschistische Selbstbescheidung, die faktisch auf ein vorsichtshalber fremdenfreies Westdeutschland gezielt hätte, war in der Bundesrepublik jedoch kein Platz. Weil sie so stur nach vorne blickte und bald vom Mysterium des Wachstums ergriffen war, drohten ihr die Arbeitskräfte auszugehen, und sie holte sich neue aus dem Süden Europas. Die das befürworteten und in die Wege leiteten, waren – die zitierten Zeugnisse dürften das hinreichend deutlich gemacht haben – noch ganz im Geist der gerade vergangenen Epoche befangen; doch was sie – keineswegs als Kosmopoliten, sondern durchaus als die nicht eben zimperlichen »Industriekapitäne«, die sie nun einmal waren – *taten*, das brach mit diesem Geist und eröffnete ganz neue Perspektiven.

Die Zwangsarbeiter des Zweiten Weltkriegs waren Mittel, um eine hochgezüchtete Produktion zu gewährleisten, die wiederum einen wahnsinnigen und schon längst verlorenen Krieg führbar machen sollten: Sie standen, wenn man will, für ein apokalyptisches Unternehmen. Die neuen Fremdarbeiter, die bald in »Gastarbeiter« umgetauft werden sollten, standen im Bewußtsein der Republik für etwas ganz anderes: Sie standen für die (wie man damals zu hoffen begann) immerwährende Zukunft von steigendem Wachstum und mit ihm steigendem Wohlstand. Die Weigerung, dem Kontinuitätsanteil des Geschehens ins Auge zu blicken, war on the long run nicht nur von Nachteil. Das öffentliche Bewußtsein gemeindete die Ausländer (vorerst) in das große Projekt der materiell glänzenden Zukunft ein. Die Tatsache, daß es sie gab und daß es immer mehr werden mußten, war nicht der geringste Hinweis für das große Mirakel, das denn auch Wirtschaftswunder genannt wurde. Jeder Flüchtling aus dem Osten war ein Beweis für die Überlegenheit des Westens; und analog war jeder neue Gastarbeiter ein Beweis dafür, daß es mit uns kräftig voranging. Gastarbeiter – im außerbetrieblichen Alltag kaum sichtbar – störten nicht, sondern bewiesen, daß die Richtung stimmte.

Wir möchten daher die These wagen, daß es im ersten Jahrzehnt der Ausländerbeschäftigung (genauer: bis zur ersten Rezession 1966/67) keine nennenswerte, d. h. auf der Schwelle zur aktiven Artikulation lauernde Ausländerfeindlichkeit in der Bundesrepublik gab. Sicher gab es den Blick herab auf diese Fremden aus den armen Ländern, sicher gab es auch schon die am Tresen in Szene gesetzte Furcht vor dem Angriff der vereinigten Papagallo- und Spaghetti-Verbände aufs deutsche Frollein, das ja immerhin auch ein Teil des international anerkannten Wunders *made in West-Germany* war.[22]

Doch solche rhetorischen Entlastungsfeldzüge fürs Gemüt fielen im wieder nüchternen Alltag wenig ins Gewicht gegenüber den offensichtlichen und von allen offiziellen Stellen immer wieder hervorgehobenen Vorteilen der Ausländerbeschäftigung. Nicht, daß den Arbeitsmigranten eine besondere soziale Aufmerksamkeit entgegengebracht worden wäre. Kaum jemanden kümmerte es vorerst, daß sie erbärmlich untergebracht waren und vom gesellschaftlichen Leben abgeschnitten blieben. Nicht nur die Kollegen, sondern auch die Kirchen (die sonst ja in Fragen der Moral und der richtigen Lebenshaltung oft schnell zur Stelle waren) hatten andere Sorgen. Es scheint aber, als sei das zumindest nicht nur Ausdruck einer in Deutschlands Geschichte von jeher angelegten Rücksichtslosigkeit gegenüber allem Fremden gewesen, sondern eher Teil jener heute rüde wirkenden Wurstigkeit und Unaufmerksamkeit gegenüber Lebens- und Innenwelt, gegenüber Kultur und ziviler Norm, die damals die ganze Republik prägten.

Kein Gedanke daran, daß es zu viele werden könnten, in diesen Jahren des ebenso intensiven wie kurzen Traums von der immerwährenden Vermehrung des Guten und der Güter. Die Ausländer standen bestenfalls am äußersten Rand des öffentlichen Interesses. Sie waren – in einer Zeit, in der jeder, so gut er konnte, losrannte, in der jeder nach sich sah und die *res publica* noch allein eine Sache der öffentlichen Bedenkenträger war – zwar ebenso anwesend wie Konrad Adenauer, der VW und der Bausparvertrag, waren aber wie diese auch kein Gegenstand von Diskursen, sondern ganz einfach das, was der Fall war: nützliche Tatsachen. Weil die hier beschäftigten Ausländer, obgleich als temporäre »Helfer« geholt, in Wahrheit integraler Bestandteil der bei weitem nicht nur ökonomischen Erfolgsgeschichte der Bundesrepublik sind, traf es später dann gerade sie besonders, als auf diese Erfolgsgeschichte Schatten zu fallen begannen.

Denn als produktives Exotikum des Erfolgs willkommen, solange dieser andauert, können sie, wenn die Erfolgsgeschichte ins Stottern kommt, schnell zum störenden Exotikum werden – ganz einfach deswegen, weil sie, obgleich längst dazugehörig, noch am ehesten als die auszumachen sind, durch deren Anwesenheit das Problem erklär- und identifizierbar wird. Es ist ebenso paradox wie erklärlich: *Weil* ihr Auftritt erst auf der ökonomischen und dann halbwegs auch auf der gesellschaftlichen Bühne dieser Republik eines der überzeugendsten Anzeichen für deren Erfolg war, traf sie später deren Eintritt in das Zeitalter, das dem Traum vom ewiggültigen Gesetz des Wirtschaftswachstums ein Ende setzte, um so stärker.

Das Wohlstandsversprechen, das der Kanzler der Bundesrepublik Deutschland Ende 1989 und Anfang 1990 auf deutsch-demokratischem Territorium ausstrahlte und repräsentierte, hat Helmut Kohl inzwischen auf eine ihm gewiß wenig angenehme Weise eingeholt. Das Wohlstandsversprechen, das die Anwesenheit ausländischer Arbeiter auf dem Territorium der Bundesrepublik Deutschland repräsentierte, hat inzwischen die Türken, Asylbewerber, Bürgerkriegsflüchtlinge (und am wenigsten noch die Schrittmacher, die Italiener) eingeholt. Der kleine Unterschied: Der Kanzler, ohne Zweifel Bürger dieser Republik, verfügt über einige Mittel der politischen Artikulation und der Gegenwehr; die nicht-deutschen Repräsentanten des bundesdeutschen Wohlstandsversprechens verfügen noch nicht einmal über das bürgerliche Stimmrecht, das in einer Republik doch allen zur Verfügung stehen sollte, die – wie Helmut Kohl – Teil ihres Erfolgs *und* ihrer Probleme sind.

Headhunter und der Schock der Privatheit

Aber noch war keine Krise der bundesrepublikanischen Erfolgsgeschichte in Sicht, gerade erst begann sich der mögliche Erfolg abzuzeichnen. Und die Arbeitsmigranten waren eine Zeitlang keine Gruppe, die sonderlich aufgefallen wäre. Denn es waren nicht viele. In den ersten Jahren kamen fast ausschließlich Italiener, und es konnte sogar aussehen, als setze sich hier eine im Kaiserreich begründete Tradition fort. Denn wie damals arbeitete ein beträchtlicher Teil der Italiener keineswegs in der Industrie, sondern in der Landwirtschaft.[23] 1955 gab es in der Bundesrepublik knapp 80000 ausländische Beschäftigte, ihr Anteil an der Gesamtzahl der Beschäftigten machte 0.4 Prozent aus (im selben Jahr machte der Anteil der etwas mehr als 480000 in der Bundesrepublik lebenden Ausländer mehr als das Doppelte, nämlich 0.9 Prozent der Gesamtbevölkerung aus: Noch also stand die Ausländer*beschäftigung* nicht im Mittelpunkt). Bis 1959 hatten sich die Zahl der ausländischen Beschäftigten auf 166000, die Ausländerquote auf 0.8 Prozent nur etwas mehr als verdoppelt.[24]

Das begann sich erst Anfang der sechziger Jahre, also mit dem Beginn der Hochkonjunktur und der Vollbeschäftigung, zu ändern. 1960 wurden die beiden nächsten Anwerbeverträge abgeschlossen, mit Spanien und Griechenland; schon ein Jahr später folgte der Vertrag mit der Türkei; 1963 schloß man ein Abkommen mit Marokko (das freilich keine nennenswerte Migration zur Folge haben sollte – von regionalen Ausnahmen abgesehen: In Frankfurt/M. etwa leben heute 8500 Marokkaner, die damit die viertgrößte ausländische Population darstellen); sodann folgten Portugal (1964), unmittelbar vor der ersten Rezession Tunesien (1965, auch hier ohne große Folgen) und gleich nach ihr Jugoslawien (1968). Einem populären Vorurteil zufolge soll sich die Kunde vom Wachstumsparadies Westdeutschland wie ein Lauffeuer im Süden Europas herumgesprochen haben, und alle, alle hätten sich sogleich auf den Weg gemacht. Kein Zweifel, die Bundesrepublik begann attraktiv zu werden. Aber es sollte doch nicht vergessen werden, daß die Bundesrepublik selbst alles darangesetzt hat, daß sich die Attraktion auch herumspricht.

Um die Dimensionen zu verdeutlichen: Die Bundesrepublik hatte in den Ländern des europäischen Südens zeitweise 500 bis 600 Vermittlungsbüros von Arbeitskräften eingerichtet[25], Tausende von Mitarbeitern der Bundesanstalt für Arbeit waren als eine Art verbeamteter *Headhunter* unterwegs. Auf dem Höhepunkt der Arbeitsimmigration waren ständig Chartermaschinen im Einsatz, um die neuen Arbeitskräfte einzufliegen, in den Bahnhöfen aller großen Städte rollten fast täglich Sonderzüge mit kofferbepackten Südländern ein. Und die Unternehmen hatten für jeden vermittelten Arbeiter, der aus einem Nicht-EG-Land, d. h. mit Ausnahme der Italiener für alle, eine Gebühr von 300 D-Mark zu zahlen (die später – zur Zeit der »Ölkrise«, mit der der Traum von der immerwährenden Prosperität zu verblassen begann – auf 1000 D-Mark angehoben wurde, um den nach wie vor auf ausländische Arbeitskräfte begierigen Unternehmen ein Hindernis entgegenzusetzen).

Von 1959 auf 1960 stieg die Zahl der ausländischen Beschäftigten von 166000 auf knapp 330000 an, verdoppelte sich also innerhalb eines Jahres nahezu. Bis zum folgenden Jahr 1961 war sie weiterhin auf fast 550000 angestiegen. Nachdem in ebendiesem Jahr durch den Mauerbau die Zuwanderung aus der DDR fast versiegt war, stieg der Bedarf an ausländischen Arbeitskräften erneut stark an: Innerhalb von nur vier Jahren überschritt die Zahl der beschäftigten Ausländer die Millionengrenze und erreichte, kurz vor der ersten Rezession, 1966 ihren bisherigen

Höchststand: Mehr als 1.3 Millionen Ausländer arbeiteten nun in der Bundesrepublik. Die Rezession brachte dann einen Rückgang der ausländischen Beschäftigten – doch schon 1969 war der alte Höchststand knapp überholt. Fortan gab es Jahr für Jahr einen kontinuierlichen Anstieg, bis 1973 der später nie wieder erreichte Höchststand von knapp 2.6 Millionen ausländischen Beschäftigten erreicht war.[26]

Daß es sich bei der Zunahme des ausländischen Bevölkerungsanteils damals vor allem um Arbeitsmigration handelt, macht die Entwicklung des Verhältnisses von ausländischen Beschäftigten und ausländischer Wohnbevölkerung eindrucksvoll deutlich. Lebten 1960 (also ganz am Beginn der Ausländerbeschäftigung) knapp 690000 Ausländer in der Bundesrepublik, von denen nur knapp 280000, also etwa 40 Prozent, beschäftigt waren, begann sich dieses Verhältnis mit der Zunahme der Migration drastisch zu verändern. 1968 lebten mehr als 1.9 Millionen Ausländer in der Bundesrepublik, von denen fast 1.1 Millionen, also 56 Prozent, beschäftigt waren; und ein Jahr später waren es fast 2.4 Millionen Ausländer, und der Anteil der Beschäftigten war noch einmal angestiegen: auf knapp 1.4 Millionen, also auf 58 Prozent.[27]

Noch deutlicher wird die Entwicklung, wenn man auf die Erwerbsquote (also das Verhältnis von – arbeitenden und arbeitslosen – Erwerbspersonen zur Wohnbevölkerung) blickt. 1961 lag sie für die Ausländer bei etwa 78 Prozent, und 1970 (als der Familiennachzug schon im Gang war) lag sie immerhin noch bei über 70 Prozent. Zum Vergleich die entsprechenden Zahlen für die Deutschen: Ihre Erwerbsquote lag schon 1961 unter 50, genauer: bei 47 Prozent, zehn Jahre später war sie erneut gesunken, auf 43 Prozent.[28] Mit anderen Worten: Die Ausländer füllten Beschäftigungslücken, die der Rückzug der Deutschen aus der Arbeitswelt gerissen hatte.

Darauf sowie insgesamt auf die Entwicklung, die Ausländer zu einem integralen Bestandteil der bundesdeutschen Wirtschaft und ein wenig auch der Gesellschaft gemacht hat, werden wir im folgenden Kapitel eingehen. Zuvor wollen wir jedoch in einer knappen Skizze deutlich machen, welche Verunsicherung und Verwirrung der Sprung in die Fremde für viele Migranten zur

Folge gehabt hat. Also: Wer waren die Arbeitsmigranten, die in den sechziger Jahren geholt wurden? Woher und aus welchen Milieus kamen sie? Welche Erfahrungen und welche Deutungsmuster brachten sie mit? Wo kamen sie hin, wie verteilten sie sich über die Republik? Wie lebten sie? Was war das Neue an der neuen Umwelt?

Sie waren – wie schon so oft die Migranten der letzten zwei Jahrhunderte – in aller Regel Männer und jung, waren häufig ledig und kamen – wenn sie verheiratet waren – ohne ihre Familie. Noch 1970 – also zehn Jahre nach dem eigentlichen Beginn der Arbeitsimmigration und zu einem Zeitpunkt, an dem der Familiennachzug schon eingesetzt hatte – waren 63 Prozent aller in der Bundesrepublik lebenden Ausländer Männer (auf die gesamte Bevölkerung bezogen machten die Männer 1970 dagegen nur knapp 48 Prozent aus). Und noch 1973 waren 83 Prozent aller in der Bundesrepublik lebenden Ausländer im erwerbsfähigen Alter; nur 16 Prozent waren unter 15 Jahre alt und gar nur zwei Prozent 65 Jahre und älter.[29]

Nicht aus fernen Kulturkreisen waren sie aufgebrochen, sondern aus den Ländern des Mittelmeerraums, und lange Zeit waren es weit mehr (katholische[30]) Christen als Moslems. Die gesamten sechziger Jahre über bildeten die Italiener den größten Anteil der ausländischen Bevölkerung (1961: fast 29 Prozent), es folgten fast gleichauf Griechen und Spanier. Schon Anfang der siebziger Jahre hatte sich das Bild merklich gewandelt: Noch immer lagen zwar die Italiener mit 20 Prozent an der Spitze, doch nun fiel schon die türkische (16.5 Prozent) und die jugoslawische (15.8 Prozent) Immigration ins Gewicht. Der Anteil der Italiener, Griechen, Spanier sowie der Portugiesen ging fortan kontinuierlich zurück. 1974 war genau ein Viertel der in der Bundesrepublik lebenden Ausländer Türken, gefolgt von den Jugoslawen (17 Prozent) und den Italienern (15 Prozent). Die Türken haben sich seitdem als die größte Gruppe der hier lebenden Ausländer gehalten; nachdem sie zeitweise mehr als ein Drittel aller Ausländer ausmachten, liegen sie heute mit etwa 31 Prozent noch immer eindeutig an erster Stelle, und noch immer folgen ihnen – wenngleich mit gesunkenen Anteilen – Jugoslawen (13 Prozent) und Italiener (9.5 Prozent). Nach den

Griechen (5.7 Prozent) folgen übrigens – deutlich vor den Spaniern und Portugiesen – die Polen mit 4.6 Prozent auf dem fünften Platz.[31]

Die Migranten der sechziger Jahre kamen vor allem aus ländlichen Gebieten und Kleinstädten, waren zu drei Vierteln vor ihrer Abreise nicht arbeitslos und hatten zuvor etwa zu einem Viertel in Landwirtschaft und Fischerei, zu einem Fünftel im Baugewerbe, sodann in der Metallindustrie und im Verarbeitenden Gewerbe gearbeitet. In der Mehrheit war ihnen die industrielle Arbeitswelt und schon gar die hochentwickelte der Bundesrepublik fremd. Über die Bundesrepublik wußte mehr als ein Drittel von ihnen so gut wie gar nichts, die Mehrheit nur wenig. Die kargen Informationen, über die sie verfügten, stammten in der Regel von Verwandten und Bekannten, die die Erfahrung der Migration schon gemacht hatten und die in ihren Erzählungen zuweilen zu Übertreibungen neigten und nur das Positive herausstrichen. Fast keiner von ihnen war im Moment seiner Ankunft auch nur im entferntesten der deutschen Sprache mächtig.[32]

Die Arbeit, zu der sie geholt worden waren, begann sogleich. Man muß sich vergegenwärtigen, welche schockartige Umstellung dies bedeutet haben muß, vom Leben ganz zu schweigen. Nur etwa ein Viertel der Arbeitsmigranten sah sich an einen Arbeitsplatz gestellt, der auch nur entfernt etwas mit ihrer bisherigen Arbeit und ihrer Organisation zu tun hatte. Ganz neu war die Erfahrung der Arbeit im Block, der Schichtarbeit – die meisten waren zuvor das mediterrane System gewöhnt gewesen: ein paar Stunden am Morgen, dann eine große Pause und erst am späten Nachmittag der zweite Teil der Arbeit. Dies sowie insgesamt die neue industrielle Welt und die Verständigungsprobleme mit den deutschen Kollegen führten zu Eingewöhnungsschwierigkeiten, für die aber niemand zuständig war; die Dolmetscher, die später manchmal zur Verfügung standen, gab es noch nicht.

Verwirrend auch die neue Wohnsituation. Viele wurden in Baracken untergebracht, später folgten Wohnheime und werkseigene Wohnungen. All diese Unterkünfte waren karg bis erbärmlich zugeschnitten und ausgestattet; nicht zum Leben, sondern zum Überleben waren sie da. Das alles sah nach Menschenhaltung aus, und als die kritische Öffentlichkeit sich des Themas der Ausländer anzunehmen begann, konzentrierte sie sich denn auch lange Zeit auf dieses Thema: Drei bis vier Betten übereinander in winzigen Zimmern ohne Tisch und Stuhl, zwei Kochplatten für 40 Männer, verrottete sanitäre Anlagen und ein zumindest autoritäres Heimregiment. Diese Kritik machte zum erstenmal eine breitere Öffentlichkeit nachhaltig mit der Tatsache vertraut, daß die Arbeitsmigranten, die man geholt hatte, Menschen waren, also ein Recht auf menschenwürdige Lebensumstände hatten, und insofern hatte diese Kritik ihre Verdienste.[33]

Doch weil sie in philanthropischer Art die eigenen Maßstäbe für die allgemeingültigen nahm, verkannte sie den Kern des Problems, dem sich die jungen Migranten ausgesetzt sahen. Denn schockierend war für diese nicht so sehr die Kargheit ihrer Unterkünfte, damit waren sie aus ihrer Heimat zumeist vertraut; schockierend war vielmehr die Tatsache, daß sie – die bisher in der Regel im vertrauten Familienverband gewohnt hatten – plötzlich mit Wildfremden zusammenleben mußten, mit denen sie vorerst nur das Fremdsein teilten. Schockierend (und in seiner kulturellen Wirkung nicht zu unterschätzen) war zweitens die Tatsache, daß das Wohnen nun auf einmal eine ökonomische Seite bekam: Aller Not zum Trotz gab es bisher für die allermeisten doch die Gewißheit der eigenen vier Wände – nun auf einmal mußte für das Wohnen bezahlt werden. Und schockierend war drittens die Bedeutung, die das Wohnen in diesem fremden Land offensichtlich hatte. In der Heimat der Migranten war die Wohnung nie der Lebensmittelpunkt gewesen – nun aber sahen sie sich in ein Land versetzt, in dem die Menschen nach der Arbeit in ihre abgeschotteten (für die Migranten zudem gänzlich uneinsehbaren) Wohnburgen flohen und in dem in diesen Jahren des Kampfs ums individuelle Fortkommen der öffentliche Raum von der Mehrheit der Bevölkerung geradezu gemieden wurde.

Ziemlich viele Migranten haben sich später, insbesondere seit dem Nachzug ihrer Familien, außerordentlich schnell die deutsche Wohn- und Heimkultur angeeignet und eigentümlich schräge Kopien deutscher Kleinbürgeridyllen hervorgebracht – sehr zum Verdruß jener Freunde des Multikulturellen, die die

Ausländer gern als einen Hort des Mediterranen und als unerschütterliche Bewahrer ihrer autochthonen Kulturen betrachteten.

Am Anfang aber standen ein Schock und eine doppelt verwirrende Erfahrung. Denn die Migranten sahen sich, wie oben erwähnt, von der öffentlichkeitsentrückten Wohnwelt der Mehrheitsgesellschaft radikal ausgeschlossen: Dort, wo die Deutschen lebten, waren Ausländer nicht zugelassen. Zudem ging von der Mehrheitsgesellschaft an die Migranten eindeutig die Aufforderung aus, es ihr gleichzutun. Baracken und Wohnheime waren, so gesehen, Inseln des Privaten im Meer der deutschen Gesellschaft. Inseln jedoch, die konsequent am äußersten Rand der Gesellschaft angesiedelt waren, fast so etwas wie exterritoriale Zonen. (Und zuweilen wurde das noch zusätzlich und besonders kraß dadurch unterstrichen, daß sich – etwa in einigen Städten des Ruhrgebiets oder in der Opel-Stadt Rüsselsheim – am Rande dieser Siedlungen Bordelle ansiedelten, die ausschließlich auf die ausländische Klientel zugeschnitten waren.) Der gesellschaftliche Raum der Mehrheitsgesellschaft war den Ausländern verschlossen, und sie sahen sich in einen eigenen, in der Regel betrieblich organisierten Raum gepfercht, der ihnen immer wieder vor Augen führte, daß ihr Leben hier Anhängsel der Arbeit war. Der Raum, der ihrer »Privatheit« zugestanden wurde, war einer, der nicht in den großen Rest der Gesellschaft hineinreichen sollte.[34]

Ein zweites Mal: von Süd nach Nord

Wie verteilten sich die Arbeitsmigranten seit den sechziger Jahren auf das Bundesgebiet? Sind sie tatsächlich, wie die populistische Rhetorik unterstellt, nach Lust und Laune ausgeschwärmt? Und haben sie die Bevölkerungsdichte – mit der die xenophobe Rechte gern argumentiert, neuerdings sogar mit ökologischer Begründung[35] – wesentlich erhöht?

Die ersten Arbeitsmigranten wanderten nicht in *die* Bundesrepublik ein, sondern in einige wirtschaftliche Ballungsgebiete. Und diese lagen zu Anfang alle im Süden der Republik – nicht weil dieser so nah, sondern weil er weiter entwickelt war. Von der extrem niedrigen Arbeitslosenquote in Baden-Württemberg und Bayern, genauer: vor allem im Stuttgarter und im Münchner Raum, war schon die Rede; hier auch waren zuerst Ausländer in größerer Zahl anzutreffen. (Die einzige Ausnahme stellte, und das auch nur für die kurze Anfangszeit, das kleine Saarland dar, in dem überdurchschnittlich viele Ausländer – dem Trend der Zeit folgend in der Mehrheit Italiener – beschäftigt waren; die industrielle Struktur des Saarlands erfuhr später keine innovative Umstrukturierung – und das hatte u. a. auch zur Folge, daß hier die Ausländerbeschäftigung in einem frühen Stadium eingefroren wurde: Daher weist das Saarland heute mit Abstand den höchsten Anteil von Italienern an der ausländischen Bevölkerung, nämlich immer noch mehr als 30 Prozent, auf.[36])

Vom Süden der Republik ausgehend, breiteten sich die Ausländerbeschäftigung und dann die ausländische Wohnbevölkerung im Laufe der Jahre nach Norden hin aus, obschon weder gleichmäßig noch flächendeckend. 1973 lag der Anteil der Ausländer an der Gesamtbevölkerung bei 6.4 Prozent, die Spanne zwischen den einzelnen Bundesländern war jedoch beträchtlich: An der Spitze lagen Baden-Württemberg (9.7), Hessen (7.7), West-Berlin (7.0), Nordrhein-Westfalen (6.6) und – exakt im Bundesdurchschnitt – Bayern (6.4); am unteren Ende rangierten Rheinland-Pfalz (4.0), das Saarland (3.8), Niedersachsen (3.7) und Schleswig-Holstein (2.8). Mit anderen Worten: In den zwei großen Bundesländern mit den bisher höchsten Ausländerzahlen begann der Anteil der ausländischen Bevölkerung – wenngleich auf hohem Niveau! – zu stagnieren, während in anderen großen Bundesländern wie Nordrhein-Westfalen und Hessen sowie erstmals auch in einem Stadtstaat, Berlin nämlich, die Zahl der Ausländer deutlich zuzunehmen begann.

Noch aber lagen die Extreme vergleichsweise nahe beieinander: Noch in keinem einzigen Bundesland hatte der Anteil der Ausländer an der Bevölkerung die Zehn-Prozent-Marke überschritten. Dazu kam es erstmals 1979, und zwar nicht in einem der Bundesländer, die Schrittmacher der Ausländerbeschäftigung waren, sondern in Berlin (10.1 Prozent).[37] Und das folgende Jahrzehnt gab der ausländischen Bevölkerung dann ihre noch heute bestehende Struktur: 1990 lagen zwei Stadtstaaten, West-Berlin und Hamburg, mit einem Ausländeranteil an der Wohnbevölkerung von 14.5 bzw. 11.8 Prozent an der Spitze, gefolgt von den Flächenstaaten Hessen (10.5), Baden-Württemberg (10.2), dem Stadtstaat Bremen (9.3) und Nordrhein-Westfalen (9.0); in Bayern, vordem zur Spitzengruppe gehörend, war mit 7.2 Prozent der Ausländeranteil dagegen inzwischen deutlich unter den Bundesdurchschnitt (8.2) gesunken; und am Ende der Skala befanden sich nach wie vor Rheinland-Pfalz (5.4), das Saarland (5.3), Niedersachsen (4.5) und Schleswig-Holstein (3.9). 1973 lag zwischen dem Spitzenreiter Baden-Württemberg ·(9.7 Prozent) und dem Schlußlicht Schleswig-Holstein (2.8 Prozent) eine Differenz von knapp 7 Prozentpunkten; 1990 machte die Differenz zwischen West-Berlin (14.5) und Schleswig-Holstein (3.9) dagegen 10.6 Prozentpunkte aus.

Was also war geschehen? In den Bundesländern, in denen die Zuwanderung von Arbeitsmigranten begonnen hatte, stabilisierte sich der Anteil der Ausländer an der Wohnbevölkerung auf relativ hohem Niveau. In den Flächenstaaten mit einer vergleichsweise wenig entwickelten industriellen Struktur wie dem Saarland, Rheinland-Pfalz, Niedersachsen und besonders Schleswig-Holstein stieg der Anteil der Ausländer an der Bevölkerung nur geringfügig an (in Schleswig-Holstein von 1974 bis 1990 von 76000 auf 101000; zum Vergleich: Im gleichen Zeitraum hat sich der Anteil der Ausländer in West-Berlin von 162000 auf 312000 fast verdoppelt[38]). Und in den etwas nördlicher gelegenen Flächenstaaten Nordrhein-Westfalen und Hessen, die über eine teils überalterte, teils aber auch im innovativen Umbruch befindliche industrielle Struktur verfügten, sowie in den drei Stadtstaaten, die – West-Berlin voran – eher eine überalterte Wirtschafts- wie Bevölkerungsstruktur besaßen, nahm der Anteil der Ausländer an der Wohnbevölkerung überproportional zu.

Daß in einigen Bundesländern später als in anderen massiv ausländische Arbeiter angeworben wurden, wird auch an der Verteilung der Nationalitäten deutlich. Obgleich der Anwerbevertrag mit der Türkei schon 1961 abgeschlossen wurde, nahm die türkische Arbeitsimmigration erst Mitte bis Ende der sechziger Jahre an Umfang beträchtlich zu, fiel also genau in die Zeit, in der sich der Schwerpunkt der Arbeitsmigration allmählich von Süden nach Norden zu verlagern begann. Das ist ein Grund dafür, daß die höheren Bevölkerungsanteile von Türken eher im Norden zu finden sind. 1990 lebten etwas mehr als 1.6 Millionen Türken in der Bundesrepublik; sie machten damit etwa 32 Prozent der gesamten ausländischen Bevölkerung aus. Die fünf Bundesländer jedoch, in denen der Anteil der Türken an der ausländischen Bevölkerung über diesem Durchschnitt lag, befanden sich ohne Ausnahme eher im Norden: Bremen (43 Prozent), Berlin (38.7 Prozent), Nordrhein-Westfalen (37 Prozent), Schleswig-Holstein (34.5 Prozent) und Niedersachsen (32.5 Prozent); in Bayern dagegen – einstmals Hochburg der Arbeitsmigration – lag der Anteil der Türken an der ausländischen Bevölkerung mit 27.5 Prozent fast fünf Punkte unter dem Bundesdurchschnitt.[39]

Zugleich liegen hier mit Bremen, West-Berlin, Schleswig-Holstein und Niedersachsen vier Bundesländer in der Spitzengruppe, die entweder insgesamt einen niedrigen Ausländeranteil aufweisen oder – das gilt für alle vier Bundesländer – nicht eben an der Spitze des ökonomischen Modernisierungsprozesses liegen. Die türkische Bevölkerung steht, was die Wertschätzung angeht, am unteren Ende der Arbeitsmigranten, und Türken sind – von bemerkenswerten Ausnahmen abgesehen – vor allem die schwereren, schlechteren, schlechter bezahlten und traditionelleren Arbeitsplätze vorbehalten. Mit anderen Worten: Die Beschäftigung von Ausländern kann *auch* die Funktion haben, überalterte ökonomische Strukturen am Leben zu erhalten, auf die – gäbe es die vergleichsweise billigen ausländischen Arbeitskräfte nicht – mit Stillegung oder Innovation geantwortet werden müßte.[40]

Ausländer in Ballungsgebieten: Henne oder Ei?

Ohne Zweifel gibt es in der Bundesrepublik Städte und Regionen mit außerordentlich hohem Ausländeranteil. Das war schon vergleichsweise früh so.

Ausländer waren dort besonders zahlreich, wo sie gebraucht wurden, also in den industriellen Zentren und den dazugehörigen Ballungsgebieten. Eine Zahl mag das verdeutlichen: Nach der Volkszählung von 1970 lebte die Hälfte aller Ausländer auf vier Prozent der Fläche der Bundesrepublik. Oder: 1975 lebten in den 18 bundesdeutschen Großstädten 24 Prozent aller Ausländer, aber nur 11.7 Prozent aller Deutschen.[41] Und seit dieser Zeit ist es nicht zu einem allmählichen Ausgleich, sondern zu einer weiteren Akzentuierung gekommen. Ende 1990 lebten in den zwölf größten Städten der Bundesrepublik mehr als 1.5 Millionen der insgesamt 5.3 Millionen Ausländer. Das heißt: In den 18 größten Städten lebten knapp 30 Prozent aller Ausländer der Bundesrepublik.[42] Noch deutlicher fiele das Bild aus, wenn man sich nicht an Städten, sondern an den Ballungsgebieten, also nicht an Stuttgart, sondern am Stuttgarter Raum, nicht an Frankfurt, sondern an der Rhein-Main-Region, und nicht an Köln, Essen, Dortmund, Düsseldorf und Duisburg, sondern am Rhein-Ruhr-Gebiet orientieren würde.

Die ausländische Bevölkerung bemächtigte sich nicht nach freiem Ermessen der deutschen Lande, sie folgte und folgt vielmehr den vorhandenen Konzentrationsprozessen in Industrie, Gewerbe und Dienstleistungssektor. Während in vielen ländlichen und industriell wenig entwickelten Regionen der Anteil der ausländischen Bevölkerung nach wie vor gering ist, ist er in den letzten Jahrzehnten dort teilweise beträchtlich angestiegen, wo die Bevölkerungsdichte ohnehin schon sehr groß war. Ausländer schaffen Ballungsgebiete also nicht, sie finden sie vielmehr vor – tragen im Laufe der Zeit freilich durch Familiennachzug und eine (allerdings nur anfangs) über dem deutschen Durchschnitt liegende Kinderzahl zum weiteren Anstieg der Bevölkerungsdichte in den Ballungsgebieten bei.

Es handelt sich hierbei um eine Entwicklung, die es schon seit dem Beginn der Industrialisierung gibt, die es zuweilen schwermacht, die Henne vom Ei zu unterscheiden, und die zum Selbstläufer werden kann: Industrie und modernes Gewerbe bringen die Konzentration von Menschen hervor, setzen sie – da ohne eine große Zahl von Arbeitskräften nichts laufen kann – aber auch schon voraus. Und die Ballungsgebiete, die im ständigen

Rollentausch von Henne und Ei entstanden sind, üben dann einen weiteren Sog aus, der zu einer Bevölkerungskonzentration führen kann, die weder ökonomisch noch gesellschaftsökologisch zu rechtfertigen ist.

In diesem alten Spiel der industriellen Moderne spielen Ausländer – wie bestimmte Schichten der Mehrheitsgesellschaft auch – ihren Part. Nicht mehr und nicht weniger. Es gibt in der Bundesrepublik verschiedene städtische Regionen, in denen die Konzentration der ausländischen Bevölkerung – verstärkt durch eine wenig entwickelte Infrastruktur und durch eine schlechte Bausubstanz – in der Tat Problemzonen geschaffen hat. Schuld daran ist aber in erster Linie der allgemeine Verstädterungsprozeß moderner Gesellschaften, dem auch die erleuchtetsten Urbanisten und Stadtplaner bislang kaum etwas Trag- und Durchsetzungsfähiges haben entgegensetzen können. Und schuld daran ist auch die Tatsache, daß den Ausländern als Bürgern mit minderen Rechten zumeist gar keine andere Wahl bleibt, als mit den Wohnvierteln vorliebzunehmen, die den Anschluß an den städtischen Entwicklungsprozeß verloren haben.

Die ausländischen Arbeiter in der Bundesrepublik galten, wie wir gesehen haben, lange als arbeitsame Gäste, als Helfer, die irgendwann auf wundersame Weise wieder verschwinden würden. Deswegen ist den Institutionen des Landes lange die doch offenkundige Tatsache entgangen, daß hier eine neue *bundesrepublikanische* Bevölkerungsminorität am Entstehen war. Vieles wies darauf hin: die wachsende Aufenthaltsdauer; der unübersehbare Familiennachzug; der steigende Anteil der Frauen (und sehr viel später auch der Alten) an der ausländischen Bevölkerung; das Absinken der Erwerbsquote bei den Ausländern; die erstaunlich rasche Anpassung hier etablierter ausländischer Familien an die Normen der Mehrheitsgesellschaft – sichtbar etwa in der steigenden Erwerbstätigkeit von Frauen, in der abnehmenden Familiengröße und der rasanten Zunahme des Konsums; in zahlreichen Städten das Entstehen einer eigenständigen, zugleich aber in der Mehrheitsgesellschaft fest verankerten Infrastruktur der Ausländer; und nicht zuletzt das Heranwachsen einer zweiten und dann einer dritten Generation, die ihren Lebensmittelpunkt eindeutig in ihrer Heimat Deutschland hat.

Dies und noch mehr spielte sich zunehmend in aller Öffentlichkeit ab – institutionelle Konsequenzen wurden jedoch kaum daraus gezogen. Vielmehr wurde immer vertagt und weit hinter der jeweils aktuellen Frontlinie nachgebessert. In seiner ausgezeichneten, schon 1980 erschienenen Untersuchung über »Die ungewisse Zukunft der Gastarbeiter« schrieb Ray C. Rist, die Bundesrepublik sei zu einem Land geworden, »das durch die Anwesenheit einer beträchtlichen peripheren Population in ihrer Mitte zu einer fortwährenden Kette von Improvisationen gezwungen wird«[43]. Das beschreibt einen im Grunde noch heute gültigen Umstand: Das Problem wird nicht angegangen, sondern dementiert.

Wider allen Augenschein wird der Normalfall – die dauerhafte Anwesenheit eines nicht unbeträchtlichen ausländischen Bevölkerungsanteils – nach wie vor zum Störfall, zur Anomalie und zu einem Problem erklärt, dessen man sich in der letzten Not durch dessen Export entledigen könnte. Und so findet seit Jahr und Tag eine Ausländerpolitik statt, die sich ihrem Gegenstand nicht nähert, sondern ihm eher ausweicht. Das aber hat – ein krasser Fall von »unbeabsichtigten Folgewirkungen« – oft zum Ergebnis, daß die Maßnahmen, die ergriffen werden, so ziemlich das Gegenteil dessen bewirken, was gewünscht war. Wir wollen das abschließend am Beispiel der verschiedenen Versuche, dem Anwachsen der ausländischen Bevölkerung Herr zu werden, verdeutlichen.

Die Politik der Ausländerabwehr und ihre wundersamen Folgen

Um mit dem eben schon erwähnten Beispiel der Furcht vor einer zu großen Bevölkerungsdichte zu beginnen: Seit etwa 1970 begann sich das Ende der immer fetter werdenden Jahre abzuzeichnen, es wurde wieder etwas enger in Deutschland. Berichte darüber, daß sich die drittgrößte türkische Stadt angeblich auf deutschem Boden befinde und Berlin heiße, sowie sich verdichtende Nachrichten über städtische Konfliktzonen förderten die Idee, mittels staatlicher Regulierung das Anwachsen der ausländischen Bevölkerung zu stoppen.

Das Bundesministerium für Arbeit und Sozialordnung verfügte 1975 die sogenannte Zuzugssperre: Fortan wurde in den Paß jedes Ausländers, der seine Aufenthaltserlaubnis verlängern ließ, eine Liste der Städte gestempelt, in die ihm der Zuzug verwehrt sein sollte. Um »überlastete Siedlungsgebiete« nicht weiter zu belasten, verfügte das Ministerium: »Unmittelbar betroffen hiervon [von der Zuzugssperre] sind Städte und Kreise, in denen der Anteil der ausländischen Bevölkerung an der gesamten Wohnbevölkerung 12 Prozent und mehr beträgt. In diese Regelung können ferner Städte und Kreise einbezogen werden, in denen der Anteil der ausländischen Wohnbevölkerung 6 Prozent überschreitet.« Und tatsächlich haben im Januar 1977 fünf bundesdeutsche Großstädte – Köln, Frankfurt/M., Hannover, München und West-Berlin – diese Verfügung in Anspruch genommen, sich zum »überlasteten Siedlungsgebiet« erklärt und allen weiteren Zuzug von Ausländern untersagt.[44]

Indes, es wurde daraus ein Schlag ins Wasser – und das lag nicht an zuzugswilligen Massen von Ausländern, sondern an der Industrie, die der Politik in die Parade fuhr. Es begann, schon ein Jahr vorher, zu Köln am Rhein, also in einer Stadt, die sich wenig später selbst für überlastet erklärte. Die Ford-Werke, in hohem Maße abhängig von ausländischen, insbesondere türkischen Arbeitern[45], intervenierten massiv gegen die Zuzugs- und Niederlassungssperre – vorerst ohne Erfolg. Doch Städte wie Stuttgart und Offenbach (die damals mit einem Ausländeranteil von 16 bzw. 19 Prozent deutlich über der ministeriellen Marge lagen) verzichteten ganz auf die Anwendung der Zuzugssperre – die Zukunft ihrer Industrie war ihnen wichtiger als die ihrer »überlasteten Siedlungsgebiete«. Und da sich das Konzept der Zuzugssperre aus einer ganzen Reihe von Gründen als unpraktikabel erwies, wurde es schon Anfang April 1977 – also nur zwei Monate nach den ersten Anträgen der genannten fünf Städte – wieder ganz aufgegeben.

Die Zuzugssperre setzte im wesentlichen bei dem Problem der regionalen Verteilung der Ausländer an, hätte also ohnehin kaum zur Senkung der Gesamtzahl der ausländischen Bevölkerung beitragen können. Eher an die Wurzeln des Problems schienen da schon die mehrfach unternommenen Versuche zu gehen, der wachsenden Ausländerzahl durch die Verminderung der Zahl der ausländischen Beschäftigten Herr zu werden. Doch diese Versuche erwiesen sich nicht nur als erfolglos, sie bewirkten obendrein noch das Gegenteil des Gewünschten – nämlich das weitere Anwachsen des ausländischen Bevölkerungsteils.[46]

Zu einem ersten Versuch kam es beim ersten Krisensignal der Nachkriegszeit, also während der kurzen Rezession von 1966/67. Gab es 1966 noch mehr als 1.3 Millionen ausländische Beschäftigte, war deren Zahl im folgenden Jahr – via Entlassungen und teilweise folgender Rückwanderung – auf etwa 990000 abgesunken; mehr als 300000 Ausländer hatten ihren Arbeitsplatz verloren. Das löste zwar eine nicht unbeträchtliche Bewegung der Rückwanderung aus, änderte aber im Prinzip nichts am Anwachsen der ausländischen *Wohn*bevölkerung. Und noch etwas Zweites war bemerkenswert: In dieser ersten Krise, in der die nonchalante Entlassung von Ausländern ein noch viel unbestritteneres arbeitsmarktpolitisches Instrument war als heute, verloren zwar mehr als 300000 Ausländer ihren Arbeitsplatz – eine knappe Million aber konnte ihn halten (und dies zu einer Zeit, in der eine etwa gleich große Zahl von Deutschen arbeitslos war). Das heißt: Schon damals waren immerhin fast eine Million Ausländer fest, für die Unternehmen unverzichtbar und durch Deutsche nicht zu ersetzen, in die Beschäftigungsstruktur integriert. Und schon zwei Jahre nach der Entlassungswelle war die Zahl der ausländischen Beschäftigten erneut und auf die bisherige Rekordmarke von 1.5 Millionen angestiegen.

Der zweite Versuch, des ausländischen Bevölkerungsteils Herr zu werden, setzte noch radikaler an als der erste. Im November 1973 verhängte die Bundesregierung, ganz im Zeichen der »Ölkrise«, einen generellen Anwerbestopp für Ausländer (der, da innerhalb der EG Freizügigkeit ja schon beschlossen war, nur für Ausländer aus Nicht-EG-Staaten galt). Auch diese Maßnahme war scheinbar erfolgreich. Von 1973 bis 1978 nahm die Zahl der ausländischen Beschäftigten tatsächlich kontinuierlich ab: Gab es 1973 noch fast 2.6 Millionen beschäftigte Ausländer, war deren Zahl 1978 auf etwas mehr als 1.8 Millionen abgesunken, mithin ein Rückgang um etwa ein Viertel. Indes, die Rechnung ging abermals nicht auf, und zwar, weil wieder der alte Fehler gemacht wurde: Man sah in den Ausländern Nur-Arbeitskräfte, deren anderweitige Existenz der Beachtung nicht wert war. Und dafür kam nun prompt die Quittung: Während in dem genannten Zeitraum der Anteil der ausländischen *Beschäftigten* um etwa ein Viertel zurückging, nahm die *Wohnbevölkerung* zwar kurzfristig (in den Jahren 1976 und 1977) ab, insgesamt aber sogar noch geringfügig zu: von 3.96 auf 3.98 Millionen.

Was war geschehen? Zum einen waren das Anwachsen der Wohnbevölkerung wie auch das Sinken der Erwerbsquote ein Anzeichen für die wachsende Verankerung der ausländischen Bevölkerung in ihrer neuen Heimat: Familien wurden nachgeholt oder gegründet, die Kinder wuchsen eher hier als dort auf, und sogar die Zahl der Alten begann langsam zu steigen. Dieser Verankerung der ausländischen Bevölkerung hat der Anwerbestopp zum andern aber nicht nur keinen Riegel vorgeschoben, sondern sie sogar noch massiv gefördert. Ausländer aus Nicht-EG-Staaten sahen sich nun (und zwar gerade auch dann, wenn sie arbeitslos geworden waren) vor eine Alternative gestellt, die es vorher nicht gegeben hatte: Entweder in die alte Heimat zurückzukehren in der Gewißheit, daß eine erneute Remigration in die Bundesrepublik unmöglich sein würde, oder aber zu bleiben und den Wunsch nach einem dauerhaften Aufenthalt in der Bundesrepublik durch den möglichst schnellen Nachzug der Familie, also durch die eindeutige Verlegung des Lebensmittelpunktes gen Norden, zu unterstreichen.

Mit anderen Worten: Der Anwerbestopp, der heute allein arbeitsmarktorientiert erscheint, hat bei vielen Ausländern die immer wieder aufgeschobene Entscheidung zwischen den beiden Heimaten forciert und beschleunigt. Der Anwerbestopp sollte die Ausländer an den Rand und aufs Abschiebegleis der Gesellschaft befördern und hat sie tatsächlich fester als je zuvor und unwiderruflich in der bundesrepublikanischen Gesellschaft verankert.[47] Der Anwerbestopp war insofern erfolgreich, als er *mit* dazu beigetragen hat, die Zahl der ausländischen Beschäftigten unwiderruflich in Schach zu halten: Nie wieder wurde die Höchstzahl von 1973 (knapp 2.6 Millionen) erreicht. Noch einmal wurde 1980 die Zwei-Millionen-Marke knapp überschritten, von da an aber ging es abwärts; 1991 gab es in der Bundesrepublik (alt plus neu) 1.9 Millionen ausländische Beschäftigte. Die ausländische Wohnbevölkerung hat sich indes in dem Zeitraum von 1973 bis 1991 beständig vermehrt: von 3.9 Millionen im Jahre 1973 auf 5.8 Millionen im Jahre 1991. Also eine Zunahme um 1.9 Millionen oder fast 50 Prozent!

1982, nur wenige Monate vor dem außerplanmäßigen Ende seiner Amtszeit, soll der damalige Bundeskanzler Helmut Schmidt in der ihm eigenen Art dem Präsidenten des Arbeitgeberverbandes, Rolf Rodenstock, ins Wort gefallen sein, als dieser trotz beträchtlicher Arbeitslosigkeit für eine gezielte Lockerung des Anwerbestopps eintrat: »Mir kommt kein Türke mehr über die Grenze.« Und der SPD-Kommunalexperte Martin Neuffer erklärte im gleichen Jahr: »Diese Verlagerung des türkischen Bevölkerungswachstums in die Bundesrepublik ist, mit Verlaub gesagt, ein gemeingefährlicher Unfug.«[48] Des Kanzlers Wunsch blieb unerhört, denn der Familiennachzug war nicht zu unterbinden. Der Kommunalexperte lag – bei aller maßlosen Übertreibung – insofern schon richtiger, als er die wundersame Verwandlung der »Gastarbeiter« in einen Bevölkerungsteil der Bundesrepublik immerhin, wenn auch als Menetekel, zur Kenntnis genommen hatte. Und weil diese Einsicht allmählich unabweisbar wurde, brachen seitdem die Klagen derer nicht mehr ab, die in den von Arbeitern zu Menschen mutierten Ausländern eher teure Kostgänger als Aktivposten der bundesdeutschen Wirtschaft und Gesellschaft sahen.

4. Kapitel

Von der willkommenen Ausnahme zur ungeliebten Regel:
Ausländer in Deutschland

Was haben die Ausländer der deutschen Wirtschaft und was haben sie dem deutschen Volk angetan? Wie erging es ihnen im Auf- und wie im Abstieg der Konjunkturen? Wovon sind die Deutschen durch sie befreit worden, und welchen deutschen Schlendrian haben die Ausländer ermöglicht? Welche Vor- und welche Nachteile hat ihre Anwesenheit für Deutschland, und welche Vor- und Nachteile hat ihre Abwesenheit für die Heimatländer? Wie wurden sie von willkommenen Helfern auf Zeit zu einem festen, aber noch immer wenig geschätzten Teil der deutschen Bevölkerung? Worin haben sie sich dieser angepaßt, und worin sind sie andere geblieben? Was veränderte sich, als die Zugvögel seßhaft wurden? Was, außer dem Paß, unterscheidet die Kinder von den Kindern deutscher Vollbürger? Welche Möglichkeiten haben Ausländer, auf der Aufstiegsleiter mehr als eine Sprosse zu nehmen? Was geschähe, wenn Ausländer zu Menschen mit gleichen Rechten und Pflichten wie die Deutschen würden?

Die folgenden Seiten werden Antworten auf diese Fragen geben. Zuvor jedoch wollen wir erläutern, warum Einwanderung, die doch eines der konstantesten Phänomene der letzten 200 Jahre ist, immer noch als Anomalie gilt und immer noch Furcht und Abwehr auslöst. Wir werden dabei auch zeigen, daß diese Furcht und diese Abwehr einerseits einen vernünftigen Kern haben, sich andrerseits aber gegen das falsche Objekt des Zorns richten.

Migration, also den Aufbruch von einzelnen oder Gruppen aus ihrer alten Heimat, gibt es seit undenklichen Zeiten. Und da nach Lage der Dinge auf dieser Welt niemand sicher sein kann, nicht der nächste sein zu müssen, den das Schicksal der Mobilität ereilt, war es nicht zuletzt Eigennutz, der früh schon die Fremdenliebe geraten sein ließ: »Wie ein Einheimischer soll euch der Fremdling gelten, der bei euch wohnt, und du sollst ihn lieben wie dich selbst – seid ihr doch auch Fremdlinge gewesen im Lande Ägypten.« (3. Mose 19, 33–34)

Es gab Zeiten, in denen dieser Fremdenliebe zudem handfeste Interessen auf die Beine halfen. Etwa dann, wenn Regenten und Staaten gezielt Einwanderer ins Land holten, um mit ihnen unbesiedelte Gebiete zu erschließen oder um die Bevölkerung und damit das Arbeitskräftepotential anwachsen zu lassen. Migrationen dieser Art konnten zwar auch Unfrieden stiften (die nach Preußen emigrierten Hugenotten etwa, die ökonomisch wie kulturell schnell Fuß faßten, waren in diesem noch ziemlich rohen Staat keineswegs *nur* willkommen), aber das war nicht die Regel. Denn ihr Kommen stand für Aufschwung wie Fortschritt, und vor allem war dieser Epoche vor dem Beginn der großen Industrialisierung und vor der Bevölkerungsexplosion des 19. Jahrhunderts der Gedanke fremd, es könne auf dem Territorium der Staaten zu eng werden.[1]

Das 19. Jahrhundert brachte ein gewaltiges Anwachsen der innereuropäischen wie transatlantischen Wanderungsbewegungen. In gewissem Sinne war Migration schon immer Arbeitsmigration gewesen – doch nun rückte dieser Aspekt eindeutig in den Vordergrund. Und noch etwas war neu: Es begann der *freie* Entschluß der Migranten Überhand zu nehmen. Bisher waren Migranten meist ausdrücklich geholt worden (das galt auch für die Mehrzahl der Glaubensflüchtlinge): Die Migration war also ein *regulierter* Prozeß gewesen. Das blieb sie auch weiterhin, da die Reise zu bezahlen war, da das Zielland Überlebensmöglichkeiten bieten mußte usw. Aber es war doch zunehmend Eigeninitiative, die zur Entscheidung für die Auswanderung führte – zumal die Staaten und Fürstentümer immer weniger über ihren

Untertanen wie einen Besitz verfügen konnten. Migration, bisher vergleichsweise berechenbar, wurde nun zu einem eher unberechenbaren Prozeß, zu einem Experiment mit offenem Ausgang. Sie bekam – z. B. durch die Landflucht und die ihr korrespondierende rasche Verstädterung – etwas Unkontrolliertes und Überwältigendes.

Um ein Beispiel für die Wucht dieser Entwicklung zu geben: Noch 1907, also Jahrzehnte nach dem Beginn der offensiven Phase der Industrialisierung in Deutschland, bestand die Bevölkerung Charlottenburgs (damals noch selbständige Gemeinde) nur zu einem Fünftel aus Ortsgebürtigen; und in Gelsenkirchen war die Hälfte aller Bewohner Neubürger, die nicht aus der näheren Umgebung kamen, sondern von weither zugewandert waren![2] Ohne die »Entfesselung« der zuvor gebundenen und gelenkten Migrationspotentiale wäre die Industrialisierung nicht möglich gewesen. Aber eben weil diese neuen Migrationsbewegungen so massiv waren und mit der großen industriellen Umwälzung Hand in Hand gingen, lösten sie auch Ängste aus. Seit dieser Zeit ist in Europa die Debatte darüber, ob die Migration den Einwanderungsgesellschaften zuträglich sei oder eher eine Gefahr darstelle, nicht mehr abgerissen.

Ein beträchtlicher Teil der Migrationen des 19. und des frühen 20. Jahrhunderts läßt sich, wenn man will, auch als ein langwieriges *Trial-and-error*-Verfahren beschreiben, in dessen Verlauf versucht wurde, industriellen Arbeitskräftebedarf und die dazu nötige Bevölkerung zusammenzubekommen. Das aber nährte die Hoffnung, mit der Durchsetzung der Industrialisierung werde die große Bewegung der Menschenverschiebung ein Ende finden, sich zumindest aber deutlich abschwächen. Und eine Zeitlang konnte es in der Tat auch so aussehen: Die überseeische Auswanderung aus Deutschland nahm ebenso ab wie, etwas später, die große binnendeutsche Ost-West-Wanderung. Vielleicht, so die Hoffnung, würden irgendwann in absehbarer Zeit alle gewissermaßen an ihrem Ort sein, und die große Wanderung käme zum Stillstand; Ruhe würde einkehren, Heimat wäre wieder Heimat, und Fremde wären wieder Fremde. Doch diese Rechnung war bekanntlich ohne den kapitalistisch-kosmopolitischen Wirt gemacht. Es zeigte sich, daß wohl auf immer die Zeiten vorbei sind, an denen alle an ihrem Platz sind. Vorhandene Populationen und Arbeitskräftebedarf werden angesichts einer Ökonomie, die das Expandieren nun einmal nicht lassen kann, so schnell nicht wieder harmonisch zusammenpassen; und folglich wird die Wirtschaft auch in Zukunft Menschen aus ihrer gewohnten Umgebung aufscheuchen und zur Wanderung in Richtung Arbeit nötigen.

Auch damit begannen sich die von der Arbeitsimmigration betroffenen europäischen Gesellschaften allmählich abzufinden – allerdings um den Preis eines verführerischen Gedankenkonstrukts. Wenn schon, so die neue Hoffnung, die Arbeitsmigration ein *stetiges* Phänomen bleiben werde, so könne doch wenigstens die Anwesenheit der jeweiligen Arbeitskräfte aus der Fremde etwas *Vorübergehendes*, etwas *Zeitweiliges* sein. Man werde diese holen und kommen lassen, wenn sie gebraucht würden, aber nur unter der Voraussetzung, daß sie auch wieder gehen, wenn man allein zurechtkommen sollte: die Arbeitsmigranten als vorübergehend anwesende Abwesende.

Das war die Zauberformel, mit der ganze Gesellschaften sich selbst beruhigten: Die heute da sind, werden es morgen nicht mehr sein. Und weil sie doch wieder gehen würden, sei das Provisorium, das ewige Durchgangslager das Richtige für sie, und die Gesellschaft sei – gegenüber sich selbst wie gegenüber den Arbeitsmigranten – im Recht, wenn sie nicht bereit ist, übers Provisorium hinauszudenken. Das ist zwar nicht sehr vernünftig, denn 200 Jahre Moderne könnten ja gelehrt haben, daß der ruhige, vor Überraschungen gefeite Gang der Dinge ziemlich unwahrscheinlich ist. Doch es ist erklärlich und auch verständlich. Denn so wie die Migranten zu einer Mobilität gezwungen werden, auf die viele von ihnen gern verzichtet hätten, so wird auch jede Einwanderungsgesellschaft zu einer Beweglichkeit gezwungen, auf die viele ihrer Einwohner gern verzichtet hätten.

»Gastarbeiter fleißiger als deutsche Arbeiter?«

Zu erzählen ist von zwei Ereignissen, zwischen denen nur anderthalb Jahre liegen. Das eine ein seltsamer Festakt, das andere ein ebenso seltsamer Streik. Zwischen Festakt und Streik: ein Umschwung der Stimmung, der Folgen haben sollte.

Der Festakt. Am 10. September 1964 tut sich Ungewöhnliches im Bahnhof von Köln-Deutz. Reporter, Journalisten sowie Rundfunk- und Fernsehteams bevölkern den Bahnsteig, auch Prominenz ist anwesend, etwa die Herren Dr. Mühlwarth und Dr. Dunkel von der Bundesvereinigung der Deutschen Arbeitgeberverbände. Doch nicht ihnen gelten Auflauf und Interesse, sondern einem gänzlich Unbekannten – »großer Bahnhof für einen kleinen Mann«, wie der Reporter des WDR seinen Zuhörern launig mitteilte. Man wartete auf zwei verspätete Züge (»Transportzüge«, so der Mann vom WDR), die 1200 neue »Gastarbeiter« in die Bundesrepublik brachten. Im zweiten saß – von den Statistikern ausgeguckt – Armando Rodrigues aus Viseo in Portugal: der millionste Gastarbeiter der Bundesrepublik, der von seinem Glück noch gar nichts wußte. Da der Zug noch auf sich warten ließ, nutzte der Reporter die Zeit und fragte Herrn Dr. Mühlwarth, ob denn die Zahl der ständig neu ankommenden Gastarbeiter nicht vielleicht doch ein wenig hoch sei. »Nein«, antwortete Dr. Mühlwart entschieden und ganz in der Diktion seines Verbandes, »wir bekommen im Augenblick mehr Gastarbeiter, wir rechnen im Durchschnitt mit einer monatlichen Zunahme von etwa 20000 und glauben, daß wir für das Jahr 1964 mit einem Saldo von 150000 mehr abschließen.«[3]

Dann rollt der Zug ein, der verdutzte Senhor Armando Rodrigues wird ausgerufen und vor einen Tisch geschafft, der mit einem Tischtuch geschmückt ist und auf dem ein Redepult steht. Man überreicht ihm einen Nelkenstrauß, ein »Diplom« sowie als Begrüßungsgeschenk ein zweisitziges Moped, Marke »Zündapp«. Dann Beifall, gewichtige und launige Ansprachen, dann wieder Beifall. Ein berühmt gewordenes Foto zeigt im Vordergrund den schmalen Portugiesen, mit Jacke und breitkrempigem Hut, für die Fotografen auf das Moped gesetzt, scheu und gefaßt; dahinter die wohlgenährten Herren der Verbände, demonstrativ fröhlich und aufgeräumt – ganz so, als habe Heinrich Böll sie erfunden.

Die Szene hat etwas von Zoo und von der Begutachtung des Kaspar Hauser, und insofern ist sie ekelhaft. Doch die Freude der Herren scheint nicht gespielt. Und sie drückt eine allgemeine Freude aus, die damals in der ganzen Republik umging. Daß Ausländer und immer mehr Ausländer gebraucht wurden, signalisierte, daß der Durchbruch geschafft war. Bundesarbeitsminister Blank schrieb denn auch aus Anlaß der Ankunft von Armando Rodrigues: »Diese Million Menschen auf deutschen Arbeitsplätzen trägt mit dazu bei, daß unsere Produktion weiter wächst, unsere Preise stabil und unsere Geltung auf dem Weltmarkt erhalten bleibt. Die Rolle der Gastarbeiter auf dem Arbeitsmarkt wird in den kommenden Jahren sicher noch gewichtiger werden.«[4] Und wie gesagt: Das war – zahllose Zeugnisse ließen sich dafür anführen – rundum ein Grund zur Freude. Die bescheidenen, arbeitsamen Helfer waren hochwillkommen.

Doch dann, nur achtzehn Monate später, der Streik. Auslöser und Angriffsziel dieser bizarren Aktion war ein Blatt, das sich ansonsten beim deutschen Proletariat ziemlicher Beliebtheit erfreute, die »Bild«-Zeitung. Die deutsche Arbeiterklasse erhob sich gegen ihr Leib- und Magenblatt. Das war so gekommen: Als die ersten Anzeichen von Rezession spürbar wurden, wurde in der Öffentlichkeit schnell die Meinung populär, nun sei es an der Zeit, die Gäste allmählich wieder nach Hause zu schicken. Und es fehlte auch nicht an ersten Hinweisen darauf, daß sie doch auch eine nicht unbeträchtliche Last darstellten: laute, undisziplinierte, oft krankfeiernde und faule Trittbrettfahrer deutschen Wohlstands. Dieses populäre Vorurteil kam im März 1966 auf einer Tagung des Bundes Deutscher Arbeitgeber zum Thema »Gastarbeiter« zur Sprache, und es wurden dort, gegen die landläufige Stimmung, lobend die hohen Arbeitsleistungen der ausländischen Arbeiter hervorgehoben, die »keineswegs geringer als die ihrer deutschen Kollegen« seien.[5] Am folgenden Tag berichtete die »Bild«-Zeitung über diese Tagung unter der Überschrift »Gastarbeiter fleißiger als deutsche Arbeiter?«.

Solchen Verdacht ließen diese nicht auf sich sitzen. In mehreren Betrieben vor allem Baden-Württembergs kam es zu Warnstreiks mit etwa 5000 Beteiligten. In einer dpa-Meldung darüber hieß es: »Die Schlagzeile hat in einigen metallverarbeitenden Betrieben Baden-Württembergs große Unruhe ausgelöst, die in mehreren Fällen zu Arbeitsniederlegungen führte. Wie von der IG Metall in Stuttgart zu erfahren war, sollen im Werk Untertürkheim der Daimler-Benz AG in zwei Abteilungen rund 1000 Arbeiter die Arbeit niedergelegt haben, im Zweigbetrieb Stuttgart-Hedelfingen rund 2000 Arbeiter. Der Stuttgarter Bezirksleiter der IG Metall, Willi Bleicher, bezeichnete die Arbeitsniederlegungen als eine ›sehr böse Geschichte‹. Die IG Metall habe durch ihre Vertrauensleute in den Betrieben alles versucht, um die Arbeiter wieder zur Aufnahme der Arbeit zu bewegen. Nachdem jedoch in letzter Zeit auch von Bundeskanzler Erhard harte Worte über die Arbeitsmoral des deutschen Arbeiters gefallen seien, habe die durch die Schlagzeile ausgelöste Verbitterung in einigen Fällen ein derartiges Ausmaß erreicht, daß es trotz allen Bemühungen ›nichts mehr zu löschen gegeben habe‹.« Und diesmal, wo ihr Arbeitsstolz sich angegriffen fühlte, sympathisierte diese deutsche Arbeiterklasse mit einer Aktion, von der sie, als das gleiche zwei Jahre später von anderer Seite vorgeschlagen wurde, nichts mehr wissen wollte: mit einem Boykott der »Bild«-Zeitung, zu dem verschiedentlich aufgerufen wurde. Und vereinzelt gab es auch Belegschaften, die sich zu einigen außertariflichen zusätzlichen Wochenstunden bereit erklärten, wenn damit die Einstellung weiterer Gastarbeiter vermieden werden könne.

Nimmt man beide Episoden, die zeitlich ja ganz nahe beieinanderliegen, zusammen, so ergibt sich ein verwirrender Befund. Die deutschen Arbeitgeber bewahren kühlen Kopf – die deutschen Arbeiter rasten aus. Vor allem aber, was letztere angeht, die Frage: Ja, was denn nun eigentlich? Die Gastarbeiter galten bislang als arbeitsam, und man schätzte sie, weil sie den Deutschen die weniger guten Arbeiten abnahmen. Und der Fleiß, mit dem sie sich in diese stürzten, sollte nun auf einmal gegen sie sprechen? Und wie gar passen solche Berichte über den überbordenden Arbeitseifer der Gastarbeiter mit jenen anderen Berichten zusammen, in denen von Faulheit, Lärmigkeit und parasitärer Schlauheit der Katzelmacher und Makkaronis die Rede war?

Das Rätsel läßt sich entwirren. Der Fleiß der Fremden war schon erwünscht – solange sie sich anderweitig, etwa auf der Straße oder in der Krankenstatistik, nicht bemerkbar machten. Eben: anwesende Abwesende. Schon ihr »lärmendes« Auftreten in der Öffentlichkeit war ein erster Hinweis darauf, daß sie vielleicht bleiben könnten. Und erst recht mußte die Nachricht aufschrecken, sie seien vielleicht gar fleißiger als die Deutschen. Denn das machte sie mit diesen vergleichbar, was bisher niemand für möglich gehalten hätte. Und so kam erstmals die Ahnung auf, sie könnten Teil des *deutschen* Beschäftigungspotentials werden und bleiben. Es war *diese* Perspektive, die das deutsche Proletariat und mit ihm große Teile der Öffentlichkeit aufgeschreckt und veranlaßt hat, die Anwesenheit der Gastarbeiter fortan auf ihre womöglich negativen Seiten abzuklopfen.

Im folgenden Abschnitt zeigen wir, welche Arbeiten die Ausländer den Deutschen abgenommen haben. Und wir werden vom »Fleiß« der Ausländer sprechen, der einmal größer als der der Deutschen gewesen war und heute etwas geringer geworden ist – und zwar deswegen, weil die Ausländer genau das getan haben, was ihnen so oft nicht ohne drohenden Unterton geraten worden ist: Sie haben sich an die Sitten, Normen und Lebensweisen des Landes, in dem sie leben, *angepaßt*.

Schichtwechsel im Unterbau

Die Arbeitsmigranten haben sich in den unteren Etagen der Beschäftigungshierarchie etabliert: Sie sind dort ebenso unverzichtbar geworden wie hängengeblieben. Daran hat sich bis heute nicht sehr viel geändert. Zugleich aber sind nicht unwesentliche Teile der Eingewanderten von der Veränderung der Beschäftigungsstruktur erfaßt worden: Auch im bundesdeutschen Erwerbsleben haben viele von ihnen sich als mobil erwiesen. Würden diskriminierende Schranken (etwa für Einwanderer, die sich selbständig machen wollen) fallen und wären die Aus- und Fortbildungsmöglichkeiten auf die besondere Situation der Einwanderer hin angelegt, dann würde es vermutlich schnell dahin kommen, daß die Einwanderer – zum Nutzen aller – in der

Wirtschaft der Bundesrepublik Deutschland eine Rolle spielen, die über das hinausginge, was ihre zahlenmäßige Stärke vermuten ließe. Ein Blick in die bundesdeutsche Geschichte der Ausländerbeschäftigung von den sechziger Jahren bis in die Gegenwart soll dies verdeutlichen.[6]

Einstieg in die unteren Ränge der Beschäftigungshierarchie, das hieß: Konzentration der ausländischen Arbeiter in den klassischen industriellen Sektoren und dort vor allem in Bereichen, in denen die schwere körperliche Arbeit überwog; dagegen kaum ausländische Beschäftigte in den fortgeschrittenen industriellen Sektoren oder im Angestelltenbereich. Noch 1972, also ein Jahr vor dem Höchststand der ausländischen Beschäftigung, verrichteten 88 Prozent der Ausländer körperliche Arbeiten, und zwar (gemessen an der Gesamtzahl der ausländischen Beschäftigten) 16 Prozent als ungelernte, 41 Prozent als angelernte und 31 Prozent als qualifizierte Arbeiter; nur 11 Prozent waren Angestellte.[7] (Und selbst diese Zahlen täuschen in gewisser Weise: Denn in ihnen sind ja auch die ausländischen Beschäftigten enthalten, die nicht aus den Anwerbeländern kamen – britische Banker, amerikanische PR-Manager, schwedische Kaufleute.) Einer anderen Rechnung zufolge waren ein Jahr später, 1973, 82 Prozent aller ausländischen Arbeiter un- oder angelernte Arbeiter (und bei den ausländischen Frauen lag dieser Anteil sogar bei 97 Prozent).[8] Die Arbeitsmigranten waren davon jedoch, je nach Nationalität, in schon damals unterschiedlicher Weise betroffen. Das verdeutlichen die beiden folgenden Tabellen, die angeben, wieviel Prozent der Beschäftigten der jeweiligen Nationalität 1968 und 1972 als Ungelernte arbeiteten. Die erste Tabelle gibt den Anteil der Ungelernten bei den Männern an:[9]

	1968	1972
Italiener	48 %	37 %
Griechen	37 %	31 %
Spanier	38 %	34 %
Portugiesen	43 %	36 %
Türken	43 %	35 %
Jugoslawen	14 %	19 %

Die zweite Tabelle gibt den Anteil der Ungelernten bei den Frauen an:

	1968	*1972*
Italienerinnen	63 %	43 %
Griechinnen	60 %	45 %
Spanierinnen	59 %	48 %
Portugiesinnen	60 %	49 %
Türkinnen	62 %	50 %
Jugoslawinnen	58 %	37 %

Es lohnt sich, etwas ausführlicher auf diese Zahlen einzugehen, denn sie verbergen eine Reihe Informationen, die über die Ausländerbeschäftigung und deren Entwicklung klare Auskunft geben. *Erstens* ist, bei Männern wie Frauen, der hohe Prozentsatz der Ungelernten auffällig (lediglich die Jugoslawen bilden eine Ausnahme); er liegt weit über dem entsprechenden Prozentsatz der Deutschen. Schon das weist darauf hin, daß Deutsche und Ausländer nur sehr bedingt in Konkurrenz um Arbeitsplätze stehen: Wo Ausländer konzentriert sind, ist der Anteil der Deutschen gering; und umgekehrt.

Zweitens geben die Zahlen einen Hinweis auf die Entwicklung der ausländischen Beschäftigungsstruktur, und zwar in doppelter Weise. Zum einen nimmt, wiederum bei Männern wie Frauen, die Zahl der Ungelernten zwischen 1968 und 1972 durchweg ab (die einzige Ausnahme bilden auch hier die Jugoslawen). Bei den Männern ist das besonders bei Italienern und Türken der Fall, also bei den ersten Arbeitsmigranten und bei der zuletzt hinzugekommenen nationalen Gruppe; und bei den Frauen fällt auf, daß die prozentuale Abnahme der Ungelernten durchweg deutlich höher ausfällt als bei den Männern. Und zum andern: Während bei den Frauen der anfängliche Anteil der Ungelernten bei allen Nationalitäten etwa gleich war (zwischen 58 und 63 Prozent), gibt es bei den Männern deutliche Differenzen: 48 Prozent bei den Italienern, nur 37 Prozent bei den Spaniern und gar nur 14 Prozent bei den Jugoslawen. Letzteres spiegelt den Gang der bundesrepublikanischen Entwicklung wider: Als die ersten Arbeitsmigranten kamen, waren es in erster Linie Italiener, und sie fanden vor allem unqualifizierte Arbeitsplätze.

Spätere Generationen dagegen stießen auf eine veränderte wirtschaftliche Situation: Bei weiterhin hohem Bedarf an unqualifizierten Arbeitern nahm zugleich der Bedarf an qualifizierteren Tätigkeiten zu. So erklärt es sich etwa, daß die Türken – die ausländische Population mit dem geringsten sozialen Status – schon 1968 einen um fünf Prozent geringeren Anteil an Unqualifizierten aufwiesen als die – sehr viel angeseheneren – Italiener. Und auffällig ist zudem, daß auch vier Jahre später bei den Türken der Anteil der Unqualifizierten noch immer unter dem der Italiener lag. Das weist darauf hin, wie schwierig für Arbeitsmigranten der Aufstieg in der Beschäftigungshierarchie war (und immer noch ist): Die Beweglichkeit ist vergleichsweise gering, mit hoher Wahrscheinlichkeit bleiben die Migranten auf längere Zeit genau an der Stelle der Beschäftigungshierarchie, an der sie in sie eingestiegen sind. (Einen Sonderfall stellen die Jugoslawen dar: Aus Jugoslawien wurden zu Anfang vergleichsweise gezielt Facharbeiter angeworben, daher der anfangs ungewöhnlich niedrige Anteil von unqualifizierten jugoslawischen Männern. Um die Dimension dieser An- bzw. Abwerbung von Facharbeitern deutlich zu machen: 1975 arbeiteten 55 Prozent aller jugoslawischen Facharbeiter außerhalb ihres Landes.[10] Schon das macht deutlich, daß die Arbeitsmigration *auch* ein Prozeß sein kann, der in den Entsendeländern deren eigenes Entwicklungspotential entscheidend schwächt.)

Und *drittens* weisen die Zahlen aber auch auf eine gegenläufige Tendenz hin. Mit Ausnahme der jugoslawischen Männer ist bei allen Nationalitäten und bei Männern wie Frauen in der kurzen Zeitspanne von 1968 bis 1972 die Zahl der Ungelernten zurückgegangen, zum Teil sehr drastisch. Das heißt: Es haben sich den ausländischen Arbeiterinnen und Arbeitern sehr wohl Möglichkeiten des Vorankommens eröffnet, wenn auch bescheidene.[11] Wenn sie aber vorankamen (teilweise auch durch die Nutzung von Fortbildungsmöglichkeiten), dann zeigt das, daß sie schon damals zu einem großen Teil in den bundesdeutschen Arbeitsmarkt integriert waren. Wohl waren sie, offiziellem Verständnis zufolge, noch immer dazu da, auf Zeit Lücken des Arbeitsmarktes zu füllen (und ganz falsch war das ja auch nicht, bedenkt man, daß während konjunkturellen Tiefs ihre Zahl in *bestimmten*

Sektoren des Arbeitsmarkts regelmäßig abnahm). Die Wirklichkeit war jedoch schon weiter: Arbeitskräften, die – fast wie früher die Saisonarbeiter – für einige niedrige Arbeiten und nur für sie vorgesehen sind, bietet man keine Möglichkeit des, wenn auch geringen, Aufstiegs und der Fortbildung an. Eine nicht unbeträchtliche Zahl von Migranten hatte aber schon 1972 begonnen, sich innerhalb der deutschen Beschäftigungshierarchie voranzubewegen. Sie waren, mit anderen Worten, Teil des *deutschen* Beschäftigungspotentials geworden. Und auch deswegen war es fortan nicht mehr möglich, sich der ausländischen Arbeiterinnen und Arbeiter nach Lust und Laune zu entledigen.

Welchen Fortgang nahm die Ausländerbeschäftigung von der Zeit der »Ölkrise« bis heute? Um diese Frage zu beantworten, wenden wir uns den Branchen zu, in denen Ausländer in besonders hoher Zahl beschäftigt waren, und zeichnen die Verschiebungen, zu denen es hier im Laufe der Jahre kam, nach.

Um mit dem Jahr 1973 zu beginnen: Zu diesem Zeitpunkt betrug der Anteil der Ausländer an der Gesamtzahl der Beschäftigten in der Bundesrepublik knapp 12 Prozent; zum Vergleich: Der Anteil der Ausländer an der Wohnbevölkerung machte damals nur 6.4 Prozent aus. Die Ausländer waren also in weit höherem Umfang als die Deutschen ins Arbeitsgeschehen der Republik verwickelt. Ein Prozent von ihnen arbeitete in der Landwirtschaft, 17 Prozent im Dienstleistungsbereich und 79 Prozent im produktiven Gewerbe.[12] Eine genauere Aufteilung nach Wirtschaftsabteilungen ergibt für 1973 das folgende Bild von der Verteilung der ausländischen Erwerbsbevölkerung: Land- und Forstwirtschaft: 1 Prozent; Bergbau und Benachbartes: 3 Prozent; Eisen- und Metallindustrie: 37 Prozent; Verarbeitendes Gewerbe (ohne Metallindustrie): 25 Prozent; Baugewerbe: 14 Prozent; Handel, Banken, Versicherung: 6 Prozent; private Dienstleistungen (einschließlich Gaststättengewerbe): 4 Prozent; Verkehrswesen: 2 Prozent; Öffentlicher Dienst und öffentliche Dienstleistungen: 5 Prozent. In drei Wirtschaftsabteilungen übertraf der Anteil der ausländischen Frauen den der Männer: im Verarbeitenden Gewerbe (35 Prozent Frauen gegen 20 Prozent Männer), im Bereich Handel, Banken, Versicherung (8 gegen 45 Prozent), bei den privaten Dienstleistungen (8 gegen

3 Prozent) und im Öffentlichen Dienst samt öffentlichen Dienstleistungen (12 gegen 3 Prozent).[13] Das heißt: 1973 waren fast 75 Prozent der ausländischen Arbeiterinnen und Arbeiter in nur drei Wirtschaftsabteilungen beschäftigt: in der Metallindustrie, dem übrigen Verarbeitenden Gewerbe sowie im Baugewerbe.

Noch aussagekräftiger wird das Bild, wenn man sich einigen spezifischen Wirtschaftsbereichen zuwendet und dort nach der Ausländerquote, also nach dem prozentualen Anteil der ausländischen Arbeiterinnen und Arbeiter an der Gesamtzahl der in dem jeweiligen Bereich Beschäftigten, fragt. 1973 sah die Ausländerquote in einigen Wirtschaftsbereichen folgendermaßen aus: Metallindustrie 15 Prozent, Leder-, Textil- und Bekleidungsindustrie über 17 Prozent, Gewinnung und Verarbeitung von Steinen sowie Keramik und Glasgewerbe 18.5 Prozent, Gaststättengewerbe 20.5 Prozent, Kunststoff, Gummi und Asbest 20.6 Prozent und Baugewerbe fast 22 Prozent.

Geht man noch näher heran, ergibt sich ein weit schärferes und bezeichnenderes Bild.[14] Erstes Beispiel: In der Automobilindustrie stellten in den siebziger Jahren an den Montagefließbändern die Ausländer ganz eindeutig die Mehrheit; in den Kölner Ford-Werken etwa waren ungefähr 90 Prozent der dort Arbeitenden Ausländer! Zweites Beispiel: Im unmittelbaren Fertigungsprozeß der Gießereien waren und sind fast nur noch ausländische Arbeiter beschäftigt. Und auch in anderen Wirtschaftsabteilungen ist, nimmt man die eigentliche Fertigung oder den Bereich der körperlich anstrengenden Arbeiten heraus, der Anteil der ausländischen Arbeiter bedeutend höher, als dem statistischen Durchschnitt anzusehen ist. Ganz eindeutig haben die Ausländer in diesen Bereichen den Deutschen die körperlich und/oder nervlich besonders belastenden, die schmutzigen und besonders unfall- wie gesundheitsgefährdenden sowie schlechter bezahlten Arbeiten abgenommen. (Wenn gegen die Ausländerbeschäftigung zu Felde gezogen wird, fehlt selten der Hinweis auf die angeblich hohe Unfallhäufigkeit und den angeblich hohen Krankenstand. Der Hinweis ist jedoch doppelt unangebracht: Denn erstens lag der Krankenstand der ausländischen Arbeiterinnen und Arbeiter bis gegen Ende der siebziger Jahre deutlich unter dem der Deutschen; später änderte sich das, und zwar deswegen, weil sich die Ausländer auch hier dem Verhalten der Deutschen anpaßten.[15] Und zweitens gab es in der Tat Bereiche, in denen der Krankenstand der Ausländer deutlich über dem der Deutschen lag – das hatte aber nichts mit Krankfeiern zu tun, sondern war ganz einfach notwendige Folge der Tatsache, daß viele Ausländer besonders schwere, besonders gefährliche und besonders gesundheitsgefährdende Arbeiten verrichteten.)

Umfragen während konjunktureller Tiefs haben regelmäßig ergeben, daß die Mehrheit der deutschen Beschäftigten bereit sei, längere Arbeitszeiten in Kauf zu nehmen, wenn dadurch die weitere Beschäftigung von Ausländern verhindert werden könne.[16] Doch selbst wenn sie's getan hätten, genützt hätte es nichts: Denn ein großer Teil der Ausländerinnen und Ausländer arbeitete ja dort, wo Deutsche gar nicht länger hätten arbeiten können, weil es sie dort überhaupt nicht gab. Und selbst dort, wo es möglich war, funktionierte es oft nicht: Als einer Gleisbaufirma im Jahre 1974 (zu einer Zeit also, in der schon das Bemühen um die Reduzierung der Ausländerzahl auf der Tagesordnung stand) vom Arbeitsamt streng nach Vorschrift zwanzig angeforderte und zur Arbeitsaufnahme bereite Türken verweigert wurden, hatte die Firma keine andere Wahl, als an ihrer Stelle arbeitslose Deutsche einzustellen, was sie dann auch tat. Nach sechs Wochen hatte die Firma ihre neuen Mitarbeiter schon wieder verloren, denn die hielten die Schufterei nicht durch und liefen weg; und fortan wurden Schotter und Schienen wieder von Türken verlegt.[17]

Integration und Ausschluß

Wir sagten: Die Ausländer sind ursprünglich in untere Ränge der Beschäftigungshierarchie eingestiegen und dort im wesentlichen hängengeblieben; zugleich aber sind sie von der Veränderung der Beschäftigungsstruktur erfaßt worden und haben sich selbst zu Teilen in der Beschäftigungshierarchie vorangearbeitet. Was hat sich dabei verändert?

Der Veränderungsprozeß verlief langsam. 1983 hatte sich, verglichen mit 1973, einiges, aber noch nicht sehr viel verändert.

Noch immer arbeitete die Mehrheit der Ausländerinnen und Ausländer in den genannten drei Wirtschaftsabteilungen: Metallindustrie, dem übrigen Verarbeitenden Gewerbe und im Baugewerbe. Aber die Mehrheit war geschrumpft. Besonders markant waren die Veränderungen in zwei Bereichen. Im Baugewerbe (einst eine der klassischen Ausländerdomänen) war die Ausländerquote von 22 auf 11 Prozent, also fast um die Hälfte, gesunken; und im Gaststättengewerbe war sie von 20.5 auf über 25 Prozent gestiegen.[18] Vorsichtig deutete sich hier eine Tendenz an, die später weit offensichtlicher werden sollte: die Abnahme des Anteils der Ausländer im produzierenden Gewerbe und eine deutliche Zunahme im Bereich der Dienstleistungen. Und zugleich zeichnete sich damals – auch das ein Hinweis auf die spezifische Verankerung der Ausländer in der bundesdeutschen Wirtschaftsstruktur – eine weitere Ausdifferenzierung der Beschäftigungsschwerpunkte der einzelnen Nationalitäten ab. Die Türken waren vor allem in den klassischen Bereichen der Schwerstarbeit beschäftigt: im Bergbau, im Schiffsbau sowie in der Eisen- und Stahlerzeugung; die Jugoslawen, bei denen ja der Anteil der Facharbeiter weit über dem Durchschnitt aller Ausländer lag, arbeiteten insbesondere in der Uhrenindustrie, im EDV-Bereich, im Stahl- und Leichtmetallbau, in der Büromaschinenherstellung, im Baugewerbe (dort vor allem in qualifizierten Stellungen) sowie im Gaststättengewerbe und auch schon im Gesundheitsbereich; Schwerpunkte der Italienerbeschäftigung waren Bundespost sowie Uhren- und Schmuckwarenindustrie; und die Spanier drängelten sich bei der Bundespost. Insgesamt waren Ausländer aus Nicht-EG-Ländern in einem weit höheren Maße noch im Verarbeitenden Gewerbe beschäftigt. Diese Ausdifferenzierung schuf – im wesentlichen entlang der EG-Linie – so etwas wie zwei Klassen von Ausländern, die in sich noch einmal ausdifferenziert waren. Dies war aber nicht nur ein Zeichen für die hierarchische Strukturierung der ausländischen Erwerbsbevölkerung, sondern auch ein weiterer Beweis dafür, daß die Ausländer zunehmend fester – und je nach Qualifikation, Aufstiegswillen und nicht zuletzt nach sozialem Ansehen der jeweiligen Population – in das deutsche Arbeitsgeschehen integriert waren.

Im Laufe der Jahre hat sich die langsame Veränderung in der ausländischen Beschäftigungsstruktur allmählich zu gewichtigen Verschiebungen addiert. Augenfällig verdeutlicht das die folgende Tabelle, die die Verteilung der ausländischen Beschäftigten aus dem Jahre 1973 neben die von 1991 stellt (aus Gründen der Vergleichbarkeit ist hier das Verarbeitende Gewerbe insgesamt – also ohne gesonderte Nennung der Metallindustrie – aufgeführt):[19]

	1973	1991
Land- und Forstwirtschaft	1 %	0.9 %
Energie, Bergbau	3 %	1.7 %
Verarbeitendes Gewerbe	62 %	51.0 %
Baugewerbe	14 %	7.7 %
Handel, Banken, Versicherungen	6 %	9.3 %
Verkehr	2 %	4.4 %
Dienstleistungen	7 %	22.8 %

Noch immer arbeitet also mehr als die Hälfte der Ausländerinnen und Ausländer im Verarbeitenden Gewerbe; diese einstmals übergroße Mehrheit ist aber inzwischen auf eine nur noch ganz knappe Mehrheit von 51 Prozent geschrumpft (und es gibt keinen Grund für die Vermutung, daß die schrumpfende Tendenz in Zukunft nicht anhalten würde; denn seit 1980 ist dieser Anteil kontinuierlich im Rückgang. Und diese Kontinuität gilt auch für die anderen Wirtschaftsabteilungen, insbesondere für die, in denen der Ausländeranteil zugenommen hat). Auch im Bereich Energie und Bergbau wie im Baugewerbe ist der Rückgang der Ausländer nicht zu übersehen: Es hat jeweils fast eine Halbierung stattgefunden. Am auffälligsten ist aber die außerordentliche Zunahme im Dienstleistungsbereich: Die Steigerung von 7 auf fast 23 Prozent bedeutet mehr als eine Verdreifachung; fast ein Viertel aller Ausländerinnen und Ausländer ist inzwischen im Dienstleistungsbereich beschäftigt.

Es wäre jedoch falsch, in diesen Veränderungen – insbesondere im gewaltig angestiegenen Anteil von ausländischen Beschäftigten im Dienstleistungsgewerbe – einen Beweis dafür zu sehen, daß den Ausländern insgesamt ein Sprung nach vorn gelungen wäre. Denn erst einmal belegen diese Veränderungen

nur, daß auch die Ausländer dem allgemeinen Beschäftigungstrend gefolgt sind, der insgesamt von einem Rückgang des produzierenden Gewerbes und einer Zunahme der Dienstleistungen
geprägt ist. Die Tatsache, daß auch die Ausländer diesem Trend
gefolgt sind, beweist zwar ein weiteres Mal, daß sie – weil Teil
der allgemeinen Beschäftigungsbewegung – in den *deutschen* Arbeitsmarkt integriert sind. Das heißt aber noch längst nicht, daß
ihnen ein qualitativer Sprung gelungen wäre. Im Gegenteil: Sie
sind zwar mit dem Beschäftigungstrend mitgerutscht, haben
aber nur wenig qualitativ neues Terrain erobert.

Das beweist etwa ihr nach wie vor sehr hoher Anteil im Verarbeitenden Gewerbe. In diesem hat es seit den späten siebziger
Jahren eine gewaltige Rationalisierungsoffensive gegeben, die
z. B. in der Automobilindustrie die Zahl der in der Fertigung
Beschäftigten massiv reduziert hat. Weil dort, wie schon erwähnt, die Zahl der Ausländer ganz besonders hoch war, waren
vor allem sie von den Entlassungen, die diese Rationalisierungs-
welle zur Folge hatte, betroffen. In viel höherem Maße als die
Deutschen waren sie das, was man »Rationalisierungsverlierer«
genannt hat. Während die industrielle Rationalisierung den
Deutschen (von gewichtigen Ausnahmen abgesehen) eher neue
Qualifizierungsmöglichkeiten eröffnet hat, hat sie die ausländischen Beschäftigten entweder eher in die Arbeitslosigkeit getrieben oder ihnen neue unqualifizierte Jobs beschert. Das liegt
daran, daß – entgegen einer allgemein verbreiteten Meinung, die
Rationalisierung und Qualifizierung für zwei Seiten derselben
Medaille hält – Rationalisierungsprozesse zwar immer auf die
Verringerung der im jeweiligen Bereich Beschäftigten zielen,
tatsächlich aber – gewissermaßen als ungewollten Nebeneffekt –
auch eine Vielzahl neuer und abermals unqualifizierter Arbeitsplätze schaffen.[20] Der industriellen Moderne, der Phantasten wie
Herbert Marcuse das Vermögen unterstellt haben, dank der Maschinen die »gesellschaftlich notwendige Arbeit« ziemlich
schnell auf ein Minimum zu reduzieren, bringt tatsächlich bis auf
weiteres immer neue Tätigkeitsfelder hervor, die vom unqualifizierten Arbeiten geprägt sein werden.

Von dieser Entwicklung waren die Ausländer in Deutschland
doppelt betroffen. Zum einen hat sie die Rationalisierung Ar-

beitsplätze gekostet und den Arbeitslosenanteil unter ihnen beträchtlich erhöht. Zum andern hat ihnen – eben weil sie schon Teil des deutschen Arbeitsmarktes waren – die wirtschaftliche Umstrukturierung neue Qualifikationsmöglichkeiten eröffnet, aber in weit geringerem Umfang als den Deutschen.[21] Obwohl die Ausländer vorangekommen sind, ist die Qualifikationsdifferenz zwischen Deutschen und Ausländern größer geworden. So paradox es klingt: Die ausländischen Beschäftigten sind zugleich vorangekommen und zurückgeblieben. Die Tatsache, daß sie vorangekommen sind, beweist einerseits einmal mehr, daß sie fester Bestand des deutschen Arbeitsmarktes geworden sind, und andrerseits, daß sie – entgegen der oft vertretenen Meinung, die ausländischen Beschäftigten hätten sich mit ihrer Rolle als Ausputzer in den untersten Sektoren des Arbeitsmarktes abgefunden – sehr wohl Arbeits- und Lebensbiographien im Auge haben, die sich an den Möglichkeiten des Fortkommens in Deutschland orientieren. Und die Tatsache, daß sie zugleich so markant zurückgeblieben sind, beweist zu einem Teil vielleicht, daß sich nicht wenige der inzwischen hier etablierten Arbeitsmigranten mit ihrer Rolle von Hilfskräften, wenn nicht Arbeitsparias, abgefunden haben, die grundsätzlich nur dort erwünscht sind, wo es Arbeiten zu verteilen gibt, die den Deutschen nicht passen. Zum anderen und wohl wichtigeren Teil beweist die mangelnde Teilhabe der Ausländer am allgemeinen Trend in Richtung Qualifizierung aber auch, daß die Ausländer gezielt von den besseren und angenehmeren Seiten des wirtschaftlichen Umstrukturierungsprozesses ferngehalten werden.

Wie Ausländer die Chancen nutzen, die sie nicht haben

Bevor wir auf die politischen Implikationen dieses faktischen Ausschlusses der großen Mehrheit der Ausländer von den Sonnenseiten der wirtschaftlichen Entwicklung eingehen, wollen wir etwas präziser nachzeichnen, wie es den Ausländern in den achtziger Jahren am Arbeitsmarkt ergangen ist.[22] Deren erstes Jahrfünft brachte für die Ausländer durchweg Verluste. Bis 1985 war jeder fünfte Ausländer aus der Beschäftigung ausgeschieden (in absoluten Zahlen: etwa 413 000); die Angestellten waren von diesem Rückgang weniger betroffen als die Arbeiter, insbesondere die Facharbeiter, von denen vermutlich ein großer Teil nach dem Verlust des Arbeitsplatzes in die Heimat zurückgekehrt ist. Portugiesen, Griechen, Italiener und Spanier waren von diesem Beschäftigungsrückgang deutlich stärker betroffen als Jugoslawen und vor allem Türken – wieder zeigte sich, daß gerade Ausländer, die nicht aus EG- oder Beinahe-EG-Ländern kommen und daher keine Freizügigkeit genießen, eher bleiben als die, die Freizügigkeit genießen. Den deutlichsten Rückgang gab es von 1980 bis 1985 im Verarbeitenden Gewerbe. Mehr als ein Viertel der hier Beschäftigten (313 000) schieden aus ihrem Arbeitsverhältnis aus – und das machte drei Viertel des gesamten Beschäftigungsrückgangs der Ausländer aus. Dieser Rückgang erfaßte sämtliche Wirtschaftsabteilungen – am geringsten war jedoch der Dienstleistungsbereich betroffen, in dem die Zahl der ausländischen Beschäftigten nur um 2.6 Prozent zurückging.

Die Jahre von 1980 bis 1985 waren die Zeit, in der die bundesdeutsche Wirtschaft die umfangreichsten Umstrukturierungen erfuhr. Diese betrafen vor allem das zuvor noch sehr beschäftigungsintensive Verarbeitende Gewerbe, in dem die Ausländer deutlich überproportional vertreten waren: Das Paradebeispiel dafür ist die Automobilindustrie, an deren Fertigungsbändern fast nur noch Ausländer beschäftigt gewesen waren: Mit der nun einsetzenden radikalen Automatisierung verloren vor allem sie ihre Arbeitsplätze.[23] Die ausländischen Beschäftigten – ohnehin schon gegenüber den Deutschen benachteiligt – wurden durch die Rationalisierungsoffensive der frühen achtziger Jahre noch ein Stück weiter zurückgeworfen. Weil dem Beschäftigungsrückgang im Verarbeitenden Gewerbe vorerst kein entsprechender Anstieg in anderen, moderneren Bereichen folgte, wurde die Kluft zwischen deutschen und ausländischen Beschäftigten noch größer. Und daran laboriert die Mehrheit der Ausländer, allen zum Teil beträchtlichen Fortschritten zum Trotz, bis auf den heutigen Tag.

Die zweite Hälfte der achtziger Jahre brachte dann wieder einen kontinuierlichen Anstieg der Ausländerbeschäftigung – allerdings, wie gesagt, von einer extrem ungünstigen Ausgangsposition aus. Die Zahl der Arbeiter nahm um knapp zehn Prozent, die der Angestellten dagegen um 28 Prozent zu. Trotz dieses kontinuierlichen Anstiegs lag die Zahl der ausländischen Beschäftigten jedoch noch 1991 um etwas mehr als 100000 unter dem Stand von 1980. Bemerkenswerterweise traf dieser Rückgang um mehr als 10 Prozent die Männer (12.6 Prozent weniger) deutlich stärker als die Frauen (6.4 Prozent weniger). Am stärksten war die Zunahme bei den türkischen Beschäftigten, die als einzige Nationalität auch in absoluten Zahlen gegenüber 1980 zugenommen hatten. Eines der erstaunlichsten Phänomene ist, daß die Zahl der EG-Angehörigen nach 1985 nicht wieder angestiegen, sondern weiter gesunken ist. Die Nürnberger Bundesanstalt für Arbeit schreibt dazu: »Damit hat sich nicht bestätigt, daß eine insgesamt günstige wirtschaftliche Entwicklung die Mobilität freizügiger EG-Angehöriger in Richtung auf den deutschen Arbeitsmarkt angeregt hätte. Im Gegenteil: Es kann angenommen werden, daß verbesserte Beschäftigungsmöglichkeiten und teilweise eine Abnahme des wirtschaftlichen Gefälles innerhalb der Staaten der Europäischen Gemeinschaften die Wanderungsbewegung von Arbeitskräften gebremst hat.«[24]

Das heißt: Wenn – wie es den Anschein hat – die Wirtschaft der Bundesrepublik auch in Zukunft auf einen weiteren Anstieg der Zahl der ausländischen Beschäftigten angewiesen ist, wird sie diese kaum noch aus den klassischen EG-Auswanderungsländern gewinnen können, sondern aus der Türkei, womöglich aus arabischen Staaten und – eine Entwicklung, die schon längst eingesetzt hat – aus den Ländern des ehemaligen Ostblocks, insbesondere aus Polen. Damit wird sich die Zusammensetzung der ausländischen Bevölkerung in Deutschland beträchtlich verändern: Diese wird, wenn man will, islamischer *und* östlicher werden, und das wird schwerwiegendere Probleme der Integration und des Umgangs von Deutschen und Ausländern zur Folge haben als die bisher bekannten. Das liegt aber nicht daran, daß sich nun ausgerechnet die begehrlichen Kameltreiber und die nicht minder begehrlichen Konsummigranten aus dem Osten zum Entern der reichen Bundesrepublik Deutschland entschieden haben – sondern daran, daß die reiche, aber mit Arbeitskräften nicht gesegnete Bundesrepublik Deutschland neue Arbeitskräfte braucht, dort aber nicht mehr findet, wo sie sie bisher bevorzugt gesucht hat.

Ein Blick auf die regionalen Folgen der Beschäftigungsentwicklung der achtziger Jahre zeigt, daß sich das traditionelle Süd-Nord-Gefälle verfestigt hat. Überdurchschnittlich waren vom Rückgang im ersten Jahrfünft Niedersachsen, Schleswig-Holstein und Bremen betroffen, und auch während des Aufschwungs in den folgenden fünf Jahren ist es bei der größer gewordenen Kluft geblieben. Knapp 80 Prozent aller ausländischen Beschäftigten arbeiten in Bayern, Baden-Württemberg, Hessen und Nordrhein-Westfalen. Geht man noch näher heran und orientiert sich an den Arbeitsamtsbezirken, ergibt sich ein noch pointierteres Bild. Es gibt fünf regionale Schwerpunkte der Ausländerbeschäftigung (mit Ausländerquoten zwischen 12 und 16 Prozent): München, der Großraum Stuttgart, der Großraum Frankfurt/Offenbach sowie Solingen und Berlin. Und am unteren Ende: In großen Teilen Schleswig-Holsteins, in fast ganz Niedersachsen, in weiten Teilen Nord- und Mittelhessens, im größeren Teil von Rheinland-Pfalz sowie fast überall in Franken und in Niederbayern liegt die Ausländerquote unter fünf Prozent.

Als die Ausländerbeschäftigung seit 1985 wieder zunahm, wurde zwar die größte Zahl von Ausländern im Verarbeitenden Gewerbe eingestellt; der prozentuale Zuwachs machte hier jedoch nur 7 Prozent aus, während er im Dienstleistungsgewerbe bei 29 Prozent lag. Gerade an der Entwicklung in diesem Bereich werden beide Seiten der Medaille sichtbar: Die Ausländer sind an dem Weg der Bundesrepublik in die »Dienstleistungsgesellschaft« zwar in hohem Umfange beteiligt, hier zugleich aber erst recht in den unteren und untersten Rängen festgesetzt – freilich mit bemerkenswerten Ausnahmen, die deutlich machen, welche Potentiale die ausländische Erwerbsbevölkerung freisetzen würde, wenn man sie nur machen ließe wie die Deutschen. Einige markante Beispiele für die Veränderung zwischen 1980 und 1990 sollen das illustrieren.

Im Hotel- und Gaststättengewerbe, das schon lange eine Hochburg der Ausländerbeschäftigung ist und das in den großen Städten wie auch auf dem flachen Land ohne Ausländer augenblicklich zusammenbrechen würde, hat die Zahl der ausländischen Beschäftigten noch einmal um 13.5 Prozent zugenommen. Deutlicher noch fällt die Zunahme in zwei anderen Dienstleistungsbereichen aus: Bei Wäschereien und Reinigungen macht sie 70 Prozent und im Friseurgewerbe sogar fast 78 Prozent aus. Auffällig auch die Zunahme in einem Bereich, der im öffentlichen Bewußtsein noch als eine Domäne der Deutschen gilt: Im Bereich der Altersheime ist die Zahl der ausländischen Beschäftigten immerhin um fast 41 Prozent angestiegen. Und in zwei weiteren Bereichen, die erst recht für ausländerfrei gehalten werden, sind die Ausländerinnen und Ausländer auf dem Vormarsch: In der Vermögensverwaltung ist ihr Anteil um 39 Prozent, in der Rechts- und Wirtschaftsberatung sogar um über 100 Prozent gestiegen. Mit Ausnahme des Hotel- und Gaststättengewerbes sind in allen diesen Bereichen gerade die Türkinnen und Türken stark vertreten; bei den Wäschereien und Reinigungen stellen sie mehr als die Hälfte der ausländischen Beschäftigten, im Friseurgewerbe fast 50 Prozent. Die Ausweitung und teilweise auch Verlagerung der ausländischen Beschäftigung ist insbesondere den Frauen zugute gekommen. Während sie im Hotel- und Gaststättengewerbe etwas mehr als 40 Prozent aller ausländischen Beschäftigten stellen, machen sie in einigen Bereichen eindeutig die Mehrheit aus: bei Wäschereien und Reinigungen etwa zwei Drittel, im Bereich der Altersheime fast 85 Prozent und im Friseurgewerbe fast 87 Prozent.

Daran fällt mehreres auf. *Erstens* häuft sich die Zahl der Ausländer in jenen Zonen des Dienstleistungsbereichs, die wegen besonders schwerer oder nicht sehr angesehener Arbeit von den Deutschen gemieden werden (Hotel- und Gaststättengewerbe, Wäschereien, aber auch Altersheime). *Zweitens* deuten diese Zahlen an, daß im Pflegebereich – den die Anhängerschaft eines möglichst ausländerfreien Deutschland sicher nicht in der Hand von Ausländern sehen will – in absehbarer Zeit ohne die ungeliebten Ausländer nicht mehr viel laufen wird. Und *drittens* zeichnet sich ab, daß Ausländer trotz aller faktischen Barrieren allmählich auch in die etwas höheren Ränge des Dienstleistungsgewerbes vordringen (etwa in die Rechts- und Wirtschaftsberatung sowie in die Vermögensverwaltung). Ein weiterer Beweis für das zähe Vermögen vieler Ausländer, sich durch die sichtbaren wie die unsichtbaren Hindernisse nicht entmutigen zu lassen, ist die seit Jahren beständig steigende Zahl ausländischer Selbständiger. Man könnte die Situation – unter Zuhilfenahme eines alternativen Kalauers – so charakterisieren: Die Ausländer nutzen die Chance, die sie nicht haben.

Populisten, Schreihälse und Dumpfheimer im Umfeld der »Republikaner« wie auch nicht wenige christ- und sozialdemokratische Politiker wehren sich zumindest nicht gegen die immer wieder verbreitete unsinnige These, im Grunde könne man – wenn die Deutschen nur endlich, wie früher einmal, bereit wären, sich von dem postmaterialistischen Schlendrian abzuwenden – auf die ungeliebte Hilfe der südländischen Arbeitsparasiten ganz verzichten. Gegen solche bodenlosen Biertischtiraden tut immer wieder von neuem Aufklärung not. Das eigentliche Problem liegt hier aber nicht. Denn jeder, der auch nur einen flüchtigen Blick auf das Wirtschaftsgeschehen der Bundesrepublik und die Interessenlagen ihrer einheimischen Bevölkerung wirft, sieht sofort, daß es – will man nicht das beschäftigungspolitische Pendant der Ökodiktatur – ohne ausländische Beschäftigte schlicht nicht mehr geht. Das eigentliche Problem liegt vielmehr in der undemokratischen Chuzpe der Mehrheit: darin, daß sie zwar längst die Ausländer als integralen Bestandteil des deutschen Wirtschaftsgeschehens gern akzeptiert hat, zugleich nicht minder gern bereit ist hinzunehmen, daß diese in der Tat unverzichtbaren ökonomischen Akteure im wesentlichen im Status von Hilfskräften eingemauert werden. Der Skandal besteht darin, daß die übergroße (und natürlich tief ins Lager der Populisten hineinreichende) Mehrheit zwar die Hilfe will, nicht aber bereit ist, den Helfern (die also alles andere als Kostgänger sind) die Chancen einzuräumen, die ein kapitalistischer – also ein farben-, nationalitäten- und generell herkunftsblinder – Arbeitsmarkt eröffnet.

Die multikulturelle Gesellschaft ist eine Einwanderungsgesellschaft. Es gibt Einwanderungsgesellschaften, die gezielt das intellektuelle Potential anderer Länder abwerben (*brain drain*). Meist aber soll die Arbeitsmigration dafür sorgen, daß die unqualifizierten Arbeiten getan werden. Daher können die Migranten in aller Regel nur unten einsteigen und müssen mit den schwersten und am schlechtesten bezahlten Jobs vorliebnehmen. Die multikulturelle Gesellschaft ist mithin immer auch eine ungerechte Gesellschaft. Und ungerecht wird sie auch bleiben müssen. Denn sie ist vom Willen zum individuellen Vorankommen geprägt; viele von denen, die unten sind, strecken sich zur Decke, auch auf Kosten anderer, die unten sind. Und das gilt besonders für viele Einwanderer, die die Erfahrung von Mobilität und Bruch ohnehin schon kennen und bei denen der Hunger nach Aufstieg groß ist. Die multikulturelle Gesellschaft ist also alles andere als eine per se solidarische Gesellschaft. Weil das aber unvermeidlich so ist, darf es nicht hingenommen werden, daß diese *gesellschaftliche* Ungerechtigkeit (die, wenn überhaupt, nur langsam vermindert werden kann) obendrein noch um eine *politische* Ungerechtigkeit vermehrt wird: um eine durch Institutionen, Gesetze und Verfassung legitimierte und auf Dauer durchgesetzte krasse Chancenungleichheit.

Puffer, Hebel und der Rückzug der Deutschen aufs Altenteil

Als sich die Bundesrepublik – ohne zu wissen, was sie da tat – auf das Abenteuer der Arbeitsmigration einließ, waren die Vorstellungen davon, wie das zu bewerkstelligen sei, im Grunde ungeheuer naiv. Lücken am Arbeitsmarkt, die man für vorübergehend hielt, sollten geschlossen werden, und daher war an nicht mehr als eine vielleicht etwas dauerhaftere Form von Saisonarbeit gedacht, die auf die wirtschaftlichen Blütezeiten beschränkt sein sollte. Das ist oft mit der ebenso anschaulichen wie unverblümten Wendung von der »Pufferfunktion« der Ausländerbeschäftigung beschrieben worden: die Ausländer als eine Art Reservearmee, deren Einsatz flexibel den Schwankungen des Arbeitsmarktes angepaßt werden kann.

Daran ist zumindest soviel wahr: Regelmäßig waren die Ausländer von konjunkturellen Abschwüngen ungleich stärker betroffen als jede andere Gruppe der Beschäftigten. Es war, vom Standpunkt deutscher Unternehmen aus gesehen, eine geradezu ideale Konstruktion: hoher Nutzen bei vergleichsweise geringen

Kosten. Einen Teil des Nutzens beschrieb der »Industriekurier« 1968 so: »Da die Ausländer im produktiven Alter nach Deutschland kommen, entstehen keine Heranbildungskosten (Schule, Kindergarten) und keine Alterskosten (Altersheim). Jedes Jahr zahlen die Ausländer ein Vielfaches an Beiträgen zur Arbeitslosenversicherung von dem, was die Bundesanstalt zu ihrer Betreuung aufwendet. Mit einem positiven Saldo schloß bisher auch stets die Rentenversicherung der Gastarbeiter ab: Der Überschuß aus den von Ausländern gezahlten Rentenbeiträgen und den bereits fälligen Renten beträgt jährlich über eine Mrd. DM.«[25]

Letzteres wurde, wie wir weiter unten zeigen werden, später anders; aber noch überwogen auf der ganzen Linie die Nettovorteile der ausländischen Pufferpopulation, die in der Krise reduzierbar schien und während der Konjunktur von hohem Nutzen war. So hat man etwa errechnet, daß in den Jahren von 1960 bis 1971 etwa ein Siebtel des durchschnittlichen Wachstums auf die Zuwanderung von Gastarbeitern zurückzuführen war (zum Vergleich: 1968 machten die Ausländer dagegen nur ein Dreißigstel der bundesdeutschen Wohnbevölkerung aus, und am Ende des genannten Zeitraums war ihr Anteil erst auf ein Zwanzigstel angestiegen).[26] Es war also schon damals nicht zutreffend, den Ausländern allein eine »Pufferfunktion« zuzuschreiben. Denn das hebt nur einen Aspekt, den des – irrigerweise – für *vorübergend* gehaltenen Charakters der Ausländerbeschäftigung, hervor.

Es gab jedoch auch die aktive Seite der Ausländerbeschäftigung, die man – um wieder ein Bild zu verwenden – als »Hebelfunktion« beschreiben könnte. Die ausländischen Beschäftigten fungierten als unverzichtbarer »Hebel« von Produktionsausweitung und Wachstum im konjunkturellen Aufschwung.[27] Und weil dieser Hebel so überaus nützlich war, wurde er in das System der bundesdeutschen Wirtschaft fest eingebaut. Als daher, vor allem in den kriselnden siebziger Jahren, das – wiederum naive – Modell von der »Rotation« der Ausländer entwickelt und propagiert wurde, war das vielleicht ein geeignetes Mittel, den ob der Ausländerbeschäftigung beunruhigten Teilen der Öffentlichkeit Sand in die Augen zu streuen; realistisch war das Modell der »Rotation«, das nur vergleichsweise kurze Aufenthalte der ausländischen Beschäftigten vorsah und damit die Etablierung einer Einwandererminorität verhindern sollte, dagegen nie.

Und zwar aus zwei Gründen nicht. Erstens hatte sich die Einwandererminorität im Prinzip schon etabliert, für eine Aufkündigung des ganzen Unternehmens war es zu spät. Und zweitens waren es gerade die Unternehmen, die überhaupt kein Interesse an der »Rotation« ihrer ausländischen Beschäftigten hatten. Denn welchen Grund sollte es für sie geben, Beschäftigte wieder wegzuschicken, die fest ins betriebliche Geschehen integriert oder dort sogar ein Stück weit aufgestiegen waren, und statt dessen regelmäßig wieder neue Ausländer einzustellen, die vom Nullpunkt an wieder hätten angelernt werden müssen. Weil Unternehmen mit der Ressource *human capital* so sorglos und zusätzliche Kosten in Kauf nehmend nicht umgehen, war ihnen vergleichsweise früh schon daran gelegen, einen Teil der ausländischen Beschäftigten in ihre Stammbelegschaften zu übernehmen.[28] Auch deswegen blieben viele Ausländer, holten ihre Familien nach und verlegten ihren Lebensmittelpunkt endgültig nach Deutschland.

Das hatte notwendigerweise auch zur Folge, daß der Nettonutzen allmählich geringer wurde. Denn nun entstanden, um mit dem »Industriekurier« zu sprechen, Heranbildungs- sowie Alterskosten, und sowohl Arbeitslosen- wie Rentenversicherung konnten nicht mehr umstandslos davon ausgehen, daß es sich bei den Ausländern auch in Zukunft überwiegend nur um Einzahler handeln würde. Bevor wir auf diese Entwicklung näher eingehen, die in gewisser Hinsicht die *Integration*, zumindest aber die Zugehörigkeit der Ausländer zur Bundesrepublik Deutschland beweist, wollen wir jedoch noch einmal auf den Nutzen der Beschäftigung und der Anwesenheit von Ausländern in Deutschland zu sprechen kommen, diesmal unter einem anderen Blickwinkel.

Die Ausländer haben den Deutschen die schmutzigen, unangenehmen und schlechtbezahlten Arbeiten abgenommen. Das ist aber noch längst nicht alles. Sie haben z. B. durch ihre Zuwanderung die gravierenden Bevölkerungsverluste verhindert, die der Bundesrepublik bis 1961 nur durch die Zuwanderung von Vertriebenen und DDR-Flüchtlingen erspart blieben und die seit dem Mauerbau 1961 programmiert waren. In allen westlichen Industriestaaten war die Geburtenzahl schon in der ersten Hälfte dieses Jahrhunderts rückläufig.[29] Noch zu Beginn dieses Jahrhunderts bekamen 100 Paare noch knapp 400 Kinder. Schon in den dreißiger Jahren sank diese Zahl auf 205 ab, blieb dann bis etwa 1955 konstant, um seitdem erneut abzusinken: auf unter 150. Damit ist aber endgültig die Schwelle überschritten, an der die Bevölkerungszahl nicht konstant bleibt, sondern zu schrumpfen beginnt. Denn um die Bevölkerungszahl konstant zu halten, müßten 100 Ehen etwa 220 Kinder entspringen. Berechnungen des Statistischen Bundesamtes haben ergeben, daß selbst unter der unwahrscheinlichen Voraussetzung einer konstant bleibenden, also nicht weiter absinkenden Geburtenrate die Bevölkerung der Bundesrepublik Deutschland merklich zurückgehen würde: Jahr um Jahr würden es etwa 150000 Bundesbürger weniger sein, im Jahr 2000 gäbe es dann noch 59.3 Millionen deutsche Einwohner und 2030 nur noch 46.3 Millionen.

Weil eher linke Ökologen vor dem Gedanken noch immer zurückschrecken, ist es bisher eher rechten Ökologen wie der Rechten insgesamt vorbehalten geblieben, das als angenehme Perspektive zu beschreiben:[30] weniger (und nur noch deutsche) Menschen, keine Ballungsgebiete, breite und endlose Grüngürtel sowie überhaupt viel Natur. Wer das propagiert, übersieht jedoch, welche nachteiligen Folgen das Schrumpfen der Bevölkerung auch schon mittelfristig hätte. Eine vergleichsweise hohe Bevölkerungszahl ist sicher, zumal im Zeitalter einer weltweiten Bevölkerungsexplosion, kein Wert an sich. Dennoch hängt die Entwicklungs- und Erneuerungsfähigkeit einer Gesellschaft auch an ihrer Kinder- oder eben Zuwandererzahl, d. h. daran, ob sie in der Lage ist, hinreichend große Bevölkerungsgruppen hervorzubringen, die – anders als die Alten – die Zukunft im Auge haben und deswegen besser in der Lage sind, der Gesellschaft eine dieser Zukunft halbwegs angemessene Gestalt zu geben.

Wir reden damit keineswegs dem modernen Kult der Jugendlichkeit das Wort: Selbstverständlich täten gerade die modernen, umwälzungstrunkenen Gesellschaften gut daran, auch den Bremsern zuzuhören und die Weisheit der Alten zu nutzen. Aber es braucht eben auch einen genügend großen Bevölkerungsteil, der zuhört und der kraftvoll, gesund und hoffnungsvoll genug ist, dieser Weisheit im alltäglichen Nahkampf der Gesellschaft auf die Beine zu helfen. Ganz abgesehen davon, daß es genügend Menschen für die notwendige Arbeit und dafür braucht, daß die wachsende Zahl der Rentner über ein menschenwürdiges Auskommen verfügen kann. Letzteres wäre ohne die Ausländer heute schon kaum mehr möglich. Und darüber hinaus gibt es keinen vernünftigen und schon gar keinen moralisch-politisch vertretbaren Grund dafür, daß diese Gesellschaft zwar bereitwillig den Beitrag der Ausländer zur Rentensicherung einstreicht, es weiterhin aber duldet, daß die Ausländer durch eine Reihe von Diskriminierungen daran gehindert werden, ihr innovatives Potential zu entfalten. Die Gesellschaft schadet dadurch den Ausländern ebenso wie sich selbst. Auch das zeigt, daß die Geschicke der Ausländer und die der Deutschen untrennbar aneinander gebunden sind. Weder die einen noch die andern können die Hoffnung haben, *allein* voranzukommen.

Hätte die Bundesrepublik sich irgendwann entschlossen, alle zuvor ins Land geholten sowie die später nachgezogenen Ausländer wieder in ihre Heimat zurückzuschicken, dann gäbe es heute in Deutschland deutlich weniger Erwerbstätige. Ein paar Zahlen sollen das verdeutlichen.[31] 1960 gab es in der Bundesrepublik 26.5 Millionen Erwerbstätige. Nur knapp 280000 davon, also etwas mehr als ein Prozent, waren Ausländer. Diese vergleichsweise hohe Gesamtzahl von Erwerbstätigen (immerhin fast 48 Prozent der gesamten damaligen Bevölkerung) war nur möglich gewesen, weil in den anderthalb Jahrzehnten davor Millionen von Flüchtlingen sowie Aus- und Übersiedlern zugewandert waren, die in ihrer Mehrheit im erwerbsfähigen Alter standen. Aus eigener Kraft hätte die Bundesrepublik also schon damals nicht über die Zahl von Arbeitskräften verfügt, ohne die – da Kapital noch knapp war – der wirtschaftliche Aufschwung nicht möglich gewesen wäre. Durch den Mauerbau ging dann 1961 die Zuwanderung aus der DDR stark zurück, und die dadurch drohende Beschäftigungslücke wurde durch die Ausländer gefüllt. 1989, knapp zwanzig Jahre später, gab es in der Bundesrepublik etwa 27.7 Millionen Erwerbstätige, also etwa

1.2 Millionen mehr als 1960. Würde man davon jedoch die damals knapp 1.7 Millionen ausländischen Beschäftigten abziehen, käme man auf nur 26 Millionen Erwerbstätige, also etwa eine halbe Million weniger als 1960.

Und selbst diese Zahl verbirgt noch einen Teil des Problems. Denn in den Jahren vom Mauerbau bis 1988 sind insgesamt immerhin noch 616 000 Übersiedler aus der DDR zugewandert. Ohne Ausländer *und* Über- sowie Aussiedler hätte es in der Bundesrepublik 1989 also knapp 1.1 Millionen Erwerbstätige weniger gegeben. (Und auch der seit dem Spätsommer 1989 durch den Umbruch in Osteuropa ausgelöste massive Anstieg von Über- und Aussiedlern hätte weder kurz- noch erst recht langfristig die Beschäftigungslücke füllen können, zu der es ohne Ausländer gekommen wäre.[32]) Das heißt: Ausländer waren ganz einfach notwendig, damit die Arbeit getan wurde, die das Wirtschaftswachstum erforderte und die zum Wohlstand aller – und mit am wenigsten noch der Ausländer – beigetragen hat.

Deutscher Schlendrian: eine Premiere

Doch das ist noch immer längst nicht alles, nicht einmal das wichtigste. Denn die Ausländer haben nicht nur geholfen, das Projekt Deutschland bevölkerungsmäßig am Leben und am Laufen zu halten sowie eine der wirtschaftlichen Struktur angemessene Zahl von Arbeitskräften zu sichern. Vor allem haben sie vielmehr den Deutschen ein besseres, angenehmeres, erlebnisreicheres Arbeiten und Leben ermöglicht. Wenn irgend jemand, dann waren sie es, die das Fundament dafür geschaffen haben, daß es Deutschen möglich wurde, sich auf den Weg des Wertewandels und zur »postmateriellen« Gesellschaft zu machen.

Denn die Ausländerbeschäftigung wurde zur unverzichtbaren Voraussetzung für etliches, was den Deutschen inzwischen lieb und teuer geworden ist: Aufstieg, Arbeitszeitverkürzung, längerer Urlaub, längere Ausbildungszeiten und früheres Ende des Erwerbslebens. Oder umgekehrt: Ohne beträchtliche Ausländerbeschäftigung müßten die Deutschen heute zum Teil mit schlechteren Arbeiten in tieferen Etagen vorliebnehmen, müßten pro Woche und aufs Alter hin länger arbeiten, hätten weniger Freizeit und Urlaub und müßten früher ins Erwerbsleben eintreten (ganz so, wie es in Japan üblich ist, das nun – der hohen sozialen und vor allem psychischen Kosten wegen – auch allmählich gezwungen ist, dies Modell zu relativieren). Die Deutschen könnten sich weder Wertewandel noch Parteien- und Politikverdrossenheit, weder Bildungsboom noch Teilzeitarbeit, weder ihre ausgefeilte Freizeitkultur noch ihren schrittweisen Ausstieg aus der Arbeitsgesellschaft leisten. Das soll im folgenden Punkt für Punkt erläutert werden.

Der Aufstieg der Deutschen war eine große Absetzbewegung weg von der körperlichen und schlechter bezahlten Arbeit hin zu kreativeren, physisch weniger anstrengenden und besser bezahlten Tätigkeiten. Der Soziologe Friedrich Heckmann hat diese Entwicklung schon 1981 in einem verblüffend einfachen und gerade in seiner Kargheit überzeugenden Rechenexempel für das Jahrzehnt von 1960 bis 1970 verdeutlicht, das wir hier in seinen fünf Schritten nachzeichnen wollen. *Erstens*: Zwischen 1960 und 1970 stieg die Gesamtzahl der abhängig Beschäftigten geringfügig an. *Zweitens*: Im gleichen Zeitraum nahm die Zahl der Arbeiter um etwa eine Million ab. Erstes Zwischenergebnis also: Es gab von 1960 bis 1970 eine Million Aufstiege. *Drittens*: Zugleich nahm in diesem Zeitraum die Zahl der ausländischen Arbeiter um etwa 1.7 Millionen zu. Zweites Zwischenergebnis also: Es müssen neben der einen Million noch einmal 1.7 Millionen weitere deutsche Arbeiter aufgestiegen sein. *Viertens*: Die Gesamtsumme der Aufstiege muß also 2.7 Millionen betragen haben. Und *fünftens*: Tatsächlich nahm in der Zeit von 1960 bis 1970 die Zahl der Angestellten in der Bundesrepublik Deutschland um 2.3 Millionen zu.[33]

Fazit 1: Da sich die verschwundenen deutschen Arbeiter nicht in Luft aufgelöst haben dürften und auch, wie die Statistik beweist, in ihrer übergroßen Zahl nicht ausgewandert sind, muß es zu der wundersamen Vermehrung der Angestellten also vor allem dadurch gekommen sein, daß es Arbeitern gelungen ist, vom *Blue-* in den *White-Collar*-Bereich überzuwechseln. *Fazit 2*: Und gelungen ist ihnen das, weil Ausländer zugewandert sind und die nach oben entschwindenden Deutschen ersetzt haben.

Diese Auswanderung so vieler Deutscher aus der Arbeiterexistenz ist oft kritisch kommentiert worden, und nicht alle diese Argumente tragen die Handschrift der Oberklasse, für die Plebs auch Plebs zu bleiben hat. Man hat etwa, nicht ganz ohne romantischen Unterton, das unwiderrufliche Verschwinden der alten, vergleichsweise homogenen und von einer Art gemeinsamer Weltsicht geprägten Arbeitermilieus beklagt und in der Individualisierung auch eine Gefahr gesehen. Aber wären die, die so reden, im Ernstfall wirklich für das Fortleben dieser Milieus, deren Homogenität auch eine Folge der Not war? Andere haben, eher kulturkritisch motiviert, die Gesellschaft der Angestellten als eine Ödnis des Konsumismus und eines Lebensstils gesehen, der alle »Authentizität« verloren hat und sich allein noch an medialen Vorgaben orientiert (wobei diese Kritiker zuweilen übersehen, daß die verbliebene deutsche Arbeiterklasse in Sachen Konsumismus an vorderster Front mitkämpft). Aber sind sie wirklich der Meinung, ein grämlich geführter Feldzug gegen den Konsumismus könne jene »Authentizität« zurückerobern, die es doch seit undenklichen Zeiten schon immer nur in der Vergangenheit gegeben hat – in einer Vergangenheit, von deren moralischen und kulturellen Standards bisher noch jede Gegenwart abgefallen ist?

Es liegt uns fern, die vielkritisierte Angestelltengesellschaft, die auch der Zuwanderung von Ausländern zu verdanken ist, im Umkehrschluß als ein ziviles Wunderland zu preisen. Allerdings sind wir der Meinung, daß eine Kritik an ihr fehlgeht, die den Verdacht nicht ausräumen kann, sie mißgönne den Konsumisten ihr neuerworbenes Konsumvermögen und predige eine Welt der Kargheit, weil in dieser bereitwilliger auf die Stimme der Kritik gehört werde. (Welche zivilen Potentiale in einer Welt der Kargheit stecken oder genauer: nicht stecken, kann man im übrigen sehr gut an der ehemaligen DDR studieren, in der all die Nähe, Solidarität und erhabene Andersheit, die die Menschen dort ausgezeichnet haben soll, den Tag nicht überlebten, an dem Aldi, Kaufhof und KaDeWe endlich zugänglich wurden.) Es kann gut sein, daß der Konsumismus auch eine innere Gefahr für Gesellschaft und Demokratie darstellt. Wenn beide aber nicht in der Lage sein sollten, diese Gefahr zu meistern, dann spricht das mindestens ebenso gegen zivile Gesellschaft und Demokratie wie gegen den Konsumismus. Es stünde schlecht um die Welt, wenn Wohlstand und kulturelle wie moralische Verfeinerung nicht zusammengehen könnten.

Es gibt freilich eine Kritik am ausländergestützten Weg in die Angestelltengesellschaft, die nicht so leicht von der Hand zu weisen ist. Sie wird in der Regel von wirtschaftsliberalen, haushälterischen sowie auch konservativen Bedenkenträgern und Mahnern vorgetragen, und sie ist stichhaltig – in ihren Konsequenzen aber alles andere als beruhigend. Das Argument ist ganz einfach: Die Ausländerbeschäftigung hat in der Tat eine große innerdeutsche und innerbetriebliche Wanderungsbewegung vom *Blue-* in den *White-collar*-Bereich ermöglicht; das mag für die Betroffenen angenehm sein, ist aber ökonomisch nicht zu verantworten. Denn die beträchtliche Ausweitung des Angestelltenbereichs hat auch etwas von Arbeitsplatzbeschaffung oder – in gewisser Weise analog zur ehedem staatlich finanzierten Arbeitslosigkeit vieler Beschäftigter in den sozialistischen Ländern – von betrieblich subventionierter Arbeitslosigkeit. Die Tertiarisierung der Gesellschaft, die sich auf Rationalisierung und Automatisierung ebenso stützt wie auf weithin unqualifizierte Ausländerbeschäftigung, hat es nicht eben wenigen Deutschen ermöglicht, in den Angestelltenbereich abzuwandern. Man könnte es provokativ auch so formulieren: Ausländische Arbeit ermöglicht deutsche Nicht-Arbeit, deutsche Bequemlichkeit, deutsch-gewerkschaftliche Besitzstandsmentalität.

Dagegen wird natürlich eingewendet werden, das sei erstens eine Kritik von oben, die zweitens übersehe, daß längst auch der Angestelltenbereich einer konsequenten Rationalisierungsoffensive ausgesetzt sei. Der zweite Einwand ist nicht ganz falsch, trifft nur den Kern des Arguments nicht: Die Ausweitung der *unteren* Angestelltentätigkeiten hat natürlich auch eine Wanderungsbewegung *im* Angestelltenbereich zur Folge gehabt. Und die hat den oberen Etagen, in denen die Taylorschen und moderneren Methoden der Arbeitszeitmessung und -effektivierung endgültig versagen, beträchtlichen Zulauf verschafft. Mit anderen Worten: Ohne die Ausländerbeschäftigung ganz unten wäre die erstaunliche Expansion der unternehmerischen Verwaltungsabteilung (zum Teil einschließlich der zuweilen ziemlich aufwendigen Marketing-, *Promotion*-, Koordinierungs- und *Think-tank*-Bereiche) nicht möglich gewesen, auf die heute kein Unternehmen mehr verzichten will.

Des weiteren hat die Ausländerbeschäftigung den Deutschen geholfen, nicht nur anders, sondern auch deutlich weniger zu arbeiten. Bedingt vor allem durch den Rückgang der Geburtenzahl, sind die Deutschen ein Bevölkerungsteil, der im Abnehmen begriffen ist. Zugleich aber ist – etwa wegen der äußerst geringen Säuglings- und Kindersterblichkeit sowie, am anderen Ende, wegen der höheren Lebenserwartung – die Zahl der erwerbs*fähigen* Deutschen in den letzten Jahrzehnten nur sehr geringfügig zurückgegangen. Dennoch sind die Deutschen auf dem Rückzug aus dem Erwerbsleben.

Das beweist etwa die Entwicklung ihrer Erwerbsquote, d. h. des prozentualen Anteils der Erwerbspersonen (einschließlich der arbeitslosen Erwerbspersonen) an der gesamten Bevölkerung. Die Erwerbsquote der Deutschen betrug 1961, also am Anfang des massiven Anstiegs der Ausländerbeschäftigung, noch etwa 47 Prozent (die der Ausländer lag zu diesem Zeitpunkt bei knapp 80 Prozent). In den folgenden Jahren ist die Erwerbsquote der Deutschen dann kontinuierlich gesunken und lag 1977 unter 43 Prozent. Das mag bescheiden klingen – wird aber in seiner Tragweite deutlich, wenn man es in absolute Zahlen übersetzt: Die Zahl der deutschen Erwerbstätigen ist von 1960 bis 1977 um etwa 2.4 Millionen geschrumpft, d. h. die Deutschen haben sich – gemessen an der Gesamtzahl der Beschäftigten, also Deutsche plus Ausländer – zu mehr als zehn Prozent aus der Erwerbstätigkeit verabschiedet.[34] Und das geschah von zwei entgegengesetzten Enden her. Zum einen sank das Rentenalter, mehr Menschen schieden also früher aus dem Erwerbsleben aus. Und zum andern dauerte es immer länger, bis die nachwachsenden deutschen Generationen in das Erwerbsleben eintraten.

Die Pufferzone zwischen Kindheit und Arbeitsleben wurde, angeregt auch durch den verwertungskritischen Impuls der Protestbewegungen seit den späten sechziger Jahren, immer umfangreicher und geräumiger. Die Schulzeit wurde länger, und die Zahl der Studenten stieg an. Während 1960 nur 17 Prozent der Jugendlichen weiterführende Schulen besuchten, waren es 1984 schon 44 Prozent; und während es 1960 nur 7.3 Prozent aller Jugendlichen bis zur Fachhochschul- oder Hochschulreife brachten, hielten 1984 schon 29 Prozent aller Jugendlichen so lange durch.[35] Durch diesen gewaltigen Ausbau des Bildungssystems wurden allein bis 1973 dem Arbeitsmarkt mehr als zwei Millionen Arbeitskräfte entzogen.[36] Daß diese gewaltige Verlängerung der Ausbildungszeiten und das – durchaus zwiespältige – Abenteuer der verlängerten Adoleszenz möglich wurden und zugleich das Wachstum der Wirtschaft nicht nur nicht zurückging, sondern sogar zunahm, ist den Ausländern zu verdanken, die die adoleszenzbedingten Lücken einer um ihren Nachwuchs besorgten und ihm ebenso fremd gewordenen Gesellschaft füllten.

Und schließlich: Auch die beständige Verkürzung der tariflichen Wochenarbeitszeit wäre nicht möglich gewesen, hätte es nicht die Ausländer gegeben, die die weggekürzte Arbeit übernommen hätten.[37] Um es mit einer Zahl zu verdeutlichen: Die durchschnittliche Jahresarbeitszeit eines Beschäftigten ging zwischen 1960 und 1973, also noch vor der neuerlichen gewerkschaftlichen Offensive zur Verkürzung der wöchentlichen Arbeitszeit auf 35 Stunden und weniger, von etwa 2100 auf etwa 1800 Stunden zurück. Das entsprach einem Rückgang der deutschen Erwerbsbevölkerung um reichlich drei Prozent.[38] Der Rückgang der von Deutschen geleisteten Arbeitsmenge ging, wie Meinhard Miegel errechnet hat, 1973 nur zu 13 Prozent auf das Konto der demographischen Entwicklung, und zu 22 Prozent trug die sinkende Erwerbsquote der Deutschen dazu bei: 66 Prozent, also zwei Drittel dieses Rückgangs, waren dagegen damals schon der Verkürzung der tariflichen Arbeitszeit zu verdanken.

Kurzum: Ohne die Zuwanderung von Arbeitskräften aus den Ländern, wo die Zitronen blühn, wäre den Deutschen die Reisewelle in ebendiese Länder sowenig möglich gewesen wie die Entwicklung ihrer gewaltig ausdifferenzierten Freizeit- und Eigenarbeitskultur. Es hat daher etwas Groteskes, wenn heute ausgerechnet viele von denen, die ohne ausländergestütztes Wirtschaftswachstum noch immer hoffnungslos in ihr Arbeitsleben eingesperrt wären, der eigentümlichen Meinung sind, ohne Ausländer in Deutschland ginge es ihnen besser.

Die Ausländer als Garanten des sozialen Friedens

Wie es ihnen dann erginge und vor welchen Alternativen sie dann stünden, läßt sich leicht beschreiben. Es würden sich mehrere Perspektiven eröffnen, die zwar teilweise gar nicht unbedingt unsinnig wären, die aber wohl kaum auf große Zustimmung stoßen würden, auch nicht bei denen, die die Ausländer am liebsten heim in deren Reich schicken würden. Fünf Möglichkeiten gäbe es; wir wollen sie und ihre Folgen kurz skizzieren.[39]

Erstens könnte durch Produktionsverzichte das Wachstum gebremst werden. Abgesehen von der Frage, ob derlei in einer nicht zentral steuerbaren Ökonomie überhaupt möglich ist: Es würde die Konkurrenzfähigkeit der Bundesrepublik schnell beeinträchtigen, würde gesellschaftliche Reformen unfinanzierbar machen und obendrein zu Verteilungskämpfen führen, die von einer bisher undenkbaren Rücksichtslosigkeit wären. Die Bundesrepublik müßte auf das sie tragende Wohlstandsmodell verzichten, und die ehemalige DDR könnte wegen unterbleibender Transfers gleich zum Notstandsgebiet erklärt werden.

(Eine pfiffige Variante dieses Arguments hat Meinhard Miegel, so etwas wie der Hausökonom Kurt Biedenkopfs, entwickelt. Er geht davon aus, daß der Grund für die »Völkerwanderung« von Arbeitsmigranten nach Deutschland in der Erstarrung und Verkrustung des Arbeitsmarktes gelegen habe. Die Bundesrepublik hätte, fährt er fort, im Prinzip zwei Möglichkeiten gehabt, auch ohne nennenswerte Ausländerbeschäftigung aus diesem Dilemma, das sich nicht zuletzt in der Knappheit von Arbeitskräften ausdrückte, herauszukommen. Sie hätte *entweder* auf hohe Wachstumsraten setzen können – hätte dann aber nur eine mäßige Reduzierung der Arbeitszeit realisieren können; *oder* sie hätte ein zügiges Sinken der Arbeitszeit ansteuern können – hätte sich dann aber mit einem gedrosselten Wachstum und entsprechend geringeren Wohlstands- und Konsumzuwächsen zufriedengeben müssen. Weil sie aber auf schnelles Wachstum *und* auf schnell sinkende Arbeitszeiten zielte, kam sie ohne eine umfangreiche Ausländerbeschäftigung nicht mehr aus.[40]

Das Argument müßte übrigens grünen Freunden grundsätzlich offener Grenzen zu denken geben. Denn Zuwanderung war bisher noch immer ein Garant für steigendes Wirtschaftswachstum mit allen bekannten ökologischen Folgen gewesen. Wir plädieren damit weder für den Vorrang der Ökologie vor Einwanderung noch umgekehrt für den Vorrang der Einwanderung vor der Ökologie. Wir weisen nur darauf hin, daß sich hier einer der vielen inneren Zielkonflikte moderner Gesellschaften auftut, für die es schlüssige Lösungen nicht gibt. Wer die Ökodiktatur nicht will, muß auf freiwillige und in gewisser Weise immer inkonsequente Wege der Selbstbeschränkung setzen, muß gewissermaßen für ein quotiertes Wachstum plädieren. Und wer die – auch gegenüber Einwanderern – offene Gesellschaft will, muß Regeln für den Umgang mit dieser Offenheit finden: etwa verbindliche republikanische Mindestnormen oder auch Quotierungen, die die Einwanderung handhabbar machen.)

Zweitens wäre es im Prinzip möglich, Teile der Produktion ins Ausland zu verlagern, also nicht die (Gast-)Arbeiter zu den Arbeitsplätzen, sondern die Arbeitsplätze zu den – billigeren – Arbeitskräften zu schaffen. Das würde aber, um auch nur in der Nähe des Beschäftigungsvolumens der in der Bundesrepublik arbeitenden Ausländer zu kommen, gewaltige Investitionen voraussetzen, zu denen die Unternehmen nicht bereit sein werden. (Einer der besseren Einwände gegen die Ausländerbeschäftigung lautet, durch die Abwerbung billiger Arbeitskräfte würden die Einwanderungsländer die Auswanderungsländer um Entwicklungschancen berauben. Sinnvoller und gerechter wäre es, durch Investitionen in den Auswanderungsländern zum Abbau des migrationserzeugenden Entwicklungsgefälles beizutragen. Das Argument ist zwar *im Prinzip* nicht falsch; wer es vertritt, übersieht jedoch leicht, welchen gewaltigen Umfang diese Investitionen haben müßten, damit sie *vielleicht* dem Auswanderungsland helfen können; und er übersieht etwas noch Wichtigeres: den Umstand, daß es zur Beförderung der wirtschaftlichen

Entwicklung weit mehr braucht als funktionsfähige Betriebsanlagen. Der Kapitalismus setzt – wie man heute ex negativo an den ehedem sozialistischen Ländern sehen kann – *kulturelle* Grundlagen voraus. Und die kann man nicht wie Maschinen exportieren.)

Drittens wäre es denkbar, den Verlust an Arbeitsleistung, zu dem es ohne Ausländer kommen würde, durch eine beträchtliche Beschleunigung des Produktivitätswachstums aufzufangen. Das hieße dann Intensivierung der Arbeit und Steigerung des Rationalisierungsprozesses. Beides würde jenem Prozeß der sozialstaatlich abgefederten und damit in gewisser Weise verlangsamten Entwicklung ein Ende machen, der für die Mehrheit der bundesrepublikanischen Bevölkerung unverzichtbar geworden ist. Ein verstärkter Rationalisierungsdruck würde die Deutschen sozialen und psychischen Problemen aussetzen, die es mit den Problemen, welche die Ausländerbeschäftigung schafft, zumindest aufnehmen könnten.

Viertens könnte man den Verlust an ausländischen Arbeitskräften durch eine Verlängerung der Arbeitszeit wettmachen. Zwar gibt es immer wieder Umfragen, die darauf hinweisen, daß nicht wenige Erwerbsfähige im Prinzip zu einer solchen Arbeitszeitverlängerung – sei es als Verlängerung der wöchentlichen oder der Lebensarbeitszeit – bereit wären. Aber vorerst ist diese Bereitschaft nur eine proklamierte, der der Test der Wirklichkeit noch fehlt. Und obendrein müßte diese Verlängerung einen Umfang annehmen, mit dem sich die Mehrheit der Deutschen und die Gewerkschaften sicher nicht abfinden würden. Denn längst wird die allmähliche Verkürzung der Arbeitszeit nicht mehr als etwas von Fall zu Fall Mögliches, sondern als fast so etwas wie ein Grundrecht der arbeitenden Schichten angesehen.

Und *fünftens* schließlich könnte man auch daran denken, die durch das Verschwinden der Ausländer gerissenen Lücken mit inländischen Reserven zu füllen. Man könnte z. B. die Bundeswehr abschaffen, den Sozialberufen das Wasser abgraben, den Jugendlichen die Ausbildungszeiten radikal zusammenkürzen und die Frauen zum massiven Eintritt in das Erwerbsleben anhalten. Um nur auf das letzte einzugehen: Das würde zu einer Kehre zurück in die alleinseligmachende Arbeitsgesellschaft führen, von der sich die Bundesrepublik ganz zu Recht zu befreien begonnen hat. Und es würde erneut die traditionelle (und inzwischen abnehmende) Mißachtung aller nicht so einfach in Mark und Pfennig berechenbaren Tätigkeiten verstärken. Für all dies sind gesellschaftliche Mehrheiten nirgendwo in Sicht.

Fazit: Resümiert man alle diese bedrückenden Perspektiven, vor denen uns die Anwesenheit der ausländischen Beschäftigten bewahrt, dann wird unabweislich deutlich, daß die Ausländer wesentlich zur Sicherung jenes *sozialen Friedens* beitragen, der diese Republik zwar auch vergleichsweise langweilig, vor allem aber so resistent gegen rechten wie linken Extremismus und gegen die Verachtung der stets unvollkommenen Demokratie gemacht hat. Es ist daher unsinnig und nicht eben ein schöner Zug vieler Deutscher, wenn sie nicht davon lassen können, in den friedenssichernden Ausländern eher Ruhestörer und Stifter sozialen Unfriedens zu sehen. Zweifellos, es gibt z. B. städtische Problemzonen, die die multikulturelle Gesellschaft nicht unbedingt als etwas Wünschenswertes erscheinen lassen. Aber was wiegt das gegen die Tatsache, daß ohne die Ausländer die ganz allmähliche Abkehr von der Arbeitsgesellschaft nicht möglich gewesen wäre? Was wiegt das gegen die Tatsache, daß dann der ruhige Herr aus Pforzheim, der beim Griechen essen geht, die »Republikaner« wählt und demnächst zu seiner ersten Kreuzfahrt auf einem Traumschiff aufbrechen wird, bis heute noch immer nicht über die Lüneburger Heide hinausgekommen wäre?

Migrationsschäden im Norden und im Süden

Es spricht also einiges dafür, dem verbreiteten »Ausländer raus!« ein »Ausländer rein!« entgegenzusetzen. So hat denn auch der Wirtschaftsjournalist Roland Tichy sein Buch überschrieben, in dem er mit Witz und überzeugenden Argumenten zuhauf für eine gezielte Fortsetzung der Einwanderung eintritt. Das Buch trägt den Untertitel »Warum es kein ›Ausländerproblem‹ gibt«. Das scheint uns jedoch des Guten zuviel zu sein: Gerade wenn man Einwanderung gutheißt, ist es angezeigt, neben deren großen Vorteilen auch die Nachteile herauszustellen. Denn es hilft nicht, auf ein apokalyptisches Szenario mit einem paradiesischen zu antworten. Wir wollen daher im folgenden auf drei mögliche Nachteile von Ein- bzw. Auswanderung eingehen: auf einen eher unbedeutenden, einen halbwegs gewichtigen und einen schwerwiegenden.

Der erste Nachteil betrifft die Löhne der Deutschen und ist früher insbesondere von den Gewerkschaften thematisiert worden.[41] Das Argument ist einfach: Ausländische Arbeiter vermehren das Angebot an Arbeitskräften und drücken damit faktisch die Löhne. Das klingt plausibel, stimmt nur nicht. So waren in den Zeiten des großen Anstiegs der Ausländerbeschäftigung die Löhne der Deutschen schneller und höher gestiegen als in Zeiten eines geringen Anstiegs der Ausländerbeschäftigung. Zudem bewegen sich Deutsche und Ausländer weithin auf verschiedenen Arbeitsmärkten, die gar nicht miteinander konkurrieren.

Es gibt freilich eine Ausnahme, einen eher kleinen Bereich, in dem wenige Deutsche und viele Ausländer miteinander konkurrieren: den Bereich der unqualifizierten Arbeit. Die deutschen Arbeiter, die in diesem Bereich hängengeblieben sind, wurden tatsächlich von der Ausländerbeschäftigung getroffen: Sie gerieten in den Sog der vergleichsweise geringeren Löhne, die Ausländern gezahlt wurden und oft auch noch werden. Es läßt sich empirisch nachweisen, daß zur Zeit des hohen Anstiegs der Ausländerbeschäftigung die Löhne im Bereich der unqualifizierten Arbeit langsamer angestiegen sind als bei den Facharbeitern. Das heißt: Die ausländischen Arbeiter üben in der Tat eine lohndrückende Funktion aus – und die trifft sie selbst *und* die einheimischen ungelernten Arbeiter (unter denen auch deswegen die Ausländerfreunde dünn gesät sind). Das Gros der Deutschen aber ist nicht davon betroffen.

Gewichtiger schon ist der Einwand, die ausländischen Arbeiter würden faktisch als wirtschaftliche Modernisierungsbremse wirken, und zwar deswegen, weil sie helfen, überalterte und im Prinzip unrentable Produktionsstrukturen am Leben zu erhalten. Auch hier winkt Roland Tichy ab: Immerhin habe in Zeiten steigender Ausländerbeschäftigung die Produktivität erheblich stärker zugenommen als in Zeiten rückläufiger Ausländerbeschäftigung – Rationalisierung und Ausländerbeschäftigung hätten sich also nicht ausgeschlossen, sondern wären Hand in Hand gegangen.[42] Das stimmt zwar, Tichy übersieht aber, daß das eine das andere nicht ausschließt und daß das in der Geschichte der Migration schon lange so ist. Migranten sind einerseits in hohem Maße innovativ, schon deswegen, weil sie sich auf das Neue schlechthin eingelassen haben, und auch deswegen, weil es oft die Flexibelsten sind, die sich zur Migration entscheiden. (Ein Beispiel: Die Flexibilisierung der Ladenschlußzeiten, die für die Mehrheitsgesellschaft ein nahezu unlösbares Mammutproblem darstellt, wäre für die Migranten überhaupt kein Problem; auch deswegen, so ist zu vermuten, kommt sie kaum voran.)

Andrerseits sind sie aber – wohl wissend, daß ihnen in der neuen Gesellschaft in der Regel nur ganz unten ein Platz reserviert ist – oft auch bereit, die schlechteren Arbeiten zu übernehmen und bei ihnen zu bleiben. Und die findet nun einmal häufig an Arbeitsplätzen statt, für die ansonsten niemand zu haben wäre und die daher der Rationalisierung zum Opfer fallen würden. Die Geschichte der Ausländerbeschäftigung in der Bundesrepublik ist voll von Beispielen dafür: vom Baugewerbe und Straßenbau der sechziger Jahre über die Stahlindustrie, die Gießereien bis hin sogar zur Automobilindustrie, die ohne die Ausländer früher (und das heißt: etwa zeitgleich mit der japanischen Automobilindustrie) zur Automatisierungsoffensive gezwungen gewesen wäre. Ausländerbeschäftigung kann also auch den produktionstechnologischen Schlendrian begünstigen.

Doch hat eine Gesellschaft wie die bundesrepublikanische gar keine andere Wahl, als diesen Nachteil in Kauf zu nehmen. Denn Ausgangspunkt der Ausländerbeschäftigung war und ist ja der Umstand, daß dieses Land nicht über genügend eigene Arbeitskräfte verfügt. Braucht man Fremde, wird man sie nicht aus hoch-, sondern weit eher aus weniger entwickelten Ländern bekommen, und das sind nun einmal Menschen, die nicht 150 Jahre industrielle Sozialisation auf dem Buckel haben und die daher vorerst in überalterte Produktionsstrukturen besser passen als in hochmoderne.[43] Zudem würde eine Wirtschaft, die – wie etwa die japanische – konsequent und rücksichtslos jede Chance und jeden Anlaß zur Rationalisierung nutzt, schlecht zu einer Gesellschaft passen, der es aus Gründen der Tradition wie der

Einsicht zur Gewohnheit geworden ist, das schneidige Nutzenkalkül mittels Kultur, Sozialstaat und Schlendrian zu bremsen.
Wir wollen das reale Problem, daß Ausländerbeschäftigung
Modernisierung verzögern kann, nicht wegdisputieren, weisen
aber doch darauf hin, daß der Bremsvorgang, für den ja nicht
nur Ausländer verantwortlich sind, auch sein Gutes haben
könnte. In jedem Fall gilt: Würden die Rationalisierer durchmar-
schieren, wäre die Ökonomie vielleicht effizienter, die Gesellschaft aber hätte es auszubaden. Es führt nun einmal kein Weg
aus dem Dilemma: Fremde sind immer beides zugleich – dank
ihrer Entscheidung für Bruch und Auswanderung modernisie-
rungsverdächtig und dank ihrer fremden Geschichte sowie ihrer
noch beträchtliche Zeit anderen Erwartungs- und Zukunftshori-
zonte modernisierungsbremsend.

Schwerwiegend ist dagegen ein Einwand gegen die Arbeitsmigration, der umgekehrt ansetzt und aus dem Blickwinkel der
Auswanderungsländer fragt, ob es ihnen nutzt, wenn sie Menschen exportieren und zu Fremden machen. Auch hier ist Roland
Tichy schnell mit beruhigenden Nachrichten zur Stelle. Offensichtlich setzt er voraus, daß die Auswanderungsländer ohnehin
keine eigenen Entwicklungschancen hätten, und bietet dafür das
klassische Argument derer an, die das schlechte Gewissen der
hochentwickelten Länder mit einem trickreichen Nutzenkalkül
besänftigen. Die Geldüberweisungen der Migranten in die Heimat, sagt Tichy, wirkten dort als ein entwicklungs- und beschäf-
tigungsförderndes Konjunkturprogramm.[44] Schon die Tatsache,
daß einem so listenreichen Autor wie Tichy in seinem ganzen
Buch buchstäblich kein einziges anderes Argument einfällt, um
die Arbeitsmigration als ein Gewinnunternehmen für die Auswanderungsländer darzustellen, muß skeptisch stimmen.

Da man in Deutschland, dem Einwanderungsland wider Willen, wie auch in den südeuropäischen Auswanderungsländern
schon früh sah, daß die Arbeitsmigration nicht von dem Willen
getragen war, das Entwicklungsgefälle auszugleichen, sondern
dem Nutzenkalkül der nördlichen Länder entsprang, hat man
bald nach Argumenten gesucht, die der Arbeitsmigration eine
etwas erhabenere und europäisch-solidarischere Rechtfertigung
hätten geben können.[45] Und so kamen drei bis heute vertretene

Argumente in Umlauf. Erstens befreie die Arbeitsmigration die Auswanderungsländer von ihrem Bevölkerungsdruck und eröffne ihnen damit Entwicklungsmöglichkeiten, die zuvor – wegen der materiellen Nöte der vielen – undenkbar gewesen wären. Zweitens schaffe sie – auf dem Umweg der Geldüberweisungen der Migranten in die Heimat – dort die Möglichkeit zu einem nun finanzierbaren Entwicklungsschub. Und da viele Migranten irgendwann zurückkehren würden und dann mit ganz neuen Qualifikationen ausgestattet wären, könnten sie ihrer Heimat neue innovative Impulse geben. Das alles ist schön ausgedacht und wirkt auch plausibel. Es hat nur einen Nachteil: Es stimmt, von Ausnahmen abgesehen, nicht.

Erstens: Zwar kann die Arbeitsmigration den Bevölkerungsdruck von den Auswanderungsländern wegnehmen und damit im Prinzip ruhigere Entwicklungsmöglichkeiten für weniger Menschen eröffnen. Das allzu mathematische Exempel krankt nur daran, daß die Migration dem Land nicht nur den Bevölkerungsdruck, sondern auch einen Großteil seiner jungen, gesunden und neuerungsbegierigen Einwohner wegnimmt. Die, die bleiben, stellen daher unter dem Gesichtspunkt der Innovation eher eine Negativauslese dar. Und das kann (wie das Beispiel des italienischen Mezzogiorno zeigt) leicht dazu führen, daß die neuentstandene offene Situation gerade nicht genutzt wird, sondern die alten Macht- und Klientelstrukturen sich erst recht behaupten, wo nun die potentiellen Störenfriede außer Landes sind. Albert O. Hirschman hat das in einer schlüssigen These formuliert: Abwanderungsbewegungen berauben »die jeweils verlassene geographische Einheit (Land, Stadt, Nation) vieler ihrer aktiveren Einwohner und so ihrer potentiellen Wortführer, Reformer oder Revolutionäre«. Und er fährt fort: »Die Abwanderung schwächt den Widerspruch und mindert damit in dem verlassenen Gebiet die Aussicht auf Fortschritt, Reformen oder eine Revolution; sie kann zudem auch einen Prozeß zunehmenden Verfalls herbeiführen.«[46] Zudem kann die Abwanderung auch dadurch Entwicklungschancen zerstören, daß sie – wie mehrfach in Südeuropa geschehen – zur Entleerung ganzer Regionen führt, deren Infrastruktur dann erst recht zusammenbricht. Und auch ohne radikale Entleerung führt die durch die Auswanderung bedingte Arbeitskräfteknappheit oft zur raschen Mechanisierung und Zusammenlegung von Bauernhöfen, wodurch wiederum Arbeitsmöglichkeiten verlorengehen.

Zweitens: Alles weist darauf hin, daß die Geldüberweisungen der Migranten in die Heimat (die übrigens mit der Dauer des Aufenthalts in der immer weniger fremd werdenden Fremde abnehmen, wenn auch vergleichsweise gering[47]) dort keineswegs einen Entwicklungsschub auslösen. Schon deswegen nicht, weil sie – wenn überhaupt – in den tertiären, kaum aber in den industriellen Sektor fließen. Zu einem Großteil versickern sie jedoch im privaten Konsum. Und die beschäftigungsfördernde Wirkung, die sie z. B. durch den dank der Heimüberweisungen möglich gewordenen südeuropäischen Eigenheimbau hätte haben können, entfiel, weil diese Häuser – nicht anders in großen Teilen des proletarischen Deutschland – in Eigenarbeit gebaut wurden. Zudem hätten diese Gelder ihre Entwicklungspotentiale im wesentlichen nur auf regionalen und lokalen Märkten entfalten können, auf denen mehr als anderswo Findigkeit und Durchhaltevermögen gefragt sind; gerade die aber, die diese Findigkeit und dieses Durchhaltevermögen hätten an den Tag legen können, befanden sich in der Fremde. Und schließlich können die Geldüberweisungen in die Heimat auch zur Folge haben, daß die Verbliebenen – ohnehin der Arbeitsgesellschaft nicht zugeneigt, inzwischen aber mit besseren Überlebensmitteln ausgestattet – nun erst recht nicht bereit sind, Arbeiten wie die zu übernehmen, die ihre wanderungsfreudigen Angehörigen im Norden gefunden haben und mit deren Ertrag sie den neuen relativen Wohlstand im Süden finanzieren. Und das hat z. B. im italienischen Mezzogiorno dazu geführt, daß trotz nach wie vor hoher Arbeitslosigkeit etwa 800000 illegale Einwanderer, vor allem aus Nordafrika, arbeiten.[48] Die Geldüberweisungen in die Heimat kurbeln also nicht unbedingt die Entwicklung an: Sie können mehr noch dazu führen, daß nun das Leben in der Nichtentwicklung finanzierbar wird und ein Teil der eigentlich doch knappen Arbeit auf Einwanderer in die Auswanderungsländer abgewälzt werden kann.

Drittens: Auch die Hoffnung, die in der Tat zahlreich zurückwandernden Migranten könnten ihre in der Fremde erworbenen

Qualifikationen in der Heimat nutzbringend an den Mann, die Frau und die Wirtschaft bringen, sind trügerisch. Schon deswegen, weil die Migranten in Deutschland in der Regel gar keine Qualifikationen erwerben (das gilt freilich nur für die erste Generation) und zudem Gefahr laufen, ihre alte in der Heimat erworbene Qualifikation allmählich zu verlernen. Und selbst wenn dem nicht so wäre, würde es den Auswanderungsländern nicht viel nützen. Denn viele von denen, die zurückkehren, tun das, weil sie in der Fremde keinen Erfolg hatten, weil sie das Rentenalter erreicht haben oder weil sie – stark an den traditionellen Werten ihrer Heimat orientiert – der nördlichen Moderne lieber den Rücken kehren. Sie alle werden kaum willens oder in der Lage sein, sich in der wiedergewonnenen Heimat auf das Abenteuer der Erneuerung einzulassen. Die aber, die das vielleicht könnten, kehren gerade nicht zurück, sondern bleiben (und reduzieren, wenn sie ihre Familien nachholen, zudem noch die Geldüberweisungen in die Auswanderungsländer). Denn wenn sie sich in der neuen Heimat qualifizieren konnten, bindet sie das um so mehr an diese, auch deswegen, weil sie fürchten müssen, daß ihnen die neue Qualifikation in der alten Heimat nicht viel nützen würde und sie daher einen beruflichen Abstieg zu gewärtigen hätten. Mit anderen Worten: Gerade der Innovative wird eher nicht zurückkehren. In die Auswanderungsländer gehen eher die Migranten zurück, die der Moderne mißtrauen und die in die Fremde gegangen sind, um Mittel zu erwerben, möglichst bald zu ihrer vormodernen Lebensweise zurückkehren zu können.[49] Die Erfolge der Ausländer bleiben im Norden, die Mißerfolge wandern zurück. Es liegt auf der Hand, daß das keiner Entwicklung auf die Beine helfen kann.

Man kann es drehen und wenden, wie man will, die Migration verstärkt eher die Asymmetrie zwischen Aus- und Einwanderungsländern. Sie nützt beiden und sie schadet beiden, Nutzen und Schaden verteilen sich aber sehr ungleichmäßig. Im Norden überwiegt der Nutzen, im Süden der Schaden. Dagegen kann man die Möglichkeit ins Spiel bringen, daß Migration – die ja auch eine Hin- und Her-Bewegung ist – hilft, Bindungen zwischen den Völkern und Staaten zu schaffen und zu festigen.[50] Und man kann daran die Hoffnung knüpfen, diese Bindungen würden irgendwann einmal jenes gemeinsame europäische *human capital* und jene Zusammengehörigkeit schaffen, mit denen man dann erfolgreich der genannten Asymmetrie zu Leibe rükken könne. Das mag sein, dürfte aber in weiter Ferne liegen (wenngleich die nicht unbeträchtliche wirtschaftliche und gesellschaftliche Konsolidierung einiger Ex- oder Gerade-noch-Auswanderungsländer die Entwicklungspessimisten Lügen straft).

Aber auch ohne solche Hoffnung sollte man die nachteiligen Folgen der Migration für die Auswanderungsländer nicht als Argument gegen die Migration oder gar gegen die Migranten verwenden. Denn erstens gibt es kein Patentrezept, das die Asymmetrie zum Verschwinden bringen könnte; natürlich geht es um bessere Entwicklungschancen für die Auswanderungsländer, aber das kann nur eine sehr langfristige Perspektive sein. Und zweitens ist die Migration ja selbst eine Entwicklungschance: Vielen einzelnen Menschen verschafft nur sie die Möglichkeit, ein besseres Leben zu verwirklichen.

Der Assimilationsdruck und seine unerwarteten Folgen

Weil aber dieses bessere Leben vorerst in der Fremde stattfindet und diese wiederum die Erwartungshorizonte vieler Migranten entscheidend verändert, kommt es bei allen Wanderungsbewegungen immer auch dazu, daß die Migranten in der Ferne seßhaft werden. Manche Gesellschaften lassen das zu oder fördern es sogar, andere suchen es zu verhindern. Wenn letztere totalitäre Gesellschaften sind, mögen sie Erfolg haben. Sind sie es nicht, werden sie aller Wahrscheinlichkeit nach keinen Erfolg haben. Im Gegenteil, der Versuch, die Fremden am dauerhaften Niederlassen zu hindern, wird den Prozeß ihres Heimatwechsels eher noch verstärken und beschleunigen. So ist es der Bundesrepublik Deutschland ergangen.

Wie sie meinte, die Erträge der Arbeitsmigration weiterhin einstreichen zu können, ohne sich mit den Folgen herumschlagen zu müssen, hat Hans Filbinger, damals Ministerpräsident Baden-Württembergs, 1973 in der Diktion des kleinen Fritz sehr deutlich formuliert. In einem Interview, das er pikanterweise während eines Auslandsbesuchs im damals noch jugoslawischen Sarajevo gab, sagte er: »Wenn wir so weitermachen und immer mehr und mehr Gastarbeiter aus dem Ausland zu uns hereinholen, kann das auch ein humanes Problem werden, denn mit der Zeit werden diese Leute älter, bringen ihre Familien mit. Wir müssen dann nicht nur Schulen bauen und Wohnungen, sondern auch Krankenhäuser, Sozialeinrichtungen, Versorgung der Alten und vieles andere mehr. Es könnte dann Probleme geben, die unter Umständen so kapitalintensiv sind, daß es sich nicht mehr lohnt, die Gastarbeiterzahl zu vermehren. Man muß also weiterdenken, und nicht nur auf den Tag hin. Und da sind wir der Auffassung, das beste System mit den Gastarbeitern besteht darin, und zwar im beiderseitigen Interesse, daß nach einiger Zeit, vielleicht nach drei Jahren, die Gastarbeiter wieder nach Hause zurückkehren zu ihren Familien und, sofern sie die Familien dabei haben, sie mit nach Hause nehmen und daß sie dann ersetzt werden durch neue und junge Gastarbeiter, die dann zu uns kommen. Wir nennen dieses System ein rollierendes System.«[51] Es kam dann anders, als es sich der Ministerpräsident ausgedacht hatte.

In einem hatte er zwar recht: »Diese Leute« wurden – wie das bei Menschen so üblich ist – älter, brachten daher ihre Familien mit, brauchten dazu Wohnungen und nahmen dann Schulen, Krankenhäuser, Sozialeinrichtungen und, ganz wenig zwar, Renten in Anspruch. Es erwies sich jedoch als nicht ganz so einfach, »diese Leute« zur Rückkehr samt Familie zu bewegen und sie dann periodisch »durch neue und junge Gastarbeiter« zu ersetzen. Filbingers »rollierendes System« funktionierte nicht, weil sich erstens Menschen nicht gerne wie Paketsendungen hin- und herexpedieren lassen und weil zweitens die Politik des Rollierens, die dann ja tatsächlich versucht wurde, endgültig zur Etablierung der Rollierungskandidaten in der Bundesrepublik führte.

Das ging so: Mit dem Anwerbestopp von 1973 war es Bürgern aus Nicht-EG-Ländern unmöglich geworden, zwecks Arbeitsaufnahme in die Bundesrepublik überzusiedeln; der Zustrom neuer Arbeitsmigranten war gestoppt. Zugleich war aber, gegen alle Intentionen, faktisch auch die Rückwanderung gestoppt. Denn jeder, der nun gegangen wäre, hätte nicht mehr zurückkommen können. Also blieb er nun erst recht und holte – um die Ernsthaftigkeit seines Bleibewunsches der Bundesrepublik wie sich selbst gegenüber zu unterstreichen – so schnell wie möglich seine Familie nach. (Und als Mitte der siebziger Jahre beschlossen wurde, den Kindergeldzuschlag nicht mehr an in der alten Heimat lebende Kinder von Ausländern zu zahlen, gab das natürlich erneut dem Familiennachzug Auftrieb.) Die Mauer des Anwerbestopps verfestigte sich auf beiden Seiten: Die einen konnten nicht kommen, die andern blieben. Der Versuch, die vielen bedrohlich erscheinende Flexibilität und Eigengesetzlichkeit des Migrationsprozesses zu unterbinden, war der entscheidende Schritt hin zur Konsolidierung eines ausländischen Bevölkerungsteils in Deutschland.

Das war, in Kreuzberg und anderswo, schon bald nicht mehr zu übersehen. Wie also damit umgehen? Da man die vielen Neubürger ja eigentlich gar nicht haben wollte, weigerte man sich weithin, sie als *Gruppe*, als *Schicht* wahrzunehmen und anzuerkennen. Wohl gab es bald eine ausgefeilte Diskussion über die verschiedenen Probleme, die die Zuwanderung aufwarf: von der Schule über Wohnungen bis hin zur Kriminalität. Und es dauerte auch nicht lange, bis sich die Kommunalpolitik und die Sozialarbeit dieser Fragen praktisch annahmen. Aber dennoch war man nicht bereit, die Probleme, mit denen man da zu tun bekam, als einen zusammenhängenden Komplex zu sehen, der in der Existenz einer *Einwandererminorität* begründet ist.

Weil das auf dem Grundgesetz beruhende politische Selbstverständnis des Staates noch immer davon ausging, daß der gesellschaftliche Körper ein homogen deutscher zu sein habe, stand es nicht zur Debatte, die Einwanderer als eine besondere Gruppe zu betrachten und zu fördern, die ihren eigenen Weg in diese Gesellschaft finden muß und diese dabei auch verändert. Von Integration war wenig die Rede, und wo sie gefordert wurde, war oft Assimilation gemeint. Im Volksmund hieß das dann, die Ausländer hätten – wenn sie schon bleiben wollten – auf ihre eigentümlichen, zu Deutschland nicht passenden Sitten zu verzichten und sich gefälligst anzupassen; viele Umfragen ergaben, daß sich nicht wenige Deutsche Ausländer wünschten, die genauso sein müßten wie die Deutschen. Das institutionelle Pendant solchen Volksmunds war eine Politik, die allenfalls auf die *individuelle* Assimilation der Ausländer abzielte.[52] Wer hierbleiben wollte, der sollte sich auch in einen Hiesigen verwandeln und sein Anderssein ablegen. Er sollte sich von Deutschland schlucken lassen, er sollte gewissermaßen aus der Gruppe derer austreten, aus und mit der er gekommen war. Er sollte so tun, als sei er – wie alle Einheimischen – ganz im deutschen Hier und Jetzt.

Zum Teil haben die Ausländer diesem nötigenden Druck standgehalten; sie haben ihresgleichen nicht verlassen, sie haben sich ihre eigenen Zusammenhänge geschaffen und haben sich nur vereinzelt auf den hürdenreichen Weg der Einbürgerung begeben, der ihnen die Abkehr von einem großen Teil ihrer Identität abverlangt hätte.[53] Zum Teil haben sie diesem Druck aber auch nachgegeben – zwar nicht durch massenhaften Erwerb der deutschen Staatsbürgerschaft, wohl aber durch die massenhafte Nachahmung der deutschen Massen und durch Anpassung an deren Lebens-, Arbeits- und Wohnstil. Das war eigentlich genau das, was man ihnen die ganze Zeit abverlangt hatte. Doch als sie es dann taten, war es auch wieder nicht recht. Denn eben dadurch wurde die für die Deutschen so profitierliche Seite der Anwesenheit von Ausländern merklich schmaler. Der Grund: Wer – annähernd – so wie die Deutschen lebt, verursacht auch – annähernd – soviele Kosten wie die Deutschen. Beides – Ausländer als unauffällige Ebenbilder der Deutschen und als arbeitsame Heloten ohne gesellschaftliche und soziale Existenz – ist nun mal nicht zu haben.

Wir wollen im folgenden den Prozeß der Anpassung der großen Mehrheit der Ausländer an die Deutschen skizzieren. Und zwar nicht in seinen zuweilen bizarren kulturellen und lebensweltlichen Ausdrucksformen[54], sondern vor allem von seiner materiellen Seite her. Die Rede wird also sein von: Arbeit; Erwerbsquote; Altersstruktur; Aufenthaltsdauer; Wohnungen; Sparkonten; Geburtenrate; Familiengrößen; Männer-Frauen-Relation; erster und zweiter Generation; Schul- und Ausbildungssituation; Arbeitslosigkeit; Selbständigkeit; Kriminalität.

In einem ersten Schritt werden wir zeigen, daß auf fast allen diesen Gebieten Anpassungsprozesse stattgefunden haben, die für die Integration oder genauer: für die Integrationsbereitschaft der Ausländer sprechen, der noch immer ein deutsches »*Nein, danke!*« entgegensteht. Und in einem zweiten Schritt werden wir auf die beträchtlichen Schwierigkeiten eingehen, die sich für die Ausländer dadurch ergeben, daß sie zwar fast alle Vorleistungen zur Integration erbringen, dennoch aber erleben müssen, daß diese Leistungen nicht anerkannt werden; Schwierigkeiten, die wesentlich damit zu tun haben, daß die spezifischen Probleme der Migranten keine politische, institutionelle und gesellschaftliche Beachtung finden, vor die sie sich gestellt sehen, *weil* sie – zuweilen blutenden Herzens – zur rückhalt- und rückversicherungslosen Integration bereit sind.

Wie die Ausländer zu Deutschen wurden, ohne es werden zu dürfen

Der Anpassungsprozeß der Ausländer an die Deutschen begann damit, daß sie – wie diese auch – in Deutschland vergleichsweise seßhaft wurden, also nicht die verschiebbare Menschenmasse blieben, die sie sein sollten.[55] Nicht das »Rollieren«, sondern das Bleiben war angesagt. Die Aufenthaltsdauer stieg. Von allen in der Bundesrepublik lebenden Ausländern lebten Ende 1990 etwas mehr als 60 Prozent schon mindestens zehn Jahre und fast ein Viertel schon mindestens zwanzig Jahre hier. Noch deutlicher wird der Trend vom anderen Ende her: Nur knapp acht Prozent aller bundesdeutschen Ausländer lebten Ende 1990 weniger als fünf Jahre hier.[56] Wenn mehr als drei Millionen Ausländer schon zehn Jahre und länger in der Bundesrepublik leben, gibt es gute Gründe für die Annahme, daß sie auch weiterhin bleiben werden.

Dafür spricht auch die Zunahme des Anteils der Frauen an der ausländischen Wohnbevölkerung (wie übrigens auch der enorm angestiegene Anteil ausländischer Frauen, die erwerbstätig sind). Waren 1970 – also nach immerhin schon zehn Jahren massiv angestiegener Ausländerbeschäftigung und zu einem Zeitpunkt, da der Familiennachzug längst begonnen hatte – noch 63 Prozent der Ausländer Männer und nur 37 Prozent Frauen, so hatten sich die Männer bis 1989 auf 55 Prozent zurückgezogen, während der

Anteil der Frauen entsprechend auf 45 Prozent angewachsen war; auf die gesamte Bevölkerung von 1989 bezogen, waren 47 Prozent Männer und 53 Prozent Frauen.[57] Das heißt: Die Ausländer haben sich in knapp zwanzig Jahren der deutschen Männer-Frauen-Relation etwa zur Hälfte angenähert. Zu einem sehr großen Teil leben in Deutschland nicht *Ausländer*, sondern *ausländische Familien*.

Auch die Altersstruktur der ausländischen Bevölkerung hat sich im Laufe der Jahre merklich verändert, wenngleich an ihr vor allem deutlich wird, wie wenig Ausländer in Deutschland willkommen sind, wenn sie nicht mehr zur Steigerung des Bruttosozialprodukts beitragen können.[58] 1977 – also immerhin schon fast zwanzig Jahre nach dem Beginn der umfangreicheren Zuwanderung von Ausländern und zu einem Zeitpunkt, als längst auch die Kinder nachgeholt wurden bzw. schon hier zu Welt kamen – sah die Alterstruktur so aus: Etwas mehr als ein Viertel der Ausländer war bis zu 20 Jahre alt, etwas mehr als 70 Prozent waren zwischen 20 und 65 Jahre alt, also im erwerbsfähigen Alter, und zwei Prozent waren älter als 65 Jahre. Ein übergroßer Teil war im erwerbsfähigen Alter, während schon damals die Jugendlichen mehr ins Gewicht fielen, als den Anhängern des »Rollierens« lieb sein konnte. Zum Vergleich die entsprechenden Zahlen für die Gesamtbevölkerung von 1977: Etwas weniger als ein Viertel war bis zu 20 Jahre alt, knapp 60 Prozent befanden sich im erwerbsfähigen Alter zwischen 20 und 65 Jahren, und etwas mehr als 15 Prozent waren älter als 65 Jahre. Also: Etwa gleichviel Jugendliche, deutlich weniger Erwerbsfähige und ein Vielfaches an Alten. In dieser Relation drückt sich die damals noch deutlich nachwirkende Tatsache aus, daß die Ausländer zum Arbeiten und nicht zu einem Leben nach der Arbeit geholt worden waren, sie dennoch aber – trotz aller institutionellen Hindernisse – der Gesellschaft schon prozentual mehr zukünftige Arbeitskräfte und Innovatoren zur Verfügung stellten als die Deutschen.

Zehn Jahre später, im Jahr der Volkszählung von 1987, hatte sich einiges verändert. Der Anteil der ausländischen Jugendlichen war auf über 31 Prozent angestiegen, während in der Gesamtbevölkerung die Zahl der zukünftigen Rentensicherer auf unter 20 Prozent abgesunken war; bei den Erwerbsfähigen hatte sich fast ein Gleichstand ergeben – etwa 65 Prozent bei Ausländern und Gesamtbevölkerung; und der Anteil der Alten war in der Gesamtbevölkerung ungefähr der alte geblieben, während er bei den Ausländern von 2 auf knapp 3.5 Prozent angestiegen war. Schon hier wird deutlich, was die genannte Anpassung der Ausländer an die Deutschen bedeutet – nämlich Annäherung bei gleichzeitiger Distanz. Im Kernbereich, also im erwerbsfähigen Alter, hat die Annäherung bis zum Gleichstand geführt, die Ausländer sind also nicht mehr ausschließlich eine Arbeitspopulation. Daß sie freilich doch noch so behandelt werden, beweist der geringe Anstieg der Alten. Deren Zahl müßte, da die Arbeitsmigration ja schon dreißig Jahre vorher einsetzte, eigentlich beträchtlich höher sein. Gewiß, selbst dann, wenn das deutsche Ambiente ausländerfreundlicher wäre, würden immer noch viele alte Migranten nach dem Arbeitsleben in die alte Heimat zurückkehren. Daß ihre Zahl – trotz des nicht zu übersehenden Anstiegs, der sehr wohl bedeutsam ist – aber immer noch sehr niedrig liegt, ist ein Beweis dafür, daß das Leben der Ausländer hier noch immer unter dem kalten Stern des Nutzenkalküls steht. (Wenngleich die Zahl der alten Migranten allmählich im Ansteigen ist, auch deswegen, weil die intakte Familie in der Heimat, in die man zurückkehren könnte, nicht mehr die unbestrittene Regel ist. In Frankfurt am Main waren 1989 schon 17.5 Prozent der Ausländer im Alter von 55 bis 60 Jahren.)

Darauf weist auch die deutlich größer gewordene Kluft zwischen dem Anteil von deutschen und ausländischen Jugendlichen hin. Während am einen Ende die wenig erwünschten Alten eher wegwandern, nimmt am andern Ende die Zahl der ausländischen Jugendlichen überproportional zu. Der Volksmund lastet das gerne den sorglosen Sitten oder gar der Chuzpe der aufs Kindergeld schielenden »Katzelmacher« an. Und so entgeht ihm ein einfacher Tatbestand: Die anpassungswilligen Ausländer haben sich erstens mit dem Rückgang ihres Anteils von Erwerbsfähigen ganz den Deutschen angepaßt, wissen zweitens sehr wohl, daß sie als Alte in der nicht eben altenarmen deutschen Gesellschaft nicht erwünscht sind, und tragen drittens dennoch kräftig und überdurchschnittlich dazu bei, der Wirtschaft neue Arbeitskräfte zur Verfügung zu stellen und die Gesellschaft zu verjüngen, also offenzuhalten.

Gerade letzteres hat auch kräftig dazu beigetragen, die Erwerbsquote der Ausländer, also das Verhältnis von Erwerbstätigen zur Wohnbevölkerung, im Lauf der Jahre drastisch zu verändern. 1961 lag die Erwerbsquote der Deutschen bei 47, die der Ausländer bei fast 80 Prozent. 1978 war die Differenz schon deutlich kleiner geworden: 43 Prozent bei den Deutschen, 54 Prozent bei den Ausländern. 1984 war dann fast der Gleichstand erreicht: 47 Prozent bei den Deutschen, 45 Prozent bei den Ausländern. Und in der Folgezeit begannen die Ausländer dann sogar die Deutschen zu überholen – auch das eine späte und unerwartete Folge des Anwerbestopps. Zum Sinken der ausländischen Erwerbsquote trug nämlich vor allem die größte Gruppe der Ausländer, die türkische, bei. Auf die Drohung, die der Anwerbestopp enthielt, hatten die Türken mit Familiennachzug und mit der definitiven Verlegung ihres Lebensschwerpunktes nach Deutschland reagiert. Türkische Familien sind aber im Durchschnitt – jedenfalls vorläufig noch – größer als italienische oder spanische. Und so kam es, daß die Erwerbsquote der deutschen Türken heute unter 40 Prozent liegt.[59]

Der Volksmund erklärt das gerne mit Faulheit und parasitärer Beutementalität; tatsächlich ist es schlicht die Folge davon, daß der Anwerbestopp sowie insgesamt das den Ausländern gegenüber rauher gewordene Klima paradoxerweise den Verbleib der Türken erzwungen haben, einer Bevölkerungsschicht, die nun einmal noch immer eine andere Familienstruktur als die Deutschen hat. Zudem entgeht dem Volksmund, daß bei den Türken (stärker noch als bei anderen ausländischen Nationalitäten) die Zahl der mithelfenden Familienangehörigen, die in keiner Arbeitsstatistik auftauchen, sehr hoch ist; und diese Zahl fällt deswegen ins Gewicht, weil gerade unter den Türken die Selbständigkeit auf dem Vormarsch ist. Und schon gar entgeht ihm, daß die vergleichsweise kinderreichen türkischen Familien ja auch zukünftige Rentenzahler heranziehen – gewiß, zum Teil nur potentielle. Aber das liegt weniger an den jungen Türken als sehr viel mehr an einer gesellschaftlichen und wirtschaftlichen Umwelt, die ihnen den Einstieg in die deutsche Erwerbswelt nicht eben leichtmacht. Und das führt dann (neben dem Umstand, daß ein Großteil der Ausländer in rationalisierungsbedrohten und sehr konjunkturabhängigen Bereichen arbeitet) dazu, daß die Arbeitslosigkeit unter den Ausländern größer ist als unter den Deutschen.

Außerdem hat die halb romantische und halb apokalyptische Vorstellung von der ausländischen Großfamilie, die sich in Deutschland breitmache, wenig mit der Wirklichkeit zu tun, vor allem: immer weniger. Noch in den achtziger Jahren glich die ausländische Bevölkerung der Bundesrepublik in ihrer demographischen Struktur der deutschen Bevölkerung im ersten Viertel dieses Jahrhunderts. Vor allem bei den Türken (also den vergleichweise spät hinzugekommenen und der deutschen Umwelt ausgesetzten Ausländern) machten zu dieser Zeit die Kinder und Jugendlichen unter 15 Jahren noch mehr als ein Drittel aus. Zum Vergleich: Bei den Deutschen kamen sie nur auf knapp 16 Prozent.[60] Aber schon 1981 lag die Geburtenziffer aller nichttürkischen Ausländerinnen nur noch knapp über der der deutschen Frauen, und auch bei den Türkinnen ist sie in der Folgezeit kontinuierlich gesunken. Es kann also gar keine Rede davon sein, die Ausländer würden ein wucherndes Clanwesen nach Deutschland importieren. Es ist umgekehrt vielmehr überaus erstaunlich, mit welch rasender Geschwindigkeit die Ausländer sich dem generativen Verhalten, das in ihrer neuen Heimat üblich ist, anpassen.

Und das gilt auch für die kulturellen, gesellschaftlichen und sozialen Normen. Schon seit Anfang der siebziger nehmen bei ausländischen Familien die Scheidungen zu, und längst betrifft das auch türkische Familien. Das weist auf eine sehr weitreichende Entwicklung hin: Erstaunlich schnell (viel schneller als nach den Theorien von der Macht der Tradition in vorindustriellen Gesellschaften zu vermuten wäre) verändern sich die kulturellen Muster und sozialen Verhaltensweisen der Ausländer. Das ist ein Prozeß der Anpassung, der anfangs immer schmerzhaft ist.[61] Ganz besonders und in doppelter Weise gilt das für die Frauen. Sie waren ohnehin schon durch das herkömmliche Rollenverständnis zurückgesetzt. Wenn sie nun ihren Männern, die schon einige Jahre in Deutschland lebten, folgten, wurde die

Distanz erst einmal noch größer: Denn während die Männer schon halbwegs mit den Sitten, Normen und Möglichkeiten der neuen Gesellschaft vertraut waren, standen die Frauen über Nacht in einer ihnen völlig fremden Welt, der ihre Männer halb schon zugehörten. Bedenkt man diesen doppelten Startnachteil der ausländischen Frauen, dann ist um so erstaunlicher, mit welcher Entschiedenheit und Souveränität sie diesen Winkel der gesellschaftlichen Nichtexistenz verlassen und in ihren Familien oft die Führungsrolle übernommen haben – auch deswegen, weil die Männer überfordert waren.

Viele von ihnen haben, zum Teil gegen den erbitterten Widerstand der Männer, den Weg ins Erwerbsleben und teilweise sogar in die Selbständigkeit gesucht und gefunden. Und zahlreich sind die Beispiele etwa von jungen, hier geborenen Türkinnen, denen – wiederum gegen den oft erbitterten Widerstand der Eltern – der Sprung ins Berufsleben gelungen ist, zuweilen sogar in die oberen und modernsten Sektoren des Dienstleistungsbereichs. Das mag wie ein überfälliger Schlag ins Kontor des »Patriarchats« erscheinen, und das wird es zum Teil vielleicht auch sein. Doch sollte man nicht übersehen, daß die Akkulturation, die unter Migranten stattfindet, in komplizierteren Bahnen verläuft und nicht zuletzt auch die Männer – die auf dem Feld der Familie unter diesen Bedingungen eigentlich eher zu »verlieren« haben – erfaßt.

Sehr anschaulich hat das Werner Schiffauer in seiner ethnographischen Untersuchung über »Die Migranten aus Subay«, über Türken in Deutschland, gezeigt.[62] Hier einige seiner Beobachtungen: Weil Eheleute in der Fremde ganz anders aufeinander angewiesen sind als in der Heimat, entwickeln sie eine Nähe und Intimität, die es zuvor nicht gab. Nicht selten bildet sich ein partnerschaftliches Eheideal heraus, und selbst die Hausarbeit des Mannes verliert ihren Tabu-Charakter. Das veränderte familiale Klima wirkt sich dann auch auf die Kinder aus. Zählte in der Türkei noch die Frage, was die Kinder für die Familie leisten können, galten die Kinder dort also noch als Zukunfts- und Alterssicherung, kehrt sich das nun um: Die Eltern beginnen sich zu fragen, was die Familie für die Kinder leisten kann. Und so wird die Kindheit allmählich zu dem, was sie in Deutschland schon im 19. Jahrhundert wurde, ein eigener Lebensabschnitt; die Kinder haben nun eigene Rechte. Und für den türkischen Ehemann, der seiner Frau zuletzt doch die Erwerbsarbeit erlaubt, ändert sich auch viel: Die »Ehre«, die er in der Türkei noch durch die Einschließung seiner Frau sicherstellen konnte, muß er ihr nun glauben. Vertrauen und Freiwilligkeit werden allmählich zu Werten. Sittlichkeit und Moral sind nicht mehr durch Maßnahmen zu garantieren, sie bedürfen der Begründung und können nur noch wirksam werden, wenn sie im Innern verankert sind – mit allen positiven wie negativen Folgen, die dieser Prozeß der Moderne hat.

Mit der Verfestigung der Lebensperspektive in Deutschland ändert sich jedoch noch weit mehr. Die Zahl der hier geborenen Kinder überwiegt bei weitem die der in der alten Heimat geborenen (schon 1988 war das Verhältnis 70 zu 30 Prozent[63]), und dieser Anteil von Inländern ohne deutschen Paß wird in Zukunft noch größer werden. Das führt dann dazu, daß in den Schulen zahlreicher westdeutscher Städte die Zahl ausländischer Schüler außerordentlich hoch ist. Schon im Bundesdurchschnitt sind fast 12 Prozent aller Schüler Ausländer, an den Hauptschulen bewegt sich ihr Anteil auf ein Fünftel zu, und in den Schulkindergärten hat er das Fünftel schon überschritten. Weit höher noch liegt ihr Anteil in Großstädten und Ballungsgebieten.

Viel Anpassung und wenig Rechte

All das und noch vieles mehr (etwa die gestiegenen Konsumausgaben der Ausländer, ihr verändertes Sparverhalten, der langsame Rückgang der Geldüberweisungen in die Heimat, das größer werdende Interesse am Erwerb von Immobilien): Es beweist eindeutig, daß sich eine nicht-deutsche Bevölkerung in Deutschland etabliert und den Deutschen angepaßt hat. Wer aber bleibt, nimmt auch – und zwar, weil er ein *Recht* darauf hat – die Leistungen dieses Staates und dieser Gesellschaft in Anspruch. Er wird krank, arbeitslos, geht in Rente; er geht in Kur, bildet sich fort, braucht für den Nachwuchs Kindergarten-, dann Schul- und am Ende gar Studienplätze; er will eine bessere Wohnung, nimmt die Dienste des ADAC in Anspruch und scheut mitunter, genau wie Deutschen, vorm Versicherungsbetrug nicht zurück usw. All das drückt nichts anderes aus als den Prozeß der Anpassung und der Normalisierung.

Damit aber beginnt die Anwesenheit von Ausländern ihr Extra-Profitierliches zu verlieren.[64] 1974 (nicht zufällig kurz nach der Verhängung des Anwerbestopps) übertraf die Arbeitslosigkeit der Ausländer, die lange Zeit sehr niedrig gewesen war, erstmals die der Deutschen – aus den genannten Gründen. Von Nettozahlern in die Arbeitslosenkasse wurden die Ausländer auch zu deren Empfängern – genauso wie andere unterprivilegierte Gruppen, etwa wie ältere Arbeitslose oder solche, deren Qualifikation nicht mehr gefragt ist. Ähnliches gilt für die Sozialhilfe und die Krankenversicherung (bei letzterer u. a. deswegen, weil die Arbeiten, die man den Ausländern zugemutet hat, diese nicht selten zu Invaliden gemacht hat). Und auch in der Rentenversicherung zeichnet sich inzwischen ein Wandel ab: Schon heute finanzieren die Ausländer nicht mehr fast ausschließlich die Renten der Deutschen, sondern eben auch zunehmend ihre eigenen.

All das sind, wie gesagt, Normalisierungserscheinungen. Dennoch kann es in einigen Bereichen sehr wohl dazu kommen, daß – um in der Sprache der Sozialstatistik zu bleiben – Ausländer eher Nettoerzeuger von Problemen und Reibungen sind als die Deutschen. Und daran muß auch keineswegs *nur* die deutsche Mehrheitsgesellschaft schuld sein, wie manche Ausländerfreunde meinen. Aber das Gros solcher Probleme und Reibungen entsteht, weil die Mehrheitsgesellschaft noch immer nicht bereit ist, die ausländische Bevölkerung und deren Prozeß der Einwanderung als etwas Normales zu akzeptieren – freilich als ein *besonderes* Normales. Denn zur Normalität der Situation der Ausländer gehört, daß es eine *außergewöhnliche* Situation ist, und zwar auch unabhängig davon, ob ihnen die neue Gesellschaft und der neue Staat entgegenkommen oder nicht. Sie sind erst einmal Fremde in einer Welt, die der Mehrheit weit weniger fremd ist. Damit sind sie benachteiligt.

Diese Benachteiligung, die Ungerechtigkeit einschließt, ist unvermeidlich, und fast alle Migranten der letzten 200 Jahre

haben sie erfahren. Da sie sich mit dem Prinzip der Chancengleichheit nicht verträgt, muß gegen sie vorgegangen werden,
und zwar von beiden Seiten aus; die Einwanderer müssen es
ebenso tun wie die Gesellschaft, die sie aufnimmt.

Die Migranten der ersten Generation tun das auf zweierlei
Weise: Indem sie sich anpassen, unauffällig machen und ansonsten versuchen, durch Arbeit – genauer: durch besonders viel
Arbeit – gewissermaßen Anteilsrechte an der neuen Gesellschaft
zu erwerben; oder indem sie sich zusammentun, sich als eigene
Gruppe schützen und abschirmen, auch in der Hoffnung, als
Gruppe, als *community*, als *Little-Istanbul* eher Gehör zu finden.
Und auch die Aufnahmegesellschaft könnte auf zweierlei Weise
gegen diese Benachteiligung vorgehen: Indem sie den Einwanderern – gewissermaßen wie einen Vorschuß – möglichst viel an
gleichen Rechten und beruflichen Chancen einräumt; und zweitens, indem sie die besondere Situation der Einwanderer, indem
sie die Einwanderer*gesellschaft* als besonderen Teil der deutschen
Gesellschaft anerkennt. Während die Einwanderer beides bis zu
einer gewissen Grenze tun, tun die deutsche Gesellschaft und der
deutsche Staat das eine zuwenig und das andere fast gar nicht.

Um mit den Einwanderern zu beginnen: Daß sie sich anpassen, haben wir gezeigt. Sie schützen sich aber auch als Gruppe.
Mal tun sie das mehr, mal weniger. Für beides bietet die Geschichte *des* Einwanderungslands, der Vereinigten Staaten, an-
schauliche Beispiele. Es gab dort die weißen, protestantischen
und nordeuropäischen Einwanderer, denen wenig Widerstände
entgegengebracht wurden und die daher nur wenig zur *community*-Bildung, also zum organisierten Selbstschutz, neigten. Und
es gab – später vor allem – die süd- und osteuropäischen Einwanderer, die immigrierenden Ostjuden und z. B. die katholischen Iren, die weit weniger freundlich aufgenommen wurden,
und die sich daher öfter zusammenschlossen. Zum Teil wurden
daraus Lobbys, die – ein frühes Beispiel für Quotierung – zuweilen nicht eben zimperlich ihre Gleichbehandlung bzw. besondere
Rechte zu erzwingen suchten.[65] In der xenophoben Ecke ist man
schnell mit dem Verdacht bei der Hand, die Ausländer in
Deutschland hielten wie Pech und Schwefel zusammen und seien
in quasi-mafiosen Gemeinschaften organisiert. Vergleicht man

das Verhalten dieser Ausländer aber mit dem vieler Einwanderer in die Vereinigten Staaten, wird schnell deutlich, daß eher das gerade Gegenteil der Fall ist. Trotz Kreuzberg – es ist in Deutschland *nicht* zur *Community*-Bildung der Ausländer gekommen, jedenfalls nicht in nennswertem Maße. Zwar gibt es, das Wohnen betreffend, eine vergleichsweise starke Segregation zwischen Ausländern und Deutschen; aber regelrechte Ausländerkolonien sind fast nirgendwo entstanden. (Und das hat vermutlich wesentlich damit zu tun, daß das sozialstaatliche Sicherungssystem der Bundesrepublik die Ausländer von Anfang an in weitem Maße mit einbezog, der Zwang zur Lobby-Bildung also vergleichsweise gering war und sich deswegen viele Ausländer früh schon ebenfalls auf den Weg von Individualismus und Konsumismus machen konnten, auf dem ihnen die Deutschen vorausgegangen waren.)

Dieser Verzicht war für die Ausländer von Vorteil *und* von Nachteil. Vorteilhaft war er, weil sich so die Perspektive der individuellen Integration leichter eröffnete. Und vorteilhaft war er auch in einer anderen Hinsicht: Vielen Ausländern blieb – weil sie sich der deutschen Zugluft aussetzten – die Sackgasse der Nostalgie erspart, in die in den Vereinigten Staaten so viele Einwanderer geraten waren. Je größer dort die jeweilige nationale oder ethnische Einwanderergesellschaft war, desto leichter war es auch möglich, ein Leben ohne Kontakt zum amerikanischen Amerika zu führen. Und das hatte oft zur Folge, daß etwa der polnische Einwanderer in Amerika lebte, als wäre er noch in Polen. Da er aber nicht mehr in Polen war, lebte er weder in der Gegenwart noch in der Vergangenheit richtig; er lebte an den langfristigen Möglichkeiten seines Lebens vorbei.[66] Daß die Einwanderer in die Bundesrepublik zu einem großen Teil schon sehr bald nicht mehr »in den Kategorien der Vergangenheit an die Zukunft« dachten, hat ihnen die volle Schärfe des Kulturkonflikts in gewisser Weise erspart – ihnen zugleich aber auch um so größere Anpassungsleistungen abverlangt. Und das macht die Nachteile dieses Weges aus: viel Anpassung und vergleichsweise wenig Schutz.

Die deutsche Gesellschaft und der deutsche Staat haben dagegen sehr viel weniger getan. Sie haben zwar, mehr nolens als volens, den Ausländern den Integrationsmechanismus des Sozialstaats zur Verfügung gestellt. Ansonsten aber waren sie auf dem Gebiet der gleichen Rechte und Chancen sehr viel zurückhaltender. Sie verweigerten im Laufe der Zeit zwar immer weniger, was sie ohnehin zugestehen mußten, aber sie weigerten sich, eine Politik der Einwanderung zu denken und zu entwerfen, und sie waren – wo immer es um Ermessensfragen ging – fast nie großzügig.

Leilas Traum

So macht der deutsche Staat die Ausländer zu einer Gruppe der Besonderen – ohne jedoch ihre Besonderheit anzuerkennen, zu würdigen und auf sie besonders zu reagieren. Ausländer, so heißt es, leben in zwei Welten, der alten und der neuen. Oder genauer: Sie leben an der prekären Schnittstelle beider Welten. Tatsächlich ist es noch komplizierter: Sie leben noch in der alten Welt, zugleich schon ein wenig in der neuen – und zum vielleicht größten Teil dazwischen: in der in gewisser Weise eigenständigen Welt der Einwanderer, in der Einwanderergesellschaft. Die Türkin etwa, die heute auf dem Weg des Familiennachzugs nach Deutschland kommt, kommt erst einmal nicht nach Deutschland, sondern in die türkische Welt in Deutschland. Sie lebt vorerst in dieser Welt, möchte sie vielleicht bald schon verlassen – und muß die Erfahrung machen, daß diese Welt als ein sozialer Kosmos mit eigenen Regeln und eigenen Bedürftigkeiten nicht anerkannt ist. Es steht ihr frei, diese Welt (die sie womöglich haßt *und* liebt) schnurstracks zu verlassen und sich – so sie es denn schafft – auf die Seite der Mehrheitsgesellschaft zu schlagen. Die inneren Kosten, die ihr dabei abverlangt werden, zählen nicht.

Das kann, im rechnerischen Sinn, wohl auch nicht anders sein. Aber: Diese junge Türkin hat das Recht auf Respekt und Rücksicht – Rücksicht auf ihre besondere Situation, auf ihren sehr entschlossenen Drahtseilakt zwischen den Welten. Keineswegs im Sinne von Mitleid und pflegerischer Rücksichtnahme, wohl aber in dem Sinne, daß die Mehrheitsgesellschaft sieht, auf welches Abenteuer die junge Frau sich da eingelassen hat, und sie deswegen *auf besondere Weise* unterstützt (statt ihr die Krisen, in die sie aller Voraussicht nach geraten muß, als persönliches Versagen anzukreiden). Es ginge ganz einfach darum, das Wagnis der rückhaltlosen Integration auch in seinen kritischen Momenten zu unterstützen und sich das – in der nicht eben bettelarmen Bundesrepublik Deutschland – auch ein paar Mark, ein paar Stunden und ein paar Bestimmungen kosten zu lassen.

Es gibt heute in der Bundesrepublik nicht wenige ausländische Jugendliche, die Teil dieser Gesellschaft werden wollen und dabei an zweierlei scheitern: am Widerstand ihrer Eltern sowie ihres Milieus und am offenen oder hinhaltenden Widerstand der Mehrheitsgesellschaft und ihrer Bestimmungen. Nicht wenige ausländische Jugendliche gibt es jedoch auch, die sich in diesem identitätsbedrohenden Zweifrontenkampf dennoch durchsetzen und KfZ-Mechanikerinnen, Altenpfleger, Computer-Spezialistinnen, Anlagenberater und Friseurinnen werden (und dabei – auch weil sie anderswo nicht immer willkommen sind – ihre Ausbildung in Betrieben absolvieren, die ausländischen Selbständigen gehören[67]). Nicht unbeträchtlich unter ihnen ist die Zahl derer, die den Traum der Selbständigkeit verfolgen und willens sind, die Gruppe der 140000 Ausländer zu vergrößern, die zu Unternehmern geworden sind.[68]

Eine von ihnen ist Leila aus dem Ruhrgebiet. Ihre Familie, eher dem traditionellen Denken der Türkei verpflichtet, wollte nicht, daß sie Friseuse lernt. Sie hat es dennoch durchgesetzt, ohne mit ihren Eltern brechen zu müssen, und das war ihrem Fingerspitzengefühl ebenso zu verdanken wie den Eltern, die es schließlich – schweren Herzens und nicht ohne größte moralische Zweifel – zuließen.

Leila hatte einen Traum: den Traum der Selbständigkeit. Er sollte für sie beides sein: Beweis dafür, daß sie in der Lage ist, sich in dieser Gesellschaft einen Platz zu erobern, den ihr niemand mehr streitig machen kann, der Vater sowenig wie ein Chef oder Friedhelm Farthmann, der nordrhein-westfälische Strauß- und Stoiber-Imitator; und Beweis dafür, daß man in dieser Gesellschaft vorankommen kann, ohne mit seiner Herkunft und den Leuten dieser Herkunft brechen zu müssen.

Leila hat es geschafft. Sie machte ihre Lehre sowie ihren Meister, und sie war erfolgreich. Später nahm sie, wieder mit Erfolg, ihren Traum in Angriff. In einer Großstadt des Ruhrgebiets eröffnete sie ihren eigenen Frisiersalon, der so gut ankam, daß sie einige Zeit später eine Filiale eröffnen konnte.[69] Dem Stammbetrieb gab sie einen Namen, der Programm ist. Er heißt: »Leilas Traum«. Gelungen ist ihr der Sprung in die Selbständigkeit mit Zähigkeit, mit Unbeirrbarkeit gegenüber türkischer Tradition wie deutschem Vorurteil und mit jenem geduldigen Beharrungsvermögen, das die große Mehrheit der Migranten in der Bundesrepublik an den Tag gelegt hat. Sie hat sich von den Hürden, die nicht-deutschen Unternehmenswilligen entgegenstehen, nicht beirren lassen. Sie hat es – die Chance nutzend, die sie im Prinzip nicht hatte – geschafft, ohne Lobby und schon gar ohne die rüden Methoden des Sich-Durchboxens, mit denen manche Einwanderergruppen in den Vereinigten Staaten operierten und operieren. Sie hat ganz auf Sonderrechte verzichtet und nur das Recht beansprucht, das allen Angehörigen der Mehrheitsgesellschaft zusteht.

Dieses Recht haben, früher schon, auch andere in Anspruch genommen. Sie wollten in der Fremde leben und arbeiten dürfen, haben sich gegen Diskriminierungen zur Wehr gesetzt, haben sich mit den Einheimischen gestritten, geeinigt und vertragen und hatten selten Zweifel daran, daß sie das Recht haben, in der Fremde als *Besondere* anerkannt, zumindest aber geduldet zu werden. Daß sie Eindringlinge sein könnten, kam ihnen, die mit Entschlossenheit eine bessere Zukunft suchten, kaum in den Sinn, und wo immer es möglich war, haben sie es gern in Kauf und in Anspruch genommen, wenn ihnen, den Neuen ohne erworbene Rechts- und ohne Traditionsansprüche, Privilegien angeboten wurden. Die Rede ist nicht von Südeuropäern, sondern von Deutschen in der Fremde. Viele Probleme, die Ausländer heute in Deutschland haben, hatten sie früher im Ausland. Viele Konflikte, die heute die Anwesenheit von Ausländern in Deutschland auslöst, haben sie – ohne das geringste Gefühl, Störenfriede zu sein – früher selbst im osteuropäischen oder im transatlantischen Ausland ausgelöst.

5. Kapitel

Neue Heimaten.
Szenen aus der Geschichte der Aus- und Einwanderung

Wo ist die Fremde, und wo ist der Fremde fremd? Wie lange bleibt er der Fremde? Kann auch ein Einheimischer ein Fremder sein? Und umgekehrt: Kann ein Fremder ein Einheimischer werden? Vor allem: Gibt es fremde Heimaten?

Skandal und Normalität des nahen Fremden

Das sind sehr alte Fragen. Die Literatur ist ihnen seit den Tagen der »Odysee« immer wieder nachgegangen.[1] In der Moderne aber sind sie drängender geworden. Das Wissen über das Fremde und die Fremden wurde größer – es nahm aber auch für jeden einzelnen die Wahrscheinlichkeit zu, selbst die Erfahrung der Fremde und des Fremdseins machen zu müssen. In solchen Situationen bekommen Abwehr und Furcht Auftrieb, es blühen aber auch der Witz und das Spiel mit den Paradoxien.
So sagt z. B. Valentin Ludwig Fey, besser bekannt unter dem Namen Karl Valentin: »Fremd ist der Fremde nur in der Fremde.« So banal der Satz ist, so trickreich ist er auch. Schon ein Versuch der Umkehr käme zu einem beängstigenden Ergebnis; denn das Fremdsein wäre dann allein durch den strikten Verbleib zu Hause zu vermeiden. Da die Zeiten nicht danach sind, würde das Terrain schnell sehr eng werden für den, der nichts Fremdes nicht will. Das Verwirrspiel, das der Tücke der Worte und Begriffe folgt, ließe sich leicht fortsetzen, und Karl Valentin tut es natürlich auch. Der kurze Sketch »Die Fremden« durchmißt in Windeseile die paradoxe Welt des Fremdseins, indem er von Wendung zu Wendung die Perspektive wechselt. Das geht etwa so: Jeder Fremde ist so lange ein Fremder, »bis er sich

nicht mehr fremd fühlt, denn dann ist er kein Fremder mehr«. Freilich kann es vorkommen, daß einem Münchner zwar nicht das Hofbräuhaus, wohl aber das Deutsche Museum oder die Glyptothek fremd sind. Ist also auch er ein Fremder? Hinwiederum kann man aber auch sagen, daß dem Einheimischen die Fremden keineswegs fremd sind. Denn: »Dem Einheimischen sind eigentlich die fremdesten Fremden nicht fremd. Der Einheimische kennt zwar den Fremden nicht, kennt aber am ersten Blick, daß es sich um einen Fremden handelt.«[2]

Paradoxien dieser Art haben nicht nur die Kleinkunst, sondern immer wieder auch Philosophie und Soziologie beflügelt, die den Valentinschen Erwägungen in höheren Etagen nachgegangen sind. Ein Beispiel dafür ist Georg Simmels bestechender, aber auch eigentümlich konturloser »Exkurs über den Fremden«, der der Frage nachgeht, welchen äußeren und inneren Ort der Fremde einnimmt. Wie Valentin geht auch Simmel davon aus, daß vom Fremden nur die Rede sein kann, wenn es schon eine – wie auch immer geartete – Beziehung zu ihm gibt: »Denn das Fremdsein ist natürlich eine ganz positive Beziehung, eine besondere Wechselwirkungsform; die Bewohner des Sirius sind uns nicht eigentlich fremd [...], sondern sie existieren überhaupt nicht für uns, sie stehen jenseits von Fern und Nah. Der Fremde ist ein Element der Gruppe selbst, nicht anders als die Armen und die mannigfachen ›inneren Feinde‹ [...].«

Der Fremde, von dem Simmel spricht, ist nicht der Wandernde, »der heute kommt und morgen geht«, sondern der, »der heute kommt und morgen bleibt – sozusagen der potenziell Wandernde, der, obgleich er nicht weitergezogen ist, die Gelöstheit des Kommens und Gehens nicht ganz überwunden hat«[3]. Weil er in der Regel nicht willkommen oder weil er arm ist, wird der Fremde diese »Gelöstheit« nicht immer als solche empfinden – und doch strahlt er sie wirklich aus. Genau dies könnte es sein, was die Gesellschaften, in die der Fremde kommt, beunruhigt: Daß er ein Wandernder ist, der Leichtigkeit und Ungebundenheit ausstrahlt und sich dennoch das Recht nimmt, zu bleiben. Während er selbst seinen Weg in die Fremde oft genug gezwungenermaßen antritt und als Unglück erlebt, sieht die Gesellschaft, die ihn aufnimmt, in seiner Anwesenheit nicht selten eine

Zumutung, eine Bedrohung. Und so erscheint das Zusammenkommen von Einheimischen und Fremden – ein Prozeß, der beiden Seiten nützen könnte und nützt – beiden als eine Gefahr und ein Skandal. Den Mißverständnissen, aus denen Mißtrauen bis hin zu Mord und Totschlag erwachsen können, ist Tür und Tor geöffnet.

Das hat erstens die, die keine andere Wahl hatten, als ihre Heimat zu verlassen, am Auswandern nicht gehindert. Es hat zweitens die Einwanderungsgesellschaften nie daran gehindert, sich der Künste und Fähigkeiten der Fremden zu bedienen. Und es hat drittens oft genug dazu geführt, daß – all jener Philosophie zum Trotz, die die Spuren des Fremden für unverwischbar hält – vergleichsweise schnell Fremdes und Eigenes nicht mehr auseinanderzuhalten waren. Wenngleich auch das Umgekehrte gelten kann: Einwanderer, die längst integriert scheinen, werden – oft nach Jahrzehnten oder gar Jahrhunderten – auf ihr Fremdsein gestoßen, in der Regel nicht aus eigenem Antrieb, sondern durch die einheimischeren Einheimischen. Und nicht selten reagieren sie darauf, indem sie im Gegenzug ihr Anderssein nun selbst entdecken, pflegen und sich damit von der Gesellschaft absetzen, der sie angehören wollten.

Fast keines der Probleme, die sich aus Ein- wie Auswanderung ergeben und die heute wie einmalige Herausforderungen aufgeregt diskutiert werden, ist historisch neu. Fast alles war schon einmal da. Weil wir hoffen, daß das Wissen davon ein wenig zur Gelassenheit im Umgang mit den Fremden anhalten könnte, wollen wir im Folgenden von der Geschichte der Aus- und Einwanderung erzählen. Diese ist so riesig, daß es nur ein paar Streiflichter sein können: drei ausgewählte Geschichten, die im wesentlichen von den Deutschen in der Fremde und von dem Fremden in Deutschland handeln. Geschichten, die so arrangiert sind, daß sie jeweils auf Probleme und Lösungen hinweisen, die auch heute aktuell sein könnten. Und die zeigen, daß die Deutschen in ihrer Geschichte vielfach und weidlich die Möglichkeiten und Chancen der Mobilität genutzt haben, die sie den Fremden, die in ihr Land kommen, gern vorenthalten oder beschneiden möchten.

Wir beginnen mit zwei längeren, spiegelbildlichen Geschichten; die erste handelt von der Furcht vor den Deutschen, die zweite von der Heimat und der einst fremden Vielfalt, die in sie eingeflossen ist; und die dritte schließlich skizziert die Geschicke der Deutschen in Ost- und Südosteuropa, von denen viele dort eine neue Heimat fanden – bis der Nationalismus auf den Plan trat, die Völkervielfalt zu entwirren versuchte und damit Heimaten nicht schuf, sondern zerstörte.

Die Gefahr der dunklen Deutschen

Am Anfang der ersten Geschichte steht einer, der als Publizist und Druckereiunternehmer begann, sich später als Physiker und Naturforscher einen Namen machte und schließlich einer der führenden Politiker seines Landes wurde und wesentlich dessen neue Verfassung mitprägte. Er lebte in einem Einwanderungsland, obgleich es in der Sprache des Landes das Wort »Einwanderer« noch nicht gab. Politisch gehörte er zu den Gemäßigten, er vermittelte gern. Die Einwanderung jedoch machte ihm Sorgen, er befürchtete, bestimmte Einwanderer könnten, weil zur Integration nicht bereit, die Werte seiner Gesellschaft allmählich untergraben. Dem müsse entschieden entgegengetreten werden, befand er. Seine Worte ließen, entgegen seiner sonstigen Gewohnheit, an Deutlichkeit nichts zu wünschen übrig: »Warum sollten wir es zulassen, daß die pfälzischen Bauern in unsere Siedlungen strömen und dadurch, daß sie sich zusammentun, ihre Sprache und ihre Sitten durchsetzen und unsere verdrängen? Warum sollte Pennsylvania, von Engländern gegründet, eine Kolonie von *Ausländern* werden, die schon bald so zahlreich sein werden, daß sie uns germanisieren, statt daß wir sie anglifizieren, und die niemals bereit sein werden, unsere Sprache und unsere Gewohnheiten anzunehmen?«[4]

Der Autor dieser Zeilen ist der Erfinder des Blitzableiters und der Unterzeichner der Amerikanischen Unabhängigkeitserklärung von 1776: Benjamin Franklin. Was er da 1751 in seinen »Beobachtungen über das Anwachsen der Menschheit und die Bevölkerungsentwicklung in unserem Land« schrieb, unterscheidet sich nicht um Welten von dem, was genau 230 Jahre später acht Hochschullehrer der Bundesrepublik in ihrem »Heidelberger Manifest vom 17. Juni 1981« drohend an die Wand malten: »die Unterwanderung des deutschen Volkes durch Zuzug von vielen Millionen Ausländern und ihren Familien, die Überfremdung unserer Sprache, unserer Kultur und unseres Volkstums«, gegen die nur noch eines helfe, nämlich die »Gründung eines parteipolitisch und ideologisch unabhängigen Bundes [...], dessen Aufgabe die Erhaltung des deutschen Volkes und seiner geistigen Identität auf der Grundlage unseres christlich-abendländischen Erbes« sein sollte.[5] Man sieht daran, daß sich die xenophobe Argumentation in mehr als 200 Jahren nur unwesentlich verändert hat; und man sieht daran auch, daß sich die Xenophobie nicht in deutscher Erbpacht befindet und daher mitunter auch die Deutschen treffen kann.

Warum erregten die Deutschen in Pennsylvania den Zorn des Benjamin Franklin? Es hat damit zu tun, daß Eingesessene dazu neigen, sich selbst größere Legitimität einzuräumen, und Neuankömmlingen gegenüber leicht mißtrauisch werden, insbesondere dann, wenn diese *anders* sind und daraus auch keinen Hehl machen. Amerika, damals noch der britischen Krone zugehörig, war das Einwanderungsland par excellence[6], und zur Besiedlung und Schaffung einer Infrastruktur waren die Kolonien stets auf neue Menschen und Arbeitskräfte angewiesen. Warum dann so früh schon eine Debatte über die Integrationsfähigkeit bestimmter Einwanderergruppen und über die mögliche Drosselung der Zuwanderung? Warum fürchteten sich schon die Begründer des Landes, das sich später voller Stolz als *melting pot* bezeichnete, vor Unterwanderung und Überfremdung?

Die ersten auf Dauer erfolgreichen Siedler in Nordamerika waren Engländer gewesen; sie prägten Lebensweise und Kultur der Kolonien. So entstand eine ziemlich homogene Bevölkerung: Sie war englischen Ursprungs und protestantisch. Hinzu kam vergleichsweise früh ein Bewußtsein von der eigenen Besonderheit und Unabhängigkeit; die Übel der alten Welt sollten in der neuen keinen Platz haben. Dazu trugen auch einige religiöse Gruppen und Sekten bei, die radikaleren Varianten des protestantischen Glaubens anhingen. Schon damals wurde ein Konflikt angelegt, der bis heute kein Ende gefunden hat: der amerikanische Konflikt zwischen Universalismus und Nativismus. Amerika sollte, gegen die Verderbtheit der Alten Welt, zur Heimstatt all derer werden, die Zuflucht suchen vor religiöser und politischer Verfolgung oder Diskriminierung; es sollte Asyl all derer werden, die das universelle Menschenrecht auf Glaubens- und Gewissensfreiheit in Anspruch nehmen. Niemand sollte ausgeschlossen sein. Das war die universalistische Seite. Zugleich mußten diese puritanischen Kolonisten fürchten, daß die Reinheit ihres Glaubens und ihrer strengen Lebensweise um so mehr gefährdet sein würde, je größer die Zahl der Kolonisten, darunter »schwarze Schafe« oder gar wirklich Andersgläubige, werden würde. So kam die Neigung auf, streng auszuwählen, das Eigene gegen das Fremde auszuspielen und in der Einwanderung eine Gefahr zu sehen. Das war die nativistische Seite.

Die Abwehr gegen die unpassenden Zuwanderer wurde zumeist religiös begründet, tatsächlich waren in ihr religiöse, kulturelle und ganz materielle Motive gemischt. Es ging auch darum, daß mit jeder Erweiterung des Kreises der Einwanderer die bisherige Homogenität – britisch, protestantisch – immer weiter gefährdet sein würde. Erstaunlich ist im Rückblick, wie früh diese Furcht in einem Land ausbrach, in das später Menschen aus aller Herren Länder sowie sämtlicher Konfessionen einwanderten. In der Zeit vor der Unabhängigkeit, aus der ja Franklins Pamphlet wider die Überfremdung stammt, lebten in den späteren Vereinigten Staaten knapp zwei Millionen Menschen. Etwa 1.2 Millionen von ihnen waren englischer und weitere 200000 schottischer Herkunft; hinzu kamen noch einmal 250000 in ihrer übergroßen Mehrheit protestantische Nordiren, die sogenannten *Scotch-Irish*, sowie etwa 200000 ebenfalls überwiegend protestantische Deutsche und etwa 15000 Hugenotten; sehr viel kleinere Bevölkerungsgruppen stellten die nicht minder protestantischen Niederländer und Schweden.[7] Nur ein verschwindend kleiner Teil der Bewohner Amerikas war katholisch oder jüdisch. Ein überaus homogenes Gebilde, sollte man denken.

Doch so wurde es – zumal in Städten wie Philadelphia und New York die Heterogenität viel größer war als auf dem Land –

nicht wahrgenommen. Das galt insbesondere für Pennsylvania, die Gründung des Quäkers William Penn (1680). Dieser warb auf Reisen in Europa und mit Hunderten von Flugschriften für seine neugegründete Kolonie, und zwar in einer eigentümlichen Mischung von religiöser und materieller Propaganda. Die Rechtgläubigen wollte er gewinnen, und er tat das, indem er dem religiösen Versprechen das materielle hinzufügte. Schnell sprach es sich in Europa herum, daß die Kolonie des William Penn Zufluchtsstätte aller wahren Gläubigen und zugleich das Land sei, in dem Milch und Honig flössen (dieses biblische Bild war so wirksam, daß es noch 200 Jahre später in den Briefen deutscher Auswanderer an ihre Verwandten und Freunde in der Heimat auftauchte). Da niemand es überprüfen konnte und in dieser Zeit der noch immer nicht ganz überstandenen Glaubenskriege die Sehnsucht nach religiöser Selbstbestimmung und nach Zuflucht groß war, folgten viele dem Aufruf Penns, insbesondere Deutsche und unter ihnen anfangs vor allem Mennoniten, deren erste, aus 13 Familien bestehende Gruppe 1683 in Philadelphia eintraf und in der Nähe Germantown die erste geschlossene Ansiedlung Deutscher gründete. Später folgten etwa die Amischen (eine Untersekte der Mennoniten), die Tunker und die Mährischen Brüder, nach ihrem Stammsitz auch Herrnhuter genannt.[8] Die Vielfalt religiöser Gruppierungen nahm also beträchtlich zu, was viele Einheimische beunruhigte. Und allmählich nahm auch die Zahl derer zu, deren Ticket zwar noch das religiöse, deren Motiv aber eher das wirtschaftliche war. (Man achte hier wie im folgenden auf die teilweise erstaunlichen Ähnlichkeiten zwischen dieser deutschen Einwanderung nach Amerika und z. B. der Einwanderung der Südeuropäer nach Deutschland seit den sechziger Jahren dieses Jahrhunderts.)

Pennsylvania wurde das gelobte Land der deutschen Einwanderer, die aus einer Mischung aus religiösen, politischen und wirtschaftlichen Gründen die Alte Welt verließen. In der neuen angekommen, waren sie bald erfolgreich, und ihr Arbeitseifer wurde schnell sprichwörtlich. Alle wirtschaftlichen Möglichkeiten, die das Land, sein Boden und seine Verfassung boten, nahmen diese religiösen Wirtschaftsflüchtlinge aus Deutschland ohne Zögern in Anspruch. Vor allem kümmerten sie sich – in gewisser, keineswegs aber völliger Übereinstimmung mit der Philosophie des Landes – um sich selbst. Sie taten – von Ausnahmen abgesehen, die die nicht-deutsche Öffentlichkeit freilich aufmerksam registrierte – niemandem etwas zuleide; doch das Gemeinwesen, das sie vorgefunden hatten und von dem sie profitierten, war ihnen ziemlich gleichgültig. Sie wollten in dieser ertragreichen Fremde so leben, wie sie in Deutschland gelebt hatten bzw. gern gelebt hätten, nur besser.

Ihr Leben trug gewisse eigenbrötlerische Züge, und das kam auch daher, daß ihnen die Neue Welt, in der die Mehrheit das unverständliche Englisch sprach, noch ziemlich unbekannt und fremd war. Teils aus Überheblichkeit, teils aus Furcht kapselten sie sich ab. Eine Vermischung mit dem Rest der Bevölkerung kam für sie nicht in Frage: Es gab so gut wie keine Heiraten über die Grenzen der deutschen Gemeinschaft hinweg. Aus der Furcht heraus, in der Fremde unterzugehen und ihre Identität zu verlieren, hielten sie zäh an der deutschen Sprache fest und blieben, auch in der zweiten Generation, einsprachig. Obwohl oft gleichen Glaubens wie ihre nicht-deutschen Nachbarn, unterhielten sie ihre eigenen Kirchen, Gemeinden und Pfarrer. Von der Möglichkeit, Bürger des britischen Empire zu werden, machten sie aus den genannten Gründen so gut wie gar nicht Gebrauch. Und im vermeintlichen Interesse ihrer Kinder mieden sie, wo immer das möglich war, den Kontakt mit der nicht-deutschen Bevölkerung, da dieser doch nur das Deutsche untergraben und spätestens die kommenden Generationen der Anglisierung in die Hände treiben werde.

Nach Integration und Einordnung in das Gemeinwesen aller sah das nicht gerade aus. Und weil die Deutschen sich abschlossen und ihre Gemeinschaften für alle anderen kaum einsehbar waren, erzeugte das Unbehagen, Mißtrauen und auch Furcht. Niemand konnte wissen, was die abweisenden Fremden da womöglich aushecken, und so schossen die Gerüchte ins Kraut. Die in New York lebenden Herrnhuter etwa gerieten in den Verdacht, Spione des französischen Königs zu sein, und wurden daher aus dem Staat New York ausgewiesen.[9] Insgesamt wuchs die Überzeugung, diese Deutschen seien grundsätzlich nicht bereit, die Prinzipien und Regeln des Gemeinwesens zu akzeptieren. Und so lag eine Schreckensvision nahe, die ebenso unbegründet wie kohärent begründbar war: Die Deutschen würden, wenn man nichts unternehme, mehr und mehr werden, würden das Land überfluten, seine Kultur zerstören und die Herrschaft des Germanentums errichten.

Das war der Hintergrund, auf dem Benjamin Franklin 1751 zum Widerstand gegen Einwanderung »pfälzischer Bauern« aufrief. In einem zwei Jahre später geschriebenen Brief sah er gar durch die Einwanderung die Homogenität des Wahlvolkes und damit letztlich das gesamte Regierungssystem bedroht.[10]

Nicht um Mr. Franklin zu denunzieren (der immerhin später als amerikanischer Gesandter in Paris den arbeitslosen preußischen Offizier Wilhelm von Steuben an George Washington empfahl, der diesen dann 1777 dem Kongreß erfolgreich als Generalinspekteur der Unionsarmee vorschlug[11]), sondern um zu zeigen, welch seltsame Blüten die Xenophobie treiben kann, wenn sie sich auf die Suche nach Begründungen begibt, zitieren wir eine weitere Stelle aus Franklins Pamphlet wider die Bedrohung durch die »pfälzischen Bauern«. Der Autor macht sich darin, ganz den naiven wie abenteuerlichen Vorstellungen der Zeit über Rasse und Hautfarbe verpflichtet, Sorgen über die – wenn man will – ethnische Reinheit Amerikas: »Die Zahl ganz weißer Menschen in der Welt ist verhältnismäßig sehr klein. Ganz Afrika ist schwarz oder dunkel, auch ganz Amerika (außer den Neuankömmlingen); und in Europa haben die Spanier, Italiener, Franzosen, Russen und Schweden das, was wir gewöhnlich eine dunkle Hautfarbe nennen. So sind auch die Deutschen dunkel, mit Ausnahme allein der Sachsen, die mit den Engländern die Hauptmasse der weißen Bevölkerung auf der Erdoberfläche ausmachen. Ich wollte, es wären ihrer mehr.«[12]

Als mehr als hundert Jahre später die Einwanderung aus dem Süden und Osten Europas sowie auch schon aus den asiatischen Ländern zunahm, kam die gleiche Furcht vor der Verdunklung Amerikas wieder auf. Und diesmal wären zumindest Franzosen, Schweden und auch nicht-sächsische Deutsche als »weiß«, d. h. zum amerikanischen Modell passend, durchgegangen.

Man sieht: Je homogener eine Gesellschaft ist, desto schneller ist sie vermutlich bereit, das Fremde als störend, unpassend und gefährlich abzulehnen. Schon eine vergleichsweise kleine Abweichung – »dunkle« Deutsche statt »weißer« Engländer – genügt dann, um die Fundamente des Gemeinwesens als in ihrem Bestand bedroht erscheinen zu lassen. Und der folgende Verlauf des amerikanischen Beispiels lehrt des weiteren: Das Aufnahme-, Verarbeitungs- und Integrationsvermögen einer Gesellschaft ist vermutlich stets weitaus größer, als sie selbst anzunehmen geneigt ist. Die Einwanderer, die ihr gestern noch republikgefährdend erschienen, können morgen schon zum festen Bestand gehören, dessen Werte und Interessen dann wieder gegen die nun vor der Tür stehenden bzw. in Ellis Island ankommenden Neubürger ins Feld geführt werden.

Unterwanderung durch Anpassung

Damit soll nicht gesagt sein, daß das Aufnahme- und Verarbeitungsvermögen von Gesellschaften unbegrenzt sei. Daß dem nicht so ist, beweist gerade die Geschichte der Vereinigten Staaten, die immer auch – bis hin zu den *riots* von Los Angeles im Frühsommer 1992 – unter der Heterogenität ihrer Vielfalt zu leiden hatten. Sehr früh, im Jahre 1782, hat darauf Thomas Jefferson, der Autor des Entwurfs der amerikanischen Unabhängigkeitserklärung und (später) der dritte Präsident der Vereinigten Staaten, hingewiesen. Jefferson gehörte zu denen, die konsequent dafür eintraten, daß das Prinzip der religiösen und weltanschaulichen Toleranz an der Wiege des neuen, unabhängig werdenden Staates stehen, daß dieser minimalistisch angelegt sein und das Recht auf Abweichung möglichst weit gefaßt sein müsse. Er schrieb (und man bedenke, daß solche Sätze am Ende des 18. Jahrhunderts weit weniger selbstverständlich waren, als sie es gestern noch waren und heute – im Zeichen eines modernen westlichen wie außerwestlichen Fundamentalismus – schon nicht mehr sind): »Die legitimen Befugnisse von Herrschaftsinstitutionen erstrecken sich nur auf solche Schritte, die anderen gegenüber schädlich sind. Es schädigt mich jedoch nicht, wenn mein Nachbar behauptet, es gebe zwanzig Götter oder gar keinen Gott.«[13]
Ganz dem Gedanken der Toleranz und den universalistischen

Prinzipien der amerikanischen Unabhängigkeitserklärung verpflichtet, mußte Jefferson ein Anhänger der Vereinigten Staaten als eines *Einwanderungs*lands sein; als erster formulierte er programmatisch »das Naturrecht aller Menschen, das Land, in das sie durch Geburt oder einen anderen Zufall geworfen wurden, aufzugeben und sich ein Auskommen und glückliche Lebensumstände dort zu suchen, wo sie sie finden werden oder zu finden hoffen.«[14] Zudem verband sich für den aufgeklärten Republikaner das moralisch Gebotene mit dem Nützlichen: Das Land mußte, sollte es in Zukunft prosperieren, bevölkert werden.

Dennoch formulierte Jefferson – gewiß eher puritanischer Kosmopolit als alteuropäischer Fremdenfeind – in seinen 1782 erschienenen »Notes on the State of Virginia« einen Vorbehalt gegen Einwanderung als ein immerwährendes Prinzip (das folgende Zitat steht in dem Kapitel, das »Von der Anzahl der Einwohner« handelt): »Sollte es denn aber gar keine Unzuträglichkeiten geben, die man gegen die von der Einführung der Fremden zu erwartenden Vorteile stellen könnte? Das Glück derer, welche das Band der Gesellschaft vereint, erfordert, daß sie soviel wie möglich in allen Sachen harmonieren, die sie miteinander auszumachen haben. Da die Regierung der einzige Zweck des gesellschaftlichen Zusammenschlusses ist, muß diese mit gemeinschaftlicher Zustimmung aller Mitglieder geführt werden. Jede Regierungsform hat ihre eigenen Grundsätze. Die unsrigen sind vielleicht eigentümlicher als die von irgendeiner anderen Regierungsform auf der Welt. Es handelt sich um eine Zusammensetzung aus den freiheitlichsten Prinzipien der englischen Verfassung mit anderen, die aus dem Naturrecht und aus der natürlichen Vernunft abgeleitet sind. Nichts kann diesen mehr zuwider sein als die Grundsätze uneingeschränkter Monarchien. Und doch müssen wir von diesen die größte Anzahl von Emigranten erwarten. Diese bringen natürlicherweise die Grundsätze der Regierung, die sie verlassen und die sie von Jugend an eingesogen haben, mit; oder wenn sie diese verwerfen, geschieht es gewöhnlich, um sie gegen die äußerste Zügellosigkeit zu vertauschen. Denn gewöhnlich geht man von einem Extrem zum entgegengesetzten über, und es wäre ein wahres Wunder, wenn sie gerade bei der gemäßigten Freiheit stehenblieben.«

Jefferson irrt. Obgleich es in Amerika und anderswo immer wieder Einwanderer gegeben hat, die – wie die des Fundamentalismus verdächtigten Deutschen in den Vereinigten Staaten oder fundamentalistische Türken in Deutschland – nicht bereit waren, ihre herkömmlichen Prinzipien zugunsten ihrer neuen Heimat zu relativieren, zeigt die Geschichte der Einwanderung insgesamt jedoch, daß die Anpassungs-, Assimilations- und oft fast Unterwerfungsbereitschaft der Einwanderer in der Regel kaum zu überschätzen ist. Es sind fast immer nur ziemlich kleine Minderheiten, die grundsätzlich den Weg der Integration verweigern. Und in der Regel ist die Einwanderungsgesellschaft, von der ja die Attraktion ausgeht, der Gesellschaft der Einwanderer kulturell überlegen, und deswegen ist ihr Sieg der Normalfall: Sie setzt sich als die dominante Strömung gegen das Neue und andere durch, das es zumeist nicht auslöscht, sondern durch Übernahme *einzelner* Elemente adaptiert. Die erfolgreiche Unterwanderung der einheimischen durch die fremde Kultur ist die Ausnahme. Jefferson beschwört also eine Chimäre.

Nur, gänzlich unrecht hat er auch nicht. Genauer: Er formuliert ein Dilemma, in das gerade die Einwanderungsgesellschaften leicht geraten, die republikanisch verfaßt sind sowie bleiben wollen und zugleich durch ihren materiellen Erfolg attraktiv werden. Solche Gesellschaften ziehen z. B. Menschen an, die von deren materiellen Ressourcen und Möglichkeiten zwar fasziniert sind, ansonsten aber wenig Neigung an den Tag legen, sich das dazugehörende kulturelle Modell anzueignen oder ihm auch nur näherzutreten. Einwanderung kann also ein Trojanisches Pferd sein – eines, in dessen Innern entschlossene (monarchistische, sozialistische oder fundamentalistische) Feinde der Republik in diese eindringen.

Häufiger wird der andere Fall sein, für den Jefferson den damals zeitgemäßen Begriff der »Zügellosigkeit« parat hat: Die Neuankömmlinge werfen – angetan, fasziniert oder gar überwältigt von der quirligen Überlegenheit der neuen Gesellschaft – all ihre alten Wertvorstellungen über Bord. Sie passen sich schnell der ökonomischen und äußeren Gestalt dieser Gesellschaft an, ohne sich aber – sei es aus eigenem Desinteresse oder aus dem der Gesellschaft heraus – für die kulturellen und politischen Grundlagen zu interessieren, auf denen diese äußere Gestalt beruht. Man könnte dies als die Gefahr der Unterwanderung durch Anpassung bezeichnen.

Die Einwanderer – die den Weg nicht kennen können, auf dem die Gesellschaft zu ihrem Erfolg gekommen ist – neigen zu dem Mißverständnis, dieser Erfolg erkläre sich durch sich selbst, also materiell. Und das stärkt sie in der Überzeugung, das wirtschaftliche Mitmachen sei der alleinige Quell des Glücks in der Fremde. Diese Überzeugung aber trifft sich mit dem Hang nicht eben weniger Einheimischer in allen modernen Gesellschaften, das Materielle als das Ausschlaggebende anzusehen und das Politische, Moralische und Zivile für die vielleicht angenehme, aber im Grunde verzichtbare Dreingabe zu halten.

Einwanderer vergrößern erst einmal die Zahl der Arbeitskräfte und Wirtschaftssubjekte, nicht aber die der Bürger. Da aber die bürgerliche Gesellschaft der »gemäßigten Freiheit« stets ein prekäres, der stetigen Erneuerung, Justierung und Bestätigung durch die Bürger bedürftiges Unternehmen ist, besteht in der Tat die Gefahr, daß neue Einwanderer immer weiter die ohnehin schon sehr beträchtliche Zahl derer erhöhen, denen Ökonomie und Vorankommen fast alles und die Werte der Gesellschaft sehr wenig bedeuten. Einwanderung kann zur Verwässerung und Verdünnung der Substanz einer Gesellschaft führen. Der pfiffige Anwalt jeglicher Einwanderung wird dagegenhalten, daß nur solche Gesellschaften in ihrer Substanz bedroht sein können, die ohnehin auf wackeligen republikanischen Beinen stehen. Das ist gar nicht falsch; doch wer so argumentiert, setzt sich allzu flink über ein Grundproblem der aufs individuelle Glück hin angelegten Moderne hinweg: über den Umstand, daß sie – auch ohne Einwanderer – dazu neigt, im Verfolg der alltäglichen Geschäfte ihre politischen Fundamente zu untergraben. Einwanderung *kann* dazu beitragen, diesen Prozeß der politischen Selbstenthauptung der modernen Gesellschaft zu beschleunigen.

Benjamin Franklin formulierte die eine Gefahr, die durch die Einwanderung drohen könnte: die Gefahr der Unterwanderung und Majorisierung durch die Fremden. Diese Gefahr hat sich historisch als gering, wenn nicht gar als gegenstandslos erwiesen. Schwerer wiegt dagegen die Sorge, die Thomas Jefferson in der moralisierenden Terminologie seiner Zeit formuliert hat: Die Sorge, Einwanderung führe zwar nicht zum Dammbruch, wohl aber – durch das Hinzukommen jedes Beliebigen, der nur zur Arbeit bereit sein muß – zur allmählichen Aushöhlung des verbindlichen republikanischen Konsenses. Jefferson hat das Problem dramatisiert; schon gar, wenn man bedenkt, um wie wenig wirklich Fremde damals die amerikanische Gesellschaft bereichert wurde. Aber er hat etwas benannt, mit dem sich alle Einwanderungsgesellschaften herumzuschlagen haben, heute mehr als damals.

Ausländerfeindlichkeit: die Deutschen als Opfer

Das weitere Schicksal der Deutschen, gegen die der junge Benjamin Franklin einen Anwerbe- und Zuzugsstopp verhängen wollte[15], zeigt, daß das Land in der Lage war, diese zu verkraften und oft auch zu integrieren; Konflikte hat es lange Zeit noch gegeben, und zuletzt wurden die Deutschen sogar zur Aufgabe ihrer herkömmlichen Identität genötigt.

Die Deutschen kamen immer dann ins Gerede, wenn sie entweder mit ihrem Erfolg Mißgunst erregten oder wenn Krisen die Einheimischen (Einheimische wohlgemerkt, die oft selbst kaum länger im Land lebten als die Deutschen) auf die Suche nach schnell identifizierbaren Schuldigen schickte.[16] Auch deswegen hielten sie an ihren *community*-Strukturen fest, fürchteten die Anglisierung ihrer Kinder wie der Teufel das Weihwasser, gründeten und betrieben das ganze 19. Jahrhundert über Privat- und Konfessionsschulen, verfügten bald über ein reich ausdifferenziertes Pressewesen und entwickelten ein reges Vereinswesen.

Als die Zahl der katholischen Einwanderer (die in ihrer Mehrheit Iren, unter denen nun aber auch viele Deutsche waren) seit dem zweiten und dritten Jahrzehnt des 19. Jahrhunderts merklich zunahm, sah sich das protestantische Amerika erneut bedroht. Man war sich sicher, daß diese Neuankömmlinge dem Papst in Rom mehr verpflichtet sein würden als den republikanischen Idealen Amerikas. Dagegen formierte sich die American

Party (wegen der Geheimhaltungspflicht ihrer Mitglieder auch »Know-Nothing-Party« genannt). Sie forderte u. a., den Einwanderern das passive Wahlrecht zu versagen, die Naturalisierung erst nach 21 Jahren zu ermöglichen und alle öffentlichen Gelder für katholische Schulen zu streichen. Und die Partei der Ausländerfeinde war damit erfolgreich: In den fünfziger Jahren kontrollierte sie in sechs Bundesstaaten die Legislative und stellte 75 Kongreßabgeordnete.

Auch die Deutschen mußten genau dieselbe Erfahrung machen, die heute den südeuropäischen Einwanderern nach Deutschland vertraut ist: Wie auch immer sie sich einrichteten, es erregte Anstoß. Wo sie auf andere Einwanderer (insbesondere die in ihren Augen lotterhaften und in den Tag hinein lebenden Franzosen) oder auf die »rohen« Amerikaner herabblickten und sich von ihnen abgrenzten[17], lag es nahe, daß das ihre Beliebtheit nicht steigerte. Aber auch dort, wo sie einfach nur in Ruhe gelassen sein wollten, schürte das Mißtrauen und Verdacht. Ja selbst dort, wo sie sich – ohne mit ihrer Tradition zu brechen – der neuen Gesellschaft öffneten, löste das nicht selten Konflikte aus. Das betraf insbesondere das Vereinswesen. Wohl gab es zahlreiche deutsche Vereine (vor allem Frauenvereine), die Wohltätigkeitsaufgaben übernahmen und insgesamt ihre Aufgabe darin sahen, eine Brücke zwischen beiden Kulturen zu schlagen.[18]

Weniger gern wurde es dagegen gesehen, wenn die Deutschen in aller Öffentlichkeit ihren sinnenfrohen Freizeitaktivitäten nachgingen, in denen das puritanische Amerika eine Gefahr für Sitte und öffentliche Ordnung erblickte (man achte auch hier auf Parallelen zur deutschen Gegenwart): »Gesellige Runden bei Sängerfesten, bei Vereinstreffen und in Biergärten, noch dazu sonntags und mit der ganzen Familie, widersprachen ihren [der puritanischen Amerikaner] Auffassungen gleich dreifach: Solche Festivitäten verletzten das Gebot der Sonntagsruhe, erzürnten wegen des hohen Alkoholkonsums prohibitionistische Gemüter und spiegelten außerdem ein den Amerikanern fremdes Frauenbild. So prallten beispielsweise im März 1855 in Chicago in den ›beer riots‹ deutsche Einwanderer und amerikanische Polizeikräfte aufeinander, als die Deutschen ihre Bräuche gegen einheimische Maßregeln zu verteidigen suchten.«[19] Diese deutsche Freizeitkultur und diese deutsche »Gemütlichkeit« (deren Ursprünge das aufgeklärte Vorurteil zu Unrecht für rundweg dumpf hält) waren Ausdruck einer dem puritanischen Amerika wenig geheuren Geselligkeit – einer Geselligkeit, die das gleiche Amerika heute in ihren Schwundformen so schätzengelernt hat.

Niemand käme heute auf die Idee, die Deutschen als einen Fremdkörper in den Vereinigten Staaten zu bezeichnen. Längst sind sie integriert, längst haben sich ihre Spuren in der amerikanischen Stammbelegschaft verloren, und wo noch Reste ihrer alten Identität geblieben sind, zählen diese längst zu den geschätzten Eigenarten des Landes. Darüber sollte jedoch nicht vergessen werden, daß es nach dem ersten Aufflackern des amerikanischen Nativismus um 1750 noch mehr als 150 Jahre dauern sollte, bis die Deutschen endgültig nicht mehr als Gefahr für Amerika gesehen wurden: Integration kann ein sehr *langer* Prozeß sein. Das Beispiel der Deutschen zeigt zudem, daß sich Integration und (beiderseitige) Abwehr nicht ausschließen müssen. Es hat – in den Städten mehr als auf dem Land[20] – die individuelle Assimilation der Deutschen gegeben, und selbst darin sahen manche Einheimische eine – besonders heimtückische, weil unauffällige – Form der Unterwanderung. Und umgekehrt erwies sich die Herausbildung von deutscher Gruppenidentität, die immer wieder Konflikte provozierte, zuweilen geradezu als Voraussetzung der Integration: Weil es den Deutschen erst einmal gelang, sich als *community* zu etablieren und zu schützen, konnten sie später *als Gruppe* im Laufe von zwei oder drei Generationen den Weg in die neue Gesellschaft wagen.

Sie hatten mit den gleichen Vorbehalten zu kämpfen, die heute noch den Einwanderern, wo auch immer, entgegengebracht werden. So wurden ihnen z. B. die wirtschaftlichen Motive vorgeworfen (die ja eine Anerkennung des Einwanderungslandes, seines Erfolgs und der Chancen enthält, die es eröffnet hat). Der »American Daily Advertiser« schrieb 1817: »Laßt uns – ehe es zu spät ist – nicht vergessen, welche Motive diese Menschen an unsere Küsten führen. Laßt uns daran denken, daß es um billiges Land, höhere Löhne, Lebensmittel in Fülle und Freiheit vom Militärdienst geht, nicht um Liebe für unsere Institutionen oder um den Glauben, daß unser Regierungssystem besser ist als das ihrige. Laßt uns daran denken, daß sie mit all den Vorurteilen kommen, die sich aus ihrer Nationalität und ihrer frühen Erziehung herleiten, und daß wir mit der freudigen Aufnahme jener, die als die Unterdrückten anderer Länder erscheinen, in Wahrheit eine Natter an unseren Busen nehmen!«[21]

Und zwei Jahre später – es war das Jahr des ersten Bankenkrachs in der Geschichte der Vereinigten Staaten – formulierte eine Zeitschrift aus Baltimore einen Einwand gegen die weitere Immigration, der bis heute zum Repertoire der Freunde möglichst geschlossener Grenzen gehört: »Bisher haben wir den Fremden bei seiner Ankunft hier immer mit Freude begrüßt. Es gab Raum genug für alle, die kommen wollten, und Fleiß war ein sicherer Weg zu einem angenehmen Leben, wenn nicht gar zu Unabhängigkeit und Reichtum. Wir waren froh über die Vermehrung unserer Bevölkerung, die sie bewirkten, und über den Impuls, den sie unserer Produktionsfähigkeit gaben, womit sie unser Land in seiner Macht und seinem Kräftepotential so förderten, wie es sich ein Patriot gern erhofft und wie es auch jedermann gern verwirklicht sieht. Jetzt scheint jedoch die Bevölkerung in den meisten Küstenbereichen und auch in einigen Teilen des Landesinnern zu dicht zu sein [. . .].«

Periodisch – und in der Regel Hand in Hand mit Krisen, Firmenpleiten oder schlechten Ernten – nahm in dem Einwanderungsland die Überzeugung zu, daß die Einwanderung ihm schade, und das bekamen jeweils die zuletzt Zugewanderten zu spüren, vor allem dann, wenn sie auch noch auffielen. Zu einem besonders dramatischen Vorfall kam es 1855 in Louisville/Kentucky. Seit dem Beginn des Jahrzehnts kriselte die Wirtschaft, und einwandererfeindliche Gruppen bekamen Zulauf, zumal in einer Großstadt wie Louisville, in der der massive Zustrom von Immigranten eine Reihe schwerwiegender sozialer Probleme schuf. Hinzu kam des weiteren, daß eine kleine Gruppe deutscher »48er« durch ihre politischen Aktivitäten unliebsames Aufsehen erregte: Sie forderte in einem Manifest, der »Louisville Platform«, u. a. die Aufhebung der Sklaverei, politische und soziale Gleichberechtigung von Frauen und Schwarzen und die Abschaffung sämtlicher Temperenzgesetze. Die Empörung in der Stadt war groß, bei den Kommunalwahlen 1854 versuchten militante Nativisten mit handgreiflichen Mitteln, Deutsche und Iren an der Ausübung ihres Wahlrechts zu hindern.

Ein Jahr später kam es dann, anläßlich der Wahl im Staat Kentucky, zur Explosion: Wieder sollten Deutsche und Iren am Wählen gehindert werden, diese ließen sich das jedoch nicht gefallen, und es kam zu militanten Auseinandersetzungen, die sich zu bürgerkriegsähnlichen Straßenschlachten ausweiteten. Häuser und Geschäfte wurden geplündert und niedergebrannt. Die Bilanz: 22 Tote und Hunderte von Verletzten. Tagelang herrschte der Ausnahmezustand, und viele Deutsche verließen fluchtartig die Stadt.[22]

Einer der Deutschen in Louisville, Christian Lenz, geboren im Naussauischen, 1848 nach Amerika ausgewandert und als Küfer sowie nebenher als kleiner Farmer tätig, schrieb zwei Monate vor den Unruhen an seinen Bruder in Deutschland: »Ja wir haben auch eine betribe [betrübte] Zeit in Amerika die Amerikaner embören sich wieder die Deuschen mit staker Hand sie wolen keinen das Stimregt und sie wohlen über all driken u zu rüktreiben bei der lesten Wall in Louisville haben sie keinen Deuschen nicht erbei gelasen sie zu rik geschlachen Deusche Häuser zerstird geschosen u geschlagen und so geht es geht es in ganz Amerika und Du kanst Dir leigt tenken wie es in Amerika geht balt wird Krüg herein bregen.«

»Man kömt hier mit Menschen aller Nationen zusammen«

Vor allem in Briefen teilten die Einwanderer ihre Erfahrungen mit dem Abenteuer Amerika mit. Etwa 100 Millionen private Briefe, so schätzt man[23], wurden zwischen 1820 und 1914 von deutschen Einwanderern an ihre Familien und Freunde nach Deutschland geschickt. Sie erfüllten viele Zwecke: Sie waren eine wichtige Brücke zwischen Neuer und Alter Welt, gaben den einen Schutz vor dem Gefühl der Verlorenheit und versorgten die andern mit wichtigen Informationen über das angeblich Gelobte Land, in das sie selbst vielleicht aufbrechen würden. Es wurde in diesen Briefen übertrieben, geflunkert, gebettelt, geklagt und gejammert. Und es finden sich in ihnen Stellen, die eindringlich und mit großer Schönheit die Vorzüge und Nachteile des Landes beschreiben, in das man aufgebrochen war und in dem man Aufnahme gefunden hatte. Diese Briefe, von denen Tausende erhalten sind, stellten ein einzigartiges historisches Dokumentenmaterial dar. Ein paar Zitate aus einer umfangreichen und sehr lesenswerten Briefesammlung sollen einen Eindruck davon vermitteln (oft erzählen diese Briefe auch von Scheitern und Mißerfolg, von den Schwierigkeiten, die die Auswanderer mit Land wie Leuten hatten; die folgenden Beispiele heben eher das Positive hervor):

– Wilhelm Stille aus Westfalen, der 1833 nach Amerika ausgewandert war, weil er aufgrund des Erbrechts den väterlichen Hof nicht erbte und deswegen nur Heuerling hätte werden können, schrieb drei Jahre später an seine Eltern und Geschwister, er habe inzwischen eine bequeme Arbeit bei einem Kaufmann gefunden. Dann fährt er fort: »[. . .] und lebe in einer so vergnügten Zufriedenheit, als ich in Deutsland noch nie gethan habe. Liebe Eltern! es wolte einer wissen ob hir auch deutsche Kirchen währen, die sind hir genug, und das ist auch ein inneres Vergnügen vor uns, wen wir das Evangelium hir so guth Predigen hören als in Deutsland [. . .].«

– Der 1854 aus der Nähe von Bruchsal ausgewanderte Johann Bauer (ein selbstbewußter Autodidakt, der seine deutsche Vergangenheit hinter sich lassen wollte und sich daher bald *John* Bauer nannte) schrieb anderthalb Jahrzehnte später an seine »Lieben Eltern, Freunde & Geschwister«: »*America* mit all seinen Wiederwärtigkeiten, hat eine Anziehungskraft wie kein anderes Land, weil man hier anfangen kann was man will.« Und in einem anderen Brief: »Ich kann nicht helfen zu bemerken, daß ich stolz fühle bei dem Gedanken amerikanischer Bürger zu seyn [. . .]. Es ist ein wunderbares Gefühl zu empfinden, daß man eine gehäßige Regierung durch eine andere ersetzen kann [. . .].«

– Peter Klein, ein Bergmann aus der Nähe von Saarbrücken, der 1854 auch aus Abenteuerlust nach Amerika ging, schrieb – nicht eben sonderlich erfolgreich – vier Jahre später aus der kalifornischen Goldgräberstadt Sutter Creek: »Liebe Ältern ich sende inen ein hundert Thaler und hoffe das ier zufrieten sein werten

mit dieser kleine gabe biß ich mehr thun kan Vater ier wolen wissen ob ich fier mich arbeiten oter für eine heerschaft ich arbeite auf meinem eigentum Vater in Americka gibt es keine heerschaft hier ist ein jeter ein freier agend wen es mir an einem platz nicht gefallen thut so gehet mann zu einem andern dan hier sind wir alle kleig.«
– Und die schon in Deutschland lebenslustige Wilhelmine Wiebusch, die vor allem aus Unternehmungslust und Neugier 1884 im Alter von 25 Jahren zusammen mit einer Freundin nach Amerika auswanderte, dort schnell wieder eine Stelle als Dienstmädchen fand und bald in die deutsche *community* mit ihren Biergärten, Lokalen und Geschäften integriert war, schrieb an eine in Hamburg zurückgebliebene gemeinsame Freundin: »Am 16 *December* sind wir beide zu Ball eingeladen, hurah! Da wollen wir noch mal Tanzen, und son kleinen aus der Pulle giebt es den auch nebenbei, wir freuen uns schon sehr darauf, den viel von diesen Vergnügen hat man hier ja nicht, da hier keine öffentliche Tanzlokale sind [...] ich bin hier noch mit zwei andere Mädchen zusammen, die eine ist eine *Irlanderin* und die andere kömt von *Wales*, es sind sehr nette Mädchen, man kömt hier mit Menschen aller *Nationen* zusammen, schwarze sind hier Rasen viel, es sind ganz hübsche Kerle darunter. Die Chinesen haben hier alle eine Wäscherei, die kleinen Mänschen mit Ihren langen Zopf sehen drollig aus, ein Chinese hat mir auch das Oberhemden bügeln gelernt, wir haben uns sehr dabei gelacht den die sprechen das *Englishe* so schlecht das es sehr schwer ist sie zu verstehen, bei mir ist es schon ganz einerlei, ich spreche das *Englishe* schon grade so wie Deutsch.« Auch das ist eine Seite der multikulturellen Gesellschaft.

Und wem diese buntscheckige Seite nicht behagte, dem bot Amerika auch andere Möglichkeiten. Etwas zu getragen und bedeutungshubernd, aber schön in der Pointe schrieb schon 1845 der in Westfalen gebürtige Herausgeber des »Hermanner Wochenblattes« in Missouri: »Durch unser Fleis und durch unser Ausdauer haben wir unsere teutsche Ansiedlung erhalten und uns eine freundliche Heimat gegründet, in der wir schöner die alte wiederfanden, die wir nicht ohne innere Bewegung verließen.«[24]

Aber wie gesagt: Das stille Glück im Winkel der freundlichen teutschen Ansiedlung war nicht selten bedroht, und auch denen, die sich – wie Wilhelmine Wiebusch – unter die fremden Leute begaben, erging es oft nicht besser. Ganz wurden die Deutschen lange den Ruch nicht los, Staatsfeinde zu sein. Es ist ein paradoxer »Erfolg« der amerikanischen Geschichte, daß die restlose Integration, oder besser: Assimilation, oder noch genauer: Unterwerfung am Ende einer Episode stand, die wie kaum eine andere das häßliche Gesicht der widerwilligen Einwanderungsgesellschaft Nordamerikas sichtbar gemacht hat. Nicht zufällig hat dieser Erfolg mit dem Nationalismus und damit zu tun, wie dieser seit der zweiten Hälfte des 19. Jahrhunderts Europa und die Welt zuzurichten begann.

Als diese Entwicklung 1914 im Ersten Weltkrieg ihren vorläufigen dramatischen Höhepunkt fand, in dessen Verlauf die Vereinigten Staaten zum ersten Mal ins europäische Geschehen eingriffen, gerieten die Deutschen in Amerika unter Druck, und zwar unter einen doppelten; genauer: unter einen dreifachen. Zum einen gingen vom Deutschen Reich deutliche Signale an die Deutsch-Amerikaner aus, es sei nun an der Zeit, daß sie sich zu ihrem Deutschtum bekennen und sich moralisch auf die Seite des Reichs stellen sollten. Zum andern ging von den Vereinigten Staaten, insbesondere nach deren Eintritt in den Krieg, das unzweideutige Signal aus, nun endlich müsse sich erweisen, ob die Deutschen treue amerikanische Patrioten oder doch insgeheim noch monarchistische Feinde der Freiheit seien. Und zum dritten waren, angesichts dieses doppelten Drucks, viele Deutsche innerlich zerrissen, denn sie sahen in Amerika ohne Abstriche ihre lebensweltliche wie politische Heimat und fühlten sich als loyale Bürger – merkten aber auch, daß ihnen das Schicksal Deutschlands noch längst nicht gleichgültig war. Nicht Verräter waren sie in ihrer überwältigenden Mehrheit, wohl aber Verunsicherte.

Es kam zu einer großen antideutschen Kampagne, die zwar durch den Krieg ausgelöst wurde, in der sich aber vor allem das seit den achtziger Jahren des vergangenen Jahrhunderts virulente Ressentiment gegen die Fremden ein geeignetes, d. h. schwaches Opfer suchte. Schwach waren die Deutsch-Amerikaner nicht nur, weil das Land ihrer Herkunft mit ihrer neuen Heimat Krieg führte – schwach waren sie auch, weil die deutsche Einwanderung längst ihren Zenit überschritten hatte, die Zuwanderung zu stagnieren begann, die Verbindungen zur alten Heimat lockerer wurden und die deutschen *communities* allmählich an Homogenität verloren. Mit anderen Worten: Den Deutsch-Amerikanern wurde die Pistole der Assimilation zu einem Zeitpunkt auf die Brust gesetzt, als ihr definitiver Integrationsprozeß längst in Gang war.

Nun aber wurden sie – ausgelöst durch einen fernen Krieg – um so brutaler an ihre Herkunft erinnert. Theodore Roosevelt, von 1901 bis 1909 Präsident der Vereinigten Staaten, hatte schon zwei Jahrzehnte zuvor erklärt, die amerikanische Nation brauche keine »Bindestrich-Amerikaner«, also auch keine Deutsch-Amerikaner, sondern allein Amerikaner, gewissermaßen Amerikaner *sans phrase*.[25] Nun wurde er – der unbestrittene Wortführer der antideutschen Kampagne – deutlicher: »Die Männer deutschen Blutes, die versucht haben, sowohl deutsch wie amerikanisch zu sein, sind alles andere als Amerikaner, sondern Verräter an Amerika und Werkzeuge und Sklaven, die im Dienste Deutschlands gegen Amerika arbeiten.«[26] Die Deutsch-Amerikaner, ihre Organisationen und ihre Presse gerieten unter Beschuß. Aus den Regalen vieler Bibliotheken verschwanden die deutschen Bücher, und in verschiedenen Staaten – etwa in Delaware, Iowa und Montana – wurde die deutsche Sprache an den Schulen verboten. Orchester weigerten sich, deutsche Melodien zu spielen, und Städte, Firmen sowie einzelne, deren Namen deutsch klangen, anglisierten diese hastig. Das Sauerkraut, das in die amerikanische Sprache schon Eingang gefunden hatte, wurde nun – eine besondere Blüte – in »liberty cabbage« umbenannt. In Iowa wurden die Bürger vom Gouverneur des Staates angehalten, in der Öffentlichkeit keine andere Sprache als die amerikanische zu sprechen. Und hin und wieder kam es vor, daß der Mob deutsche Geschäfte zerstörte und deutsche Bücher öffentlich verbrannt wurden.

Die Kampagne, die sich – wie gesagt – gegen eine in der Auflösung befindliche ethnische Gruppe richtete –, verfehlte ihren Erfolg nicht. Angesichts dieser öffentlichen Übermacht schworen die Deutschen ab. Sie machten sich unsichtbar, verwischten die Spuren ihrer Herkunft und warteten mit englisch klingenden Namen auf. Und bei der Volkszählung zwei Jahre nach Ende des Ersten Weltkriegs leugneten viele von ihnen ihre deutsche Abstammung. Die Zeit der Bindestrich-Amerikaner neigte sich ihrem Ende zu. Der Zwang zur Assimilation war das letzte Wort.

Nur wenige Jahre später trat – nach jahrzehntelangen Bemühungen der Nativisten – erstmals ein Gesetz in Kraft, das die Zuwanderung durch Quotierung regelte.

Die multikulturellen Deutschen

Die zweite Geschichte spielt auf der anderen Seite des Ozeans, handelt von der Heimat und beginnt mit der ersten Strophe eines Liedes, das vor einer Generation noch allen vertraut war und in keiner Lieder- oder Gedichtsammlung fehlte:

> Kein schöner Land in dieser Zeit
> Als hier das unsre weit und breit.
> Wo wir uns finden
> Wohl unter Linden,
> Zur Abendzeit.

Die Heimat spielte in der Lyrik des 19. Jahrhunderts, aus dem auch die zitierten Zeilen stammen, eine große Rolle, und meistens war es eine verlorene Heimat, die besungen wurde. In einem Gedicht Josef von Eichendorffs mit dem Titel »Heimweh« heißt es: »Ach, die Heimat hinter den Gipfeln / Wie liegt sie von hier so weit!« Die Heimat, so ist zu vermuten, kam ins Gespräch, als sie nicht mehr selbstverständlich war.[27] Davon ist in den zitierten Zeilen jedoch nichts zu spüren. Sie strahlen ein biedermeierliches Gefühl von Zufriedenheit aus; diese Heimat ist nicht verloren, sondern gegenwärtig, und sie ist auch nicht – wie es später üblich wurde – aggressiv gegen andere Heimaten, gegen die Fremde gerichtet. Auf eigentümliche Weise ist die Strophe sehr deutsch.

Wir haben sie zitiert, weil sie einen Hintergrund hat, den niemand so schnell vermuten würde und der ziemlich multikulturell ist. Das hat mit dem Verfasser zu tun. Der Text des Liedes wird einem gewissen Wilhelm von Waldbrühl bzw. Waldbröl (1803–1869) zugeschrieben, und der Name scheint gut zum Text zu passen. Doch der Autor hieß nur deswegen so, weil er sich später nach seinem Geburtsort Waldbröl, einem kleinen bergischen Städtchen zwischen Köln und Siegen, umbenannte. Der eigentliche Name des Verfassers eines der deutschesten Gedichte lautet Anton Wilhelm Florentin von Zuccalmaglio.[28] Seine Biographie ist aufschlußreich.

Der Vater war Advokat und italienischer Herkunft, und auch die Mutter brachte nichts Deutsches mit: Sie kam aus den Niederlanden, war eine geborene Deycks und soll aus der Familie des Malers Anthonis van Dyck stammen. Nach dem Besuch des Karmeliter-Gymnasiums in Köln ging Anton Wilhelm Florentin zum Militär, nahm aber schon nach drei Jahren – er hatte es bis zum Feuerwerker gebracht – seinen Abschied und begann in Heidelberg das Studium der Rechts- und Staatswissenschaften; nebenher beschäftigte er sich mit Musik, Zeichnen, Archäologie, vor allem aber mit altdeutscher Sprache und deutscher Mythologie. Zu der akademischen Karriere, die er schon in die Wege geleitet hatte, kam es jedoch nicht: Da die Familie in finanzielle Schwierigkeiten geraten war, nahm er – gewissermaßen ein Wirtschaftsflüchtling – eine Stelle als Erzieher des einzigen Sohnes von Fürst Gortschakow in Warschau an. Er blieb dort acht Jahre und begleitete seinen Schüler auf vielen Reisen durch Deutschland und Rußland, dessen Außenminister der Fürst später werden sollte.

Auf diesen Reisen lernte er Diplomaten, Regenten und Gelehrte kennen, und auch das gab ihm Anlaß zum Studium der russischen und der persischen Sprache; der persische Gelehrte Mirza Muharem führte ihn in die persische Dichtung ein. 1840 gab er eine zweibändige Sammlung deutscher Volkslieder heraus, drei Jahre später folgte eine Sammlung russischer und polnischer Volkslieder (»Slawische Balalaika«), die er auf seinen Reisen gesammelt hatte. Hochgeehrt (so hatten ihm z. B. die Universitäten des estnischen Dorpat und von Moskau die Doktorwürde verliehen) quittierte er jedoch 1840 den Dienst – aus Sehnsucht nach Heimat und Mutter, wie es heißt. Er war weiterhin als Pädagoge tätig, unter anderem in Elberfeld, Hagen und Frankfurt am Main, betätigte sich politisch, förderte die rheinischen Musikfeste und die Bestrebungen der Männergesangvereine, wurde Mitarbeiter an Robert Schumanns »Neuer Zeitschrift für Musik«, schrieb für diesen Libretti, sammelte und edierte (vor allem rheinische) Volkslieder, Sagen und Schwänke und brachte eine wissenschaftliche Überarbeitung eines Buches seines Bruders Vincenz über »Die Vorzeit der Länder Cleve-Mark, Jülich-Berg und Westfalen« heraus.

Zuccalmaglio war ein mäßiger Poet, viele seiner Gedichte halten den pathetischen und oft etwas hohlen Ton der Zeit. Und er war ein deutscher Patriot: Etliche seiner am wenigsten gelungenen Gedichte sind dem Vaterland gewidmet.[29] Beschrieben wird er jedoch als einer, dem der damals schon geläufige Haß auf das Fremde ganz fremd war. Gehindert haben ihn daran wohl seine Herkunft wie die Erfahrungen seines Lebens. Unterrichtet hat er von Mathematik bis Schlittschuhlaufen, er war, wie es heißt, im Winter ein Stuben- und im Sommer ein Wanderlehrer. Als er sich 1866 um das Mandat eines Volksvertreters für den Kreis Mülheim-Wipperfürth und Siegburg bewarb, sagte er von sich, »er habe sein ganzes Leben hindurch nicht nach der Gunst der Großen gelungert, habe nicht getrachtet, eine glänzende Laufbahn zu machen, sondern sich in einfach bürgerlicher Stellung am Gemeinwohl zu bethätigen gesucht, gestrebt ein ehrlicher Mann und seinen Grundsätzen treu, d. h. unabhängig zu bleiben. Er sei in der katholischen Confession erzogen worden, er habe sich aber von jeher mit den Ansichten anderer Menschen vertragen gelernt, habe die Lehren, welche über das gegenwärtige Leben hinaus zielten, nie dadurch entheiligen wollen, daß er sie heuchlerisch zur Schaustellung benutzte, um politische Ziele zu erreichen und die Augen der Arglosen zu blenden.«[30]

Es hat viele Zuccalmaglios in Deutschland gegeben. Sie hießen z. B. Clemens Brentano, Adalbert von Chamisso und Theodor Fontane, dessen Vorfahren Ende des 17. Jahrhunderts aus der Gascogne und den Cevennen nach Preußen geflohen waren.[31] Oder sie heißen: Kowalsky, Schimanski, Robotnikow. Oder auch: Franzen, Braun, Lantz und May. Die letzteren Namen führen schon in jenen riesigen Bereich, in dem das Nicht-Deutsche im Deutschen kaum noch oder gar nicht mehr zu erkennen ist. Denn die Familie Franzen hieß einmal Franzoni, die Brauns hießen Bruno, die Lantzens Lancia und die Mays Maggio:[32] im 17. Jahrhundert ausgewanderte Italiener, die sich in Deutschland niedergelassen und – der vielen Anfeindungen wegen – ihre Namen eingedeutscht hatten. Und sie machen kaum mehr als die Spitze des Eisbergs aus, in dessen unteren Etagen z. B. die Bayern sitzen, die sich zwar noch nicht allzu lange als deutsch empfinden, gern aber für sich in Anspruch nehmen, ein eigenständiger, autochthoner »Stamm« zu sein. Damit ist es indes so weit nicht her. Wie kaum eine andere Volksgruppe stellen die Bayern ein kunterbuntes Gemisch dar, in dem das deutsche Element noch das geringste ist. Zu den Ahnen der Bayern gehören die Kelten, die Römer (die seinerzeit ja auch nicht sonderlich homogen waren), die Sueben, dazu Norisken, Varisten, Skiren, Heruler, Hunnen und etliche slawische Völker – um nur einige zu nennen.

Noch das Grundgesetz der Bundesrepublik Deutschland bindet die deutsche Staatsbürgerschaft in erster Linie an das deutsche Blut. »Wir schöpfen«, sagte Wolfgang Schäuble 1989, »unsere Identität nicht aus dem Bekenntnis zu einer Idee, sondern aus der Zugehörigkeit zu einem bestimmten Volk.«[33] Unausgesprochen unterstellt das – und erst recht nimmt diesen Gedanken der landläufige Populismus auf –, dieses bestimmte Volk sei etwas Homogenes, Unvermischtes, Autochthones. Als solches kann es aber nur erscheinen, wenn man die zahlreichen Vermischungen, die die Geschichte des deutschen Volkes auf Schritt und Tritt begleiten, leugnet bzw. das ehedem Fremde kühn für originär deutsch erklärt. Wir und die anderen: Diese Trennlinie ist nicht zu ziehen, denn die andern sind längst im »wir« enthalten, wie Ablagerungen, wie Jahresringe.

Damit soll keineswegs gesagt sein, es gäbe nichts eigentümlich Deutsches. Nur ist dieses Deutsche, das sich erkennbar vom Französischen, Englischen, Niederländischen usw. unterscheidet, nichts Reines, sondern immer schon etwas Vermischtes gewesen. Und das hat damit zu tun, daß es auf dem engen Kontinent Europa und schon gar in seiner Mitte nur wenig Möglichkeiten gegeben hat, sich gegenüber den Bewegungen und Wanderungen von Völkern und Gruppen sowie gegen die

Verwerfungen und Umbrüche des politischen und militärischen Geschehens abzuschirmen. Einwanderung und Vermischung sind also – und zwar quer durch die *gesamte* Geschichte – der europäische Normalfall: Kein normaler Normalfall insofern, als sie meist (wenngleich nicht immer!) zu Streit, Hader und Konflikt geführt haben. Aber ein Normalfall, der nur den wenigsten Regionen Europas erspart geblieben ist und der nicht nur ihre Gegenwart, sondern ebenso ihre Vergangenheit immer schon zu einer multikulturellen gemacht hat. Das sollen im folgenden Parforceritt durch die Jahrhunderte einige fast willkürlich herausgegriffene, nicht nur Deutschland betreffende Beispiele spürbar machen.

Europa vertreibt seine Fremden und schadet sich selbst

Die ersten Beispiele führen nicht eben zufällig in die Gegenden, aus denen seit den sechziger Jahren dieses Jahrhunderts Arbeitsmigranten gen Norden aufgebrochen sind: in den Mittelmeerraum, der lange Zeit das Kraftzentrum Europas und zugleich die Zone gewesen war, durch die – feindlich-militärisch oder friedlich-händlerisch – außereuropäische Kulturen nach Europa eindrangen. Der französische Historiker Fernand Braudel hat ein monumentales dreibändiges Werk geschrieben, dessen – wenn man will – Hauptfigur kein Staat und kein Herrscher, sondern eben der Mittelmeerraum ist.[34] Diese Perspektive erleichtert dem Autor den Blick über staatliche und kulturelle Grenzen hinweg: Er erzählt eine Reihe von Geschichten über die Migration und ihre Bedeutung.

So waren etwa schon im 14. Jahrhundert Arbeiter aus Flandern und Brabant in den Florentiner Gewerben beschäftigt.[35] Als spätestens am Ausgang des Mittelalters neue Gewerbe und fast schon Industrien entstanden sowie die Handelsverbindungen quer über den Kontinent enger wurden, kamen auch die Arbeitskräfte in Bewegung. Die Neuqualifizierten suchten sich neue Betätigungsfelder, und die weniger entwickelten Regionen waren am *brain drain* interessiert. So kam, stärker als zuvor schon, das Wandern der Arbeiter, Händler und Bankiers auf, und zwar nie nur in eine Richtung. Flandrer in Florenz, Florentiner in Nürnberg, Nürnberger in Venedig, Venezianer in Konstantinopel usw.

Die Städte, auf Expansion angelegt, brauchten schon im 16. Jahrhundert die Immigranten – Arbeiter ebenso wie Händler und Intellektuelle. Alle großen Mittelmeerstädte von Marseille bis Algier waren betroffen. Um nur ein Beispiel, das Venedigs, herauszugreifen: Seine wilkommenen Arbeitskräfte für die Hauswirtschaft bezog es aus dem benachbarten Friaul, die *Furlani*. Die weniger willkommenen, die Taugenichtse, kamen aus der Romagna und den Marken; man wollte ihnen den Zutritt verwehren, doch den verschafften sie sich, indem sie des Nachts *Barcaruoli* mit Waffengewalt zwangen, sie über die Venedig vorgelagerten Inseln Giudecca oder Murano in die Stadt zu schaffen. Aber auch von weiterher kamen Fremde nach Venedig, die zu einem beträchtlichen Teil blieben: Albaner, Griechen, Perser, Armenier, Türken, aber auch jüdische Familien portugiesischer Herkunft, die – aus dem europäischen Norden, in den sie zuvor (etwa nach Flandern oder Hamburg) ausgewandert waren – auf dem Weg in den Orient in Venedig nur Zwischenstation machen wollten, oft aber auf Dauer blieben.[36]

Auch die Inseln des Mittelmeeres trugen reichlich zur Migration bei. Stets in Gefahr, von den Entwicklungen auf dem Festland abgekoppelt zu werden, suchten sie Anschluß unter anderem dadurch, daß sie Emigrationen organisierten. Eines der markantesten Beispiele ist das Korsikas. Es gibt, schreibt Braudel, kein Mittelmeerereignis im 16. Jahrhundert, in das die Korsen nicht verwickelt gewesen wären. Man findet sie in (dem den Korsen verhaßten) Genua, in Rom, in der toskanischen Maremma, in Civitavecchia, in Livorno, aber auch in Algier, Konstantinopel, Sevilla, Valencia und vor allem in Marseille.[37]

Häufig überspringen diese Migrationsbewegungen mühelos die Grenze zwischen Okzident und Orient, die erst einem späteren Bewußtsein als scharf gezogen erschienen ist. Zahlreich waren die westlichen Händler, die sich etwa in Konstantinopel niederließen; mehrere tausend venezianische Familien sollen Ende des 16. Jahrhunderts im Nahen Osten gelebt haben.[38]

Erstaunlicher noch ist das Geschehen im moslemischen Algier.

Die Stadt, deren rasantes Wachstum die Entwicklung amerikanischer Großstädte um Jahrhunderte vorwegnahm, war eine Stadt der Immigranten.[39] Vor allem Berber aus den nahen Bergen der Kabylei strömten in die Stadt, aber auch zahlreiche andalusische und aragonische Flüchtlinge, zumeist Handwerker und Ladeninhaber, deren Namen noch heute im Viertel der Tagarins zu finden sind.

Die Stadt besaß eine ungeheure Attraktivität, und es fanden sich in ihr zahlreiche gefangene, aber auch freiwillig zugewanderte Christen. Die Christenheit hat sich – bis hin zu Mozarts »Entführung aus dem Serail« – einige Mühe gegeben, die in moslemischem Gewahrsam befindlichen Christen als Opfer darzustellen, die es aus den Fängen des Antichrist zu befreien gelte. Opfer waren sicher viele von ihnen, wenngleich nicht alle. Aber auch unter den Opfern gab es zahlreiche, die es mit der Rückkehr in den Schoß der alleinseligmachenden Kirche nicht eben eilig hatten, weil sie die arabische Kultur und ihre Innovationsbereitschaft schätzen gelernt hatten.

Es handelt sich hierbei um einen »Skandal« der Christenheit, der immer wieder vertuscht worden ist. Ausführlich war oft von den Christen die Rede, die – durch Waffengewalt oder Lösegeld – den Moslems entrissen werden konnten. Weit weniger gern ist dagegen von jenen Christen gesprochen worden, die sich ihrer »Errettung« widersetzten, die bleiben wollten und die in Scharen zum Islam übertraten – nicht unbedingt aus religiöser Überzeugung, sondern einfach deswegen, weil sie sich mit einer Kultur, einer Lebensweise und einem weitflächig angelegten Handelssystem arrangieren wollten, die ihnen attraktiver erschienen als dasjenige, das ihnen das christliche Europa zu bieten hatte.

Wie überhaupt die islamische Welt eine große Attraktivität besaß, die durch die Intoleranz und den religiösen Haß der Christenheit, insbesondere der spanischen, nur noch größer wurde. Und das hatte oft den eigentümlichen Effekt, daß gerade dadurch die Errungenschaften des Westens in den Orient wanderten. Jahrhundertelang war Spanien, das sich zu Teilen in den Händen der Araber befand, von einer höchst produktiven Mischung aus christlich-spanischer und maurisch-moslemischer

Kultur geprägt gewesen, die auch den Juden neue wirtschaftliche und intellektuelle Möglichkeiten eröffnet hatte. Und Jahrhunderte dauerte es auch, bis es Spanien endlich gelang, die Mauren zu vertreiben und der Kultur der Vermischung ein Ende zu bereiten.

1492 wurden die Juden aus Spanien vertrieben, und in einem letzten staatlichen Kraftakt entledigte sich Spanien zu Anfang des 17. Jahrhunderts seiner Morisken, also der in Spanien seßhaft und zu großen Teilen erfolgreich gewordenen Mauren.[40] Das war der Schlußpunkt einer langen Säuberung, die zur Erstarrung des spanischen Reichs geführt hat. Dem war ein langer Kleinkrieg gegen die Morisken vorausgegangen. Seit 1499 war es zu Zwangsbekehrungen gekommen; Jahrzehnte später versuchte man es mit der Unterdrückung von Kultur und Lebensweise: Die moriskische Frauen- und Männerkleidung wurde verboten; die Morisken durften ihre Häuser nicht mehr verschließen, wodurch heimliche islamische Feiern unterbunden werden sollten; und schließlich untersagte man ihnen sogar den Gebrauch der arabischen Sprache. Es folgten Deportationen aus einzelnen Städten (etwa aus Granada, dessen Blütezeit damit beendet war); die Morisken wurden über das Land verstreut, kamen aber in etlichen Städten – etwa in Sevilla, Toledo und Avila – schnell wieder zu wirtschaftlichem Erfolg. Immer wieder wurden ihnen Verschwörungen angedichtet, und Provokateure versuchten, die friedfertigen Morisken zum Gegenschlag und zu Aufständen zu reizen.

Den Schlußpunkt setzte, nachdem alles andere nichts genutzt hatte, 1609 bis 1614 die endgültige Vertreibung. Sehenden Auges leistete sich Spanien diesen wirtschaftlichen und kulturellen Aderlaß; man wußte, daß die Vertreibung der Morisken dem Land schwere Wunden schlagen würde. »Wer soll unsere Schuhe machen?« fragte der Erzbischof von Valencia (wo ein Drittel aller Bewohner Morisken waren) – was ihn jedoch nicht hinderte, die Vertreibung entschlossen zu befürworten. Ganze Dörfer veröffneten, in etlichen schrumpfte die Bevölkerung um 80 bis fast 100 Prozent, und der wirtschaftliche Schaden war enorm. Warum dann diese widersinnige, dem Land schädliche und es in eine lange Erstarrung treibende Radikalkur?

Fernand Braudel schreibt: »Vor allem, weil der Moriske unassimilierbar blieb. Spanien hat nicht aus Rassenhaß gehandelt (der in diesem Kampf fast nicht vorhanden scheint), sondern aus Haß auf die Kultur, aus religiösem Haß. Und der Ausbruch seines Hasses, die Vertreibung, ist das Eingeständnis seiner Ohnmacht, der Beweis dafür, daß der Moriske auch nach einem, nach zwei oder drei Jahrhunderten – je nachdem – der Maure von früher geblieben ist: Kleidung, Religion, Sprache, nach außen abgeschlossene Häuser, maurische Bäder. Er hat alles bewahrt. Er hat sich der abendländischen Kultur verweigert.«[41]

Auch das ist bis heute eine Gefahr geblieben, die in einem gewissen Maße in jeder multikulturellen Gesellschaft lauert. Gruppen, die sich, wie friedlich und selbstgenügsam auch immer, der Kultur der Mehrheitsgesellschaft verweigern, *können* bei dieser ein ungeheures Potential an blindem und keiner Vernunft- und Nützlichkeitserwägung mehr zugänglichem Haß freisetzen. Auch auf dem Hintergrund dieser möglichen Gefahr muß daher die Diskussion über Integration und das Recht auf kulturelle Eigenständigkeit geführt werden. Damit plädieren wir nicht dafür, den Angehörigen von Minderheiten angesichts solcher Gefahren die Aufgabe ihrer Kultur und die möglichst schnelle Integration oder gar Assimilation nahezulegen. Wir sagen nur, daß der *kulturelle* Konflikt explosive Potentiale beinhalten kann und daß die multikulturelle Gesellschaft dann vermutlich am ehesten zivil bleibt, wenn beide Seiten – Mehrheit und Minderheiten – kulturell aufeinander zugehen.

Wir haben schon mehrfach gezeigt, daß der Versuch von Staaten und Regierungen, sich der multikulturellen Seite der Gesellschaft zu entledigen, oft das genaue Gegenteil zur Folge hat. Das gilt auch hier. Zwar ist es Spanien gelungen, die Kultur der Morisken zu zerstören; viele Morisken sind aber trotz der großen Vertreibungsaktion geblieben, vor allem auf dem Land. Sie sind, wie Braudel schreibt, in der Masse untergegangen, haben aber ihr unauslöschliches Zeichen hinterlassen und auch nach 1614 zur komplexen Kultur der iberischen Halbinsel beigetragen: »Die Haßwelle konnte nicht alles fortspülen, was sich auf dem Boden Iberiens festgesetzt hatte; weder die schwarzen Augen der Andalusier noch die abertausend Begriffe aus dem Wortschatz der ehemals Unterlegenen, die nun zu neuen Siegern geworden waren. Ein totes Erbe, meinen manche, und so belanglos, daß in Küchenrezepten, im Handwerk und in den Kommandofunktionen aus dem Alltag Spaniens oder seines Nachbarn Portugal die Sprache des Islam immer noch lebendig ist. Und dennoch hält sich sogar noch im 18. Jahrhundert, der Zeit des französischen Geschmacks, auf der iberischen Halbinsel eine lebendige Kunst, eine echte *Mudéjar*-Kunst mit ihrem Stuck, ihrer Keramik und den zarten Farben ihrer *azulejos*.«[42]

Doch die Vertreibungen der einheimischen Fremden, zu denen es ja nicht nur auf der iberischen Halbinsel kam, hatten noch ganz andere ungewollte Folgen. Die islamischen Länder waren ohnehin attraktiv: Sie eröffneten die Perspektiven von Abenteuer und Gewinn, und zudem war das »angenehme Leben«[43], das sie boten, geradezu sprichwörtlich geworden. In Scharen traten Christen – etwa Kaufleute, die sich in arabischen Städten niedergelassen hatten – zum Islam über. Und auch die Vertriebenen – etwa Morisken und Juden – wurden von der islamischen Welt angezogen, die sich gegenüber fremden Einflüssen kaum abschloß. Und das hatte Folgen. Die Türkei etwa vervollständigt im 16. Jahrhundert auf diesem Weg ihre Kenntnis der neuesten westlichen Errungenschaften; ein Zeitgenosse schrieb: »Die Türken haben sich durch Renegaten alles verschafft, worin die Christen überlegen waren.«[44]

Eine kleine, aber bedeutsame Episode soll verdeutlichen, wie sehr sich das christliche Europa dadurch geschadet hat, daß es sich seiner einheimischen Fremden zu entledigen suchte: Als die türkische Armada in den Jahren nach 1571 nach dem Vorbild des Westens erneuert und modernisiert wurde, war das das Werk eines Renegaten – des Neapolitaners Euldj Alī. Indem das christliche Europa wider alle Vernunft das eigene Fremde abstieß, überantwortete es einen gut Teil seiner kreativen Potentiale dem Gegner. Das Multikulturelle wurde nicht integriert, sondern – gewissermaßen angereichert um die Errungenschaften des Westens – exportiert. Der sich abschließende Westen hat damit paradoxer-, aber erklärlicherweise den Gegner multikultureller, wendiger und widerstandsfähiger gemacht.

Um auf die Fontanes, die Zuccalmaglios, die Brentanos, die Franzens und später die Kowalskys in Deutschland zurückzukommen: Wanderungen hat es schon immer gegeben, und gerade im späten Mittelalter, in dem vieles bisher Unhinterfragte seine Selbstverständlichkeit verlor, nahmen sie zu, von den Wandermönchen bis zu den marodierenden Soldatenhaufen. Es begann nun aber auch die Zahl der Fremden anzuwachsen, die sich mehr oder minder auf Dauer niederließen. Ihr Kommen und manchmal auch ihr Gehen konnte von Konjunkturen und Handelsbeziehungen ebenso abhängen wie vom jeweiligen Verlauf des Glaubensstreits und der Glaubenskriege; und oft genug waren das Religiöse und das Wirtschaftliche eng miteinander verbunden.

Zahlreiche deutsche Kaufleute hatten sich seit der frühen Neuzeit in Italien, vor allem in Venedig niedergelassen, wo sie ein eigenes Kauf- und Lagerhaus, den *Fondaco dei Tedeschi*, unterhielten. Später setzte die gegenläufige Bewegung ein: Seit der zweiten Hälfte des 16. Jahrhunderts eroberten Italiener, in erster Linie Venezianer, deutsche Handelsplätze – Köln, Nürnberg, Augsburg, Frankfurt am Main, Leipzig. Bartolomäus Viatis, im Alter von zwölf Jahren aus Bergamo, also der venezianischen *terra ferma*, ausgewandert, arbeitete sich in Nürnberg bis zum zweitgrößten Kaufmann der Stadt hoch. Emigranten wie er trugen dazu bei, das Netz der Verbindungen zwischen Italien und Deutschland enger zu knüpfen. Als 1585 die Frankfurter Börse eingerichtet wurde, waren unter den 82 Firmen, die von der Stadt eine Festsetzung des Wechselkurses forderten, 22 italienische Häuser.[45] Die italienischen Kaufleute in Deutschland trugen zu Aufschwung und Prosperität ebenso bei wie zu Streit und Auseinandersetzung – schließlich machten sie den deutschen Händlern Konkurrenz und bedrohten mit ihren modernen ökonomischen Praktiken das traditionelle Wirtschaftsgefüge der meisten deutschen Städte.

Fast mehr noch galt das zur gleichen Zeit für andere Neubürger in deutschen Landen, die den Reigen der Konfessionsflüchtlinge eröffneten: für die niederländischen »Exulanten«, damals in Deutschland gemeinhin »Wallonen« genannt, die aus den im Unabhängigkeitskrieg gegen Spanien befindlichen Niederlanden zuerst ins niederrheinische Gebiet, bald darauf aber auch weiter nach Süden gezogen waren.[46] Ihnen folgten später andere Glaubensflüchtlinge. Zuerst die Hugenotten, die vor allem nach der Aufhebung des Toleranz-Edikts von Nantes (1685) in Scharen Frankreich verließen und in der Kurpfalz, in Kurbrandenburg, in Hessen-Kassel und in zahlreichen kleineren Fürstentümern Aufnahme fanden. Zahlreich waren unter ihnen Gelehrte, Literaten, Verleger, vor allem aber hochspezialisierte Handwerker und Manufakturisten; wo immer sie – in der Regel auf ausdrücklichen Wunsch der Regenten – hinkamen, trugen sie zum Aufschwung des Wirtschafts- wie des intellektuellen Lebens bei, was sie nicht immer beliebt machte, auch deswegen nicht, weil sie ihrer besonderen Fähigkeiten wegen oft mit Privilegien ausgestattet wurden. Der Aufschwung Berlins von einem gottverlassenen Ackerbaustädtchen zur späteren Kapitale wäre ohne die Hugenotten ebensowenig möglich gewesen wie etwa die Blüte der manufakturellen Betriebe im Gebiet zwischen Kassel und dem Weserland.[47]

Den Hugenotten folgten die aus Frankreich und dann auch Savoyen vertriebenen Waldenser, die sich – in kleineren Gruppen – u. a. in Hessen-Kassel, in der Kurpfalz, in Kurbrandenburg, in Brandenburg-Bayreuth, in Württemberg und in Hanau niederließen und – dem apostolischen Armutsideal ihres Glaubens verpflichtet – zum größten Teil nicht in Manufakturen, sondern in der Landwirtschaft tätig wurden. Und nach ihnen kamen um 1730 die Salzburger Protestanten[48], die zum größten Teil auf Einladung des »Soldatenkönigs« Friedrich Wilhelm I. in das durch eine Pestepidemie entvölkerte Ostpreußen zogen, das sie – u. a. durch das Trockenlegen von Sümpfen – kultivierten und später als Bauern bearbeiteten; weit über das Land verstreut und ohne allzugroße Sprachschwierigkeiten, waren die Salzburger sehr viel schneller integriert als etwa die Waldenser und auch die Hugenotten.

An nur einem Beispiel, dem der niederländischen »Exulanten«, wollen wir im folgenden etwas ausführlicher darstellen, wie sich bei den frühen Zuwanderern nach Deutschland das Motiv der Zuflucht und das des Vorankommens mischte, wie also das Motiv der Asylsuche und das der Wirtschaftsflucht zusammengingen, und wie diese Gemengelage – ganz wie heute – die Deutschen einerseits beträchtlich voranbrachte, andererseits aber auch in Furcht und Abwehr versetzte. Erläutern werden wir das vor allem am Beispiel der Handels- und Messestadt Frankfurt am Main, in der 1533 die Reformation eingeführt worden war.

Während die niederländischen Exulanten in nördlicher gelegenen Städten wie Emden, Wesel und zum Teil Hamburg, aber auch in Aachen vergleichsweise schnell wenn nicht integriert, so doch akzeptiert waren, löste ihre Anwesenheit in Frankfurt eine Reihe schwerer Konflikte aus, die bis ins 18. Jahrhundert hinein fortschwelten. Und das lag an zweierlei: an ihrer ökonomischen Modernität und an ihrem calvinistischen Glauben, der im lutherisch reformierten Frankfurt zwar geduldet, aber nicht eben hochwillkommen war. Oft haben sich beide Motive der Abwehr überlagert, und oft auch wurde das eine gesagt, während das andere gemeint war. Und zudem verweist schon dieses alte Frankfurter Beispiel auf ein Problem, das bis heute mit fast jeder Migration Hand in Hand geht und das durch das relative Erstarken des Islam in Deutschland immer aktueller wird: auf das *moderne* Problem des religiösen Zwists, hinter dem sich ein Streit um die grundlegenden Werte der Gesellschaft verbirgt.

Wie an vielen Orten wurden die niederländischen »Exulanten«, wie sie genannt wurden, auch in Frankfurt nicht zuletzt aus Mitgefühl mit religiös Verfolgten aufgenommen. Ab 1554 wanderten sie in beträchtlicher Zahl zu: Schon sieben Jahre später waren sie auf 2000 angewachsen und machten damit 13 Prozent der gesamten Frankfurter Bevölkerung aus, um in den siebziger Jahren noch weiter bis auf immerhin 20 Prozent anzusteigen. Während in einer ersten Phase vor allem Handwerker aus dem Bereich der Draperie kamen, überwogen in der zweiten einerseits die reichen Kaufleute oder Unternehmer und auf der anderen Kleinmeister und Lohnarbeiter. Die berühmte Handelsstadt, Knotenpunkt ost-westlicher wie nord-südlicher Handelswege, befand sich zu dieser Zeit in wirtschaftlichem Niedergang, sichtbar etwa im Verfall der Frankfurter Tuchproduktion. Dieser Niedergang hatte vor allem mit dem starren und überalterten

Zunftsystem zu tun. Eben deswegen kam dem städtischen Patriziat der Zuzug der in den modernen Techniken geübten Niederländer auch aus wirtschaftlichen Gründen gelegen, versprach er doch womöglich neuen Aufschwung, der dem Patriziat, also den Kaufleuten und Rentiers, zugute kommen würde.

Und in der Tat, der Erfolg ließ nicht auf sich warten: Die an keine Zunftordnung gebundenen Niederländer, die etwa in London den im Gang befindlichen wirtschaftlichen Strukturwandel beschleunigten, lösten ihn in Frankfurt aus: »Die Tätigkeit der eingewanderten Unternehmer, Großkaufleute und Finanziers verwandelte die noch weitgehend agrarisch strukturierte und – von wenigen Fernhändlern abgesehen – lediglich einen periodischen Fernhandel betreibende Stadt innerhalb kurzer Zeit in ein neuzeitliches Wirtschaftszentrum mit bedeutenden Luxus- und Exportgewerben (vor allem Seidenherstellung und Diamantenschleiferei), mit einem ständigen Eigenhandel und dem wichtigsten Finanzmarkt Deutschlands. Diese Veränderungen zogen auch hier die bekannten sozialen Umschichtungen nach sich. Sie wurden in der Ansammlung einer breiten, im Stücklohn stehenden Arbeiterschaft augenfällig.«[49]

Heute, mehr als 400 Jahre später, ist in Frankfurt der Anteil der einheimisch gewordenen Fremden wieder hoch[50], mit etwa 26 Prozent der Gesamtbevölkerung sogar noch etwas höher als damals. Doch die Fremden des 16. Jahrhunderts veränderten das Gefüge der Stadt ungleich mehr und radikaler als die heutigen. Und entsprechend heftig waren denn auch die Reaktionen. Die Zünfte, deren prekäre Lage sich durch das Auftauchen der Niederländer augenblicklich noch weiter und dramatisch verschlechtert hatte, opponierten von Anfang an gegen die Zugezogenen, deren Gewerbe florierten und die durch keine Gewerbebeschränkungen gebunden waren. Eine Zeitlang waren die (politisch nicht gleichgestellten) Neubürger durch das Patriziat geschützt, das sich von ihnen, wie schon gesagt, Vorteile versprach. Als die Niederländer aber nicht mehr nur Handwerker, sondern auch Unternehmer, Kaufleute und Händler waren und diese oftmals das einheimische Patriziat in Reichtum, Prestige und Prachtentfaltung überflügelten, war es mit dem Wohlwollen des Patriziats schnell vorbei.

Und so griff die Stadt zu restriktiven Maßnahmen gegen die, denen sie ihren Aufschwung zu verdanken hatte, die aber auch das traditionelle städtische Gefüge und dessen Sicherheiten durcheinandergebracht hatten. So durften ihnen z. B. keine Häuser mehr verkauft werden; begründet wurde dieser Beschluß mit dem Willen, »daß die welschen [...] alhir, die sein Burger oder nit, der Teutschen schöne und statliche heuser [...] nit an sich bringen«[51]. Und wie zeitenübergreifend die Furcht ist, die doch so nützlichen Zuwanderer könnten das Gemeinwesen »überfremden« oder gar insgesamt übernehmen, beweist eine »Ratschlagung« der Stadt Frankfurt aus dem Jahr 1572, in der ausdrücklich vor der Machtübernahme durch die »welschen« Niederländer gewarnt wird; es heißt dort nämlich, die Welschen wollten »zu letzt woll herren der Stat (das Gott verhüte) [...] werdenn«.

Restriktive Beschlüsse dieser Art waren zwar nicht wirkungs-, letztlich aber doch hilflos; denn ernsthaft dachten die führenden Schichten der Stadt natürlich nicht daran, sich der neuen Quelle des Wohlstands zu entledigen. Und so wurde der Streit vor allem auf religiösem Gebiet ausgetragen, also als Kampf der Frankfurter Lutheraner gegen die niederländisch-frankfurterischen Calvinisten. Es gelang den Lutheranern Schritt für Schritt, die kirchlichen Rechte der Fremdengemeinden zu Fall zu bringen. Die Lutheraner verstanden es dabei, sich die wirtschaftlichen Befürchtungen der Einheimischen zunutze zu machen; so warnten sie im Verlauf einer Kontroverse um das Abendmahl davor, daß die Niederländer, da sie »Ihrer Land Art nach, vortheylhafftig listig und wanckelmuethig weren, wurden sie mancherley Newerung anheben, so wol gemeyner Burgerschafft, und auch den Kauffhendeln in Messen nachtheylich seyn, und [...] ewige Unruhe gebaeren«. Und in einer Streitschrift wird hervorgehoben, der »unordentliche wandel« sowie die »beschwerliche beywohnung« der Calvinisten hätten »die Buergerschaft zu Unwillen bewegt«[52].

Bei all diesen halb religiösen, halb religiös nur drapierten Attacken auf die Niederländer ist auffällig, daß die Invektiven der Geistlichkeit stets mit den Protesten der zünftig organisierten Handwerker, die nicht selten auch zum Mittel der offenen Gewalt griffen, Hand in Hand gingen. Obgleich diese wachsende religiöse Intoleranz die Frankfurter Niederländer zeitweilig zur Übersiedlung ins benachbarte Hanau veranlaßte, kehrten sie – wirtschaftlich ohnehin unentbehrlich – doch bald wieder zurück; und nachdem den in Köln lebenden Niederländern die Existenzgrundlage zerstört worden war, zogen von dort sogar noch weitere zu.[53]

Sie blieben, weil man sie brauchte. Die Blüte in Handel und Gewerbe, die Frankfurt zu Beginn des 17. Jahrhunderts erlebte, ging fast ausschließlich auf die unternehmerische Tätigkeit der Niederländer zurück. Das nahm man gerne in Kauf. Genau wie heute aber war man nicht bereit, den Entwicklungshelfern aus der Ferne auch *gesellschaftlich* die Position einzuräumen, die ihnen zustand. Sie blieben, in diesem Fall mit religiöser Begründung, isoliert und lebten in einer Niederländerkolonie, deren Status dem des Gettos der Juden ähnelte. Noch dem jungen Goethe fiel im 18. Jahrhundert die Sonderexistenz der Niederländer auf: »Die sogenannten Reformirten bildeten, wie auch an anderen Orten die Refugiés, eine ausgezeichnete Classe.«[54] Die Auszeichnung war die der gesellschaftlichen Marginalisierung. Die Stadt profitierte von den fremden Erneuerern, scheute sich aber nicht, das Unbehagen, das jede Erneuerung auch hervorbringt, eben den nützlichen Erneuerern anzulasten.

Die unerwünschten Entwicklungshelfer: Italiener in Frankfurt

Nicht eben beliebt waren auch andere Fremde, die sich in Frankfurt und anderswo niederließen, gegen Auflagen wie Restriktionen zu kämpfen hatten und dennoch oft erfolgreich waren: die Italiener.[55] Es waren zuerst, seit dem Dreißigjährigen Krieg, Südfrüchtehändler aus der Lombardei, vor allem vom Comer See, und später dann Seiden- und Galanteriewarenhändler. Sie zogen insbesondere an den Niederrhein und den Main, in Städte wie Mainz, Frankfurt, Köln, Bingen, Bonn, Heidelberg, Koblenz, Mannheim und Trier, wo sie zum Teil binnen kurzer Zeit Handelshäuser und Unternehmen aufbauten, die mehrere Jahrhunderte lang zu den führenden der Region gehörten; Beispiele sind die Familie Brentano in Frankfurt, die Familie Canaris in Trier und die Familie Farina in Köln. Zu Anfang galten sie als fliegende Händler und Hausierer, deren Tätigkeit strikt reglementiert war: Nur mit ganz bestimmten Waren – Zitronen, Limonen, Pomeranzen, Granatäpfeln, Kapern und Oliven – durften sie handeln. Doch Transportsystem und Handelsnetz, die sie aufbauten, brachte sie bald in eine den deutschen Händlern überlegene Position. Und so war der Konflikt vorgezeichnet.

Frankfurt am Main war (neben Mainz) im 17. Jahrhundert der bedeutendste Einwanderungsort der »Comenser Pomeranzengänger«. Es dauerte nicht lange, bis es zu Querelen zwischen den Italienern und dem Magistrat sowie den eingesessenen Spezerei- und Würzkrämern kam, die fast zwei Jahrhunderte lang andauern sollten. Auch hier die schon bekannten Folgen: Obgleich kaum etwas unterlassen wird, um den Erfolg und den Einfluß der Fremden zu bremsen, kann nicht verhindert werden, daß sie ihre Position festigen, ihr Warenangebot – oft sehr trickreich – vergrößern und schließlich im Groß- und Detailhandel der Stadt eine führende Stellung einnehmen. Zahlreiche Ratsbeschlüsse belegen, wie sehr den einheimischen Fremden – die nicht Bürger mit gleichen Rechten, sondern nur »Beisassen« waren – zugesetzt wurde.

Ein paar Beispiele: Am 14. Oktober 1628 beschweren sich einheimische »mit Pomerantzen hanthierende Bürger« über die »aushokkung und tägliche Umbtragung« dieser Waren, und der Rat beschließt, daß die Italiener ihre Waren nur an den beiden wöchentlichen Markttagen verkaufen dürfen. 1632 wird (es muß also Verstöße der Italiener gegeben haben) erneut beschlossen, daß sie nur an Markttagen verkaufen dürfen; insbesondere »soll man den fremden das haußieren verbieten«. 1671 verbietet man »denen Italienischen beysaßen den Zucker- und Würzhandel« und gestattet ihnen allein Handel mit »Waren, so sie aus Italien herbringen«.

1676 beantragt Matthaeus Guaita, einer der führenden italienischen Händler der Stadt, die Aufnahme in die Bürgerschaft, zeigt sich also integrationsbereit; sein Antrag wird – wie auch erneut im folgenden Jahr und noch öfter – abgelehnt. 1683 – die Italiener sind des verbotenen Handels mit Gewürzen angeklagt –

lautet der Beschluß: »soll mann sothane Würtz und Safran, da solche falschbefunden würde, verbrennen laßen«. 1689 bittet Antonio Brentano, Oberhaupt einer der großen italienischen Familien in Frankfurt, um die Genehmigung, im lutherischen Frankfurt eine katholische Haustaufe abhalten zu dürfen; der Antrag wird abgelehnt. Und 1697 klagen alle bürgerlichen Spezerei- und Würzkrämer gegen ihre jüdischen und italienischen Konkurrenten; der Rat fällt einen bemerkenswerten Beschluß, mit dem er erstmals ein wenig von seiner *nur* italienerfeindlichen Politik abweicht: Einerseits werden die Italiener angewiesen, »dem angeführten Vergleich sich gemäß zuverhalten«, also den einheimischen Händlern nicht allzusehr in die Quere zu kommen, andererseits werden aber auch die eingesessenen »Specerey-Händler« aufgefordert, »ihre Waaren in billigeren Preiß zugeben«.

Man sieht: Selbst unter den sehr streng reglementierten Handels- und Gewerbebedingungen des 17. Jahrhunderts gelang es den Einheimischen nicht, die Italiener an Expansion und Fortkommen zu hindern. Diese verstanden es gut, in einer geschickten Mischung aus Gehorsam und Gesetzesübertretung ihr Terrain allmählich auszudehnen – und Erfolg hatten sie vor allem deswegen, weil sie billiger waren als die einheimischen Händler. Dem konnte sich, wie der letzte Beschluß zeigt, auch der Rat auf Dauer nicht entziehen. Nicht viel anders als die Institutionen und Verbände der heutigen Bundesrepublik öffnete er sich gegenüber den profitierlichen Seiten der Zuwanderung, weigerte sich aber hartnäckig, den Zugewanderten die Bürgerrechte zuzugestehen – was diesen dann nicht selten auch noch als mangelnde Bereitschaft zur Integration vorgehalten wurde. Und natürlich unterließ es der Rat auch nicht, den latenten religiösen Konflikt zu aktualisieren, indem er die katholischen Italiener bei der Ausübung ihres Glaubens immer wieder schikanierte.[56] Auch das ein beträchtliches Hindernis, das der Integration entgegenstand: Indem der Rat den Italienern die Einbürgerung verwehrte, erschwerte er zusätzlich noch Heiraten zwischen Deutschen und Italienern, die zu Anfang – aus religiösen Gründen – ohnehin schon selten genug waren.[57]

Das einheimische Gewerbe rieb sich vor allem an der Modernität und Flexibilität der Italiener sowie an den internationalen Verbindungen, über die sie verfügten. Daß sie außerhalb der Meßzeiten ihre Waren feilboten, also gewissermaßen gegen das Ladenschlußgesetz verstießen, warf man ihnen immer wieder vor. Und stets schoben die Kläger das große Ganze und das Gemeinwesen vor: Der Stadt werde »durch allerhand verbottene einschleichung der Wahren und auffnehmung frembder Personen in ihren Häusern« geschadet – wo doch in Wahrheit nur den unbeweglicheren einheimischen Händlern geschadet wurde. Eine Bittschrift von 1722 klagt über die »ungemeinen Excesse« der Italiener und wirft diesen – offen das Motiv des Neids aussprechend – ihren Internationalismus vor: Sie seien Übertreter der Ordnung, welche »meistens mit frembden außländischen in Compagnie stehen, große, ja weith ansehnlichere Handlungen, alß die hiesigen Burgere selbsten thun, mithin Ihnen dadurch den grösten Schaden zufügen«[58].

Und bald auch fehlt – wie heute – der Vorwurf nicht, diese Ausländer seien zur Integration gar nicht bereit, da sie nicht für Frankfurt, sondern für ihre Heimat und die dort lebenden Familienangehörigen arbeiteten. In einem Schreiben an den Rat beklagen sich Einheimische 1722 darüber, daß die Italiener sich nur bereichern, ohne daß die Stadtkasse einen Nutzen davon habe, und daß sie mit ihrem Reichtum doch nur nach Italien zögen, also Kapitalflucht begehen würden, und schließlich daß sie – statt einheimisch zu werden – eben das System der Rotation betrieben, das ihren Nachkommen 250 Jahre später so ans Herz gelegt werden sollte: »Setzen andere hungrige Pursch an ihren Platz, so uns den Handeln noch ärger alß Sie verderben, wie die erfahrungen mit sich gebracht, daß einige ihrer Vorfahren mit grosen Reichtumb nach Italien gekehrt.« Noch mehr als dreißig Jahre später wird mit dieser Begründung Domenico Martino Brentanos Antrag auf Aufnahme in die Bürgerschaft abgelehnt. Und auch damals schon die eigentümliche Strategie der Behörden, die noch heute am Werk ist: Mit dem Verdacht, die längst einheimischen Fremden seien zur Integration nicht bereit, wird ihnen – wenn sie diese ausdrücklich wünschen – die Einbürgerung verwehrt.[59]

Auch hier bewegt sich die offizielle Politik – wie heute – weithin im Bereich dessen, was sie wahrnehmen *will*. Früh schon geben zahlreiche italienische Familien zu verstehen, daß sie die Einbürgerung wünschen, sich also integrieren wollen. Immer wieder intervenieren sie beim Kaiser, der ihr Bemühen um freien Handel und Bürgerrechte unterstützt – freilich ohne Erfolg, denn die Stadt ignoriert die kaiserlichen Empfehlungen. Auch weist die Tatsache, daß sehr viele Italiener – trotz aller Barrieren – Deutsche heiraten, eindeutig auf ihren Bleibewunsch hin. Das gleiche gilt für die weiter oben schon erwähnte Eindeutschung italienischer Namen. Und gerade am angeblich so innigen Verhältnis zur alten Heimat zeigt sich, wie wenig die meisten an Rückkehr dachten. Zahlreich sind die brieflichen Klagen zurückgebliebener Familienangehöriger darüber, daß die Ausgewanderten sich weder finanziell noch sonstwie um ihre Verwandtschaft kümmerten.

Oft war schon die zweite Generation der italienischen Sprache nicht mehr mächtig – so etwa im Koblenzer Hause Mazza, dem die Mutter des anfangs republikanischen und später erzkatholischen Joseph von Görres entstammte. Und nicht selten – auch hier fällt die Parallele zu heute auf – sahen die Italiener sich selbst längst als Deutsche: 1719 beantragen Georg Liborius und Gottfried Guaita, die beiden Söhne des seit mehr als vierzig Jahren in Frankfurt lebenden Kaufmanns und Unternehmers Matthäus Guaita, die Einbürgerung unter anderem mit der Begründung, daß ihre Mutter eine Deutsche sei und sie »mithin vor keine Italiener mehr, sondern vor naturalisirte Teutsche zu halten sind«; des weiteren heben sie in flehentlichen und beschwörenden Worten ihre lauteren Absichten hervor und geloben der Stadt feierlich Respekt und Gehorsam. Doch auch dieser Antrag wird abgelehnt. Von Verdiensten des Matthäus Guaita könne, so der Rat der Stadt, keine Rede sein; er habe vielmehr »seinen wohlstand und gehabte gute nahrung allhier, der hiesigen Statt zu verdanken gehabt«. Daß Guaita und andere Entwicklungshelfer aus dem Süden den Wohlstand der Stadt beträchtlich vermehrt haben, wird mit keinem Wort erwähnt.

Im Laufe der Jahrzehnte ist den Italienern, vor allem dank ihrer Beharrlichkeit, doch noch die Integration gelungen. In katholischen Städten war das leichter als in evangelischen. Ein Beispiel aus Köln beweist das: In den vierziger Jahren des 18. Jahrhunderts zählte – neben dem Inhaber der Kölnisch-Wasser-Firma »4711« – der italienischstämmige Unternehmer Johann Maria Farina zu den Originalen des Kölnischen Karnevals, während dessen sich die beiden – so ein zeitgenössischer Bericht – nicht scheuten, »unbeschadet ihres sonstigen Ansehens in den fabelhaftesten Proletarier-Costümen auf der vornehmsten Straße Kölns ihre carnevalistischen Scherze auszuführen«.[60]

Und was für Köln galt, galt für andere Städte und Regionen auch: Viel häufiger, als gemeinhin vermutet wird, waren es von fernher Zugewanderte, die der industriellen Entwicklung wesentliche Anstöße gaben. Und zwar in doppelter Hinsicht. Zum einen waren die Fremden oft industrielle und unternehmerische Innovatoren. So haben etwa reformierte und mennonitische Flüchtlinge den Grundstein für die Krefelder Seidenindustrie gelegt; und es waren Niederländer, Schweden und Hugenotten, die im 17. Jahrhundert die Voraussetzungen für die Entwicklung der Stahl- und Eisenwarenindustrie im Bergischen Land schufen.[61] Und dieser Einfluß der Fremden auf das industrielle Geschehen war nicht nur auf die Frühzeit beschränkt – wie etwa das Beispiel von Elberfeld-Barmen, einer Hochburg der Industrialisierung im 19. Jahrhundert, zeigt. Die Unternehmerschaft der Stadt zeichnete sich durch ein hohes Traditionsbewußtsein und durchaus ständische Gesinnung aus; dennoch waren unter den 16 Präsidenten, die die Handelskammer von Elberfeld-Barmen zwischen 1831 und 1917 hatte, sechs Zugewanderte und vier, die Söhne von Zugewanderten waren.[62]

Das verweist schon auf die zweite Art von Anstoß, die die industrielle Entwicklung durch Zuwanderer erfuhr. Natürlich waren nicht alle dieser Zugewanderten »Ausländer«; und ebensowenig waren sie alle Unternehmer. Im 19. Jahrhundert nahm in Deutschland die *Binnen*wanderung zu, die zum größeren Teil eine Bewegung der Unterschichten war: Ohne sie wäre z. B. die Industrialisierung des Ruhrgebiets nicht möglich gewesen. Davon soll im folgenden die Rede sein.

Der Binnenwanderung ging die Auswanderung voraus. Weil Deutschland den von Verarmung Bedrohten keine Arbeitsplätze und kein Auskommen zu bieten hatte, setzte im zweiten Jahrzehnt des 19. Jahrhunderts eine große Auswanderungsbewegung, vor allem aus den süddeutschen Regionen, ein; der größere Teil der Auswandernden ging in die Vereinigten Staaten, ein kleinerer (vor allem die, die in der Nähe des Schiffahrtsweges Donau wohnten) ging nach Ost- und vor allem Südosteuropa.

Als sich 1817 der König und die Regierung von Württemberg über die zunehmende Auswanderung Sorgen zu machen begann, wurde auf Befehl des Königs eine Untersuchung über die Auswanderungsgründe angeordnet und mit der Durchführung der junge Rechnungsrat Friedrich List – der später als Nationalökonom und Förderer des Eisenbahnbaus berühmt werden sollte – beauftragt. List befragte in Heilbronn, Weinsberg und Neckarsulm etwa 200 im Auswandern Begriffene und faßte die Ergebnisse in einem ausführlichen Untersuchungsbericht zusammen, in dem er energisch der weitverbreiteten Ansicht entgegentrat, es sei Verführung oder religiöse Schwärmerei, die die Menschen zur Auswanderung veranlasse. In einer langen Liste trug der Autor die Nöte der Betroffenen zusammen – sie reichen von der Steuerlast über die Schikanen der Obrigkeit bis hin zur allgemeinen wirtschaftlichen Misere der Bauern und Handwerker. Und List – der immerhin im Auftrag von König und Innenministerium arbeitete[63] – kaum zu einem denkwürdigen Schluß: »Wenn ich die Resultate dieser Untersuchung in einen Blik zusammenfaße und dabei die GemüthsStimmung der Auswanderer berücksichtige, so finde ich als GrundUrsache der Auswanderung: *Übelbehagen, d. h. Druk, Mangel an Freyheit, in ihren bisherigen Verhältnißen als Staats- und GemeindeBürger.*«[64]

Es gab im 19. Jahrhundert die verschiedensten Migrationsbewegungen der Deutschen – etwa auch nach Frankreich.[65] Dorthin zogen Angehörige unterbürgerlicher Schichten (vor allem aus dem Großherzogtum Hessen-Darmstadt), die in der Heimat keine Arbeit fanden und die – wie viele Auswanderungswillige heute, die z. B. in die Bundesrepublik wollen – nicht genügend

Geld für die Fahrt nach Amerika aufbringen konnten. 100000 Deutsche sollen schon Ende der zwanziger Jahre in Paris gelebt haben. Sie arbeiteten als Straßenkehrer (diese Arbeit lag zeitweilig fast ganz in den Händen von Deutschen), als Erd- und Fabrikarbeiter sowie als Lumpensammler, die Frauen als Dienstmädchen. In einem Lagebericht der Evengelischen Mission von 1845 heißt es, es werde »keine Eisenbahn und kein Kanal gebaut, wo nicht deutsche Tagelöhner und Arbeiter in Masse herbeiströmten; alle Straßen von Deutschland nach Paris sind belebt von deutschen Auswanderern und Reisenden«.

Die in Paris lebenden Deutschen wiesen zudem alle Merkmale auf, die heute (oder genauer: bis Anfang der siebziger Jahre dieses Jahrhunderts) die Arbeitsmigranten in der Bundesrepublik auszeichneten: Es war unklar, ob sie nur temporäre »Gastarbeiter« oder Einwanderer waren. Und auch die Kulturkonflikte in der deutschen Arbeiterfamilien in Paris entsprachen genau denen der späteren südeuropäischen Arbeitsmigranten in der Bundesrepublik; Friedrich von Bodelschwingh, später berühmt geworden durch die Anstalt von Bethel, schrieb: »Da die Auswanderer selbst kein Französisch sprachen, sie auch nach Deutschland zurückzukehren gedachten, wenn sie sich einige hundert Mark erspart hätten, so war es ihnen schwer, daß ihre Kinder in den französischen Regierungsschulen sehr schnell Französisch, ja, wenn sie klein waren, nur Französisch reden lernten und die Eltern oft kaum noch verstanden.«

Der Hauptteil der deutschen Auswanderung ging aber nach Übersee, und zwar zu etwa 90 Prozent in die Vereinigten Staaten, der Rest verteilte sich auf Kanada und einige südamerikanische Länder und später auch auf Australien.[66] Zuerst kamen die Auswanderer fast ausschließlich aus Süddeutschland, später auch aus dem Norden und vor allem aus dem Osten Deutschlands. Insgesamt wanderten in dem Jahrhundert von 1820 bis 1920 etwas mehr als 5.5 Millionen Deutsche in die Vereinigten Staaten aus. Höhepunkte der Wanderungsbewegung waren das Jahrzehnt von 1846 bis 1857, die Jahre 1864 bis 1873 und schließlich vor allem die Jahre von 1880 bis 1893, in denen fast 1.8 Millionen Deutsche – diesmal vor allem aus dem Osten des Landes – nach Übersee gingen.

Stets waren es Krisen und Hungersnöte, die die Menschen über den Ozean trieben. Die deutschen Behörden ließen sie zumeist gern ziehen – scheuten sich freilich nicht, genau das zu tun, was heute nicht eben gerne gesehen wird, wenn es die Heimatländer der in der Bundesrepublik lebenden Ausländer tun: Es lag ihnen durchaus daran, daß die Deutschen in der Fremde auch Deutsche bleiben, sich also *nicht* assimilieren. So wurde etwa im Bundesratsentwurf zu dem 1897 verabschiedeten »Reichsgesetz über das Auswanderungswesen« ein klares Ziel formuliert; es gehe, hieß es dort, um »die Erhaltung des Deutschtums unter den Auswanderern und Nutzbarmachung der Auswanderung für die Interessen des Mutterlandes, und zwar durch die Ablenkung der Auswanderung von ungeeigneten und Hinlenkung nach geeigneten Zielen«.[67] Man stelle sich vor, dergleichen würde heute die türkische Regierung beschließen!

Noch vor der letzten großen Auswanderungsbewegung nach Übersee nahm in Deutschland jedoch eine andere Wanderungsbewegung allmählich zu, die bald die Überhand gewinnen sollte: die Binnenwanderung.[68] Sie hatte zwei Pole: auf der einen Seite Regionen im industriellen Aufschwung, die stets neue Arbeitskräfte benötigten, und auf der andern Regionen, die ihre Bewohner nicht mehr ernähren konnten. Dieses Gefälle setzte eine der größten Migrationsbewegungen in der Geschichte Deutschlands in Gang, die oft nur deswegen als solche kaum wahrgenommen wird, weil sie »nur« deutsch-deutsch gewesen ist. Schon zuvor nicht unbeträchtlich, nahm sie in den siebziger Jahren des 19. Jahrhunderts sprunghaft zu, und zwar in drei Formen. Es gab erstens die sogenannte Nachbarschafts- bzw. Umlandzuwanderung, also: Der Siegener siedelt nach Bottrop über. Mancher mag darin keine eigentliche Migration sehen. Man bedenke aber, daß diese kontinuierliche Abwanderungsbewegung für Millionen Menschen den abrupten Übergang von der ländlichen zur städtischen Lebensweise bedeutete. Zweitens gab es die sogenannte Nahwanderung (vor allem im Rhein-Main-Distrikt, in Mitteldeutschland und in Schlesien), die die Menschen über eine schon größere Distanz in die nächsten industriellen Zentren beförderte. Und drittens schließlich die sogenannten Fernwanderungen, wovon insbesondere das Ruhrgebiet, das Rheinland und Westfalen betroffen waren. Um die Dimensionen zu verdeutlichen: Von den etwa 60 Millionen Deutschen im Jahre 1907 lebten nur 31 Prozent an ihrem Geburtsort und etwa 9 Millionen (also 15 Prozent der Gesamtbevölkerung!) waren aus der Ferne Zugewanderte.

Diese deutsche Binnenwanderung »war die größte Massenbewegung in der deutschen Geschichte«.[69] Und ein Teil von ihr, die Fernwanderung, die von 1860 bis 1914 immerhin 20 Millionen Menschen (also mehr als die gesamte Bevölkerung der ehemaligen DDR) in Bewegung setzte, löste einen eminent multikulturellen Prozeß aus. Denn sie schuf – vor allem, wenngleich nicht nur im Ruhrgebiet – neue städtische Ballungsgebiete, in denen Menschen verschiedenster Herkunft zusammenlebten. Und das war nicht gerade eine Kleinigkeit, bedenkt man, daß die Deutschen der verschiedensten Länder und Regionen sich auch im preußisch vereinten Reich einander lange noch ziemlich fremd waren.

Nicht nur, aber vor allem war diese Fernwanderung eine Bewegung von Ost nach West. Bedingt durch die Krise der ostdeutschen Landwirtschaft, brachen immer mehr Menschen von dort Richtung Westen auf, vor allem aus Ostpreußen, Westpreußen, aus Posen und Oberschlesien. Zwei große Auffangbecken gab es für sie: den industriell expandierenden Raum Berlin-Brandenburg (in dem der Anteil der aus Ostddeutschland stammenden Bevölkerung allein in den drei Jahren zwischen 1907 und 1910 von etwas mehr als einer Million auf fast zwei Millionen anstieg) und den ebenfalls industriell expandierenden Raum Rheinland-Westfalen (in dem im gleichen Zeitraum die aus Ostdeutschland stammende Bevölkerung um knapp 60 Prozent zunahm). In den fünf Großstädten des Ruhrgebiets – Duisburg, Essen, Bochum, Dortmund und Gelsenkirchen – gab es zu Anfang des 20. Jahrhunderts mehr Zugewanderte als Einheimische, und oft machten die Fernwanderer mehr als ein Drittel der Gesamtbevölkerung aus (sogar in München, das damals nicht eben ein Zentrum der industriellen Entwicklung war, bestand die Bevölkerung zu mehr als einem Viertel aus Fernwanderern).[70]

Die deutsche Ost-West-Wanderung des späten 19. Jahrhunderts hat freilich nicht nur Deutsche in Bewegung gebracht. Denn das Ruhrgebiet mit seinen Kowalskys, Schimanskis und Robotnikows wäre undenkbar ohne die große Zahl jener Zuwanderer, für die man die Bezeichnung »Ruhrpolen« gefunden hat.[71] Seit dem Beginn der siebziger Jahre des 19. Jahrhunderts kamen Polen ins Ruhrgebiet, in der Regel – ganz ähnlich wie die frühen Arbeitsmigranten der Bundesrepublik – von Werbeagenten angeworben.

Diese Zuwanderer befanden sich in einer besonders prekären Situation. Denn zwar waren ihre Herkunftsgebiete dem Deutschen Reich zugeschlagen; gleichwohl galten sie – weil sie Polnisch sprachen und die polnische Nationalbewegung ein immerwährendes Schreckgespenst für das Bismarcksche Deutschland darstellte – als Fremde, von denen nichts Gutes zu erwarten war.[72] Die Ruhrpolen waren preußische Staatsbürger, mußten aber gleichwohl die Erfahrung machen, daß der Besitz der deutschen Staatsbürgerrechte nur wenig hilft, wenn es die »Falschen« sind, die sie besitzen.

1861 lebten 16 Polen im Ruhrgebiet – 1914 aber waren es ungefähr 500000. Zwar machten die Polen nie mehr als fünf Prozent der Gesamtbevölkerung des Ruhrgebiets aus; in bestimmten Gegenden aber (etwa im Raum Dortmund) waren zwischen 40 und knapp 55 Prozent der Bevölkerung Polen, und in zahlreichen Bergwerken bestand weit mehr als die Hälfte der Belegschaft aus Polen. Insgesamt waren 1911 mehr als 36 Prozent aller Bergarbeiter des Ruhrgebiets Polen.[73] Die Spuren derjenigen von ihnen, die über Generationen geblieben und weder zurück-, noch nach Frankreich oder in die Vereinigten Staaten weitergewandert sind, haben sich längst verloren, nur noch die Namen erinnern zuweilen an die polnische Einwanderung ins Ruhrgebiet. Und nicht allzuviele wissen noch, daß der FC Schalke 04 einmal als »Polacken- und Proletenclub« begonnen hat.

Wenn es in Deutschland je so etwas wie einen *melting pot* gegeben hat, dann hier.[74] Für alle Zuwanderer ins Ruhrgebiet war dies eine dramatische Erfahrung – ganz besonders aber für die Polen, die formell zwar Deutsche waren, dennoch aber lange Zeit wie verdächtige Fremde behandelt wurden. In vielem ähneln ihre Geschicke denen der Deutschen in den Vereinigten Staaten.

Die preußische Obrigkeit hatte die Polen im Verdacht, sie würden die Teilung und Besetzung Polens durch Österreich, Rußland und Preußen nicht akzeptieren. So galten sie als potentielle Staatsfeinde, als »fünfte Kolonne« Warschaus. Also wurden sie überwacht, kontrolliert, schikaniert und einer rüden Germanisierungspolitik ausgesetzt. So verfaßte Heinrich Konradt von Studt, damals Oberpräsident der Provinz Westfalen und später immerhin preußischer Kultusminister, 1896 eine Denkschrift, in der er dem Innenminister folgenden Maßnahmenkatalog vorschlug: »Scharfe Überwachung der Agitation und Vereinsthätigkeit, Fernhaltung nationalpolnischer Geistlicher, Beschränkung des Gebrauchs der polnischen Sprache in öffentlichen Versammlungen, ausschließich deutsche Schulbildung, das werden die Mittel sein, mit denen das Polenthum im Westen der Monarchie dem Einflusse der deutschfeindlichen Agitation entzogen und der Germanisierung zugeführt wird.«[75] Seit 1897 wurden regelmäßig Polizeiberichte über Polen im Deutschen Reich verfaßt, und 1909 richtete man sogar eine eigene Sondereinheit der Polizei ein, die ausschließlich mit der Überwachung der Polen befaßt war und die ihren Sitz in Bochum hatte.

Wie so oft in der Geschichte des staatlichen Umgangs mit der Einwanderung richtete sich auch hier die Politik der Schikanen vor allem gegen Sprache und Religion. Immer wieder wurde versucht, den Polen ihre Gottesdienste mit dem Argument zu verbieten, es handle sich dabei um nationalpolnische Verschwörertreffen. Und auch hier das bekannte ungewollte Ergebnis: Je stärker die Repressalien wurden, desto mehr suchten viele Polen bei der katholischen Kirche und bei polnischen Priestern Zuflucht. Ganz ähnlich ging man gegen die polnische Sprache vor. Das Reichsvereinsgesetz von 1908 erlaubte bei öffentlichen Veranstaltungen die Verwendung der polnischen Sprache nur in Kreisen, in denen nach der letzten Volkszählung mehr als 60 Prozent der ortsansässigen Bevölkerung polnischer Muttersprache waren. Da das aber nur in einigen wenigen Kreisen der preußischen Ostprovinzen der Fall war, durfte im Ruhrgebiet die polnische Sprache nirgendwo öffentlich verwendet werden. Und auch in der Schulpolitik wurde mit allen Mitteln versucht, den Polen die polnische Sprache auszutreiben. Die Einhaltung des Verbots jedes muttersprachlichen Unterrichts, der eine große Gefahr »für die Verdeutschung der eingewanderten Bevölkerung und für die Verschmelzung mit den Eingesessenen« darstelle, wurde polizeilich überwacht, und in speziellen Polenklassen wurde die Germanisierung der Kindern der Einwanderer energisch vorangetrieben.

Und wie so oft bewirkte auch hier die Politik des Zwangs zur Assimilation das genaue Gegenteil des Gewünschten. Die Zuwanderer aus den preußischen Ostprovinzen waren keineswegs als Polen gekommen – sie verstanden sich vielmehr als Kujawen, Posener, Oberschlesier usw. Erst der Druck, der von außen auf sie ausgeübt wurde, veranlaßte sie zum Zusammenschluß und zur Entdeckung dessen, was es bei ihnen bisher nur in Ansätzen gegeben hatte: eines polnischen Nationalbewußtseins. Erst die Politik der Germanisierung hat die Ruhrpolen zu Polen gemacht. Sie schlossen sich zusammen, begannen mit der Pflege der eigenen Kultur und Sprache, gründeten eigene Vereine (1912 waren es 875!) und Zeitungen und schließlich sogar eine eigene Gewerkschaft, die »Polnische Berufsvereinigung« (»Zjednoczenie Zawodowe«), die zur drittstärksten Bergarbeitergewerkschaft im Ruhrgebiet wurde. Und auch politisch begannen sich die Polen zu formieren. Während sie bei den Reichstagswahlen keine Chancen hatten, gelang es ihnen ab 1906, in den Kommunalparlamenten Fuß zu fassen: Bei den Kommunalwahlen von 1919, den ersten nach der Abschaffung des Dreiklassenwahlrechts, brachten sie im Ruhrgebiet insgesamt 246 Kandidaten durch.

Die Geschichte der Ruhrpolen ist schließlich auch ein Beispiel dafür, daß der einwandererfeindliche Chauvinismus der Mehrheitsgesellschaft unter den Einwanderern genau den Chauvinismus schüren kann, den er doch unterdrücken will. Die Polen, von den Deutschen auf ihr Polentum gestoßen, zahlten zuweilen mit gleicher Münze zurück. So veröffentliche 1913 die in Bochum erscheinende Zeitung ›Wiarus Polski‹ ('Polnische Streiter')

»Zehn Gebote für Polen«, die dem Chauvinismus der Deutschen in nichts nachstanden. Einige Beispiele: »Verunglimpfe nicht deinen Namen durch barbarische Schreibweise oder durch Änderung [. . .] Beschmutze nicht die Muttersprache durch Anwendung fremder Worte und Redensarten« (Fünftes Gebot). »Du sollst mir meine Kinder nicht stehlen, indem du sie ›germanisieren‹ läßt. Verbiete ihnen, untereinander deutsch zu sprechen« (Siebtes Gebot). »Betrachte niemals fremde Erzeugnisse für besser als polnische, trachte vielmehr nach Möglichkeit, nur polnische Erzeugnisse aus polnischer Hand zu kaufen« (Neuntes Gebot). »Du sollst nicht begehren ein Weib fremder Nationalität, sondern dich nur mit einer Polin verheiraten. Gemeinsam mit ihr bewahre, wenn auch in der Fremde, das polnische Blut, die Muttersprache« (Zehntes Gebot).[76]

Solche Stimmen waren aber die Ausnahme. Denn insgesamt trug der Zusammenschluß der Ruhrpolen in Vereinen und Kolonien eher zur Integration bei. Die Stabilität der Einwanderergesellschaft gab Schutz und ermöglichte in einem zweiten Schritt die allmähliche Annäherung an die deutschen Deutschen und den Austausch mit ihnen. In den Jahren vor dem Ersten Weltkrieg nahmen die Mischehen stark zu, und viele Ruhrpolen begannen, ihre Namen einzudeutschen.

Diese Entwicklung kam mit dem Ersten Weltkrieg und vor allem danach zu einem abrupten Ende, und zwar aus zwei Gründen, deren gemeinsamer Nenner der Nationalismus ist. Zum einen eröffnete die Wiederherstellung eines polnischen Staates den Ruhrpolen die Möglichkeit der Rückkehr: Viele Ruhrpolen gerieten in einen Loyalitätskonflikt zwischen ökonomischen, sozialen und lebensweltlichen Interessen einerseits und polnisch-nationaler Option andererseits. Und zweitens nahm in der Weimarer Republik, die von Beginn an durch den Versailler Vertrag belastet war, der rabiate Nationalismus schnell zu, und die Ruhrpolen – eben noch auf dem Sprung zur Integration – gerieten nun erst recht in Verdacht, »Staatsfeinde« zu sein. Das Ergebnis: Ein Drittel der Polen kehrte nach Polen zurück, ein Drittel wanderte in die nordfranzösischen Kohlereviere weiter, und nur ein Drittel blieb. Die polnischen Kolonien dünnten aus, die Zusammenhänge wurden loser – und zugleich nahm der Druck von außen zu. Immer wieder kam es zu Schlägereien zwischen Deutschen und Ruhrpolen sowie zu tätlichen Angriffen auf polnische Vereinsversammlungen. Interessanterweise waren an diesen Ausschreitungen überwiegend deutsche Flüchtlinge aus dem Osten beteiligt, die zuvor als deutsche Minderheit in Polen selbst die Erfahrung der Diskriminierung hatten machen müssen.

Der Assimiliationsdruck auf die Polen nahm ungeheuer zu; binnen weniger Jahre hatten sich die organisierten Zusammenhänge der Ruhrpolen weithin aufgelöst. Und die folgenden zwölf nationalsozialistischen Jahre haben dies Werk konsequent vollendet. Wie ein paar Jahre zuvor die Deutschen in Amerika und Jahrhunderte zuvor die Morisken in Spanien gingen auch die Ruhrpolen in der Masse unter. Gleichwohl haben sie – wie etwa ein Blick auf den Spielerstamm mancher Bundesligavereine oder in das Telefonbuch von Bochum zeigt – ihre Spuren hinterlassen. Ganz zu schweigen davon, daß ohne sie der wirtschaftliche Aufschwung des Ruhrgebiets nicht möglich gewesen wäre und daß es ohne sie eine ganz andere kulturelle Gestalt hätte.

Russisch-Heidelberg und die Heimatvergessenheit der Deutschen

Ruhrpolen und deutsche Deutsche hätten sich, so scheint es, im Laufe der Zeit ganz gut vertragen. Gehindert hat sie daran der Nationalismus, der die Menschen nach Kriterien sortiert, die viel mit Blut, Ethnizität und erfundenen nationalen Besonderheiten, aber fast nichts mit dem Alltag zu tun haben, in dem Menschen unterschiedlichster Herkunft miteinander auszukommen haben. Diese Erfahrung, daß der Nationalismus ein Zusammenleben vergiften und zerstören kann, das längst schon normal geworden war, mußten auch Deutsche machen: die Deutschen, die – zum Teil schon vor Jahrhunderten – nach Ost- und Südosteuropa ausgewandert waren. Von ihnen handelt die dritte Geschichte dieses Kapitels, die wiederum drei Beispiele anführt: die Rußlanddeutschen, die Deutschen in der Dobrudscha und die Siebenbürger Sachsen.

Die Geschichte all dieser Deutschen im Ausland zeigt in verblüffender Einheitlichkeit, daß es stets dieselben Probleme sind, die die Migration aufwirft: Stets geht es um die Sprache, um das Recht auf die eigene Konfession, um die eigene Kultur und um die Schule. Fast immer gibt es Möglichkeiten des Arrangements, die von den Notwendigkeiten des Zusammenlebens geprägt sind. Und auch die Deutschen in der Fremde waren in der Regel loyal gegenüber dem jeweiligen Staat in dem sie lebten. Schwierig wurde es immer dann, wenn man ihnen ihre Lebensweise nicht mehr gestatten wollte. Und das geschah, wenn – egal auf welcher Seite – der aufkommende Nationalismus dem Prozeß der Integration entgegentrat und versuchte, die Völkervielfalt ethnisch zu entwirren.

1897 lebten 1.7 Millionen Deutsche im russischen Reich; die beiden größten Gruppen machten, mit jeweils etwa einem Drittel, die Wolgadeutschen und die Schwarzmeerdeutschen aus.[77] Die Ansiedlung der Deutschen im Wolgagebiet ging auf die Siedlungspolitik von Katharina II. zurück, die 1762 zur Erschließung bisher unbewohnter und ungenutzter Gebiete Ausländer (mit Ausnahme von Juden) in ihr Reich einlud und ihnen zahlreiche Privilegien, z. B. Steuerfreiheit auf dreißig Jahre, zusagte. Russische Agenten wurden in die Kleinstaaten West- und Südwestdeutschlands geschickt, um Auswanderer anzuwerben. Sie lösten in Deutschland ein wahres Auswanderungsfieber aus: Der Andrang war so groß, das die Anwerbung bald eingestellt werden mußte. Etwas mehr als 50000 Deutsche wanderten in den folgenden Jahren in das Wolgagebiet aus, darunter zahlreiche Angehörige religiöser Minderheiten, z. B. Mennoniten. Sie stießen an der Wolga, auch weil die Versprechungen teilweise nicht eingehalten wurden, auf größte Schwierigkeiten und hatten mit Not zu kämpfen, brachten es aber dennoch im Laufe Zeit zu bescheidenem Wohlstand – wenngleich sie keineswegs die Innovatoren waren, als die die Deutschen im Ausland von Deutschland aus oft bezeichnet worden sind: Ihre Anbaumethoden waren altertümlich und unterschieden sich, gerade auch in der Praxis des Raubbaus, nicht von denen der Einheimischen.

Anfang des 19. Jahrhunderts warb Rußland dann Siedler für das Schwarzmeergebiet an, das gerade erst fest in russischer Hand war: Rumänen, Bulgaren, Griechen, Schweden und auch Deutsche. Es kamen über Land Danziger Lutheraner, über die

Donau wieder Deutsche aus dem Süden und Südwesten, darunter Angehörige chiliastischer Gruppen aus dem pietistischen Milieu Württembergs und erneut Mennoniten. Während Lutheraner und Katholiken oft bald in Not gerieten, weil sie über keine landwirtschaftliche Erfahrung verfügten, hatten die Mennoniten, auch aufgrund ihres größeren Startkapitals, schnell Erfolg, und ihre Ansiedlungen galten als Mustergemeinden. Als 1871 die Privilegien der Kolonisten aufgehoben wurden, wanderten etwa 15000 Mennoniten, die zum Militärdienst nicht bereit waren, in die Vereinigten Staaten und nach Kanada aus.

Die Deutschen lebten in der Regel ohne große Konflikte mit den Einheimischen zusammen. Die Kontakte waren nicht eng, es kam auch kaum zu Heiraten über die Grenzen der deutschen Kolonien hinaus, aber beide Seiten akzeptierten einander. Die Religionsfreiheit war den Deutschen garantiert, sie besaßen ihre eigenen Kirchen und auch ihre eigenen Schulen. Erst als in den achtziger Jahren des letzten Jahrhunderts die Zentralschulen und wenig später auch die Kirchenschulen russifiziert wurden, änderte sich das Klima. Als die Rußlanddeutschen dann auch noch von der panslawistischen wie der alldeutschen Propaganda bearbeitet, angefeindet und in die Zange genommen wurden, geriet der Prozeß der sozialen Integration, der insbesondere in den Städten voll im Gange war, ins Stocken. Die Rußlanddeutschen dieser Zeit waren in ihrer Mehrzahl zarentreu, und für das Bismarck-Reich interessierten sie sich nicht. Das aber nahmen ihnen die Panslawisten nicht ab: Sie stempelten die Rußlanddeutschen pauschal als rußlandfeindliche Fremdlinge ab – was diese wiederum dazu brachte, sich – erstmals – geistig und politisch am Deutschen Reich zu orientieren.

Als das russische Reich politisch in Bewegung geriet, standen die Rußlanddeutschen jedoch in übergroßer Mehrheit auf seiten der Reformer. Nach der Februarrevolution 1917 unterstützten sie den Umschwung, gründeten politische Vereinigungen, und bei den Wahlen vom November 1917 erhielten die liberale und die sozialistische wolgadeutsche Liste ungefähr gleichviel Stimmen. Im darauffolgenden Jahr forderten die Wolgadeutschen die Bildung einer »selbständigen deutschen Wolgarepublik im russischen Föderationsstaat«, und Lenin beauftragte den in russische

Kriegsgefangenschaft geratenen Ernst Reuter, den späteren Regierenden Bürgermeister von West-Berlin, damit, »die Kommune auf seine Weise zu organisieren«.[78]

Der Rest dieser Geschichte ist schnell erzählt: Die Rußlanddeutschen – keineswegs grundsätzlich Feinde der sozialistischen Föderation – widersetzten sich der 1929 begonnenen Zwangskollektivierung, und einige deutsche Dörfer beteiligten sich an Hungerrevolten gegen die Sowjetmacht. Im Dezember des Jahres befanden sich etwa 10000 Mennoniten und 3000 weitere deutsche Bauern in Moskau, um ihre Ausreise zu erzwingen – etwa 5000 hatten (nach anfänglichem Zögern der deutschen Reichsregierung) Erfolg. Die Verbliebenen aber gerieten unter den Druck der Stalinschen Nationalitätenpolitik, und mit dem Beginn des Zweiten Weltkriegs war ihr Schicksal besiegelt. Unter dem pauschalen Vorwurf, »Spione und Diversanten« zu sein, wurden 1941 etwa 900000 Rußlanddeutsche mit Güterwaggons ins Uralgebiet, nach Sibirien und Kasachstan deportiert. Obgleich die Sowjetunion seit der Mitte der fünfziger Jahre eine etwas mildere Politik gegenüber den Rußlanddeutschen betrieb, haben diese sich vom Stalinschen Schlag gegen die Deutschen *als* Deutsche im Grunde nie wieder erholt.

Migration ist nicht immer die Wanderung von Ort A zu Ort B. Oft auch wandern die Migranten mehrmals weiter und kommen, wenn überhaupt, erst eine Generation später, dort an, wo sie bleiben können. So ist es auch vielen Rußlanddeutschen ergangen, die zwar zur Besiedlung unermeßlich weiter und unbevölkerter Gegenden geholt worden waren, oft aber schon in der nächsten Generation aufgrund des Erbteilungsrechts unter Mangel an Land zu leiden hatten. Sie vor allem waren es, die in die Dobrudscha zogen, ein heute zu Rumänien gehörendes Gebiet am Schwarzen Meer mit der Hauptstadt Constanta (Konstanza).

Die Dobrudscha war bis in die Mitte des 19. Jahrhunderts hinein eine kaum besiedelte, in großen Teilen sumpfige Gegend, durch die die Völker – Magyaren, Russen, Petschenegen, Kumanen, Walachen, Tataren – stets nur hindurchgezogen waren.[79] Reisende haben sie immer wieder als trostlose Einöde beschrieben. Dorthin zogen seit 1840 zahlreiche Deutsche aus den verschiedensten Gegenden Rußlands. Der Autor der bisher einzigen, 1917/18 durchgeführten Untersuchung über die Deutschen in der Dobrudscha schreibt: »Fragt man sie heute nach ihrer Herkunft, so bekommt man eine ganze Reihe vertrauter deutscher Ortsnamen zu hören: Mannheim, Karlsruhe, Landau, Speyer, Rastatt, Heidelberg, Worms, Stuttgart, München, Leipzig, Danzig u. a. Aber sie meinen damit nicht die bekannten Städte unseres Vaterlandes, sondern Ortschaften im Süden Rußlands, die den gleichen Namen tragen. In diesen hatten sie ihr Heim, bevor sie nach der Dobrudscha kamen, und ihnen gehört ihre letzte lebendige Erinnerung.«[80]

Die Deutschen, genauer: die Rußlanddeutschen in der Dobrudscha hatten keinen leichten Stand. Sie hatten mit der Unwirtlichkeit der Gegend zu kämpfen und waren mit zahlreichen Völkern, etwa den räuberischen Tscherkessen, konfrontiert, die ihnen das Leben nicht eben leicht machten. Mit einiger Beharrlichkeit brachten sie es dennoch zu zahlreichen Siedlungen, in denen sie sich mehr oder minder von ihrer Umgebung abkapselten. Sie heirateten fast ausnahmslos untereinander,[81] pflegten sehr traditionelle Formen deutscher Volkskunst und Lebensweise und waren religiös eher streng.

Um so auffälliger ist, daß diesen Deutschen Deutschland ziemlich gleichgültig war. Konsterniert stellte der schon erwähnte Beobachter fest, daß diese Deutschen kaum noch etwas über die Heimat ihrer Vorväter wissen: »Schon die zweite Generation in Rußland hat meist nichts mehr gewußt oder keinen Wert darauf gelegt, zu behalten, was ihnen darüber Vater und Mutter erzählten. Diese Gleichgültigkeit bei Leuten, die im übrigen mit einem Gefühl überlegenen Stolzes sich ihres Volkstums bewußt waren und zäh daran festgehalten haben, ist eine auffallende Erscheinung, mag sie auch bis zu einem gewissen Grade durch die vollständige, jeder lebendigen Beziehung zur alten Heimat entbehrende Loslösung erklärt werden.«[82] Und in einem Reisebericht von 1858/59 heißt es: »Deutschland ist von diesen Leuten ganz vergessen, sie wissen nichts mehr davon und wollen nichts mehr davon wissen.«

Man sieht: Einerseits gibt es sehr wohl so etwas wie eine deutsche Eigenart, die zu zähem Überleben fähig ist; andererseits ist sie aber – ganz entgegen dem, was der Nationalismus immer behauptet hat – überhaupt nicht an den deutschen Staat oder gar deutsche Nationalstaatlichkeit gebunden. Ein Lehrer, der sich für die deutschen Schulen in der Dobrudscha sowie für das kulturelle Leben seiner Kolonie Tariverde eingesetzt hatte, schrieb 1913: »Deutschland bleibt Deutschland, aber wir Deutsche im Auslande, ob hier oder anderswo, sollen auch deutsch denken und handeln, trotz treuer Untertanenschaft dem Lande, zu dem wir jetzt zählen.«

Sie alle waren zwar Deutsche, ansonsten aber ein ziemlich multikultureller Haufen. Denn hier kamen, auf verschlungenen Wegen, Deutsche zusammen, die sich in Deutschland vermutlich nie begegnet wären und die mit ihrer Herkunft ziemlich freihändig umgingen. Viele etwa bezeichneten sich als Schwaben, gaben als Herkunftsort ihrer Eltern aber preußische Städte an, von denen sie freilich meinten, sie lägen in Württemberg. Zwar waren sie meistens bemüht, sich mit ihrer Umgebung nicht zu vermischen, selbst aber waren sie – oft über zahlreiche Stationen (etwa von Württemberg über Preußen und Bessarabien bis in die Dobrudscha) gewandert – ziemlich vermischt. Nur eine kulturelle Unterscheidung setzte sich auf Dauer durch: die zwischen Süd- und Norddeutschen, in der Sprache der Dobrudscha-Deutschen: zwischen Schwaben und Platten bzw. Kaschuben. Wobei die »Schwaben« selbst wiederum ein beträchtliches Gemisch darstellten, denn als Schwaben galten dieselben ebenso wie Elsässer, Badener, Pfälzer, Hessen, Rheinländer, Bayern und manchmal auch Franzosen. Der Ethnologe der Jahre 1917/18 schreibt dazu: »Das süddeutsche Element hat sich dabei als das stärkere erwiesen, die Kaschubenkinder haben schwäbeln gelernt.«

Für zahlreiche Deutsche war die Dobrudscha noch längst nicht die Endstation. Wirtschaftliche Schwierigkeiten, Probleme im Zusammenleben mit den anderen Einwohnern der Gegend und später dann der aufkommende rumänische Nationalismus veranlaßten viele, erneut weiterzuziehen: in die Vereinigten Staaten (vor allem nach Dakota) und nach Argentinien, zurück nach Rußland und vereinzelt sogar nach Palästina.

In der Dobrudscha haben die Deutschen nur ein flüchtiges Zwischenspiel gegeben. Sehr dauerhaft und prägend war dagegen ihr Aufenthalt in Siebenbürgen (wie auch später im Banat[83]). Die deutsche Auswanderung nach Siebenbürgen begann im 12. Jahrhundert. Das heutige Siebenbürgen war etwa seit dem Jahre 1000 in ungarischer Hand, und um diese Grenzregion zu schützen und zu sichern, besiedelten die Ungarn sie mit Hilfsvölkern, den Petschenegen, den Kumanen und vor allem den Szeklern.[84] In der Mitte des 12. Jahrhunderts rief König Géza II. zusätzlich westliche Siedler ins Land. Er verfolgte damit zwei Ziele: Zum einen sollte das Gebiet – das bis tief in die Neuzeit hinein eine prekäre Grenzregion zwischen West und Ost blieb – damit zusätzlich gesichert werden; zum andern ging es um die Ansiedlung von Bewohnern, die dem König ergeben sein und ein Gegengewicht zu dem widerspenstigen lokalen Adel darstellen würden.

Es kamen anfangs 2000 bis 3000 Deutsche nach Siebenbürgen, die später zwar – aus der unscharfen Perspektive der Einheimischen heraus – allesamt Sachsen genannt wurden, tatsächlich aber aus den Erzbistümern Trier und Köln, aus Luxemburg und vor allem aus Franken stammten. Von Anfang an waren diesen Siedlern Sonderrechte eingeräumt worden, die schließlich 1224 ihre Kodifizierung in dem nach König Andreas II. benannten Andreanum fanden, das den Deutschen den sogenannten Königsboden zusprach (und sie damit dem Komitatsboden des Adels entzog, auf dem dessen Rechte herrschten) und ihnen uneingeschränkte wirtschaftliche und soziale Freiheit zusicherte. Damit war ein Konflikt angelegt, der jahrhundertelang andauern sollte: Die Deutschen waren gewissermaßen dem König direkt unterstellt und damit der lokalen Gerichtsbarkeit und ihren Gesetzmäßigkeiten entzogen; und die Freiheiten, die sie besaßen, prädestinierten sie zu Modernisierern, die eben deswegen nicht immer beliebt waren.

Die Deutschen in Siebenbürgen nutzten die Chance, die ihnen geboten wurde. Sie wurden im Laufe von zwei Jahrhunderten tatsächlich zu einer ethnisch geschlossenen Gemeinschaft, die zwar deutsch war, deren Eigenheiten sich aber erst in der neuen Heimat herausgebildet hatten: Deutsche, doch *neue* Deutsche, die das sie Verbindende nicht mitbrachten, sondern erst in der Fremde entwickelten. Diese »Sachsen« bildeten keine völkische Gemeinschaft, der Begriff Sachse bezeichnete vielmehr einen bestimmten und herausgehobenen Rechtsstatus. Und die »Sachsen« nutzten die vom König eingeräumten Sonderrechte, die im Laufe der Zeit noch ausgeweitet wurden, zu einer einzigartigen Entwicklung. Stadtrecht, Handel, Bergbau und frühe Industrie: Stets waren es die Siebenbürger Sachsen, die diese Entwicklungen beförderten.

Und diese Modernität der Deutschen, die von den Traditionslasten der Heimat befreit waren, hatte auch ihre kulturellen Folgen. Die erste ethnographische Beschreibung der Lebensweise und der Kultur der Türken (die eine ständige Bedrohung für Siebenbürgen darstellten), stammt aus der Feder eines Siebenbürger Sachsen, des sogenannten Rumeser Studenten (1480). Sehr schnell setzte sich in Siebenbürgen die Reformation durch, und zwar in einer ausgeprägt humanistisch orientierten Form. Das erste europäische Dekret, das den Grundsatz der religiösen Toleranz formuliert, stammt aus Siebenbürgen (1557, erweitert 1568). Anders als z. B. das Patriziat der oberitalienischen Städte kapselte sich die Oberschicht der Deutschen (etwa in Kronstadt) nicht ab, sondern setzte auf Zuwanderung und Zuwachs, zum Teil sogar aus niederen Bevölkerungsschichten. Früh emanzipierte sich das Handwerk in Siebenbürgen, intensiv waren stets die Verbindungen ins Ausland. Für die Gesellen bestand Wanderpflicht. Meist gingen sie nach Deutschland, es kamen aber umgekehrt auch viele Deutsche nach Siebenbürgen. Und allen Differenzen zum Trotz, die viel mit der ungleichen Verteilung der Chancen zu tun hatten, lebten in Siebenbürgen Rumänen, Deutsche und Ungarn vergleichsweise friedlich zusammen.

Das begann erst im 18. Jahrhundert anders zu werden und hatte mit der Aufklärung ebenso zu tun wie bald danach mit dem Nationalismus. Dem aufgeklärten Habsburger Monarchen Joseph II. lag an der Schaffung eines modernen Staates und einer Einheitsnation. Die Siebenbürger Sachsen verloren ihre Sonderrechte und wurden den Ungarn und Rumänen gleichgestellt.

Nun fiel sofort ins Gewicht, was vorher nicht bedrohlich gewesen war: der Umstand, daß die Deutschen nur zehn Prozent der Landesbevölkerung ausmachten. Die überstürzten Josephinischen Reformen, die das Reich nach einer gemeinsamen Staatsidee formen sollten, hatten jedoch zur Folge, daß nun das Nationale in Gang kam. Die Habsburgische Tendenz zur rationalistischen Vereinheitlichung rief Widerstand auf den Plan, weil sie in kulturellen Fragen ignorant, gleichgültig und auch diktatorisch war. Ohne jede Aufmerksamkeit für das Problem der Sprache, machte sie dieses ungewollt zu einem Kristallisationspunkt nationaler Bewußtwerdung.

Während der von Ungarn getragenen (und gescheiterten) Revolution von 1848/49 standen Rumänen und Siebenbürger Sachsen, die seit geraumer Zeit einem beträchtlichen Magyarisierungsdruck ausgesetzt gewesen waren, auf der Seite des Kaisers in Wien: nicht unbedingt für die Habsburger Monarchie, wohl aber für ihre Rechte, die der Vielvölkerstaat noch am ehesten zu garantieren schien. Als die Habsburger nach dem verlorenen Krieg gegen Preußen 1867 jedoch gezwungen waren, in der nun geschaffenen Doppelmonarchie Österreich-Ungarn das eigene Königreich Ungarn anzuerkennen, waren Rumänen wie Siebenbürger Sachsen fast schutzlos dem Magyarisierungsdruck Ungarns (von dessen Bevölkerung nur 40 Prozent Ungarn waren!) ausgeliefert. Und nun setzte um so stärker der Prozeß der wechselseitigen Eskalierung des Nationalen ein.[85]

Die Siebenbürger Sachsen, plötzlich ohne jeden monarchischen Schutz, suchten neuen Beistand – und fanden ihn im »Mutterland«, vor allem in der deutschen »Kulturnation«. Bisher eine ständische »Nation« (wie sie offiziell genannt wurden), fingen sie nun an, sich als ethnische Gruppe mit Bezug zum fernen Deutschland zu verstehen. Das war Selbstschutz und enthielt nur selten eine aggressive Stoßrichtung gegen Ungarn oder gar Rumänen. Durch das Aufkommen des Nationalismus waren überall in Europa die Minderheiten augenblicklich zu potentiellen Opfern der jeweiligen Mehrheiten geworden; das Prinzip der Koexistenz, das über Jahrhunderte hinweg – allen Konflikten zum Trotz – gegolten hatte, war außer Kraft gesetzt. Und die Minderheiten suchten nun einen starken Partner, an den sie sich anlehnen konnten. So auch die Siebenbürger Sachsen, die die Verbindungen zu Deutschland intensivierten, die Pflege und Erforschung ihrer Kultur und Geschichte aufnahmen und sich erstmals als das zu begreifen begannen, was sie bisher nur unter anderem gewesen waren: deutsch.

Niemals ging es ihnen dabei um eine reale politische Verbindung mit Deutschland oder um eine eigene Staatlichkeit. Doch all das nützte nun nichts mehr, das politische und gesellschaftliche Klima war vergiftet. Und so kam es zum Kampf um Schule und Sprache. Die Siebenbürger Sachsen wollten nicht mehr als das Recht auf sprachliche und schulische Selbstbestimmung. Und sie wollten damit nicht aus dem ungarischen (und später dem rumänischen) Staatswesen ausscheren, sie wollten nur ihre besonderen Rechte neben den allgemeinen, die sie akzeptierten. Für solche Zwischentöne war es jedoch längst zu spät; Schritt um Schritt wurde von den Ungarn und nach 1918 von den Rumänen das deutsche Schulwesen in Siebenbürger beschnitten, reduziert und zerstört.

Die Siebenbürger Sachsen brachten umsichtige Politiker hervor, denen es z. B. gelang, im Friedensvertrag von Versailles den Minderheitenschutz für die Deutschen in Siebenbürgen durchzusetzen. Doch auch das nützte nun nichts mehr. Rumänien verfolgte eine chauvinistische Politik, stürzte die Deutschen durch eine Agrarreform, die einseitig die Rumänen bevorzugte, in eine wirtschaftlich prekäre Lage. Auch das war der Grund dafür, daß die Siebenbürger Sachsen ein Jahrzent später in den Sog der nationalsozialistischen Volkstumspolitik gerieten und im Zweiten Weltkrieg zuerst auf der Seite der Deutschen standen. Und das wiederum hatte zur Folge, daß sie nach dem Ende des Krieges Repressalien ausgesetzt waren, zum Teil deportiert wurden und nie wieder zu einer eigenständigen Lebensweise zurückfanden.

Der Wunsch nach kultureller Selbstbestimmung kann, sofern er nicht der Säure des Nationalismus ausgesetzt wird, sehr gut mit der Offenheit gegenüber der Kultur der anderen zusammengehen. Das belegt das Beispiel des Pfarrers und Pestalozzischülers Stephan Ludwig Roth aus dem Siebenbürgischen Meschen. In einer Denkschrift mit dem Titel »Sprachkampf in Siebenbürgen« kritisierte er 1842 scharf das Bemühen des ungarischen Adels, das Magyarische zur verbindlichen Landessprache zu machen. Er wies darauf hin, daß es die Rumänen seien, die in Siebenbürgen die Mehrheit der Bevölkerung stellten und plädierte für das gleichberechtigte Nebeneinander aller drei Landessprachen: »Eine Sprache zur Landessprache erklären, hat nicht Not. Denn eine *Landessprache* haben wir schon. Es ist nicht die deutsche, aber auch nicht die magyarische, sondern die *walachische* Sprache! [. . .] Man mache eine Reise, man begebe sich auf einen Jahrmarkt. Walachisch kann jedermann. Ehe man den Versuch macht, ob dieser deutsch und jener magyarisch kann, beginnt die Unterredung in der walachischen Sprache. Mit einem Walachen kann man ohnehin nicht anders reden, denn gewöhnlich redet er einzig und allein die seinige. Das kommt daher: Um magyarisch oder deutsch zu lernen, bedarf man des Unterrichts und der Schule, walachisch lernt man auf der Gasse, im täglichen Verkehr, von selbst.«[86]

Mit dieser Haltung wurde Stephan Ludwig Roth – die führende Gestalt des Siebenbürger Vormärz – zum meistgehaßten Sachsen bei den ungarischen Nationalisten. Während der Revolution von 1848/49 wurde er wegen seiner Tätigkeit als Kaiserlicher Kommissär und Mitglied eines Pazifikationsausschusses »als Feind der ungarischen Nation« verhaftet, von einem Standgericht der ungarischen Revolutionsregierung zum Tode verurteilt und am gleichen Tag erschossen. In dem Abschiedsbrief an seine Kinder steht der berühmt gewordene Satz: »Mit meiner Nation habe ich es wohl gemeinet, ohne es mit den andern Nationen übel gemeinet zu haben.«[87] Und im Postscriptum fügte er noch einmal ausdrücklich hinzu: »Nachträglich muß ich noch ansetzen, daß ich weder im Leben, noch im Tode ein Feind der Ungrischen Nation gewesen bin. Mögen sie dieses mir, als dem Sterbenden, auf mein Wort glauben, in dem Augenblicke, wo sonst alle Heuchelei abfällt.«

Die Deutschen waren, wie andere Migranten auch, in der Fremde verschlossen und neugierig, eigenbrötlerisch und anpassungsbereit, auf ihre Kultur bedacht und loyal gegenüber dem Land, das ihre neue Heimat geworden war. Wo man sie machen ließ, nahm ihr Bezug zur Heimat in der Regel bald ab. Dort aber, wo sie als Fremdlinge abgewehrt wurden und mit einer feindlich gesonnenen Kultur der Mehrheitsgesellschaft konfrontiert waren, entdeckten sie oft ihr Deutschtum neu, genauer: sie erfanden es sich – um wenigstens diese eine Sicherheit in der Fremde zu haben. Als der Nationalismus in Europa aufkam, waren viele Deutsche im Osten und Südosten drauf und dran, die gänzliche Integration zu wagen. Das aber verhinderte der Nationalismus, der einen unseligen Mechanismus wechselseitiger Schuldzuweisungen in Gang setzte und der aus den vielen Minderheiten Ost- und Südosteuropas einander feindliche Minderheiten machte. Er führte – erst im kleinen, dann im ganz großen – zu Mord und Totschlag.

Heimat wurde dabei nicht gefunden, sondern verspielt. Am Ende standen Vertreibung, Flucht und die Suche nach Asyl. Von diesem ist – die Deutschen nur am Rande betreffend – im folgenden Kapitel die Rede.

6. Kapitel

Das Recht auf Zuflucht.
Über alte wie neue Fluchtgründe, Asylmißbrauch und das Prinzip der Generosität

Als noch kein Viertel dieses Jahrhunderts vergangen war, hat man es – angesichts der Fluchtbewegungen nach dem Ersten Weltkrieg – schon das »Jahrhundert der Flüchtlinge« genannt. Und die Prophezeiung sollte sich als zutreffend erweisen, bis in die letzten Jahre des Jahrhunderts hinein. Millionen sind geflohen, Millionen sind aufgenommen worden. Und gleichgültig ob die Fliehenden Deutsche waren oder nicht: Mit Selbstverständlichkeit wurden sie fast nie aufgenommen.

Daß man sie im Grunde nicht haben wollte, verrät schon die Sprache. Die Silbe »ling« drückt eine Abwertung aus. Gerade nach zwölf Jahren nationalsozialistischer Sprache der Hetze war es für den Volksmund kein weiter Weg von »Flüchtling« zu »Feigling«, und auch Lächerliches wie Bückling, Engerling, Pfifferling lag nicht fern.[1] Leicht steht der Flüchtling im Ruch, selbst an seiner Not schuld oder gar ein leichtfertiger, der neuen Gesellschaft auf der Tasche liegender Eindringling zu sein. (Indirekt bezeugt eine seit etwa 1948 in der Bundesrepublik übliche Sprachregelung diese Herabsetzung des Flüchtlings: Seit dieser Zeit heißen die nach dem Zweiten Weltkrieg aus dem Osten Zugewanderten offiziell »Vertriebene«. Die fremden Deutschen sollten nicht das Stigma der Flüchtlinge tragen. Daß sie es dennoch waren, beweist die Umgangssprache. In ihr war weiterhin von Flüchtlingen die Rede, und wie Flüchtlinge wurden die Zugewanderten auch oft genug behandelt und schikaniert.)

An dieser Haltung hat sich im Laufe der Jahrzehnte nur wenig geändert. Und heute kulminiert sie in einer weitverbreiteten und deutlich über das Spektrum der »Neuen Rechten« hinaus reichenden Aversion gegen Asylbewerber, die inzwischen nicht nur in der Umgangssprache Asylanten heißen – auch das eine generalisierende Abwertung. Und bei vielen, die sich im Laufe der Jahre allmählich an die Anwesenheit der »ausländischen Mitbürger« gewöhnt haben und sich von der Nützlichkeit der Ausländerbeschäftigung halbwegs überzeugen ließen, hört hier das Verständnis auf: »Gastarbeiter ja – Asylanten nein!« Die Bundesrepublik Deutschland könne nicht, so heißt es bis weit in die SPD hinein, Zufluchtsort aller Bedrängten der Welt sein, ganz zu schweigen von denen, die überhaupt nicht verfolgt seien, sondern nur den »Linienflug zum Sozialamt« (Quick) gebucht hätten.

Friedhelm Farthmann, immerhin Bundesvorstandsmitglied der SPD und Fraktionschef der Partei im Düsseldorfer Landtag, hat für viele gesprochen, als er im Frühjahr 1992 für eine zügigere Bearbeitung von Asylanträgen plädierte und sich das Verfahren folgendermaßen vorstellte: »Gegebenenfalls Überprüfung durch einen Einzelrichter am besten an Ort und Stelle, dann an Kopf und Kragen packen und raus damit.«[2] In der FAZ war im Juli 1992 eine Karikatur zu bewundern, die einem offensichtlich populären Gefühl Ausdruck verlieh: Rechts und links zwei riesige Berge, im Tal im Vordergrund eine kleine zinnen- und turmbewehrte Burg, die Europa verkörpert; dahinter, die beiden Berge verbindend, ein riesiger Staumdamm von geradezu sowjetischen Dimensionen, über dem ein schwarzer Himmel droht; über den Staumdamm beginnt schon das Wasser zu schwappen, auch ein erster Riß in der Mauer ist zu erkennen – die den Schriftzug »Asylanten« trägt.[3] Nicht mehr lange – so suggeriert die Zeichnung – wird es dauern, bis der Damm bricht und das idyllische Europa überschwemmt und hinweggespült sein wird.

»Politisch Verfolgte genießen Asylrecht«: Dieser Satz aus Artikel 16 des Grundgesetzes erscheint vielen als ein Luxus, dessen Folgen die gutwilligen Väter des Grundgesetzes nicht hätten ahnen können und der nicht mehr in unsere Zeit passe. Nur wenige wollen das Asylrecht ganz abschaffen, ein restriktiverer Umgang mit ihm findet aber – wie alle Umfragen zeigen – deutliche Mehrheiten. Die Verteidiger des Artikels 16, Absatz 2, zweiter Satz halten die Verpflichtung gerade Deutschlands dagegen, nach der furchtbaren Erfahrung des Nationalsozialismus seine Grenzen für Verfolgte stets offenzuhalten. Dabei hat sich im Schlagabtausch beider Seiten ein merkwürdiges Ritual herausgebildet. Während die einen nicht müde werden, alle nur greifbaren Fälle von Asylmißbrauch gehörig herauszustellen, halten die andern die Rede vom Mißbrauch grundsätzlich für ungehörig, weil sie der erste Schritt zur gänzlichen Abschaffung des Asylrechts sei.

Dieses Asylrecht hat lange Zeit ein vergleichsweise hohes Ansehen (wenn nicht bei der Mehrheit der Bevölkerung, so doch in der politischen Klasse und bei den Trägern der öffentlichen Meinung) genossen, weil es dazu dienen konnte, die Vorzüge der westlichen Demokratie herauszustreichen: Jeder Flüchtling aus einem sozialistischen Land war ja ein neuer lebender Beweis für die Überlegenheit von Demokratie und Marktwirtschaft. Für die Flüchtlinge aus der Dritten Welt, mit der sich der Westen in keiner Systemkonkurrenz sah, galt das jedoch – mit Ausnahme vielleicht der *boat people* – nicht. Pakistani, Äthiopier und Ghanaer in der Bundesrepublik: Auch ihre Anwesenheit zeugte zwar von der Attraktivität des Westens – sie wies zugleich aber auch auf das immer dringender werdende Problem der ungerechten Verteilung von Lebens- und Entwicklungschancen auf der Welt hin.

Das war beunruhigend, denn der Westen sah sich nun in einer Weise bestätigt, die ihm alles andere als angenehm war. Es zeichnete sich – wie fiktiv und ins Phantastische überzeichnet auch immer – eine mögliche Perspektive ab, an die bisher noch niemand gedacht hatte. Die Hoffnungen, die von vielen mehr als zwanzig Jahre lang in die nationalen und nationalrevolutionären Befreiungsbewegungen der Dritten Welt gesetzt worden waren, hatten sich nicht erfüllt; im Gegenteil, in nicht wenigen Ländern wurden Not und Elend (von Diktatur und Unfreiheit ganz zu schweigen) nach der Erringung der Unabhängigkeit noch größer. Kaum ein Land fand einen eigenen Entwicklungsweg, und die Rückkehr zu den unterbrochenen eigenen Traditionen war (sofern es diese überhaupt je gegeben hatte) nicht möglich. Abhängigkeit und weiteres Elend zeichneten sich als Perspektive ab. Auch das hat der Flucht aus der Dritten Welt Auftrieb gegeben. Und die Botschaft wurde im Westen wohl verstanden:

Wenn der Reichtum auf immer den hochentwickelten Ländern vorbehalten sei, wenn er also nicht zu den Armen gelangte, dann würden die Armen der Welt in die Länder des Reichtums kommen. Den Eisernen Vorhang, der die Fluchtbewegung aus Osteuropa in kalkulierbaren Grenzen hielt, gab es zwischen Europa und der Dritten Welt nicht.

Die Furcht vor einer massenhaften Fluchtbewegung aus der Dritten Welt gen Westeuropa war und ist, wohlgemerkt, die Furcht vor einer Chimäre. Alles spricht dafür, daß Menschen nur in allerhöchster Not in großer Zahl ihre Heimat verlassen; alles spricht dafür, daß die Migration aus der Dritten Welt auch in Zukunft zum größten Teil von der Dritten Welt selbst aufgefangen wird; und alles spricht auch dafür, daß weiterhin die unsichtbaren Barrieren hoch genug sein werden, um diese Massenbewegung unmöglich zu machen. Schon die vergleichsweise äußerst niedrigen Zahlen von Flüchtlingen aus der Dritten Welt haben Europa aber aufgeschreckt und ihm deutlich gemacht, daß die *eine* Welt, die den hochentwickelten Ländern ökonomisch so gelegen kam, in Zukunft auch auf anderen Gebieten zustande kommen könnte. Und seitdem bricht die erregte Debatte darüber, ob das zu verkraften ist und wann die »Belastungsgrenze« erreicht sei, nicht mehr ab.

Die einen blähen das Problem medienwirksam auf, die andern leugnen, daß es überhaupt ein Problem gibt. Auf der einen Seite immergleiche Berichte über Daimler fahrende, Videorecorder kaufende und kriminell tätige Asylbewerber sowie Bilder über Unordnung und Unrat in der Umgebung der Unterkünfte von Asylbewerbern; all das erweckt schnell den Eindruck, als sei die Bundesrepublik immer und überall mit dem Asylproblem konfrontiert, als sei es eine tagtägliche Plage, der niemand mehr entfliehen könne. Und auf der andern Seite das zähe Bemühen, den offensichtlichen Asylmißbrauch zu leugnen und alle, die den Artikel 16 für renovierungsbedürftig halten, pauschal als Finstermänner und -frauen am äußersten Rande der Demokratie zu verdächtigen. Die einen sprechen nur von den unangenehmen *Folgen* eines Prinzips, die andern nur vom hehren *Prinzip*. Mit anderen Worten: Beide Seiten reden überhaupt nicht miteinander.

Wir werden von beidem sprechen: vom Prinzip und von seinen Folgen. Wir werden zeigen, daß die bisherige Asylpraxis in der Tat Probleme geschaffen hat, die mit dem bisher verfügbaren Instrumentarium kaum zu bewältigen sind. Wir plädieren für ein neues Regelsystem, das zwei Grundelemente hat: erstens eine Neufassung des Asylverfahrens, zweitens aber – und getrennt davon – die institutionell folgenreiche Anerkenntnis, daß Deutschland ein Einwanderungsland ist, bleiben wird und bleiben soll. »Politisch Verfolgte genießen Asylrecht«: Will man dafür in der Bundesrepublik Deutschland eine tragfähige und haltbare Mehrheit finden, muß man auch die Probleme benennen und – wenn möglich – lösen, die die bisherige Asylpraxis gebracht hat.

Festung gegen Festung

Ein Vorfall, der in geradezu exemplarischer Weise zeigt, welche sozialen Folgeprobleme die bisherige Asylpraxis schaffen kann, ereignete sich im Sommer 1992 in Mannheim.[4] Genauer: in dem nördlichen Mannheimer Vorort Schönau. Schon damit beginnt das Problem.

Schönau ist ein alter Arbeiterort. Die Sozialdemokraten hatten hier immer sichere Mehrheiten; doch bei der Landtagswahl im April 1992 kamen die »Republikaner« auf über 16 Prozent – ihr höchster Anteil in ganz Mannheim. Aus drei Teilen besteht der Ort: einer Siedlung mit kleinen Häusern und großen Gärten, einem Neubauviertel und aus Schönau-Nord. In letzterem herrschen Wohnblocks mit Sozialwohnungen vor, die in den fünfziger und sechziger Jahren gebaut wurden. Hier wohnen vor allem Verlierer: Sozialhilfeempfänger (über zehn Prozent), nicht intakte Familien, viele Alleinerziehende. Dazu: Arbeitslosigkeit, eine hohe Kriminalitätsrate, die größten Drogenprobleme in der ganzen Stadt. Man sagt hier: »Wir, die Schönauer, und die anderen, die Reichen.« Schönau-Nord hat keine Lobby, das Viertel wird von der Stadtverwaltung vernachlässigt. Fast alle, so heißt es, wollen von hier weg – andererseits aber schätzen sie auch die traditionelle, fast dörfliche Struktur, in der jeder jeden kennt.

Schönau-Nord ist arm, auch deswegen kann es sich viel schlechter wehren als andere Viertel mit einem halbwegs selbstbewußten Bürgertum. So kommt es, daß die Stadtverwaltung dazu neigt, das Unangenehme, das niemand haben will, auf Schönau abzuladen. Zum Beispiel Asylbewerber. Vor allem Ghanaer und Albaner brachte sie in der ehemaligen Gendarmerie-Kaserne in der Lilienstraße, die bis vor kurzem von der US-Armee belegt war, unter. Damit war der Konflikt zwischen den Unteren und den Untersten programmiert.

Schönauer Vereine hätten die freigewordene Kaserne gerne für sich gehabt. Dann meldete die lokale Presse, die ansonsten kein besonderes Interesse für die Probleme des Viertels an den Tag legt, die Asylbewerber gefährdeten die Jugendarbeit: In einem Jugendhaus sei es ihnen gestattet worden, vormittags Sport zu treiben – und dabei könnten Drogenverstecke angelegt werden, schließlich seien, so der »Mannheimer Morgen«, die Asylbewerber »aufs engste mit der Rauschgiftszene verzahnt«, eine in diesem Fall frei erfundene Behauptung. Und weiter: einzelne Fälle von Ladendiebstahl und Schwarzfahren, das laute Fußballspiel einiger Asylbewerber bis in die Nacht hinein. Niemand hatte es für nötig gehalten, der Kaserne etwas von ihrem Trutzburgcharakter zu nehmen: Der Stacheldraht blieb, und das Ganze sah aus wie eine Festung gegen den Rest des Viertels. Die meisten der neuen Bewohner der Kaserne waren zudem alleinstehende Männer, und etliche Schönauer Mädchen schienen sich eher für diese als für die einheimische männliche Jugend zu interessieren. Und dann noch ein Bericht im Lokalprogramm von RTL über eine Schlägerei in der Unterkunft, bei der es um die Lagerkost ging: Das Fernsehen zeigte Schnitzel, die bei den Handgreiflichkeiten auf dem Boden gelandet waren. Ein Sozialarbeiter bekam von Bewohnern des Viertels, in dem der Anteil ehemaliger Flüchtlinge aus dem Osten hoch ist, zu hören: »Schnitzel gibt's bei uns sonntags, und die Asylanten werfen sie auf den Boden.«

Es brauchte jetzt nur noch einen kleinen Anlaß, um dem Unmut der Schönauer militante Formen zu geben. In diesem Fall war es das – wie sich später zeigte, aus der Luft gegriffene – Gerücht, ein Asylbewerber habe eine junge Schönauerin vergewaltigt. An Christi Himmelfahrt, zugleich Vatertag, kam es dann bei einem Waldfest der Schönauer zu einer Schlägerei, die damit endete, daß etwa 400 zum Teil Alkoholisierte mit Baseball-Schlägern und Feuerwerkskörpern bewaffnet zu der Gendarmeriekaserne zogen. Ausländerfeindliche Sprüche wurden im Angesicht der Festung skandiert. Dem schnell herbeigeeilten Oberbürgermeister gelang es nicht, die Menge zu beschwichtigen: Nur die Polizei konnte die Sicherheit der Asylbewerber gewährleisten.

Als sei die Situation nicht schon schwierig genug gewesen, traten nun auch noch die selbsternannten Freunde der Asylbewerber auf den Plan, die jede Gelegenheit ergreifen, um vor allem sich selbst zu demonstrieren, daß sie die besseren Menschen sind und der Rest der Deutschen nach wie vor an der dumpfen Grenze zum Faschistoiden haust. Ob angereiste Frankfurter Autonome oder Mannheimer Linke – von außen kamen sie alle. Und ihre Botschaft an die Einheimischen war, ob sie das nun wollten oder nicht, eindeutig: Den Schönauern wurde demonstriert, daß es außerhalb des Vororts zwar zahlreiche Menschen gibt, die sich für die Asylbewerber einsetzen, daß diese Menschen aber nie auf die Idee kämen, sich der sozialen Belange der einheimischen Schönauer anzunehmen. Eben: keine Lobby. Hinzu kommt das besondere Feingefühl mancher Autonomer, denen jede militante Aktion gerade recht und die sich daher – mit Schlagringen, Kupferrohren und Reizgas-Sprühern bewaffnet – mit den Einheimischen sowie mit den deutschen Polizisten anlegten, die in ihren Augen doch nur Faschisten schützen. Es entging ihnen hier wie anderswo, daß es im Zweifelsfall ebendiese deutschen Polizisten sind, die allein die Unversehrtheit der Asylbewerber garantieren können und auch garantieren – in Schönau-Nord dadurch, daß sie allabendlich die Lilienthalstraße in Höhe der Kaserne absperrten. (Kritik an der Polizei kann sehr wohl berechtigt sein: Etwa dann, wenn sie – wie in Rostock geschehen – Asylbewerber *nicht* schützt.)

Die ortsansässigen Fachleute für lokale Entspannungspolitik – ein paar Sozialarbeiter und Stadträte – haben wenig Verständnis für die »Hilfe« von Leuten, »die meinen, uns Demonstrationen aufs Auge drücken« zu müssen. Nicht Manifestationen, wissen sie, lösen hier Probleme. Es geht nämlich um ganz praktische

Fragen: Nicht nur junge Männer, sondern auch Familien mit Kindern sollten in der Kaserne untergebracht werden, insgesamt nicht mehr als hundert Menschen; und das Regierungspräsidium müßte dafür sorgen, daß die Kaserne den Charakter eines Internierungslagers verliert, der noch zusätzlich die Abwehrhaltung der Bevölkerung schüre.

Es gibt etliche Schönaus in Deutschland. Etliche – nicht viele. Längst nicht alle, sondern nur ein verhältnismäßig kleiner Teil der Bevölkerung ist mit den beschriebenen Problemen konfrontiert, die unverantwortliche Politiker gern als eine Geisel des gesamten deutschen Volkes darstellen. Das ist die erste Eingrenzung des Asylproblems. Sie vorausgesetzt, läßt sich klarer beschreiben, um welche realen Probleme es sich *im einzelnen* handelt:

1. Es ist zwar der einfachste, aber auch der gefährlichste Weg, Ayslbewerber bevorzugt dort unterzubringen, wo die sozial Schwächsten wohnen. Wenn ihnen die Administration die Allerschwächsten, die Asylbewerber, vor die Nase setzt, demonstriert sie ihnen damit einmal mehr, daß sie den unteren Rand der Gesellschaft darstellen, mit denen »die da oben« machen können, was sie wollen. In Orten wie Schönau sind die Ressourcen knapp – die faktische Konkurrenz zwischen einheimischen Vereinen und Asylbewerbern trägt z. B. nicht dazu bei, die Situation zu entspannen.

2. Eine Verwaltung, die die Unterbringung von Asylbewerbern allein nach rechnerischen Prinzipien organisiert und nur den verfügbaren Raum im Auge hat, richtet Schaden an. Es handelt sich hier nicht nur um ein Belegungs-, sondern vor allem auch um ein *soziales* Problem. Dazu braucht es nicht nur die Kenntnis von Kapazitäten, sondern viel mehr noch Fingerspitzengefühl. Es ist ein Unding, Asylbewerber an Orte zu verfrachten, ohne vorher so ausführlich wie irgend möglich mit den lokalen Organisationen – vor allem denen, die das soziale Klima des Ortes kennen – gesprochen zu haben.

3. Dieses Fingerspitzengefühl müßte es des weiteren ratsam erscheinen lassen, die betroffene einheimische Bevölkerung nicht zu überrumpeln, sondern auf die Ankunft der Gäste vorzubereiten. Es nicht zu tun, muß bei den Einheimischen das Gefühl der

Ohnmacht erzeugen und die Ansicht stärken, man sei nicht mehr als der Abladeplatz von Problemen, mit denen sich andere nicht belasten und auseinandersetzen wollen. Schon Anfang der achtziger Jahre wandte sich eine »Bürgerinitiative Ausländerstopp« (die damals nicht speziell gegen Asylbewerber, sondern generell gegen Zuwanderung argumentierte) mit einem bundesweit verbreiteten Flugblatt an die Öffentlichkeit; darin forderte sie die »feinen Prediger vom Einwanderungsland Bundesrepublik« auf: »Verlaßt Eure Villen im Grünen! Zieht in die Ausländerslums unserer Städte und Gemeinden!«[5] So maßlos diese apokalyptische Polemik auch war, sie benannte ein Problem, das seither noch drängender geworden ist: die Tatsache, daß die Behörden die Asylbewerber in der Regel dorthin verfrachten, wo es ohnehin schon genügend Probleme gibt.

4. Fingerspitzengefühl braucht es auch bei der Art der Unterbringung. Zusammenballungen von Asylbewerbern schaden beiden Seiten. Alles, was nach Lager aussieht und damit die Asylbewerber segregiert, diskriminiert nicht nur diese, sondern stärkt auch die Abwehrhaltung der Einheimischen: Festung gegen Festung. Wo schon die Einquartierung jede Normalität im Keim erstickt, muß man sich nicht wundern, wenn die Feindseligkeit wächst. – Sicher kann es Situationen geben, in denen die Zahl der Asylsuchenden und Bürgerkriegsflüchtlinge so groß ist, daß der Verwaltung keine andere Wahl bleibt, als sie zu kasernieren. (Wobei es übrigens einen seltsamen Zusammenhang gibt: Flüchtlinge aus dem Gebiet eines Bürgerkriegs, der durch das Ende des Kalten Krieges möglich geworden ist, können hier in Kasernen untergebracht werden, die durch das gleiche historische Ereignis frei geworden sind.) Da die Kasernierung aber den Kontakt zwischen Flüchtlingen und Einheimischen fast unmöglich macht, muß um so intensiver daran gearbeitet werden, die Flüchtlinge auf kleinere Einheiten zu verteilen. Sammellager müssen Durchgangslager werden. Kleinere Einheiten können teurer sein – sie tragen aber zur Entspannung eines gefährlichen Konflikts bei; das sollte auch der Verwaltung, der Politik und der Polizei etwas wert sein.

5. Hilfreich wäre es zudem, wenn die Medien darauf verzichteten, das Problem größer zu machen, als es ist. Vor allem wären

Kurz- und Fehlschlüsse zu vermeiden – etwa der Art, daß dort, wo es Asylbewerber gibt, auch Drogen im Spiel sein müßten. Das heißt nicht, daß die realen Probleme, die die Unterbringung von Asylbewerbern schafft, verschwiegen werden sollten. Sie müssen nur in ihrer tatsächlichen Dimension dargestellt werden, und insbesondere wäre es ratsam, wenn Gerüchte den Leuten erst dann als mediale Wahrheiten zurückgespiegelt werden, wenn sie sich als zutreffend erwiesen haben.

6. Es hat keinen Sinn, die Augen vor der Tatsache zu verschließen, daß die Anwesenheit von Asylbewerbern – vor allem in ohnehin schon benachteiligten Gegenden – die Lebensqualität spürbar mindern kann. Dazu trägt nicht zuletzt der Zusammenstoß von Kulturen bei, die hier sehr viel weiter auseinanderliegen als überall sonst. Die Arbeitsmigration hat die Deutschen mit Italienern, Spaniern und Türken konfrontiert, und sie haben das – auch weil das ein allmählicher *Prozeß* war – mit der Zeit verkraftet. Im Falle der Asylbewerber aber kann es dazu kommen, daß ein Stadtteil, dessen Bewohner im generösen Umgang mit Fremden nicht eben geübt sind, von einem Tag auf den andern mit 200 Ghanaern konfrontiert ist. Das aber ist eine Situation, die der Xenophobie kräftig auf die Sprünge hilft und all jene Unterlegenheitsgefühle mobilisieren kann, die sich dann z. B. in wildesten Phantasien über den sexuellen Vampirismus der ungebetenen Fremden äußern.

7. Wenig hilfreich sind auch die Manifestationen der besseren linken Menschen. Nicht daß es falsch wäre, Solidarität mit Asylbewerbern zu bekunden, die bedrängt werden, im Gegenteil. Und diese Solidarität kann sich auch in Demonstrationen ausdrücken. Vor allem aber ist eine Solidarität gefragt, die zur *Entspannung* beiträgt. Die aber braucht weder die großen Fensterreden an die ohnehin schon überzeugte Klientel noch das allfällige Gewedel mit der faschistischen Gefahr. Denn das hat mit Sicherheit nur zur Folge, daß sich die Fronten noch weiter verhärten. Gefragt wäre vielmehr eine Solidarität der kleinen Gesten, die den Alltag normalisiert, die die Kommunikation zwischen beiden Seiten fördert und die nicht großsprecherisch leugnet, daß dieses Zusammenleben tatsächlich sehr schwierig ist. Fahrräder und Fußbälle sind hier wichtiger als Megaphone und Fahnen.

Es geht dabei nicht darum, der militanten Xenophobie auch nur das geringste Verständnis entgegenzubringen, etwa dadurch, daß man sie sozial erklärt und entschuldet.[6] Jeder Angriff auf die Unversehrtheit von Menschen muß abgewehrt werden. Wohl aber muß man bedenken, daß die vermehrte Zahl von Asylbewerbern viele Bewohner dieses Landes vor neue Probleme gestellt hat. Die Arbeitsmigranten hatten und haben gegenüber den Asylbewerbern den großen Vorteil, daß sie zur *Arbeit* gekommen sind. In ihrem Fall hat sich allmählich herumgesprochen, daß ihre Anwesenheit zumindest *auch* ihre nützlichen Seiten hat. Und weil sie arbeiten, sind sie zudem in das gesellschaftliche Gefüge einigermaßen integriert, die kulturelle Differenz zwischen beiden Seiten ist nicht unüberbrückbar. Und schließlich – vielleicht der wichtigste Punkt – sind die Arbeitsmigranten vor allem dort zahlreich, wo sie auch gebraucht werden: Sie verteilen sich gewissermaßen nach wirtschaftlichem und gesellschaftlichem Bedarf.

Das alles gilt für die Asylbewerber nicht. Sie werden je nach gebäudlichen Aufnahmekapazitäten verfrachtet. Besonders dort, wo es – wie in vielen ländlichen Gebieten – bisher noch sehr wenig Erfahrung im Umgang mit Nicht-Deutschen gibt, kann das leicht als Schock erlebt werden. Für diejenigen, die ihrem Alltag noch nicht einmal entnehmen können, daß dieses Land Fremde braucht und von ihnen etwas hat, liegt es nahe, in den Asylbewerbern vor ihrer Tür eine Zumutung zu sehen, die erstens teuer ist und die zweitens die ohnehin schon geringe Lebensqualität noch weiter verschlechtert.

Politik hat bekanntlich immer auch eine symbolische Dimension, der im Zeitalter der oft schon Wirklichkeit ersetzenden Bilder eine um so größere Bedeutung zukommt. Man kann Asylbewerber so unterbringen, daß sie klug über das Land und seine sozialen Schichten verteilt sind. (Oder genauer: Das hätte *vielleicht* gelingen können, wenn man rechtzeitig die neue Weltunordnung als solche zur Kenntnis genommen hätte.) Nicht, daß sie damit unsichtbar würden; es würde aber zumindest weniger der Eindruck entstehen, hier werde sozialer Sprengstoff angesammelt. Gleichmäßigere und differenziertere Verteilung trägt zur Entschärfung bei – schon dadurch, daß es weniger krisenhafte Situationen zu fotografieren und zu filmen gibt, die man dann dem Publikum als *die* Realität Deutschlands präsentieren kann. Es klingt paradox, ist es aber nicht: Die lagermäßige Unterbringung von Asylbewerbern scheint diese durch Kasernierung der Öffentlichkeit zu entziehen – tatsächlich unterstreicht und übertreibt sie aber das Problem.

Statt dessen müßte es – wie Karl Otto Hondrich und Claudia Koch-Arzberger schreiben – darum gehen, »die örtlichen und quartiersmäßigen Zusammenballungen zu entflechten und in den sozialrelevanten Umfeldern, also in Kommunen, Wohngebieten, Schulen immer nur eine kleine Zahl von Neuankömmlingen vorzusehen und bei der Gestaltung von deren Lebensumständen die Gemeinden und Familien mitwirken zu lassen. Im Gegensatz dazu hat man heute oft den Eindruck, daß die Zahl der Zuwanderer nicht nur in den Massenmedien, sondern auch in der Organisation des Alltagslebens so in Szene gesetzt wird, daß Angst, Abwehr und Antisolidarität geradezu vorprogrammiert sind.«[7]

Politik und Verwaltung können Probleme so *darstellen* und *inszenieren*, daß sie als unlösbar erscheinen. Man kann etwa das Personal, das für die Bearbeitung der Asylanträge zuständig ist, so knapp halten, daß es mit Sicherheit ziemlich lange dauert, bis über einen Antrag entschieden wird. Oder man kann die Asylbewerber so unterbringen, daß sie nicht als ein zwar beträchtliches, aber handhabbares Menetekel erscheinen. Man kann insgesamt die Asylpolitik – zum Teil sicher aus Fahrlässigkeit – so anlegen, daß der Zorn nicht geringer Teile der Bevölkerung geradezu provoziert wird. Überspitzt gesagt: Die Politik inszeniert sich als politikunfähig, um eine Stimmung zu schüren, die radikale, kopflose und engherzige Lösungen nahelegt. Die Politik organisiert das Debakel des Asylproblems als *selffulfilling prophecy*. Auch das ist eine Variante der Sonthofen-Strategie, zu der die Politik nicht selten dann neigt, wenn Intelligenz, Fingerspitzengefühl, entschlossenes Handeln und ein Konsens, der über die alltägliche Phrase hinausreicht, gefordert wären.

Eine Politik der Entspannung, die nicht die Unlösbarkeit des Problems inszeniert, sondern den klugen Umgang mit ihm, könnte bewirken, daß in der Diskussion um das Asyl der schrille und apokalyptische Ton nachläßt. Gelöst wäre damit das Problem jedoch noch nicht. Denn dazu braucht es eine gemeinsame Verständigung mit verbindlichem Ergebnis darüber, welchen Stellenwert das Institut des Asyls haben und auf welche Realitäten es zugeschnitten sein soll. Es tut zwar auch heute noch fast jeder, der in das Feuer der Asyldebatte Öl schüttet, so, als müsse es selbstverständlich dabei bleiben, daß politische Verfolgte Asylrecht genießen; doch die formelhafte, geschäftsmäßige und leicht gereizte Weise, in der das versichert wird, zeigt immer wieder, daß auch hierin ernsthaft von einem Konsens keine Rede sein kann. Um diesem auf die Beine zu helfen, im folgenden eine kleine historische Abschweifung.

Man kann in Flüchtlingen eine Zumutung und eine Belästigung sehen. Wenn man bereit ist, auch etwas größere Zusammenhänge als die eigenen vier Staatswände zur Kenntnis zu nehmen, geht es aber auch anders. Etwa so: »Völkerwanderung heute – ein großes Wort? Zu groß? Angesichts von rund fünfzehn Millionen Menschen, die, nach vorsichtiger Schätzung, im Zuge von statistischen Erhebungen, die lückenhaft sind, noch immer ihr Bündel in der Hand haben und nicht wissen wohin? – Zu klein, könnte man eher meinen. Wenn man hinzunimmt, daß auch Millionen von sogenannten Seßhaften innerlich Wanderer sind, Menschen mit dem Kleinkoffer und dem Pappkarton in der Hand, jederzeit bereit, ihr Zuhause zu verlassen. Sei es physisch, sei es geistig. – Da muß es auf jeden Fall Dirigenten geben, die das wilde Orchester der Unruhevollen, der Verstörten, der homines vagantes [. . .] zu einem moderierten Konzert zwingen – oder verführen. Oder beides.«[8]

Der Autor, der da Verständnis nicht nur für verstörte Flüchtlinge, sondern sogar für die aufbringt, die sich freiwillig zum Wandern entscheiden, war kaum ein Freund der multikulturellen Gesellschaft und gehörte auch keinem Flüchtlingskomitee an: Es handelt sich um den 1905 in Pommern geborenen Hans Joachim von Merkatz, einen 1960 von der Deutschen Partei zur CDU übergetretenen Nachkriegspolitiker, der zwei Jahre lang Bundesminister für Vertriebene, Flüchtlinge und Kriegsgeschädigte war und der sich zeit seines Lebens für die Belange der deutschen Flüchtlinge und Vertriebenen stark gemacht hat.

Seitenlang ließe sich aus mehr oder minder offiziellen Publikationen der fünfziger und sechziger Jahre zitieren, in denen für Mitgefühl und Solidarität gegenüber Flüchtlingen geworben und in denen versucht wurde, den einheimischen Deutschen des Westens zu erklären, daß dieses Jahrhundert der Kriege, Barbareien und Vertreibungen keinen moralisch vertretbaren Platz lasse für Gleichgültigkeit, Mißgunst und Abwehr gegenüber Flüchtlingen. Warum aber sollen solche Appelle damals Gültigkeit besessen haben, heute jedoch nicht mehr?

Zwar wurde die Integration der deutschen Flüchtlinge in Deutschland früh schon – und gar nicht zu Unrecht – als herausragender Teil der rasanten Erfolgsgeschichte der Bundesrepublik gefeiert. Man sollte sich davon jedoch nicht den Blick dafür trüben lassen, daß solche Appelle ans Mitgefühl damals sowenig selbstverständlich waren, wie sie es heute sind. Denn fast überall wurden die Flüchtlinge scheel angesehen und galten als Unruhestifter und Nassauer.[9] Ein paar Beispiele sollen diese allzuschnell vergessene Wirklichkeit der frühen Bundesrepublik verdeutlichen.

Wie heute waren auch damals sehr viele Flüchtlinge in Lagern und Baracken untergebracht; 1949 gab es allein in Bayern 645 Lager mit über 94000 Bewohnern. Schon das machte – wie heute in Mannheim und anderswo – die Flüchtlinge zu Außenseitern, die ein Eigenleben führten und in den Augen vieler zur Integration nicht bereit zu sein schienen. Da die Flüchtlinge auch damals nicht willkommen waren, griffen die Behörden zum Mittel der Zuteilung; und sie legten dabei – wieder wie heute, wenngleich unter ungleich schlechteren materiellen Bedingungen – wenig Fingerspitzengefühl an den Tag. Je nach vorhandenen Kapazitäten wurden die Flüchtlinge zugeteilt, man nannte das Verfahren (das übrigens oft Familien auseinanderriß) »Einzonierung«. Nicht alle Flüchtlinge waren dankbar genug, sich alles gefallen zu lassen, und so kam es immer wieder vor, daß sie illegal die ihnen zugewiesene Zone verließen oder – z. B. um in einer Gegend einquartiert zu werden, in der sie alte Freunde wiedertreffen würden – den Behörden frei erfundene Geschichten auftischten.

Wie es überhaupt etliche von ihnen – nicht anders als, ebenfalls der Not gehorchend, etliche Flüchtlinge von heute – mit Recht und Ordnung nicht so genau nahmen. Als z. B. Hamburg, der Wohnungsnot wegen, zum Sperrgebiet für Flüchtlinge erklärt wurde, nützte das fast gar nichts: Viele Flüchtlinge verstanden es, dennoch illegal in die Stadt einzudringen. Albrecht Lehmann schreibt in seiner gründlichen Untersuchung über die Flüchtlinge und Vertriebenen in Westdeutschland: »Das Ausnutzen kleiner Vorteile, das schnelle Entscheiden am Rande der Legalität, die Kunst des Organisierens bis hin zum rücksichtslosen Übervorteilen anderer waren noch mehr als in unserer heutigen Zeit an der Tagesordnung.«[10] Die ungeliebten fremden Deutschen griffen auch oft zum Mittel der Kriminalität; es gab eine ganz Reihe typischer Flüchtlingsdelikte, die ziemlich massiv gewesen sein müssen – so massiv, daß schon 1948 an der Universität Köln eine Dissertation über die Flüchtlingskriminalität verfaßt werden konnte.[11]

Nicht minder massiv war zuweilen die Ablehnung, die den Flüchtlingen entgegenschlug. In Schulen und Nachbarschaften ist ernsthaft darüber diskutiert worden, ob ein Oberschlesier überhaupt ein »richtiger« Deutscher sei. Im Arbeitermilieu war die abschätzige Rede von den »Beutedeutschen« ziemlich verbreitet. Und als einer Gymnasialklasse ein oberschlesisch sprechender Deutschlehrer zugeteilt wurde, beschwerten sich die Schüler darüber, daß sie nun von einem »Pollacken« unterrichtet werden sollten. Die Pointe dieser Geschichte: Bei dem Germanisten und Gymnasiallehrer, der das »R« in der weichen oberschlesischen Art rollte, handelte es sich um den später bekannt gewordenen Vertriebenenfunktionär Herbert Czaja![12]

Die Xenophobie gegenüber den Flüchtlingen konnte aber auch deutlich drastischere und häßlichere Formen annehmen. Nicht selten mußten – auch hier ist die Parallele zu heute nicht zu übersehen – die Flüchtlinge unter Polizeischutz in ihre Unterkünfte eingewiesen werden. Auch kam es vor, daß in den Zimmern, die sie bewohnten, um 22 Uhr die Glühbirnen herausgeschraubt wurden. Als in den fünfziger Jahren in einer schwäbischen Gemeinde nach einer Veranstaltung eines Gesangsvereins eines der Mitglieder seine Brieftasche vermißte (die der Betreffende später zu Hause wiederfand), beschloß die Runde, zur Selbstjustiz zu greifen und eine Hausdurchsuchung bei dem einen Flüchtling durchzuführen, der dem Verein angehörte. Mehrfach mußten die Behörden eingreifen, um sicherzustellen, daß die Toten von Flüchtlingen nicht – wie im Mittelalter bei Ortsfremden und »Ehrlosen« üblich – außerhalb der Friedhofsmauern beerdigt wurden. Groß war zuweilen die Furcht vor der »Überflutung« durch die Flüchtlinge, und deswegen wurde nicht selten vor der »Vermischung« mit ihnen gewarnt. Mischehen waren in vielen Gebieten – vor allem dort, wo die Flüchtlinge, wie heute, die bisher vergleichsweise einheitliche konfessionelle Struktur durcheinanderbrachten – ziemlich selten.[13] Und ein bayerischer Kreisdirektor machte dadurch auf sich aufmerksam, daß er vor Heiraten zwischen jungen Bayern und Flüchtlingsmädchen mit dem Argument warnte, diese erfüllten den Tatbestand der »Blutschande«.

Wir wollten mit diesen Beispielen keine Retourkutsche fahren und die einen Fremden gegen die andern ausspielen. Wir wollten nur zeigen, daß Fremde – besonders solche, die mittellos und für die Gesellschaft aufs erste nicht nützlich sind – in aller Regel ungern gesehen sind, gleich ob es Deutsche oder Nicht-Deutsche sind. Und wir wollten zeigen, daß es einer Gesellschaft, wenn sie nur will, möglich ist, aus diesem Winkel der xenophoben Einigelung herauszukommen und die unwillkommenen Fremden zu integrieren. Gesellschaften vertragen morgen und übermorgen viel mehr Fremdes, als sie heute noch glauben.

Warum Asyl?

Die Deutschen haben also – oft genug widerwillig – verfolgte und vertriebene Deutsche aufgenommen. Warum aber sollen sie auch andere, die vertrieben wurden oder verfolgt sind, aufnehmen? Warum Asyl?

Das Recht auf Asyl ist noch nicht alt. Genauer: Völkerrechtlich verbindlich ist es noch immer nicht formuliert, und die Zahl der Staaten, in denen es einen *Rechts*anspruch auf Asyl gibt, ist sehr klein. In der Mehrzahl der Fälle wird Asyl als *Gnaden*akt gewährt. Die konsequenteste und offenste Asylregelung der Welt gibt es in Deutschland.

Asyl war deswegen nicht selbstverständlich, weil über lange Strecken der frühen Geschichte die Welt vermutlich an den Grenzen der jeweiligen Gemeinschaft endete; das Jenseits davon war ein Nicht-Raum: »Nach allem, was wir durch wissenschaftlich analysierte Funde und durch Vergleiche mit primitiven Gemeinschaften aus historischer Zeit von jenen Anfängen der Menschheit wissen, genoß der einzelne nur innerhalb der Blutsgemeinschaft Schutz und Geborgenheit.«[14] Nicht irdisch, sondern nur göttlich konnte daher der Asylgedanke ursprünglich begründet werden – eine Tradition, die sich über das Altertum bis hin zum mittelalterlichen Kirchen- und Klosterasyl hielt.[15]

Obgleich es auch schon zuvor vereinzelt das weltliche Asyl gegeben hatte, begann es sich als Idee, später allmählich als verpflichtende Idee erst in der Neuzeit durchzusetzen, und zwar außerordentlich langsam. Doch als Staaten und Herrscher vermehrt Asyl zu gewähren begannen, war dieser Akt völlig an die Souveränität des Herrschers geknüpft: Ganz nach eigenem Belieben und im Interesse des Staates konnte er Asyl gewähren oder es bleibenlassen. Und da es auf staatlicher Ebene lange keine Vorstellung von Verantwortlichkeit gegenüber Menschen jedweder Herkunft gab, lag die Idee einer Verpflichtung zur Asylgewährung außerhalb des Vorstellbaren. Asyl wurde von Fall zu Fall gewährt, und im Verständnis der Zeit war kein großer Unterschied zwischen einem Verfolgten und einem Verbrecher. Es waren vor allem Nützlichkeitserwägungen, die zu einzelnen und willkürlichen Fällen von Asylgewährung führten.

Das begann sich in der Neuzeit nur äußerst langsam zu ändern – langsam deswegen, weil die Neuzeit ja erst der Idee vom souveränen Staat zum Durchbruch verhalf, der sich in letzter Konsequenz mit dem Rest der Staatenwelt im potentiellen Kriegszustand befindet und der nur gehalten ist, die *eigenen* Interessen zu verfolgen. Zwar begann seit der frühen Neuzeit der Gedanke,

das Asyl müsse zumindest so etwas ähnliches wie ein Rechts-
institut werden, in der politischen Philosophie eine immer größere Rolle zu spielen, etwa bei Hugo Grotius, Samuel Pufendorf
und Christian Thomasius. Praktisch aber änderte sich lange fast
nichts; so ist es auch kein Zufall, daß in der Französischen Revolution – deren Heroen ansonsten mit weltumspannendem Pathos
ja nicht eben sparsam umgingen – der Asylgedanke so gut wie
keine Rolle spielte.

Das 19. Jahrhundert hat dann zwar ziemlich viel dafür getan,
daß das Recht auf Asyl immer notwendiger wurde, zu dessen
Herausbildung hat es aber nahezu nichts beigetragen. Bis die
wachsende Zahl der dadurch heimatlos Gewordenen den Gedanken an das Asyl geradezu aufdrängte und aufnötigte, mußte erst,
bis hin zum Vorabend des Ersten Weltkriegs, das Elend der Nationalstaaterei konsequent durchexerziert werden. Schon 1795
hatte Immanuel Kant in seiner Schrift »Zum ewigen Frieden«
auf die simple Tatsache hingewiesen, daß die souveränen Staaten
ihren Bürgern zwar alle möglichen Freiheiten und Rechte sichern mögen, daß die Kehrseite dieser Souveränität aber im
potentiellen Kriegszustand *zwischen* den Staaten bestehe. Er sah
– oft heute noch als »Idealist« abgetan – die Alternative nur in
einem weltweiten Friedensbund *(foedus pacificum)*.[16] In dieser
Schrift taucht auch zum ersten Mal der Begriff »Völkerbund«
auf.

Die Einsicht, daß ein solcher nötig sein könnte, verdichtete
sich noch vor dem Ersten Weltkrieg. Denn schon damals begann
die Zeit der erzwungenen Massenauswanderungen. Die Balkan-
kriege von 1912/13 führten zur Massenflucht von etwa 900000
Griechen, Türken und Bulgaren aus ihren Wohnsitzen in die
jeweiligen Herkunftsstaaten.[17] Als nach dem Ersten Weltkrieg
der Völkerbund geschaffen wurde, war dieser mit Massenwanderungen konfrontiert, die das bisher Bekannte weit überschritten. Etwa 1.2 Millionen Deutsche flohen aus Polen, Rußland,
Elsaß-Lothringen und den deutschen Kolonien in das verklei-
nerte Deutschland und nach Österreich. Millionen von Arme-
niern wurden in der Türkei ermordet oder aus ihr vertrieben. Es
kam zur massenhaften Zwangsumsiedlung von Griechen aus
Kleinasien nach Griechenland und, umgekehrt, von Türken aus

Griechenland in die Türkei. Aus dem erheblich vergrößerten Rumänien flüchteten 400 000 Magyaren nach Ungarn. 1.2 Millionen Balten, Polen und Türken sowie etwa eine Million Russen flohen aus der Sowjetunion nach Westen.

Es war vor allem die neugeschaffene Institution des Völkerbundes, die sich des in dieser Dimension neuen Problems der Flüchtlinge annahm. Zahlreiche Hilfsprogramme, aber auch Erwägungen zu einem internationalen Flüchtlingsrecht waren die Folge. Und es wurde das Amt des Hohen Kommissars für Flüchtlinge eingerichtet, das als erster der Zoologe und frühere Polarforscher Fritjof Nansen übernahm, der seine Amtszeit insbesondere dem Schutz und der Aufnahme von Flüchtlingen aus der Sowjetunion widmete. Doch auch dem Völkerbund gelang es in der gesamten Zeit seines Bestehens nicht, einer verbindlichen Flüchtlingskonvention näherzukommen – wohl auch deswegen nicht, weil man das Flüchtlingsproblem für ein vorübergehendes hielt. Die größten Fluchtbewegungen des Jahrhunderts (die durch den Zweiten Weltkrieg ausgelösten und die heutigen) hatten noch gar nicht begonnen – und man gab sich der trügerischen Hoffnung hin, bald werde das friedliche Nebeneinander der Staaten und Ethnien der Normalfall werden, und bald werde es daher auf der Welt nicht mehr viele Gründe geben, die Heimat zu verlassen und zu fliehen.

Der Zweite Weltkrieg und seine Folgen straften diese Zuversicht auf grauenhafte Weise Lügen. Wieder wurde, vor allem angesichts der Millionen von Flüchtlingen aus Osteuropa, ein Anlauf genommen, diesmal erfolgreicher. 1948 verabschiedeten die Vereinten Nationen die »Allgemeine Erklärung der Menschenrechte«, in deren 14. Artikel es heißt: »Jeder Mensch hat das Recht, in anderen Ländern vor Verfolgungen Asyl zu suchen und zu genießen.«[18] Doch dieser Artikel garantiert im Grunde nur die eine Seite: das Recht, sich auf die Flucht zu begeben – er begründet keineswegs einen Individualanspruch auf Aufnahme; zudem stellt die »Allgemeine Erklärung der Menschenrechte« kein bindendes Völkerrecht dar, sondern hat nur empfehlenden Charakter.

1950 wurde das Amt des »United Nations High Commissioner for Refugees« (UNHCR) eingerichtet. Dieser koordiniert vor allem die weltweiten Bemühungen zur Lösung des Flüchtlingsproblems, befaßt sich z. B. mit karitativen Aufgaben sowie mit der Eingliederung von Flüchtlingen. Über harte Kompetenzen verfügt er jedoch nicht. Die wichtigste Neuerung nach dem Zweiten Weltkrieg war jedoch die 1951 beschlossene »Genfer Flüchtlingskonvention«, der inzwischen über hundert Staaten beigetreten sind. In ihrem ersten Artikel definiert sie Flüchtlinge unter anderem als Personen, die »aus begründeter Furcht vor Verfolgung wegen ihrer Rasse, Religion, Nationalität, Zugehörigkeit zu einer bestimmten sozialen Gruppe oder wegen ihrer politischen Überzeugung sich außerhalb des Landes befinden, dessen Staatsangehörigkeit sie besitzen«. (Der Haken dieser Regelung: Die Furcht muß »begründet« sein – vielen real Verfolgten ist es aber kaum möglich, dafür schlagende Beweise zu liefern.)

Nie zuvor sind Fluchtgründe derart umfassend beschrieben und anerkannt worden; das ist die erste Errungenschaft der Konvention. Die zweite besteht darin, »daß es mit diesem Abkommen erstmals gelungen ist, den internationalen Rechtsstatus von Flüchtlingen in einem einzigen Vertragswerk festzulegen«[19]. Die »Genfer Flüchtlingskonvention« beruht unter anderem auf dem völkergewohnheitsrechtlichen Grundsatz des *non-refoulment*, d. h. dem Gebot der Nichtauslieferung politischer Flüchtlinge. Deswegen können in der Bundesrepublik, die der »Genfer Flüchtlingskonvention« früh beigetreten ist, viele Asylbewerber nicht abgeschoben werden, obwohl ihr Antrag vom Bundesamt in Zirndorf abgelehnt wurde. (Nach einem Urteil des Bundesverfassungsgerichts muß z. B. die Flucht vor einem Bürgerkrieg kein Anerkennungsgrund sein, da der betreffende Bürgerkrieg laut BVG nicht per se über das hinausgehen müsse, »was die Bewohner des Heimatstaates aufgrund des dort herrschenden Systems allgemein hinzunehmen haben«.) Diese sogenannten »De-facto-Flüchtlinge« halten sich also nicht, wie in populistischen Kreisen angenommen wird, illegal in Deutschland auf. Sie dürfen bleiben.

Freilich geht die »Genfer Flüchtlingskonvention« nicht so weit wie etwa die »Afrikanische Flüchtlingskonvention« der OAU, in der auch objektive Kriterien wie Krieg oder Besetzung bei der

Anerkennung der Flüchtlingseigenschaft zählen (wie sich insgesamt die afrikanischen Staaten bei der Aufnahme von Flüchtlingen viel generöser verhalten als die europäischen). Zudem begründet auch sie noch kein Recht des einzelnen politisch Verfolgten auf Asylgewährung und keine dementsprechende Pflicht der Staaten. Die Pflichten, die sich für die Staaten aus der Konvention ergeben, betreffen lediglich die Ausgestaltung des einmal gewährten Asyls.

Interessanter noch ist ein weiterer Punkt. Wie schon in den Zeiten des Völkerbunds hoffte man, das Flüchtlingsproblem sei ein vorübergehendes. Oder genauer: Weil das Flüchtlingsproblem inzwischen weit gravierender geworden war, versuchte man, es in gewisser Weise einzuengen und die Pflichten möglichst klein zu halten, die sich aus ihm für die Signatarstaaten ergaben. Denn in ihrer ursprünglichen Fassung galt die »Genfer Flüchtlingskonvention« nur für Personen, die infolge von Ereignissen geflüchtet sind, die vor dem 1. 1. 1951 eingetreten waren. Und noch deutlicher wurde die Richtung, die da angepeilt wurde, aus einer zusätzlichen Bestimmung, mit der die Beschränkung auf Ereignisse in Europa möglich war.

Das heißt: Die »Genfer Flüchtlingskonvention« war ursprünglich erstens auf eine bestimmte historische Situation zugeschnitten; sie enthielt zweitens – ganz früh schon – die illusionäre Hoffnung, Europa könne eine Insel oder gar eine Festung sein, die von den Flucht- und Wanderungsbewegungen im größeren Rest der Welt verschont bleibe; und sie war drittens implizit von einer politischen Konstellation geprägt, die sich damals zwar machtvoll herausgebildet hatte und die ein paar Jahrzehnte lang für sehr dauerhaft gehalten wurde, die aber inzwischen wie ein Kartenhaus zusammengefallen ist: Sie war an den Ost-West-Konflikt, den Kalten Krieg und das osteuropäische Flüchtlingsproblem gebunden. Hinter dieser Beschränkung auf *einen* politischen Konflikt und in dieser Gleichgültigkeit gegenüber den Ländern der Dritten Welt sollte man nicht vorschnell allzuviel an bösem Willen vermuten. Denn das Problem der Flüchtlinge aus Osteuropa war gewaltig; alles schien zudem darauf hinzudeuten, daß mindestens der Rest des Jahrhunderts ganz im Zeichen des Titanenkampfes zwischen Sozialismus und westlicher Demo-

kratie stehen würde. Und das – inzwischen unübersehbare –
Problem des Entwicklungsgefälles zwischen der Dritten Welt
und den industrialisierten Ländern des Westens war damals auch
im Kreise der Bemühtesten noch nicht einmal in Ansätzen ein
Thema, das beunruhigte.

Später wurde diese Beschränkung der »Genfer Flüchtlingskonvention« teilweise revidiert: Das Zusatzprotokoll von 1967
hob die Stichtagsklausel auf, die als Schranke gegenüber womöglich unabsehbaren zukünftigen Flüchtlingsbewegungen gedacht gewesen war. Damit war die Konvention auch auf die
Fluchtgründe hin angelegt, die aus den Problemen und den Konflikten in der Dritten Welt resultierten. Doch immer noch
herrschte jener heute so unbegründet erscheinende Optimismus
vor, der davon ausging, in absehbarer Zeit würde die Zahl der
Flüchtlinge wieder abnehmen – sei es des undurchdringlichen
Eisernen Vorhangs wegen, sei es aufgrund einer grundlegenden
Verbesserung der Situation in der Dritten Welt.

Weil in Institutionen und Regelsystemen Erfahrungen inkor-
poriert sind und Erfahrungen sich nur sehr langsam herausbilden
und verdichten, hinken Institutionen und Regelsysteme notwendigerweise mehr oder minder weit der jeweils aktuellen Pro-
blemkonstellation hinterher. Das gilt auch hier. Das Jahrhundert
der Flüchtlinge neigt sich dem Ende zu, und einiges spricht dafür, daß zumindest der erste Teil des kommenden Jahrhunderts
denselben Titel verdienen wird. Mehr noch: Die Figur des
Flüchtlings hat sich vervielfältigt. Zum Europäer ist der Flüchtling aus den Ländern der Dritten Welt hinzugekommen, und
auch die Fluchtgründe haben sich vervielfacht. Noch immer
aber gibt es keine verbindliche völkerrechtliche Norm, die auf
die kaum noch zu übersehende Tatsache abgestellt wäre, daß
sehr viele Menschen auf dieser Welt auf der Flucht sind und einen
neuen Aufenthaltsort brauchen.

Es gibt jedoch ein Land, dem das vor einem halben Jahrhundert wohl niemand zugetraut hätte und das doch tatsächlich die eine Ausnahme darstellt: die Bundesrepublik Deutschland. Hier ist die Gewährung von Asyl im Prinzip kein Gnadenakt, Verfolgte haben vielmehr einen unverbrüchlichen Rechtsanspruch darauf.

Es gibt Staaten, die mit dem Asyl weit generöser umgehen als Deutschland. Sie tun das aber aus freiem Ermessen und oft auch aufgrund einer gewohnheitsrechtlich verankerten Sensibilität, die nicht selten mehr zu Buche schlägt als der Paragraphenzwang, in dem deutsche Behörden eingemauert sind (und dem sie zugleich mit der reichhaltigen Palette der bürokratischen Methoden des Unterlaufens und Verzögerns entgegenarbeiten können). Während andere Staaten, wenn es ihnen, aus welchen Gründen auch immer, zuviel wird, im Prinzip auf eine restriktivere Asylpraxis umschalten können, sind der Bundesrepublik durch das Grundgesetz die Hände gebunden. Es ist ihre einzigartige Asylregelung, die der Bundesrepublik heute Probleme schafft. Sie sitzt, wenn man will, in der Falle, die sie sich mit dem Grundgesetz selbst gestellt hat. Sie hat sie sich freilich mit guten Gründen gestellt.

Deutschland hat den Zweiten Weltkrieg und mit ihm die bisher wohl größten Fluchtbewegungen der Geschichte ausgelöst und verschuldet. Eine kleine kompensierende Antwort auf diese Schuld ist die Anerkenntnis des nachfolgenden deutschen Staates, daß fortan politisch Verfolgte das Recht auf Asyl genießen sollen. Es waren jedoch auch subjektivere Gründe, die zu dem zweiten Satz von Artikel 16, Absatz 2 geführt haben. Unter den 65 Mitgliedern des Parlamentarischen Rates, die das Grundgesetz ausarbeiteten, befanden sich etliche, die den Nationalsozialismus nur überlebt hatten, weil sie außerhalb von Deutschland Aufnahme, also Asyl gefunden hatten; und etliche auch, die erlebt hatten, wie Zehntausenden von Flüchtlingen von möglichen Aufnahmestaaten die Zuflucht aus egoistischen oder auch nationalistischen Gründen verwehrt worden war. Diese Erfahrungen sind in das Grundgesetz eingeflossen.

Das geschah jedoch weder geradlinig noch so vertrauensselig

naiv, wie heute von den Anhängern eines Rückbaus des Asylrechts gern behauptet wird.[20] Man hat sich bewußt – bewußt auch der möglichen Konsequenzen – gegen eine Beschränkung des Anspruchs auf Asyl und für eine großzügige Lösung entschieden. Dem Parlamentarischen Rat lag der Grundgesetzentwurf des Herrenchiemseer Verfassungskonvents vor, der – ganz auf der Linie des Völkerrechts – nur eine sehr begrenzte Schutzgewährung vorsah und der nur von Nichtauslieferung, nicht jedoch von Asyl sprach. Das schien dem Grundsatzausschuß des Parlamentarischen Rates nicht ausreichend. Schon in seiner vierten Sitzung legte er eine Fassung vor, die aus fünf Worten mehr als den dann ins Grundgesetz aufgenommenen besteht: »Politisch Verfolgte genießen Asylrecht im Rahmen des allgemeinen Völkerrechts.« Der Bezug auf das allgemeine Völkerrecht geht auf einen Entwurf zur »Allgemeinen Erklärung der Menschenrechte« zurück, der dem Parlamentarischen Rat vorlag. Man ging dabei vermutlich davon aus, daß mit dieser Erklärung, wie in deren ursprünglichen Entwürfen auch vorgesehen, ein subjektiver Anspruch auf Asylgewährung verankert sei.

Später wurde der Zusatz »im Rahmen des allgemeinen Völkerrechts« weggelassen, und so blieben die berühmten vier Wörter: »Politisch Verfolgte genießen Asylrecht.« Das war in den weiteren Beratungen keineswegs unumstritten, und es wurde ein eigenartiger Gegenentwurf formuliert: Einerseits sollten politisch verfolgte Ausländer nicht ausgeliefert werden (ohne daß ihnen das *Recht* auf Asyl zugestanden worden wäre), und andrerseits sollte das Asylrecht auf Deutsche beschränkt bleiben, die wegen ihres »Eintretens für Freiheit, Demokratie, soziale Gerechtigkeit oder Weltfrieden« verfolgt werden. Diese Kombination ist insofern pikant, als sie zwar Ausländern grundsätzlich kein *Recht* auf Asyl einräumt, im Falle der Deutschen aber die Gründe für den rechtmäßig verankerten Asylanspruch außerordentlich weit faßt. Ein Abgeordneter der SPD wies dann auf die schlichte Tatsache hin, daß es doch wohl ein Unding sei, einem Deutschen in Deutschland Asylrecht einzuräumen, und damit war diese Fassung vom Tisch.

Im Grunde aber ging es gar nicht um Deutsche versus Ausländer, sondern – wie sich in den Debatten schnell zeigte – um ein wirkliches Problem. Denn einige der Mitglieder des Parlamentarischen Rates warfen, auch mit Hinweis auf den Nationalsozialismus, die Frage auf, ob es denn vertretbar sei, das Asylrecht so zu fassen, daß auch Feinde der Demokratie einen verbürgten Anspruch darauf haben könnten. Das ist ein Einwand, hinter dem der entlarvungsgeübte linke Dumpfheimer den antikommunistischen Vorbehalt vermuten wird. Doch abgesehen davon, daß auch dieser Vorbehalt berechtigt war: Die Kritiker der schließlich erfolgreichen Fassung des Asylparagraphen haben auf ein ganz reales Problem hingewiesen. Ein Beispiel: Soll die Bundesrepublik Verfolgten Asyl gewähren, die in einem mehr oder minder laizistischen Staat der arabischen Welt deswegen verfolgt werden, weil sie für die islamische Theokratie eintreten und erklärte Feinde der Menschenrechte sind? Sollen die das Recht auf Asyl – das im Prinzip zum Korpus der Menschenrechte gehört – genießen, die keinen Zweifel daran lassen, daß sie sich ohne Zögern über die Menschenrechte hinwegsetzen würden?

Dieses Problem wird in Zukunft vermutlich an Bedeutung zunehmen. Denn der schimärische Großkampf zwischen sozialistischer und westlicher Welt, der durch die Implosion einer der beiden Welten über Nacht vom Programm abgesetzt wurde, war ja – allen massenmörderischen Barbareien des Sozialismus zum Trotz – immer noch ein Kampf in *einer* Familie: in der großen Familie derer, die sich – wie lügenhaft auch immer – auf Humanismus, Aufklärung, Menschenrechte und die Idee der Freiheit bezogen. Nach dem Ende dieser Veranstaltung scheint es deutlich partikularer zu werden. Das ehemalige Jugoslawien gibt einen Vorgeschmack auf das, was da kommen könnte: mit mörderischer Zähigkeit ausgetragene Kleinkriege, deren Ziel kaum mehr beschreibbar ist und die, auf allen Seiten, Verfolgte ganz neuer Art produzieren. Es könnte die Zahl der Opfer beträchtlich zunehmen, die Opfer wurden, weil sie Täter waren.

Will man denen das Recht auf Asyl verweigern, müßte man die Asylregelungen derart inhaltlich und substantiell aufladen, daß schnell der Willkür Tür und Tor geöffnet wären. Denn wer bestimmt, was einen »richtig« Verfolgten ausmacht? Genau zu diesem Problem hat der Vorsitzende des Parlamentarischen Rates, Carlo Schmid, das entscheidende und in der damaligen

Diskussion den Ausschlag gebende Argument vorgetragen. Er sagte in der Sitzung vom 4. Dezember 1948: »Ob man das Asylrecht, wenn man es wirksam machen will, auf bestimmte Gruppen beschränken kann, weiß ich nicht. Die Asylgewährung ist immer eine Frage der Generosität, und wenn man generös sein will, muß man riskieren, sich gegebenenfalls in der Person geirrt zu haben. Das ist die andere Seite davon, und darin liegt vielleicht die Würde eines solchen Aktes. Wenn man eine Einschränkung vornimmt, etwa so: Asylrecht ja, aber soweit der Mann uns politisch nahesteht oder sympathisch ist, so nimmt das zuviel weg.«[21]

Man beachte: Das ist kein flammendes, sondern ein gebrochenes Plädoyer für das Asylrecht. Es ging dem Vorsitzenden nicht um Asyltore, die so weit wie nur irgend möglich offen sein sollten. Es ging ihm nur um ein einfaches Prinzip: Lieber zehn Menschen, die auf dem falschen Ticket reisen, das Asyl gewähren als es einem, der es zu Recht in Anspruch nehmen könnte, zu verweigern. Ganz wie in der Rechtssprechung: Lieber zehn Freisprüche von Schuldigen als ein Fehlurteil zu Lasten des Angeklagten.

In den Diskussionen des Parlamentarischen Rates wurde auch das Argument vorgetragen, eine solche im Prinzip nicht falsche Regelung schaffe ein Nadelöhr für die Zuwanderung vieler Menschen, die nicht wirklich verfolgt seien. Dennoch folgte der Hauptausschuß des Rates in der entscheidenden Beschlußfassung einstimmig den Argumenten von Carlo Schmid: »Politisch Verfolgte genießen Asylrecht.« Die das beschlossen, wußten, was sie taten. Die Probleme, die heute gerne ausführlich beschrieben werden, um einen Rückbau des Asylrechts plausibel erscheinen zu lassen, waren den Autoren des Grundgesetzes bewußt. Sie haben sich nicht in Unkenntnis dieser Probleme für die folgenreichen vier Worte entschieden. Sie kannten diese, wogen ab und entschieden sich für das Prinzip: im Zweifel für den Asylbewerber.

Es ist also ungerecht, den Urhebern des bundesdeutschen Asylparagraphen Naivität und Leichtsinn vorzuwerfen. Dennoch hat ihre Entscheidung eine problematische Kehrseite. Pointiert gesagt: Hier wurde versucht, einem deutschen Übel mit deutschen Mitteln einen Riegel vorzuschieben. Es gibt eine – ethisch zwingend begründbare – Pflicht zur Aufnahme von Verfolgten; die Gewährung von Asyl ist also viel mehr als ein subjektiver und situativer Gnadenakt. Asyl hat aber auch viel mit jener Generosität zu tun, von der Carlo Schmid in den Beratungen des Parlamentarischen Rates sprach. Weil die Verbrechen, die Deutsche während des Dritten Reiches begingen, so unvorstellbar groß waren, suchte man nun nach einem Weg, der zivile Standards in Deutschland ein für allemal *garantieren* könnte. Ein Teil davon ist Artikel 16, Absatz 2, Satz zwei des Grundgesetzes. Er war gut gemeint, enthielt aber einen Widerspruch. Denn er formulierte den *Zwang zur Generosität.*

Zwang und Generosität schließen sich aber aus: Generös kann nur der sein, der es *freiwillig* ist. Das Fehlen ungeschriebener, gewohnheitsrechtlicher und dennoch bindender humanitärer Traditionen in Deutschland legte es den Autoren des Grundgesetzes nahe, die Humanität zu verordnen. Die Juristin Sibylle Tönnies schrieb dazu in einem bemerkenswerten Aufsatz (den wir allen Anhängern eines weiteren Ausbaus des subjektiven Rechts auf Asyl dringend zur Lektüre empfehlen): »Der guten Sitte des Asyls ist nicht damit gedient, bei den Rechten eingereiht zu werden; gerade deshalb muß sie heilig gehalten werden, und zwar als Pflicht.«[22]

Der gutgemeinte grundgesetzliche Zwang zur Humanität hat zudem seine Tücken, die leicht dazu führen können, daß das so sichere Recht auf Asyl über die Hintertür ausgehebelt wird. Und zwar bringt er zwei Gefahren hervor, die aufs engste miteinander korrespondieren. Erstens lädt er ganz offensichtlich viele, die politisch nicht verfolgt sind, dazu ein, den Weg des Asylbegehrens zu beschreiten. Und weil das so ist, lädt er zweitens die in den Techniken des Hinhaltens und des bürokratischen Kleinmahlens bestens bewanderten deutschen Behörden dazu ein, das Institut des Asyls auf dem Verwaltungswege zu beschädigen. Die einen unterhöhlen das Asyl durch inflationäre Inanspruchnahme, die andern zersetzen es, indem sie den undurchdringlichen Dschungel der Bürokratie über die Asylverfahren ausbreiten.[23]

Wer also – auch noch mit dem Verweis auf die deutsche Vergangenheit – den Paragraphen 16 des Grundgesetzes für unantastbar erklärt, erweist der Sache des Asyls *keinen* Dienst. Bevor wir auf die institutionellen Konsequenzen, die daraus gezogen werden sollten, eingehen, wollen wir etwas Licht in die Frage bringen, ob Deutschland wirklich – wie unter dem Druck von Wahlergebnissen inzwischen auch liberale Zeitgenossen behaupten – zum überquellenden Zufluchtsort all derer geworden ist, die sich ihr Bleiberecht auf unserer Wohlstandsinsel unter Hinweis auf den deutschen Selbstfesselungsparagraphen erschleichen wollen.

Flieht die Dritte Welt nach Europa?

Lange Zeit gab es in der Bundesrepublik keine nennenswerte Diskussion über Asyl, niemand sah sich bedroht. Als 1965 in Zirndorf mehrere Flüchtlinge aus Ungarn kurzentschlossen mit der Begründung abgeschoben wurden, sie seien »nur wegen wirtschaftlicher Gründe« gekommen, löste die vom Exekutivausschuß des Genfer UN-Flüchtlingskommissariats daran geäußerte Kritik einen Skandal im Bundestag aus. Ergebnis war die Aufforderung, in Zukunft das Asylrecht großzügiger zu handhaben.[24]

Die jährliche Zahl der Asylbewerber schwankte von den fünfziger Jahren bis in die siebziger Jahre hinein zwischen 2000 und etwa 6000 (nur die Jahre 1969 und 1970 machten mit 11 600 bzw. 8600 Asylbewerbern eine Ausnahme).[25] Wenig Grund zur Beunruhigung gab es aber nicht nur dieser niedrigen Zahlen wegen. Vor allem funktionierte das Asylrecht genauso, wie es – einer unausgesprochenen Übereinkunft zufolge – auch funktionieren sollte. Es wurde nämlich fast ausschließlich von Flüchtlingen aus Osteuropa in Anspruch genommen; Asylbewerber – zudem gering an Zahl – bestätigten dem Land, daß es auf dem richtigen Weg war.

Das begann sich zu Anfang der siebziger Jahre zu ändern, und seit 1973 gehört die Klage über das überfüllte Zirndorfer Lager zum festen Repertoire bundesdeutscher Politik. Das Zirndorfer Geschehen war ein erstes Echo auf tiefgreifende *objektive* wie *subjektive* Umbruchprozesse. Zum einen wuchs auf der Welt – und zwar in ihrem größeren außereuropäischen Teil – die Zahl der Krisenherde. Innenpolitische Unruhen, Kriege, Bürgerkriege, politische Verfolgung (gerade auch in Staaten, die eben erst im nationalen Befreiungskrieg gesiegt hatten) und die Unterdrückung religiöser oder ethnischer Gruppen veranlaßten immer mehr Menschen, sich auf die Flucht zu begeben.[26] Zum andern war es auch der Westen selbst, der die Zunahme der Zahl von Flüchtlingen provoziert und, wenn man will, sogar produziert hat. Wir meinen damit nicht in erster Linie die Politik des Westens gegenüber der Dritten Welt, die oft genug nicht nur zu Ausplünderung, sondern – etwa aufgrund willkürlicher kolonialer Grenzziehungen – ebenso zu Konflikten, Bürgerkriegen und Fluchtbewegungen geführt hat.

Wir meinen vielmehr die Tatsache, daß der Westen – der Schrittmacher des bis auf weiteres dominanten Entwicklungsmodells – die Welt in mehr als einer Hinsicht *kleiner* gemacht hat. Seine Medien haben die Botschaft, daß Wohlergehen und Wohlstand möglich sind, weltweit verbreitet; seine politische Propaganda hat die Idee, daß es unverbrüchliche Menschen*rechte* geben kann, weit über den Kreis der bisher davon beeinflußten Staaten hinaus verbreitet; und die modernen Transportmittel, insbesondere das Flugzeug, haben die Distanz zwischen den reichen und den armen Regionen drastisch verkürzt.

Damit nahm die Zahl der Flüchtlinge, die den Sprung von der Dritten Welt nach Europa schafften, zu. Auch begann, stärker als zuvor, die Grenze zwischen politischen Flüchtlingen und Wirtschaftsmigranten, genauer: Armutsflüchtlingen zu verschwimmen.[27] Schon immer war die Migration zu großen Teilen eine Reaktion darauf gewesen, daß Menschen in ihrer Heimat Entwicklungschancen vorenthalten wurden. Nun wurde diese Möglichkeit der Migration in die hochentwickelten Regionen der Welt zunehmend auch in Ländern ergriffen, die bisher (zumindest Europa betreffend) nicht zum Einzugsbereich des Westens gehört hatten. Und da wegen dieser neuen Mobilität alle westlichen Staaten einschließlich der klassischen Einwanderungsländer Amerika, Kanada und Australien restriktiver mit der Zuwanderung umzugehen begannen, wurde das bundesdeutsche Asylrecht stärker als zuvor zum Tor für Armutsmigranten aus der Dritten Welt.

Insofern ist die Rede vom Mißbrauch des Asylrechts nicht falsch. Dennoch sind sogleich Relativierungen nötig – schon gar angesichts einer populistischen und weit über die Partei des Populismus hinausreichenden Schreckenspropaganda, die – siehe die erwähnte Karikatur in der FAZ – den Eindruck zu erwecken versucht, die halbe Dritte Welt sei im Anmarsch auf die Bundesrepublik Deutschland und werde, wenn nichts geschehe, über kurz oder lang diesen Staat und seinen Wohlstand plattmachen. Also: Wohin fliehen die Menschen der Dritten Welt? Wie viele von ihnen kommen nach Deutschland? Aus welchen Ländern kommen die Asylbewerber in die Bundesrepublik? Und wie hat sich ihre Zusammensetzung in den letzten Jahren verändert?

Über die Zahl der Menschen, die weltweit auf der Flucht sind, gibt es keine verläßlichen Angaben.[28] Schon deswegen nicht, weil von vielen, die geflohen sind, niemand etwas weiß und sie daher in keiner Statistik auftauchen. Wichtiger ist ein anderer Grund: Wie groß die Zahl der Flüchtlinge ist, hängt davon ab, wie man definiert, wer Flüchtling ist und wer nicht. Nach den Schätzungen des Amts des Hohen Flüchtlingskommissars in Genf bewegte sich die Gesamtzahl der Flüchtlinge Ende der achtziger Jahre zwischen 12 und 15 Millionen. Dabei muß man jedoch bedenken, daß dies Amt verpflichtet ist, seinen Berechnungen eine enge, d. h. auf politische Verfolgung ausgerichtete Definition des Begriffs »Flüchtling« zugrunde zu legen.

Man kann diesen Begriff jedoch auch weiter fassen, und wird das in Zukunft auch müssen. Wer in einer Region lebt, in der es auf einmal kein Wasser mehr gibt, hat keine andere Wahl, als zu fliehen. Wirtschaftsflüchtlinge sind oft Armutsflüchtlinge, und diese werden in Zukunft immer häufiger ökologische Flüchtlinge sein, die wegen Dürre, Mißernten, Bodenerosion, Zerstörung von Wäldern, Klimaveränderungen usw. ihre Heimat verlassen müssen. Faßt man auch diese Menschen als Flüchtlinge auf, dann gab es – Berechnungen des Internationalen Roten Kreuzes in Genf zufolge – in den achtziger Jahren weltweit eine halbe Milliarde Flüchtlinge, und am Ende des Jahrhunderts wird sich, nach derselben Quelle, diese Zahl verdoppelt haben.

Bleiben wir bei den Flüchtlingen im engeren, herkömmlichen Sinne: Nach dem vom U.S. Committee for Refugees 1987 herausgegebenen »World Refugee Survey« waren es zu diesem Zeitpunkt weltweit etwas mehr als 13.3 Millionen Flüchtlinge. Wie vielen von ihnen war der rettende Sprung ins volle europäische, insbesondere deutsche Boot gelungen? Acht Staaten gab es, in denen mehr als 300 000 Flüchtlinge lebten: Pakistan (knapp 3.6 Millionen, von denen fast alle aus Afghanistan kamen), Iran (2.6 Millionen, davon 85 Prozent aus Afghanistan), Jordanien (etwas mehr als 850 000, ohne Ausnahme Palästinenser), Sudan (817 000, davon 83 Prozent aus Äthiopien), Somalia (430 000, ohne Ausnahme aus Äthiopien), Malawi (420 000, ohne Ausnahme aus Mosambik[29]), Thailand (404 000, fast drei Viertel aus Kambodscha) und Zaïre (338 000, davon mehr als 90 Prozent aus Angola). Insgesamt befanden sich von den 13.3 Millionen Flüchtlingen mehr als 3.5 Millionen in Afrika, 560 000 in Ostasien und im pazifischen Raum, 8.8 Millionen im Mittleren Osten und in Südasien und etwas mehr als eine Million in Europa.

Aus diesen Zahlen läßt sich mehreres herauslesen. Erstens nimmt das reiche Europa gerade einmal fünf Prozent aller Flüchtlinge auf. Zweitens befinden sich über zwölf Millionen Flüchtlinge in der Dritten Welt, werden also von den armen Ländern aufgenommen. Und drittens ist deutlich zu erkennen, daß es sich bei der allergrößten Zahl der Fluchtbewegungen um sogenannte Nachbarschaftswanderungen handelt. Schon mehrfach haben wir darauf hingewiesen, daß sich Migrationsbewegungen nicht frei über die Länder und Kontinente ergießen, daß sie vielmehr immer bestimmten kulturellen Mustern und vorher geebneten Wegen folgen. Das gilt auch für die Flüchtlingsbewegungen. Die allergrößte Zahl der Flüchtlinge begibt sich in das nächstmögliche erreichbare Land, und zwar nicht nur, weil diesen Flüchtlingen die Mittel für die Überwindung einer größeren Distanz fehlen. Denn meistens machen sie im Nachbarland halt, weil sie – wann immer es wieder möglich sein sollte – in ihre Heimat *zurückkehren* wollen. Daß dies keine Schutzbehauptung ist, beweist das Beispiel Afghanistans: In den ersten sieben Monaten des Jahres 1992 ist etwa eine Million afghanischer Flüchtlinge in seine Heimat zurückgekehrt.[30]

Noch bescheidener fällt der europäische Beitrag zur Aufnahme von Flüchtlingen aus, wenn man die Einwohnerzahl der Aufnahmeländer berücksichtigt. 1987 kam in der Bundesrepublik auf 617 Einwohner ein Flüchtling. Im folgenden sind die Vergleichszahlen einiger anderer europäischer Länder genannt: Belgien 430, Schweden 415, Großbritannien 364, Frankreich 333, Schweiz 190. Also: Deutschland quillt schon im europäischen Maßstab nicht über. Und noch viel weniger, wenn man außereuropäische Länder berücksichtigt. So kam 1987 in Pakistan auf 62 Einwohner ein Flüchtling, im Sudan auf 35, im Libanon auf 14, in Jordanien auf 5 und in Somalia auf 3 Einwohner. Und vollends ins Monströse würde die Disproportion rutschen, berücksichtigte man nicht nur die Einwohnerzahl der Aufnahmeländer, sondern auch noch ihr Bruttosozialprodukt, also ihren Reichtum bzw. ihre Armut.

Kurz, es ist vollkommener Unsinn zu behaupten, die größten Lasten des Weltflüchtlingsproblems ruhten auf den Schultern Westeuropas und insbesondere Deutschlands. Europa und Deutschland sind vielmehr nur in außerordentlich bescheidenem Umfang Zufluchtsstätte der Flüchtlinge dieser Welt.

Das osteuropäische Gewitter und das Wetterleuchten aus der Dritten Welt

So war es einmal, werden die Befürworter einer restriktiveren Asylpolitik einwenden, so wird es aber nicht bleiben. Und sie werden, auf die seit etwa 1985 sprunghaft ansteigenden Zahlen von Asylbewerbern verweisen. Nach einem ersten Höhepunkt 1980 (fast 93 000 Asylbewerber), sanken die Zahlen in der Folgezeit auf etwa 40 000 im Jahre 1981 bis auf kaum mehr als 16 000 im Jahre 1983. Dann jedoch begann ein allmählicher Anstieg: 1985 fast 55 000, 1988 etwa 62 000, 1989 mehr als 77 000, 1990 dann ein Sprung auf 125 500 und 1991 schließlich 256 000.[31] Hat also doch die »Überflutung« begonnen?

Die Zunahme der Zahl von Asylbewerbern hat zwei Quellen: die Dritte Welt und Osteuropa. Zuerst kam – wenngleich in viel geringerem Umfang, als oft behauptet wird – die Dritte Welt. Von den knapp 67 500 Asylbewerbern des Jahres 1986 stammte ein Viertel aus europäischen, drei Viertel aber kamen aus außereuropäischen Ländern.[32] Dieses Verhältnis begann sich seit 1987 – also schon zwei Jahre *vor* dem großen Umbruch in Osteuropa – schlagartig umzukehren. 1987 kamen fast zwei Drittel aller Asylbewerber aus europäischen und nur ein knappes Drittel aus außereuropäischen Ländern. Dabei blieb es im wesentlichen bis 1989. Als mit der Implosion der sozialistischen Regime die politische Verfolgung in Ost- und Südosteuropa deutlich abnahm, drückte sich das auch in den Asylbewerberzahlen aus: 1990 kam »nur« noch etwas mehr als die Hälfte aus europäischen Ländern (vor allem aus Rumänien und dem damals schon ins Wanken geratenen Jugoslawien).

Die Hoffnung freilich, diese Tendenz werde sich fortsetzen, trog. Im Gegenteil, im folgenden Jahr 1991 stieg der Anteil der Asylbewerber aus europäischen Ländern wieder auf knapp 60 Prozent an – wobei allein aus den drei ehemals sozialistischen Staaten Noch-Jugoslawien, Rumänien und Bulgarien mehr als 127 000 Menschen flohen, die damit fast die Hälfte aller Asylbewerber des Jahres 1991 ausmachten. Und diese Tendenz nahm im ersten Halbjahr 1992 sogar noch zu: Die Asylbewerber aus den drei genannten Ländern machten in diesem Zeitraum mehr als 57 Prozent aller Asylbewerber aus.

Daraus lassen sich verschiedene Schlußfolgerungen ziehen. Seit der Mitte der achtziger Jahre nimmt die Zahl der Asylbewerber zu, und diese Zunahme hat zwei Quellen: die Dritte Welt und den Osten und Südosten Europas. Ohne die Flüchtlinge aus Ost- und Südosteuropa hätte es im Jahre 1991 statt 256 000 nur 123 000 Asylbewerber gegeben, also weniger als die Hälfte. Das heißt: Auch ohne den Zusammenbruch der sozialistischen Regime wäre die Zahl der Asylbewerber in den fünf Jahren von 1986 bis 1991 deutlich angestiegen – freilich nicht um 380 Prozent, sondern um 180 Prozent. Der Druck und die Hektik, die über das zuvor schon Übliche hinaus in die Asyldiskussion gekommen sind, haben also zwei Ursachen. Beide zusammen machen die neue Unübersichtlichkeit aus, die so überraschend über Europa gekommen ist. Es sind, wenn man will, fast zeitgleich *zwei* Mauern gefallen; oder genauer: Die Mauern, die Westeuropa von der Dritten Welt trennen, sind *ein wenig* durchlässiger geworden – und vielleicht wäre das von der bundesdeutschen Gesellschaft noch einigermaßen verkraftet worden, wäre uns nicht Osteuropa mit dem Fall des Eisernen Vorhangs völlig unerwartet und über Nacht *massiv* auf die Haut gerückt.

Die Flüchtlingsbewegung aus der Dritten Welt gelangte nur in ihren äußersten Ausläufern nach Deutschland. Unter den zehn Staaten, aus denen 1991 die meisten Asylbewerber nach Deutschland flohen, waren fünf Länder, die im weiteren Sinn zur Dritten Welt gehören. Zusammen stellten sie nicht einmal 15 Prozent der Gesamtzahl der Asylbewerber; und zieht man ehemals oder noch sozialismusgeschädigte Staaten wie Afghanistan und Vietnam ab, so sinkt der Anteil auf 8.8 Prozent! Durch die Flüchtlingsbewegung aus der Dritten Welt erscheinen deren riesige Überlebensprobleme wie ein Wetterleuchten am Horizont Westeuropas. Das Gewitter aber kommt aus Ost- und Südosteuropa. Und zwar nicht nur in Form der Armutsmigration, die es zumindest auf absehbare Zeit *auch* geben wird. Es könnte gut sein, daß es – wie zuvor – vor allem Flüchtlinge im Sinne des Artikels 16 und der Genfer Flüchtlingskonvention sein werden, die von Ost nach West wandern.

Man hat den überfälligen Zusammenbruch der Diktaturen in Ost- und Südosteuropa vorschnell als einen Sieg der Demokratie gefeiert und dabei übersehen, daß auf den unmenschlichen Frieden der Ordnung von Jalta nun vermutlich eine Ära folgen wird, in der es die große atomare Bedrohung zwar nicht mehr gibt, eben deswegen aber Kriege wieder führbar werden. Alain Minc zitiert in seinem Buch »Die Wiedergeburt des Nationalismus in Europa« die Äußerung eines Griechen, der ihm sagte: »Hätten die Bulgaren vor drei Jahren [also zu einem Zeitpunkt, an dem der Eiserne Vorhang noch stand] uns Griechen angegriffen, um sich Thrazien wiederzuholen, wäre daraus ein Weltkrieg entstanden; heute ergäbe sich ein schwerer lokaler Konflikt.«[33] *Weil* der Weltkrieg nicht mehr droht, kann wieder Krieg geführt werden. Und einiges spricht dafür, daß er – im Plural – auch geführt werden wird.

Vieles von dem, was in der heillosen sozialistischen Staatenwelt über Jahrzehnte hinweg unter Verschluß gehalten worden ist, kommt nun mehr oder minder machtvoll hervor, vor allem das Ethnische und das Religiöse. Beides wird eine große Kraftquelle von unversöhnlichem, ja fast ziellosem Haß sein, und es werden sich viele Anlässe bieten, diesem Haß freien Lauf zu lassen. Denn es gibt wenige Gegenden in Ost- und Südosteuropa, in denen die Ethnien und religiösen Gruppen sich nicht mischen. Die Konflikte, die sich daraus schon ergeben haben und noch weiter ergeben werden, sind ganz dazu angetan, die Zahl der Flüchtlinge ansteigen zu lassen, die unter die Bestimmungen der Genfer Flüchtlingskonvention und unter die eines wie auch immer veränderten Artikels 16 des Grundgesetzes fallen werden. Und all das wird nicht geradlinig, sondern überaus kompliziert und im Zickzackkurs erfolgen: Das Land, in dem es eben noch politische Verfolgung nicht mehr zu geben schien, wird morgen schon Tausende von Menschen zur Flucht nötigen. Eine Asylpolitik, die nicht inhuman sein will, wird es daher lernen müssen, sich flexibel *und* prinzipienfest auf *schwankendem* Boden zu bewegen.

Das ist aber noch nicht alles. Obgleich Westeuropa wie Deutschland in den kommenden Jahren aller Wahrscheinlichkeit nach vor allem mit größeren Fluchtbewegungen aus Ost- und Südosteuropa konfrontiert sein werden, steht dahinter das Wetterleuchten aus der Dritten Welt, das mit einiger Gewißheit näherrücken wird, wenn auch wohldosiert und langsam. Und es könnte gut sein, daß die Dritte Welt einen Typus von Wirtschafts- und Armutsflüchtling hervorbringen wird, der – obgleich im Sinne aller bisher gültigen Artikel und Konventionen nicht politisch verfolgt – dennoch Flüchtling in der tiefsten Bedeutung des Wortes ist.

Solche Flüchtlinge gibt es schon heute. Nicht bestimmte Regime haben sie zu Flüchtlingen gemacht; Flüchtlinge wurden sie vielmehr infolge eines Entwicklungs- bzw. Nicht-Entwicklungsmodells, an dem nahezu alle Staaten und Regime der Welt teilhaben und dessen Verlierer heute noch vor allem die Länder der Dritten Welt sind. Ein Beispiel ist Haiti (dessen in die Vereinigte Staaten geflohene *boat people* im Sommer 1992 auf Anweisung der Bush-Administration von der Küstenwache aufgegriffen und zurückgeschickt wurden; nach einem längeren gerichtlichen Hin und Her hat dann das Oberste Bundesgericht der Vereinigten Staaten in einem skandalösen Beschluß dieses Vorgehen für rechtens erklärt).

Die Insel, die von ihren Ureinwohnern einmal »Land der gro-ßen Blumen« genannt worden ist, droht zu einer Steinwüste zu werden, deren Bewohnern nur noch die Flucht als Ausweg blei-ben wird. Schon heute denken, einer Umfrage zufolge, 90 Pro-zent der sieben Millionen Einwohner an Auswanderung.[34] Warum das so ist, hat Roland Tichy vor ein paar Jahren so beschrieben: »Die Insel ist in einem ökologischen Teufelskreis gefangen. Die rasch wachsende Bevölkerung holzt die Wälder der Insel ab, um Feuerholz für die Küchenherde und die Kleinin-dustrie zu gewinnen: 72 Prozent des gesamten Energiebedarfs der Insel werden durch Holz gedeckt. Doch das Abholzen der Wälder hat katastrophale Folgen: Der tropische Regen reißt die fruchtbare Erde von den Feldern ins Meer und hinterläßt eine steinige Wüste. Es gibt kein Holz mehr, um Feuer zu machen. Ohne die wie riesige Regenspeicher wirkenden Wälder werden aber auch die Quellen und Brunnen nicht mehr gespeist. Es gibt kein Wasser mehr, um die Feuer zu löschen. Und: Die ins Meer gespülte Erde verschlammt die früher arten- und fischreichen Korallenbänke; die Netze der Fischer bleiben leer. Die Haitianer sind zu einem ›Volk auf dem Weg geworden‹, so eine internatio-nale Umweltschutzorganisation.«[35]

Und Haiti steht keineswegs allein. Roland Tichy: »Jedes Jahr schwemmt der Ganges 1.46 Millionen Tonnen fruchtbarer Ak-kerkrume in Indien, Bangladesh und Nepal ab und schwemmt sie in die Bucht von Bengalen. Im Afrika südlich der Sahara haben sich 65 Millionen Hektar Böden zwischen Land und Wü-ste, auf denen umherziehende Nomadenstämme ihr Auskom-men fanden, in den letzten fünfzig Jahren in totale Wüste ver-wandelt, verursacht auch hier durch das Zusammenwirken von Übervölkerung und Überweidung – Zerstörung der Zukunft, um in der Gegenwart noch einen Tag leben zu können. Von Brennholzknappheit sind inzwischen weltweit schätzungsweise 1.3 Milliarden Menschen betroffen, und diese Zahl kann bis Ende des Jahrhunderts auf 3 Milliarden anwachsen. [...] 26 Mil-liarden Tonnen Ackerboden werden jährlich weggewaschen, 6 Millionen Hektar neuer Wüstengebiete bilden sich pro Jahr.«

Solche Beispiele lassen sich leicht fortsetzen. Einer Studie zufolge, die 40 dänische Wissenschaftler im Auftrag des Umweltministeriums des Landes 1992 ausgearbeitet haben, wird der sogenannte Treibhauseffekt in den nächsten Jahrzehnten eine große Zahl von Umweltflüchtlingen zur Folge haben, die vor Überschwemmungen oder Trockenheit oder infernalischer Hitze fliehen werden, vor allem aus Bangladesch, aus Ägypten und von den Koralleninseln im Indischen Ozean. Die Klimaverschiebung wird, so der dänische Umweltminister Per Stig Moeller, »zu einer massiven Auswanderungswelle afrikanischer Völker vor allem nach Europa führen«[36].

Erschwerend kommt oft noch hinzu, daß die durch ökologische Zerstörungen erzwungene Migration weitere Umweltschäden zur Folge haben kann. So wird etwa 1992 im Weltbevölkerungsbericht, der jährlich vom Bevölkerungsfonds der Vereinten Nationen (UNFPA) herausgegeben wird, auf das Beispiel Bangladesch verwiesen: Dort sind aus den überbevölkerten Küstengebieten eine große Zahl von Siedlern in die einst von dichtem Wald bedeckten Chittagong-Berge gezogen. In einem Bericht der FAZ anläßlich der Veröffentlichung des Weltbevölkerungsberichts 1992 hieß es dazu: »Dort nehmen sie nicht nur den [...] Ureinwohnern Land weg, sondern sorgen auch für rasche Erosion, wenn sie nicht sorgfältig Terrassenkulturen anlegen – ganz abgesehen von der Klimaveränderung, die sie durch das Abholzen der Bergwälder bewirken. Diese Wanderbewegung ist insofern doppelt bedrohlich, als sie nicht nur uralte ökologische Systeme zerstört, sondern auch neue Wanderbewegungen erzeugt, denn die Neusiedler werden nach kurzer Zeit den für intensive Landwirtschaft nicht geeigneten Waldboden ausgelaugt haben und dann abermals auf Wanderschaft gehen müssen.«[37]

Plädoyer für die Trennung von Asyl und Einwanderung

Wir haben diese Beispiele, die sich leicht fortsetzen ließen, nicht angeführt, um die drohende ökologische Apokalypse an die Wand zu malen. Und auch nicht, um in der Art der fundamentalistischen Prediger, die zumeist selbst bereitwillig Nutznießer des westlichen Entwicklungsmodells sind, den Bewohnern des Westens zu einem schlechten Gewissen zu verhelfen – das ja sehr selten wirklich gute Taten zur Folge hat. Wir wollten nur darauf hinweisen, daß sich die *objektiven* Fluchtgründe zu mehren beginnen und daß sie immer weniger in das Schema passen, das – in Deutschland und anderswo – die Praxis der Asylgewährung prägt. Angesichts der »kleiner« gewordenen Welt muß das Institut des Asyls neu definiert werden. Um den Kern unseres Vorschlags vorwegzunehmen: Es muß eingeengt *und* erweitert werden.

Deutschland hat im Umgang mit dem Asylproblem größere Schwierigkeiten als alle anderen westeuropäischen Staaten. Das hat – anders als die unsägliche Fraktion der Antifaschisten meint – nur sehr vermittelt mit der antidemokratischen Tradition Deutschlands zu tun. Viel mehr hat es damit zu tun, daß sich Deutschland – gerade weil die Autoren des Asylartikels im Grundgesetz den Nationalsozialismus im Auge hatten – für die bisher *konsequenteste* Fassung aller bisherigen Asylregelungen entschieden hat.

Die paradoxe Folge dieser Konsequenz besteht darin, daß dadurch der Asylgedanke, der einer ganz bestimmten historischen Konstellation entsprach, zwar mustergültig festgeschrieben wurde – daß er damit aber zugleich (anders als in Staaten, die auf dem sicheren Fundament des Gewohnheitsrechts beweglicher sein können) derart festgezurrt ist, daß er veränderten weltpolitischen Bedingungen im Grunde nicht mehr angepaßt werden kann. Während z. B. mancher andere Staat den Klimaflüchtling im Namen einer kasuistisch verfahrenden Generosität aufnehmen kann, sind der Bundesrepublik hier die Hände gebunden. Denn in ihr kann, überspitzt formuliert, nur Aufnahme finden, wer eine Verfolgung glaubhaft machen kann, die im Prinzip der ähnelt, die eine Folge des Nationalsozialismus war. Das Asylrecht der Bundesrepublik ist auf die Wirklichkeit der ersten Hälfte des 20. Jahrhunderts zugeschnitten; und weil es, um Rückfälle zu unterbinden, starr und verbindlich auf die Probleme dieser Wirklichkeit zugeschnitten ist, versagt es gegenüber der Weltunordnung an der Wende zum 21. Jahrhundert.

Da nun die Bundesrepublik zugleich ein attraktives, mit einiger Wahrscheinlichkeit das attraktivste Land Europas ist, hat das als Kehrseite zur Folge, daß alle, die hier Zuflucht finden wollen, gut beraten sind, wenn sie auf diesem letztlich doch nicht antitotalitären, sondern im engeren Sinn antifaschistischen Ticket reisen. Und deswegen provoziert die Bundesrepublik den Asylmißbrauch, den die autonomen bis pastoralen Ausländerfreunde leugnen und den die Populisten und in ihrem Kielwasser die Dumpfheimer beider großer Parteien gern zum Anlaß nehmen würden, um dem Paradiesvogel Asyl endlich die Flügel zu stutzen. So ist die Bundesrepublik an die Alternative geraten, deren *beide* Seiten unannehmbar sind: entweder scheingenerös den ökologischen und den Armutsflüchtling in einen im antifaschistischen Sinne politischen Flüchtling umzudeuten oder – im Kern nicht demokratisch, sondern strikt eigennützig begründet – die antifaschistische Elle anzulegen und damit die Mehrzahl der Asylsuchenden abzuwehren. Das eine wäre verlogen, das andere unmenschlich.

Aus diesem Dilemma kann die Bundesrepublik demokratisch nur herauskommen, wenn sie endlich bereit ist, zwischen Asyl und Einwanderung zu trennen, und für beides ein tragfähiges Regelsystem findet. Da für sie, wie wir gezeigt haben, Einwanderung keine Zumutung ist, sie diese vielmehr aus Überlebensinteresse braucht, könnte ihr diese Entscheidung – sofern man nur bereit ist, von den Gespensterkämpfen der Vergangenheit zu lassen – im Grunde nicht übermäßig schwerfallen.

Das hätte dreierlei zur Folge. Erstens müßte sich Deutschland offiziell und mit institutionellen Konsequenzen zum Einwanderungsland erklären. Damit wäre die Möglichkeit geschaffen, daß ein Großteil der Armutsflüchtlinge, die ohnehin kommen würden, die bisher aber nur auf dem Weg des klassischen politischen Asyls kommen können und die damit das Institut des Asyls in der Tat untergraben, endlich unter Nennung der wahren Motive einreist. Das Lügengeflecht, an dem Asylbewerber ebenso mitwirken wie bundesrepublikanische Behörden, wäre zerrissen.

Zweitens könnte damit das Institut des Asyls wieder auf die offensichtlichen Fälle beschränkt werden. Viele Immigranten, die bisher den Weg durch die Grauzone des Asyls wählen, könnten einen offeneren Weg nehmen und damit die verbliebenen Asylbewerber von dem Ruch befreien, Passagiere mit falschem Ticket zu sein.

Drittens aber wäre – und das könnte dem eben beschriebenen Gewinn an Klarheit entgegenarbeiten – zu berücksichtigen, daß sich heute die Zahl der Gründe, die zur Flucht führen, vervielfacht haben und daß sie – siehe die genannten ökologischen Fluchtursachen – nicht mehr umstandslos in das Raster dessen passen, was herkömmlicherweise als Verfolgung gilt. Auch gegenüber einem Klimaflüchtling könnte die Bundesrepublik dann verpflichtet sein, ihn als Verfolgten aufzunehmen.

Man sieht, es wird ein schwieriges Unternehmen sein, und immer wird die Gefahr bestehen, daß der Gewinn auf einer Seite durch Nachteile auf der andern geschmälert, halbiert oder sogar zunichte gemacht wird. Und das liegt daran, daß in den Fragen von Einwanderung und Asyl Lösungen nicht möglich sind, mit denen das vielfältig zusammengesetzte Problem aus der Welt wäre. Vorstellbar sind dagegen institutionelle Regelungen, die zumindest einen demokratischen Umgang mit dem Problem in die Wege leiten könnten.

Die Einwanderung, die die Bundesrepublik Deutschland braucht, erfolgt – weil anderweitig die Politik der Restriktion vorherrscht – zu einem großen Teil auf dem Mogelweg des Asyls. Sinnvoller wäre es, wenn die Einwanderung offiziell Programm würde. Es müßten dann – aufs strikteste vom Weg des Asyls getrennt – jährliche Einwanderungsquoten festgelegt werden. Industrie wie Wirtschaft insgesamt haben in der Regel ein Interesse daran, *nur* die jeweils gerade Passenden ins Land zu holen, und insofern folgen sie ihren eigenen kurzfristigen Interessen und verhalten sich gesellschaftlich ignorant. Denn zu den größten Potentialen, die Migrationen freisetzen, gehören die unerwarteten und unberechenbaren Karrieren, die im Zusammenstoß oder im Miteinander der Kulturen möglich werden. Da Industrie und Wirtschaft dafür selten ein Organ haben und noch viel weniger den außerökonomischen Nutzen von Migration zu schätzen wissen, wäre es nötig, das materielle Interesse an Einwanderung mit einem zivilen Gegenpol zu versehen.

Da Einwanderung nach jährlichen Quoten von vornherein

dem Verdacht ausgesetzt sein wird, hier bediene sich eine Ökonomie aller Vorteile der Migration, ohne auch nur das geringste Interesse für die Migrationsgründe aufzubringen, sind institutionelle Vorkehrungen nötig, die garantieren, daß auch die *gesellschaftlichen* Interessen an der Migration sowie ethische Erwägungen berücksichtigt werden. Quotierte Einwanderung wird nur dann nicht zu einem Weg zurück in die industriellen Mentalitäten der fünfziger Jahre, wenn – etwa durch die Zusammensetzung der Gremien, die die Quote festlegen – ein Verfahren gefunden wird, das zumindest halbwegs garantiert, daß bei der Festlegung der Quoten auch Fingerspitzengefühl und Verantwortung zum Zuge kommen.

Gäbe es eine solche Praxis der Einwanderung, wäre zugleich das Asyl davon befreit, als Nadelöhr der Einwanderung herhalten zu müssen. Asyl und Einwanderung wären klare Alternativen, zwischen denen jeder sich zu entscheiden hätte; Tänze auf beiden Hochzeiten wären nicht mehr möglich. Das Asyl würde damit einen gut Teil seiner usprünglichen Würde zurückgewinnen. Man stelle sich das jedoch nicht allzu einfach und entlastend vor. Denn aus den obengenannten Gründen wird es auf Dauer unumgänglich sein, das eben eingeengte Asylprinzip wieder zu erweitern und auch all jene darunter zu fassen, die zwar gezwungenermaßen fliehen, jedoch nicht aufgrund von Verfolgungen der Art, wie sie in der historischen Momentaufnahme der »Genfer Flüchtlingskonvention« festgehalten sind.

Zum Beispiel Bahlingen:
eine ungewöhnliche gesellschaftliche Mehrheit

Aus dem Dilemma der bisherigen Asylregelung wird man nicht ein für allemal mit einer neuen Regelung herauskommen können. Es wird – anders als es sich jene Strategen erhoffen, die einmal mehr einen Gordischen Knoten durchschlagen wollen – immer wieder verhandelt werden müssen. Ganz so, wie es sich für eine offene Gesellschaft gehört.

Willkür und Chaos wären damit keineswegs Tür und Tor geöffnet. Denn damit verhandelt werden kann, braucht es ver-

bindliche Regeln: ein Einwanderungsgesetz und einen neugefaß-
ten Asylartikel des Grundgesetzes (in dem freilich nicht auf dem
Weg der europäischen Angleichung versucht wird, das Institut
des Asyls gleich mehrere Etagen tiefer zu hängen). Einwanderung wie Asyl sind heute – und zwar, weil sie faktisch zusam-
menfallen – zu Monstren geworden: Es gibt sie, aber es fehlen
die Mittel und Instrumente, um mit ihnen umzugehen. Und so
erscheinen sie als Naturgewalten.

Kaum berechenbar werden sie bleiben, aus vielen Gründen.
Die Krisen in der unübersichtlich gewordenen Welt sind sowenig vorauszusehen wie der Bedarf der Bundesrepublik an Fremden. Aber es wäre möglich, ein politisches Instrumentarium zu
schaffen, das auf derlei Eventualitäten immerhin ausgerichtet
wäre und das zum andern die Selbstverpflichtung von Staat und
Gesellschaft zu einem generösen Asylverständnis festigen
würde.

Um das zu erreichen ist eine parlamentarische, viel wichtiger
aber noch eine *gesellschaftliche* Mehrheit nötig. Die Schlaueren
unter denen, die den Artikel 16 auf Biegen und Brechen verteidigen wollen, sagen, jede Revision öffne der Willkür Tür und Tor
und müsse – nach Lage der in ihren Augen immergleichen deutschen Dinge – zu Rückbau und Restriktion führen. Im elenden
Klartext heißt das: Asyl ist in Deutschland nur möglich, wenn
man es gegen die Mehrheit der Bevölkerung, genauer: hinter
ihrem Rücken durchsetzt. Ginge es nach diesen bonapartisti-
schen Demokraten, dann müßten die deutschen Kinder der *re-
education* auf immer die Schulbank drücken.

Diese Strategie (die sich im politischen Alltag als das Bemühen äußert, alles beim alten zu lassen sowie die Asyldiskussion
»auf die Zeitschiene« zu schicken und dort verenden zu lassen)
hat zwei Nachteile, einen die Demokratie betreffenden und einen existentiellen. Zum einen geht sie von der trüben Annahme
aus, das Gute sei in Deutschland nun einmal nur gegen die
Mehrheit durchzusetzen. Und zum andern wird diese Strategie
auf Dauer nicht funktionieren. Denn eine Mehrheit, die von der
Notwendigkeit einer generösen Asylregelung nicht überzeugt,
sondern mit den Mitteln des politischen Geschäfts zu deren Duldung genötigt wird, kann morgen schon die erste sich bietende

Gelegenheit – etwa in Form massiver Stimmenzuwächse der »Republikaner« – nutzen, um sich von diesem Plunder der Altparteien und den sie flankierenden Öffentlichkeiten zu befreien.

Deswegen reichen taktische Mehrheiten nicht aus. Es braucht gesellschaftliche Mehrheiten. Will man die aber finden, muß man die Zweifel von Teilen dieser Mehrheit ernst nehmen und das Richtige daran nicht deswegen leugnen, weil es von Zweiflern oder gar rabiaten Zweiflern vorgetragen wird.

Daß es in Deutschland möglich ist, mit Asylbewerbern anders umzugehen als in Hoyerswerda, Hünxe und Rostock – dafür gibt es Beispiele. Eines ist Görisried, eine 1100-Seelen-Gemeinde am Rand des Kemptener Waldes.[38] Als dort 1990 über Nacht weit mehr als hundert Asylbewerber einquartiert wurden, gab es bald böse Worte. Einer war nicht bereit, diesen Zorn des Volkes hinzunehmen: der Bürgermeister, Mitglied der CSU. Da die Asylbewerber für ihn »sogar Gemeindebürger« waren, die er alle gleich zu behandeln habe, und da ihm deren Isolation ungut erschien, organisierte er Fahrräder für die Asylbewerber, setzte den Anschluß des Hofes, in dem sie wohnten, an das öffentliche Busnetz durch und erwirkte sogar die Erlaubnis, daß die Asylbewerber den Kreis, an dessen Grenze sie wohnten, verlassen durften. All das trug zur Entspannung bei.

Ein anderes Beispiel: Bahlingen, eine 3500-Seelen-Gemeinde am Kaiserstuhl.[39] Dort bekam der Hauptamtsleiter Gerhard Breisacher, nach dem Bürgermeister der nächstwichtigste Mann am Ort, im Dezember 1991 aus dem Landratsamt den Bescheid, drei in Bahlingen untergebrachte albanische Asylbewerber sollten – im Rahmen der bundesweiten »Umverteilung« von Asylbewerbern – in die neuen Bundesländer verbracht werden. Was an vielen anderen Orten Zustimmung und Freude ausgelöst hätte, löste hier Entsetzen und Widerstand aus.

Die drei jungen albanischen Moslems nahmen inzwischen regelmäßig an den Treffen des Christlichen Vereins Junger Männer teil, und Arbeit hatten sie auch gefunden. Die Arbeitgeber intervenierten schriftlich bei der Landesregierung, um den Verbleib der Asylbewerber zu erwirken, und Kirchenmitglieder sammelten mit dem gleichen Ziel innerhalb von wenigen Tagen 841 Unterschiften gegen die Umverteilungspläne. Doch die Bescheide wurden rechtskräftig, und so zogen die Bahlinger mit einem von ihnen bezahlten Anwalt vor das Bundesverwaltungsgericht in Mannheim und erwirkten einen Aufschub. Gerhard Breisacher: »Wenn wir das nicht erwirkt hätten, hätten wir die Asylbewerber bei uns versteckt, das war schon besprochen.« Aufgeschreckt durch diese ungewöhnliche Solidarität wurde die CDU im Landtag auf den Fall aufmerksam. Ende Januar erfuhr die Gemeinde dann aus dem Innenministerium, daß die Albaner bleiben könnten. Zudem sicherte das Ministerium zu, man werde künftig »bei der Verteilung individuelle Belange der Asylbewerber mehr als in der Vergangenheit berücksichtigen«.

Das sind bescheidene, wenngleich bemerkenswerte Einzelfälle. Wir wollen sie nicht hochspielen, sondern nur auf etwas hinweisen, was sie gemeinsam haben: In beiden Fällen ist von Bürgern der Bundesrepublik Deutschland mit der Anwesenheit von Asylbewerbern anders umgegangen worden, als es im Streit der Parteien und der öffentlichen Meinung üblich ist – nicht ideologisch, sondern praktisch. Nicht »Überfluter«, sondern Menschen wurden wahrgenommen. Und kleine Dinge des Alltags – Fahrräder, ein Bus, eine Ausnahmegenehmigung, die Offenheit des CVJM gegenüber Moslems, drei Arbeitsplätze und das Interesse weniger einzelner für die Fremden – haben geholfen, eine Normalität zu schaffen, die von den Stereotypen der Asyldiskussion frei ist.

All das war im Mannheimer Vorort Schönau-Nord nicht möglich gewesen. Hier war durch die festungsartige Zusammenballung der Asylbewerber in einem Viertel voller Verlierer der Konflikt nahezu vorauszuberechnen.

Wie auch immer der Streit um den Artikel 16 des Grundgesetzes ausgeht: Asylbewerber wird es auch weiterhin in beträchtlicher Zahl geben. Für den Umgang mit ihnen empfiehlt sich die Methode Görisried und Bahlingen.

7. Kapitel

Kommunikation und Kleinkrieg.
Das Amt für Multikulturelle Angelegenheiten in Frankfurt

Wenn ein Einwanderungsland partout kein Einwanderungsland sein will, dann verfügt es natürlich auch nicht über Regeln, Gesetze und einen Konsens darüber, wie denn mit der Einwanderung umzugehen sei. Damit beweist es sich immer wieder, daß nicht geht, was nicht sein soll – aber doch unübersehbar Wirklichkeit ist. Das hat zwar eine eigentümliche Logik, sonderlich produktiv ist es aber nicht.

Ein Beispiel: Schulen in großen Städten sind nicht darauf eingerichtet, daß sie halbtags in beträchtlicher Zahl Jugendliche beherbergen, die vor die nicht eben einfache Aufgabe gestellt sind, die Balance zwischen zwei Welten zu halten – der der elterlichen Kultur der einstigen Herkunft und der dieses Landes. Und weil die Schulen für dieses besondere Problem nicht gerüstet sind, machen sie es diesen jungen Deutschen nicht-deutscher Nationalität noch zusätzlich schwer und produzieren geradezu das individuelle Scheitern vieler, das dann beweist, daß Integration eben doch nicht möglich ist: *quod erat demonstrandum.*

Oder ein anderes Beispiel: Die Bundesrepublik, die den zwei in ihren Reihen am stärksten vertretenen Religionsgemeinschaften beträchtliche und weit über das Gebotene hinausgehende Privilegien (etwa das der Zwangsbesteuerung der Bürger) einräumt, will zugleich ein laizistischer Staat sein. Streng laizistisch verhält er sich aber nur gegenüber Konfessionen (und Sekten), die nicht zum christlich-abendländischen Kernbestand gehören. Und so kommt es, daß dem Islam – dessen Anhänger immerhin die drittstärkste Glaubensgemeinschaft in dieser Republik ausmachen – ein eher restriktiver Wind entgegenschlägt. Noch immer haben Moslems, die auf deutschem Boden eine Moschee errichten wollen, mit beträchtlich mehr Schwierigkeiten zu rechnen als jede beliebige deutsche Diözese, die mit der Idee eines neuen Gotteshauses schwanger geht. Das stärkt bei manchen Moslems den ohnehin vorhandenen Verdacht, die liberalen Laizisten sprächen mit gespaltener Zunge. Und so bekommen die Zulauf, die als Antwort auf die Ausgrenzung die Abgrenzung propagieren und zum fundamentalistischen Eigensinn gegen die in ihren Augen verdorbene westliche Gesellschaft aufrufen. Der Islam, dem zuvor die Gleichberechtigung verweigert wurde, erweist sich in der Folge prompt als eine Konfession, die nicht in eine weltlich orientierte Gesellschaft paßt: *quod erat demonstrandum.*

Die Beispiele ließen sich des längeren fortsetzen, und sie beweisen immer wieder, daß eine Politik, die von Integration redet, diese aber zugleich – teils mit Absicht, teils aus Unachtsamkeit – unmöglich macht, sich wie die sprichwörtliche Katze immer wieder selbst in den Schwanz beißt. Sie beweist, daß nicht möglich ist, was sie in Wahrheit nicht will oder was ihr der Anstrengung nicht wert ist: Integration, Koexistenz, Austausch.

Noch ein Amt...

Soll das anders werden, dann braucht es – wie wir gezeigt haben – eine offizielle und offensive Einwanderungspolitik der Bundesrepublik Deutschland. Wie schlecht deren Chancen heute noch stehen, kann man an der Tatsache ablesen, daß es der ehemaligen Ausländerbeauftragten der Bundesregierung, Lieselotte Funcke, in ihrer immerhin zehnjährigen Amtszeit nicht ein einziges Mal gelungen ist, bis zum Kanzler dieser Republik vorzudringen. Auf das Thema einer durch Quotierung geregelten »kontrollierten Öffnung« der Bundesrepublik angesprochen, erwiderte der Sprecher des Bundesarbeitsministeriums 1991 kurz und bündig: »Quotierung ist Einwanderung – und Einwanderung ist nicht das Thema.«[1]

In Frankfurt am Main wurde der Versuch unternommen, auch ohne Rückendeckung der großen Politik auf kommunaler Ebene eine Institution zu schaffen, die der Tatsache der Einwanderung wenigstens in Ansätzen gerecht wird und größeres politisches Gewicht hat als die Ausländerbeauftragten, die es seit geraumer

Zeit gibt: das Amt für Multikulturelle Angelegenheiten – das erste Amt dieser Art in Deutschland.[2]

Als es 1989 nach der hessischen Kommunalwahl auf Initiative der Grünen eingerichtet wurde, geschah dies auch, um die Existenz und die Probleme der in der Bundesrepublik lebenden Migranten institutionell anzuerkennen. Doch schon die Auseinandersetzungen während der vorangegangenen rot-grünen Koalitionsvereinbarungen hatten mehr als deutlich gemacht, daß vor allem die Sozialdemokraten gegenüber dem Begriff »Einwanderungsland« größte Reserven hatten. Zwar war die SPD während des Wahlkampfes mit dem Slogan »Neues Denken für Frankfurt« angetreten, aber es erforderte zähe Diskussionen, bis man sich schließlich auf einen Modus vivendi einigte. Der Begriff »Einwanderungsland« fehlte denn auch in dem zuletzt beschlossenen rot-grünen Koalitionspapier; statt dessen einigte man sich unter dem Stichwort »Deutsche und AusländerInnen« auf eine gewundene Formulierung: »Frankfurter Ausländer- und Flüchtlingspolitik orientiert sich an den Realitäten einer zunehmend multikulturellen Gesellschaft und den Geboten der Humanität.«[3]

Der damalige sozialdemokratische Oberbürgermeister Volker Hauff verfügte dann die Einrichtung des Amtes für Multikulturelle Angelegenheiten, dessen Dezernent ehrenamtlich tätig sein sollte. Organisatorisch wurde es dem Bereich Hauptverwaltung eingegliedert, also dem Oberbürgermeister direkt unterstellt. Ein Jahr nach der Amtseinführung des ehrenamtlichen Dezernenten waren 15 feste Mitarbeiter eingestellt, die in den Bereichen Koordination, Sonderveranstaltungen und Verwaltung, Öffentlichkeitsarbeit, Integration, Antidiskriminierungsarbeit und Soforthilfe tätig waren und eine Verständigung in 15 Sprachen ermöglichten. Amtsleiterin wurde Rosi Wolf-Almanasreh, zuvor langjährige Geschäftsführerin der »Interessengemeinschaft der mit Ausländern verheirateten Frauen«. Der zur Verfügung stehende Etat liegt bei 1.7 Millionen D-Mark pro Haushaltsjahr, die Personalausgaben sind darin eingeschlossen.

Die kleine Behörde hat die gleichen Rechte und Pflichten wie jedes andere städtische Amt. Sie verfügt dadurch über mehr Kompetenzen als etwa die der in anderen Städten eingerichteten

Ausländerbeauftragten. Die Einrichtung des Amtes aber hatte vor allem symbolische Bedeutung: Es sollte und wollte einen Paradigmenwechsel in der Ausländerpolitik anzeigen. Doch auf diesen Paradigmenwechsel, das zeigt die bisherige Praxis des Amtes, war und ist die bundesrepublikanische Gesellschaft keineswegs vorbereitet. Für den Alltag der Behörde bedeutet das, in jedem nur denkbaren Arbeitsfeld Neuland zu betreten. Ein wenig wie ein kleiner David gegenüber dem riesigen Goliath versucht das Amt, Prozesse des Umdenkens auf allen Ebenen anzuregen. Das beginnt bei konkreten städteplanerischen Vorschlägen, die von Mitarbeitern des Amtes für die Brennpunkte innerhalb der Viertel mit hohem Ausländeranteil erarbeitet worden sind. Und es endet etwa bei einem Modellversuch zur Integration der Senioren unter den Migranten, den das Amt gemeinsam mit dem Deutschen Roten Kreuz im Juli 1992 gestartet hat.

Im Laufe der ersten drei Jahre seines Bestehens hat das Amt seinen Arbeitsansatz zum sogenannten »Frankfurter Modell« fortentwickelt. Dieses geht von zwei programmatischen Botschaften aus, deren eine sich an die Zuwanderer und deren andere sich an die Deutschen richtet. Sie lauten:

Erstens: »Zuwanderer sind mündige Menschen, sie verdienen unsere Akzeptanz. Sie dürfen weder institutionell noch gesellschaftlich diskriminiert werden. Ihre wirtschaftlichen und kulturellen Beiträge sind lebenswichtig für alle Menschen in der Stadt. Sie müssen nicht nur ›betreut‹ werden und sind nicht nur ein ›soziales Problem‹. Ihre gesellschaftlichen Beiträge und ihre sozialen Bedürfnisse betreffen alle Bereiche des städtischen Lebens. Ausländerinnen und Ausländer müssen von den Deutschen weder paternalistisch gegängelt noch pauschal ›geliebt‹ werden. Vielmehr sind sie zu respektieren und zu achten, auch dann, wenn sie anders aussehen oder andere Wertvorstellungen haben als wir.«

Zweitens: »Die Zuwanderer selbst müssen lernen, sich in die inländischen Strukturen, das Rechtssystem und die Wertvorstellungen der Deutschen einzufinden und diese ebenfalls zu respektieren. Dazu wollen inländische Institutionen beitragen. Es gilt, die vorhandene Multikulturalität wahrzunehmen und Wege des Zusammenlebens zu finden, die für alle akzeptabel sind. Es gilt auch, die Grenzen kultureller Divergenz auf der Grundlage von Menschenrechten und der Verfassung dieses Staates zu bestimmen. Die politisch Verantwortlichen der Stadt wenden sich gegen Rassismus und jegliche Form der Diskriminierung von Deutschen und Zuwanderern.«[4]

In diesem Sinne versteht sich das Amt als Vermittlungsstelle zwischen Deutschen und Migranten, aber auch zwischen Migranten. Es versteht sich dagegen nicht als Klagemauer gegen Deutsche. Weil Ausländer benachteiligt und diskriminiert werden, muß es in gewissem Umfang so etwas wie eine Lobby der Frankfurterinnen und Frankfurter ohne deutschen Paß sein. Keinesfalls aber fungiert es als eine Art Ausländergewerkschaft. Das Amt will beide Seiten miteinander ins Gespräch bringen; Vermittlung, nicht Konfrontation ist sein Weg. Im Alltag hat sich freilich gezeigt, daß es mühsamer und beschwerlicher ist als erwartet, die Verwaltung auf dieses Ziel zu verpflichten und sie zur Kooperation zu bewegen.

Doch zunächst zwei Beispiele, die zeigen, wie das Amt – gewollt oder ungewollt – auf die Öffentlichkeit der Stadt wirkte, und die deutlich machen, daß der Konsens, den das Amt programmatisch verfolgt, nicht immer leicht zu erreichen ist. Das erste Beispiel: Als 1990 der erste 17. Juni, bis dahin der Tag der Deutschen Einheit, nach der Maueröffnung in Aussicht stand, kam man im Amt auf die Idee, dieses denkwürdige Datum zum »Tag der deutschen Vielfalt« zu erklären und mit einem großen »Fest der Farben« in der Stadt zu feiern. Damit sollte vor allem den Sorgen und Befürchtungen vieler Migranten begegnet werden, es dräue im neuen Deutschland ein neuer Nationalismus.

Die Öffentlichkeit reagierte nicht nur begeistert. Einen »besonderen Zynismus« sah beispielsweise die »Frankfurter Allgemeine Zeitung« am Werk, für das geplante ausländische Musikfestival »ausgerechnet den ›Tag der deutschen Einheit‹ auszusuchen«. Die »Frankfurter Neue Presse« dagegen schwärmte: »eine ›vielfältige Einheit‹ in der Zukunft – das wär' schon schön«. Das »Skandalon« beschäftigte sogar das Frankfurter Stadtparlament. So forderte die CDU-Fraktion den Oberbürgermeister auf, die Genehmigung für das Fest zurückzunehmen, der Magistrat der Stadt sei zu einer Umwidmung dieses Gedenktages nicht berechtigt[5], und der Generalsekretär der hessischen CDU rief während einer Fernsehsendung gar zum Boykott der Veranstaltung auf – ganz so, als beraube das Amt mit seiner Fest-Idee Deutschland seiner Wiedervereinigung. Über 15 000 Menschen kamen dann zum multikulturellen Fest auf die Konstabler Wache im Zentrum der Stadt, doch statt des vom Amt gewünschten Konsenses war die öffentliche Meinung gespalten. Man sieht: Die Koexistenz von Einheit *und* Vielfalt ist nicht immer etwas Selbstverständliches.

Das zweite Beispiel handelt von den Sinti und Roma in Frankfurt. Angesichts sich häufender Klagen wollte das Amt im August 1990 die Situation dieser Minderheit empirisch untersuchen lassen. Ein Schreiben der Amtsleiterin an alle mit Sinti und Roma beschäftigten Behörden sollte das Vorhaben ankündigen. In diesem Schreiben hieß es: »Dabei sollen drei Personengruppen Thema der Zustandsbeschreibung sein: 1. Die Lage von Sinti, die in Frankfurt schon lange wohnen. 2. Die Lage von reisenden Sinti (und Roma). 3. Roma, die als Flüchtlinge kommen. Aus der Beschreibung soll ein Konzept zur Bewältigung der anstehenden Fragen (Unterbringung, Reisegewerbetreibende, bettelnde Kinder, Kleinkriminalität usw.) entwickelt werden...«

Ein anonym gebliebener Mitarbeiter einer dieser Behörden sandte das Schreiben an den Zentralrat der Sinti und Roma weiter, und das führte zu wütenden Protesten. Dem Amt für Multikulturelle Angelegenheiten wurde vorgeworfen, es reihe sich ein in die Kontinuität der rassistischen Politik des Naziregimes, von einer »Sondererfassung« der Sinti und Roma war gar die Rede. In der folgenden öffentlichen Auseinandersetzung sah sich das Amt veranlaßt, die Untersuchung vorerst abzubrechen.

Das Beispiel zeigt, wie schwierig es sein kann, sich im konkreten Fall einer Minderheit anzunehmen, die diskriminiert wird, deren politische Vertreter sich zuweilen aber ebenfalls nicht scheuen, mit Denkverboten zu operieren. Seit geraumer Zeit schon will das Amt eine Beratungsstelle *für* Roma *von* Roma einrichten, doch ohne die Einbindung der Roma in die Praxis dieser Beratung hat das Projekt keine Chance.

Gerade das letzte Beispiel zeigt, daß das Amt vor allem auf die schwachen, aber beharrlichen »Waffen« des Argumentierens setzt. Claus Leggewie hat das ein »persuasives« politisches Programm genannt.[6] Zu der Philosophie des Amtes gehört die Überzeugung, daß auch bei Konflikten mit verhärteten Fronten vom Gespräch, von der Vermittlung und sogar vom Argument verführerische Kräfte ausgehen können. Das Amt versteht sich daher als ein *Kommunikations*amt, und zwar in doppelter Hinsicht. Zum einen soll die Öffentlichkeit davon überzeugt werden, daß es richtig und sinnvoll wäre, eine offensive Einwanderungspolitik zu betreiben, und daß dazu die Gesellschaft umdenken muß, so wie die Institutionen überzeugt und umgebaut werden müssen. Und zum andern sollen die Nicht-Deutschen in der Stadt davon überzeugt werden, daß die Einwanderungsgesellschaft nur funktionieren kann, wenn es einen Konsens über die verbindlichen Werte gibt und Ausländer das ihnen Fremde an den Deutschen ebenso respektieren, wie die Deutschen das Fremde an den Ausländern respektieren sollten.

Roma als Nachbarn oder der teure soziale Frieden

Ein extremes Beispiel dafür, wie schwierig das sein kann, stellen die in Frankfurt lebenden und als Flüchtlinge nach Frankfurt kommenden Roma und Sinti dar. Sie werden seit jeher in jeder Gesellschaft auf bedrückende Weise marginalisiert und oft auch verfolgt. Diese Erfahrung hat sich tief in das Bewußtsein der Roma und Sinti eingegraben, und die Konsequenz davon ist, daß viele von ihnen – im Interesse ihres Überlebens – ein radikal funktionales Verhältnis zu jeder Gesellschaft entwickelt haben und damit in der Tat vorerst nicht bereit sind, sich in bestehende Normengefüge zu integrieren. Das hat dann die bekannten Folgen: Wo Sinti und Roma auftauchen, werden sie in aller Regel schnell zu *troublemakers*, die fast ausschließlich als Last und Zumutung erscheinen und die in der Tat insofern asozial, oder genauer: nicht–sozial sind, als sie nicht erkennen lassen, daß sie zu der Gesellschaft, in der sie leben, Zugang finden wollen.

Ein Beispiel soll verdeutlichen, zu welch verqueren und kaum lösbaren Konfliktsituationen das führen kann. In einem Frankfurter Stadtteil mit eher traditioneller Struktur konnte ein deutscher Eigenheimbesitzer, der arbeitslos geworden war, die Raten für sein Haus nicht mehr zahlen, und die Familie, die gute Kontakte zur Nachbarschaft unterhalten hatte, mußte ausziehen. Die Behörde der Stadt, ständig mit der Frage der Wohnraumbeschaffung für Flüchtlinge konfrontiert, nutzte kurzentschlossen die Gelegenheit und quartierte in dem Haus eine Romafamilie ein – tat also, wenn man will, genau das, was wir im vorigen Kapitel als wünschenswert dargestellt haben: Sie kasernierte diese Fremden nicht, sondern eröffnete ihnen – wie es scheinen könnte – die Möglichkeit der allmählichen Integration in die fremde Gesellschaft.

Das Ergebnis sah natürlich ganz anders aus. Die deutschen Anwohner hatten – weil der Fast-schon-Besitzer des Hauses unverschuldet arbeitslos geworden war – vertraute Nachbarn verloren, und nun wurden ihnen gänzlich Fremde vor die Nase gesetzt. Es lag für diese Nachbarn nahe, in dem einen eine Ungerechtigkeit und dem andern eine Strafe zu sehen – zumal die Romafamilie nicht die geringsten Anstrengungen unternahm, mit den Anwohnern ins Benehmen zu kommen. Jeden Morgen fuhr statt dessen ein Kleinbus vor, der die ganze Familie abholte – zu Unternehmungen, über die die wildesten (und möglicherweise gar nicht so falschen) Vermutungen in der Straße kursierten. Es wäre unehrlich, ernsthaft behaupten zu wollen, dieser Konflikt sei zu lösen: Es stoßen hier nun einmal zwei Lebenswelten aufeinander, die zumindest auf lange Zeit hin nicht zusammenpassen werden. Das Amt kann hier vielleicht ein wenig erklären, moderieren und besänftigen – zu lösen ist hier aber erst einmal nichts.

Also Kapitulation vor den inneren Hindernissen der multikulturellen Gesellschaft? Keineswegs. Wir behaupten nicht, hier seien überhaupt keine Lösungen vorstellbar. Nur: Sie würden eine *langjährige* Vertrauensarbeit aus kleinen Schritten voraussetzen, und das würde auch *Geld* kosten. Vor diesen Ausgaben scheut die Stadt aber zurück – und zwar mit dem auf den ersten Blick plausiblen und schlüssigen Argument, es handle sich bei den Sinti und Roma um eine sehr kleine Bevölkerungsgruppe, und ein auf sie zugeschnittenes Programm wäre in jedem Fall von einem Mißverhältnis zwischen Ausgaben und Ertrag geprägt. Das aber ist genau die Stelle, an der umgedacht und das herkömmliche Nutzenkalkül des Stadtkämmerers hinterfragt werden muß.

Und zwar aus einem einfachen Grund. Nach dem Ende des Sozialismus in Rumänien verstehen dort viele unter Demokratie auch das Recht, endlich mit der – ohne Zweifel oktroyierten – Koexistenz der Ethnien Schluß machen und die lästigen Roma mehr oder minder gewaltsam vertreiben zu können. Wenn Deutschland es mit der Demokratie ernst meint, hat es keine andere Wahl, als diese ungebetenen und oft in der Tat provozierenden Gäste aufzunehmen. Sehr viele werden es nicht sein; aber aufgrund ihrer Lebensweise werden sie ständig Anstoß erregen und damit z. B. auch die öffentliche Diskussion um das Institut des Asyls negativ beeinflussen. Das öffentliche Klima würde vergiftet. Vorderhand teure Programme, die unbeirrbar an der Idee der allmählichen Annäherung und Integration festhalten, könnten hier im Laufe der Zeit zur Entspannung beitragen. Im Einzelfall hohe Kosten und *vielleicht* einmal ein beträchtlicher friedensstiftender Nutzen: Einwanderungspolitik bedeutet auch, das Nutzenkalkül der Finanzpolitiker in dieser Richtung zu überdenken.

Das Amt für Multikulturelle Angelegenheiten soll außerdem als Antidiskriminierungsstelle fungieren. Doch wie schwierig das ist, zeigt die Tatsache, daß die Bearbeitung von Ombudsfällen nach wie vor noch auf Schwierigkeiten mit der Ausländerbehörde beim Ordnungsamt stößt. Ein eigens dazu einberufener Expertenkreis von Juristen formulierte eine Art »Arbeitshilfe«, die als Grundlage der praktischen Arbeit zwischen Amt und Ausländerbehörde dienen soll. Aber was heißt es genau, Einzelfälle zu lösen?

Zwei Beispiele sollen das verdeutlichen. Im ersten Fall geht es um einen homosexuellen Türken, der sich von seiner deutschen Frau scheiden ließ. Nach dem Ausländergesetz hat er danach keine eigenständige Aufenthaltsberechtigung mehr. Dieser Türke lebt nun mit seinem deutschen Lebensgefährten in einer eheähnlichen Gemeinschaft zusammen und möchte in der Bundesrepublik bleiben, in der er längst seinen »Lebensmittelpunkt« hat. Da Homosexualität in der Türkei diskreditiert ist, beantragte er Asyl – der Antrag aber wurde abgelehnt. Ein solcher Fall überfordert vorerst deutsche Behörden noch: Gerade erst mit Mühe daran gewöhnt, abweichende politische Meinungen als Asylgrund zu akzeptieren, sollen sie nun sogar noch sexuelle Verfolgung als Asylgrund akzeptieren lernen – dies alles in einer Gesellschaft, in der Homosexualität noch nicht lange halbwegs akzeptiert ist... Und so brauchte es 50 Telefonanrufe und zwei Jahre Überzeugungsarbeit gegenüber Innenministerium, Regierungspräsident, Ausländerbehörde und Rechtsamt der Stadt, bis gemeinsam mit den Anwälten des Türken eine Aufenthaltsgenehmigung erstritten war.

Vor ähnlichen Schwierigkeiten stand das Amt im Fall einer Marokkanerin, die im Rahmen des Familiennachzuges nach Deutschland gekommen war. Ihre drei Kinder sind in der Bundesrepublik aufgewachsen. Als ihr Mann starb, ging sie nach Marokko zurück, stellte dort aber fest, daß sich die Kinder – eher Deutsche als Marokkaner – nicht eingewöhnen konnten. So reiste sie nach Deutschland zurück, mit dem Ziel, auf Dauer zu bleiben. Das aber wäre im Prinzip nicht möglich gewesen, denn mit dem Tod ihres Mannes war – in der Sprache der Bürokratie – auch der Grund für ihren Aufenthalt entfallen. Nicht die Interessen der deutsch-marokkanischen Kinder, denen die Mutter folgte, zählten, es zählte nur der Status eines Verstorbenen. Auch in diesem Fall ist es gelungen, nach langem Tauziehen eine Aufenthaltsgenehmigung zu erwirken.

Etwa 70 bis 100 solcher Einzelfälle hat das Amt in den ersten drei Jahren seines Bestehens lösen können. Doch es gab auch viele andere, an denen es scheiterte. Zweifellos ist es aber ein Erfolg, daß die Ausländerbehörde der Stadt inzwischen mit solchen Fällen sichtlich rationaler und sensibler umgeht. Das sind die kleinen Erfolge eines Amtes, das in einem Einwanderungsland ohne Einwanderungspolitik arbeitet.

Wir werden im folgenden auf drei Bereiche eingehen, die in der öffentlichen Diskussion eine große Rolle spielen und auf die oft verwiesen wird, um zu zeigen, daß Ausländer vor allem Probleme schaffen und wohl doch nicht integrierbar seien: Kriminalität, Ausbildung und Schule. Wir wollen an diesen Beispielen deutlich machen, daß es erstens sicher unvermeidliche Probleme gibt, daß diese aber zweitens zumeist unverhältnismäßig übertrieben werden und daß sie drittens viel von ihrer Brisanz verlieren würden, wenn diese Gesellschaft bereit wäre, sich auf die *besonderen* Probleme von Deutschen ohne deutschen Paß auch einzustellen.

Sind Ausländer krimineller als Deutsche?

Ja, sie sind es. Und sie sind es doch nicht. Diesen Widerspruch wollen wir im folgenden aufklären.

Eines der meistgehörten Argumente von Gegnern der multikulturellen Gesellschaft bezieht sich auf die hohe Kriminalitätsrate von Ausländern in der Bundesrepublik. Und die jährlich errechneten Werte in der Kriminalstatistik scheinen diesem Argument auf den ersten Blick auch recht zu geben. So weist die polizeiliche Kriminalstatistik für 1991 einschließlich der neuen Bundesländer 415 622 »nichtdeutsche Tatverdächtige« aus, das sind 25.9 Prozent.[7] Jeder vierte Ausländer wäre somit, statistisch gesehen, im vergangenen Jahr an einer kriminellen Handlung beteiligt gewesen. Verglichen mit dem Anteil der Ausländer an der Gesamtbevölkerung wäre das in der Tat eine hohe Kriminalitätsquote.

Doch hält man sich nur an solche Zahlen, entsteht ein erheblich verzerrtes Bild, mit dem man zwar Propaganda machen kann, das aber der komplizierten Wirklichkeit nicht entspricht. Auf einer Tagung des Bundeskriminalamts sagte der Kriminologe Michael Walter zu Recht, man müsse die statistischen Zahlen der Polizei »mit einem ganzen Blütenstrauß von Einschränkungen und Rücknahmen lesen«[8].

So werden zum Beispiel bei den »nichtdeutschen Tatverdächtigen« Angehörige der Streitkräfte, Touristen, Durchreisende und auch illegal in die Bundesrepublik eingereiste Personen, wenn sie straffällig werden, als kriminelle Ausländer registriert, obwohl sie doch gar nicht zur Wohnbevölkerung zählen. Zudem müssen Datenvergleiche auf der Grundlage der Bundesdaten deshalb irreführen, weil sich Ausländer unterschiedlich im Bundesgebiet verteilen. Sie leben hauptsächlich in den großstädtischen Ballungsgebieten, in denen auch die Kriminalitätsrate der Deutschen höher liegt. Die unbelasteteren ländlichen Gebiete, die bei der Gesamtrechnung für die Deutschen die Quote senken, fehlen jedoch weithin bei den Ausländern, und auch das läßt ihre Kriminalitätsrate vergleichsweise hoch erscheinen. Verzerrend wirkt zudem, daß es eine ganze Reihe von Delikten gibt, die überhaupt nur von Ausländern begangen werden können, so zum Beispiel Verstöße gegen das Ausländergesetz; jedes Paßvergehen zählt als Straftat. Des weiteren kann die neuere kriminologische Forschung belegen, daß es in der Bevölkerung eine erhöhte Bereitschaft gibt, nicht-deutsche Tatverdächtige anzuzeigen. Ausländische Ladendiebe wurden zum Beispiel häufiger an die Polizei weitergemeldet als deutsche; gleiches wurde bei Diebstählen oder Unterschlagungen beobachtet, die in Betrieben begangen wurden.[9] Das aber ist es nicht allein.

Man könnte nämlich einwenden, daß die Kriminalstatistik vor allem bei jungen Ausländern Zahlen ausweist, die deutlich über den vergleichbaren der deutschen Jugendlichen liegen. Wer so argumentiert, übersieht jedoch, daß hier zwei gesellschaftliche Gruppen miteinander verglichen werden, die mehr trennt als verbindet. Denn anders als die Gesamtpopulation der jungen Deutschen stammt die Teilmenge der delinquenten jugendlichen Ausländer oft aus subproletarischen Verhältnissen, in denen auch unter Deutschen die Kriminalitätsbelastung höher liegt. Diese ungleichen Variablen – so als würde man Gymnasiasten mit Sonderschülern vergleichen – führen gleichfalls zu einer Verzerrung der errechneten Delinquenzrate. Hinzu kommt, daß der Anteil der jugendlichen Ausländer demographisch wächst. Auch diese Entwicklung kann sich schließlich in den Kriminalstatistiken erhöhend niederschlagen, ohne daß die Kriminalitätsrate tatsächlich gestiegen sein muß.

Am Beispiel der Polizeistatistik von Frankfurt, das gern die Hauptstadt des Verbrechens genannt wird und einen Ausländeranteil von 25.6 Prozent aufweist, läßt sich ebenfalls zeigen, wie undifferenziert aufbereitetes Zahlenmaterial zu falschen Einschätzungen führen kann. So waren von den insgesamt 39154 Tatverdächtigen im Jahr 1991 in Frankfurt nur 33.8 Prozent, also ein Drittel, aus der Stadt; zwei Drittel von ihnen stammten von außerhalb, allein 26.4 Prozent kamen von »außerhalb des Bundesgebiets« (leider sind diese Zahlen aber nicht nach Deutschen und Ausländern spezifiziert). Die Frankfurter Polizei geht zudem davon aus, daß bei jeder Messe 500 bis 1000 Personen aus Lateinamerika illegal in die Stadt kommen, von denen etliche kriminell tätig werden. Jeder einzelne von ihnen taucht, sollte er von der Polizei aufgegriffen werden, in der Kriminalstatistik auf. Es dürfte auf der Hand liegen, daß diese Anteile der Statistik keinerlei Rückschlüsse auf das Verhalten der in Frankfurt *lebenden* Ausländer zulassen.

Die Main-Metropole zieht eben nicht nur Yuppies und Banker an, sondern auch Kriminelle. Dabei sehen sich die Frankfurter selbst längst nicht so sehr von Kriminalität belastet wie Ortsfremde, also Menschen, die unter der Kriminalität in Frankfurt kaum zu leiden haben. So halten – nach einer Studie des Emnid-Instituts im Auftrag des Umlandverbandes Frankfurt – rund 53 Prozent der Auswärtigen Kriminalität für eines der größten Probleme der Rhein-Main-Region, aber nur rund 17 Prozent der Frankfurter.

Dennoch wollen wir nicht wegdiskutieren, daß auch nach Berücksichtigung all dieser Faktoren Ausländer vergleichsweise kräftig zur Kriminalitätsstatistik beitragen. Doch handelt es sich dabei um *die* Ausländer oder um *bestimmte* Gruppen von Ausländern? Schnell zeigt sich, daß vor allem die jugendlichen Ausländer dazu beitragen. In Frankfurt etwa ist die Zahl ausländischer Jugendlicher, die tatverdächtig waren, von 1990 bis 1992 um 5.3 Prozent angestiegen. Und die Frankfurter Polizeistatistik für 1991 zeigt, daß zwischen 1984 und 1991 die Delinquenz deutscher Minderjähriger um 31.7 Prozent zurückgegangen ist – während sie bei den gleichaltrigen nicht-deutschen Jugendlichen um knapp hundert Prozent zugenommen hat. Daraus läßt sich mit aller Vorsicht ablesen, daß offenbar überwiegend Ausländer der zweiten und dritten Generation straffällig werden. Und es scheint darauf hinzuweisen, daß ausländische Jugendliche inzwischen den Platz der subproletarischen deutschen Altersgenossen einnehmen. Deswegen – und nicht weil sie Ausländer sind – ist bei ihnen die Kriminalitätsrate höher als bei den jungen Deutschen.

Das scheint die populäre These, Ausländer seien nicht integrierbar, zu bestätigen. Denn während man der ersten Generation zugute halten mag, daß sie mit einer völlig fremden Lebenswelt zurechtkommen mußte, gilt das für die zweite und erst recht für die dritte Generation nicht mehr. Sie ist in Deutschland aufgewachsen, müßte sich hier also zurechtfinden und einpassen können. Tatsächlich verhält es sich jedoch anders. Während sich die Angehörigen der ersten Generation, gerade weil die neue Gesellschaft erst einmal nicht überschaubar war, eher überangepaßt verhielt, haben es die Angehörigen der zweiten und dritten Generation gelernt, sich sehr viel lockerer und freier in der bundesdeutschen Gesellschaft zu bewegen. Mehr noch: Häufig leben sie die von den Eltern erlittenen und zumeist weggesteckten Enttäuschungen, Demütigungen und Frustrationen in einer Art Rachegefühl aggressiv aus. Mit anderen Worten: Der Konflikt, den die Eltern gemieden haben, wird nun von den Jugendlichen ausgetragen.

Unter den straffällig Gewordenen finden sich nach unserer Erfahrung häufig auch Jugendliche, die als Kinder die sogenannte »Pendelsituation« erlebt haben. Es sind Kinder von Migranten, deren Aufenthaltsort zwischen ursprünglichem Heimatland und Bundesrepublik mehrmals wechselte. Da das deutsche Ausländergesetz den Nachzug von Kindern nur bis zum 16. Lebensjahr vorsieht, zogen es viele Eltern vor, ihren Nachwuchs kurz vor der Altersgrenze endgültig in die Bundesrepublik zu holen. Für ältere Jugendliche, die zum größten Teil bereits Schulerfahrungen in der alten Heimat haben, ist es dann schwer, sich mit der neuen Schulsituation in der Bundesrepublik zurechtzufinden. Sprach- und Lernschwierigkeiten erhöhen die Wahrscheinlichkeit, daß diese Jugendlichen den Anschluß verlieren. Unter den Jugendlichen, die »pendelten«, sind sehr viele, die später nur als Ungelernte eine Arbeit finden können, aber auch viele Arbeitslose. Sie sind per se stärker gefährdet, in die Kriminalität abzugleiten, als deutsche Jugendliche, die weit häufiger über eine Berufsausbildung und damit über einen anerkannten Status verfügen.

Schon Ende der siebziger Jahre haben Peter-Alexis Albrecht und Christian Pfeiffer im Hinblick auf Identitätsbeschädigungen bei Kindern von Migranten einen Typus beschrieben, der auf den ersten Blick verblüffen mag. Vor allem Jugendliche, die schon als Kleinkinder in die Bundesrepublik eingereist sind und sich mit dieser als ihrer Heimat identifizieren, »werden gesellschaftlich nicht tolerierte Reaktionen zeigen, wenn ihnen die berufliche und wirtschaftliche Partizipation verweigert wird«[10]. Anders gesagt: Gerade die vollständige Anpassung an die Verhältnisse in der Bundesrepublik kann, wenn sie keine Chancengleichheit mit den gleichaltrigen Deutschen ermöglicht, in Enttäuschung münden und zu abweichendem Verhalten führen.

Dies sind sicherlich nur Teilaspekte der Ursachen von Kriminalität bei ausländischen Jugendlichen, die wir in ihrer ganzen Komplexität hier nicht darstellen können. Sie machen aber deutlich, daß verpaßte Chancen der Integration in der Kriminalstatistik ihre negativen Früchte tragen. Die bundesrepublikanische Gesellschaft, so könnte man sagen, produziert sich ihre Kriminellen durch Unterlassung: Die verweigerten oder erschwerten Lebens- und Entwicklungschancen ausländischer Jugendlicher machen sich auch in ihren kriminellen Folgen bemerkbar. Bei alldem sollte man jedoch nicht vergessen hervorzuheben, daß die übergroße Mehrheit der Ausländer in Deutschland nie versucht war, sich mit Mitteln eines militanten und notfalls auch kriminellen Lobbyismus Chancen zu erkämpfen.

In der Praxis des Amtes für Multikulturelle Angelegenheiten helfen solche Einsichten jedoch wenig weiter. Hier geht es vielmehr um konkrete, heute schon mögliche Maßnahmen. So kooperiert das Amt z. B. mit der Frankfurter Polizei, um kurz- und längerfristige Strategien zu entwickeln, die das Problem Kriminalität wenigstens entschärfen können. Ein Vertreter des Amtes nimmt an den regelmäßigen Koordinationstreffen der verschiedenen Dezernate mit der Polizei teil. Eine im Stadtgebiet erhöhte Präsenz der Polizei, wie sie auch von der Öffentlichkeit gefordert wird, kann dagegen, wie wir meinen, keine langfristige Lösung sein. Der Jugendkoordinator der Polizei hat selbst einen Vorschlag für eine Stiftung erarbeitet, die einer präventiven vor einer repressiven Strategie den Vorrang gibt. Eine vernünftige Einwanderungspolitik könnte Desorientierung und Statusunsicherheit jugendlicher Ausländer entgegenwirken.

Auch das sinnvollste soziale Konzept kann aber Kriminalität nicht aus der Welt schaffen. Abweichendes Verhalten gehört zwangsläufig zum Charakter offener Gesellschaften. Dennoch stellt sich die Frage, wie eine Gesellschaft mit den Ursachen von Kriminalität umgeht. Da macht sich nun einmal bemerkbar, daß die sozialen Einrichtungen, die mit dazu beitragen könnten, daß jugendliche Ausländer mit ihren Orientierungsschwierigkeiten nicht sich selbst überlassen bleiben, auf die Realität der Migranten in der Bundesrepublik nicht eingestellt sind. So fehlen zum Beispiel Betreuungsmodelle für die sogenannten »Lückenkinder«, das sind Zwölf- bis Dreizehnjährige, die durch den Rost der klassischen pädagogischen Stationen fallen, weil sie für den Hort zu alt und für Jugendhäuser oder Selbständigkeit zu jung sind. Hier entscheidet sich oft, ob daraus eine kriminelle Karriere wird oder nicht.

Um diese Situation zu entdramatisieren, wären unkonventionelle Vorschläge nötig und der Mut, sie unbürokratisch zu realisieren. Die Stadt Frankfurt könnte beispielsweise ein Sofortprogramm gegen Gewalt beschließen. Ein solches Vorhaben würde die Stadt etwa 30 Millionen D-Mark kosten, die dann in anderen Bereichen eingespart werden müßten. Und nötig wäre auch der Mut, dem Amt für Multikulturelle Angelegenheiten die Federführung für ein solches Projekt zu übertragen, damit an den traditionellen Verwaltungsstrukturen vorbei neue Ansätze erprobt werden können: in Zusammenarbeit mit den bestehenden wie mit neu zu schaffenden Institutionen. Doch solche Vorschläge des Amtes scheitern meist schon an der Einsicht in die Tatsache, daß es keine Zauberformel für die Lösung des Kriminalitätsproblems gibt. Sofortprogramme scheinen stets erst dann möglich zu sein, wenn das Kind in den Brunnen gefallen ist.

Mit der Hoffnung auf das Durchgreifen der Polizei wird aber zugleich nur der komplexere Hintergrund verdrängt. Gerade im Bereich Kriminalität und Prävention rächt sich dann auch, daß die Polizei keine ausländischen Beamten hat, die darauf hinwirken könnten, Konflikte im Vorfeld zu entschärfen. So ist insgesamt für viele Jugendliche die Situation nicht dazu angetan, daß sie Vertrauen in diese Gesellschaft fassen könnten. Ein Ergebnis davon ist die Kriminalität junger Ausländer.

Kinder von Migranten sind in der Bundesrepublik einer ganzen Reihe von Benachteiligungen ausgesetzt. Sie gehören in aller Regel zur sozialen Unterschicht, verfügen über weniger Geld, über schlechtere Wohnungen und nicht zuletzt, wegen der geringen Qualifikation ihrer Eltern, über schlechtere Chancen in Schule und Beruf als ihre deutschen Altersgenossen. Sie können sich schwerer integrieren und leiden stärker unter Identitätsproblemen, weil sie in kulturellen Halb- und Zwischenwelten aufwachsen. Nicht selten stehen sie vor der schier unlösbaren Aufgabe, die Erwartungen und Werte zweier ziemlich verschiedener Welten – der Welt ihrer Eltern und der Welt ihrer deutschen Altersgenossen – in Einklang zu bringen.[11] Und dieser kulturelle Konflikt, der oft kaum zu bewältigen ist, wird als individuelles Versagen erlebt und führt häufig zu fehlendem Selbstwertgefühl.

In den Altersgruppen in Frankfurt, die eine Berufsausbildung beginnen, sind ausländische Jugendliche mit einem Drittel vertreten. Doch von denjenigen, die sich in Ausbildung befinden, tauchen nur 19.4 Prozent im gewerblichen Bereich und 12.5 Prozent im kaufmännisch-technischen Bereich auf.[12] Das heißt, es gelangen weit weniger nicht-deutsche Jugendliche an eine Berufsausbildung, als möglich wäre. Nach einer vom Bundesministerium für Bildung und Wissenschaft in Auftrag gegebenen Studie von 1991 sind unter den befragten Nicht-Deutschen 39 Prozent ohne Berufsabschluß geblieben.[13] Das heißt: Jeder dritte junge Ausländer verläßt das Bildungssystem ohne Berufsabschluß – bei den Deutschen dagegen sind es nur 12 Prozent. Von den Geburtsjahrgängen zwischen 1960 und 1969 hatten nach dem Mikrozensus 1987 bei den Ausländern zwischen 18 und 27 Jahren sogar noch 48.6 Prozent keine Berufsausbildung, bei den Deutschen lag deren Anteil dagegen nur bei 12.1 Prozent.[14] Demnach hat sich die Ausbildungssituation unter ausländischen Jugendlichen seit 1987 zwar etwas, aber doch nur geringfügig verbessert.

Bei Bewerbungen um einen Ausbildungsplatz sind sie nach wie vor im Nachteil. Ausländer scheitern (mit 32 Prozent) sehr viel häufiger als Deutsche (15 Prozent). Und unter den Jugendlichen, die sich um einen Ausbildungsplatz bewerben und schließlich ohne Berufsabschluß enden, sind die ausländischen Jugendlichen die traurigen Spitzenreiter.

Um die Chancen ausländischer Jugendlicher auf einen Ausbildungsplatz mittel- und langfristig zu erhöhen, will das Amt für Multikulturelle Angelegenheiten einen Modellversuch starten. Gemeinsam mit der Industrie- und Handelskammer, der Handwerkskammer, dem Bildungswerk der hessischen Wirtschaft sowie dem Arbeitsamt soll ein Beratungsprojekt realisiert werden, das Multiplikatoren wie Lehrer und Sozialarbeiter durch Fortbildung qualifiziert, ausländische Jugendliche bei der Berufswahl besser als bisher zu beraten. Seit 1990 sucht das Amt vergeblich nach Partnern, die dieses Projekt mitfinanzieren könnten. Einmal mehr zeigt sich hier, daß ein von allen politischen Parteien und gesellschaftlichen Kräften für gut befundenes Projekt an bürokratischen Bremsen scheitern kann.

Und daß dem keineswegs so sein muß, beweisen Beispiele aus Nordrhein-Westfalen, wo es z. B. mit dem Modellvorhaben »Beratung ausländischer Kleinunternehmer und Betreuung ihrer Auszubildenden« in wichtigen Ansätzen gelungen ist, nichtdeutschen Jugendlichen reale Ausbildungschancen in Betrieben ausländischer Kleinunternehmer zu eröffnen – unter anderem auch dadurch, daß unbürokratische Wege gefunden wurden, diesen Kleinunternehmern das Ausbildungsrecht zu verschaffen.[15] Gerade die *organisierte* berufliche Zwischenwelt zwischen Herkunftskultur und bundesrepublikanischer Wirklichkeit hat sich als ein geeignetes Terrain erwiesen, um ausländischen Jugendlichen, die ansonsten vermutlich eher im Abseits landen würden, eine Berufsperspektive zu eröffnen. Eine Perspektive im übrigen, die sie keineswegs auf Dauer auf die »Nischenökonomie« der Ausländer festlegt – also auf jene Kleinbetriebe und Läden, die ausschließlich die eigene *community* beliefern.

So gibt es zahlreiche junge Ausländer (insbesondere junge Türkinnen), die nur im Rahmen dieses Modellvorhabens einen Ausbildungsplatz bekommen konnten – auch deswegen, weil nur unter diesen Voraussetzungen die traditionell orientierten Eltern bereit waren, ihren Kindern den Eintritt ins Berufsleben zu erlauben. Und immer wieder zeigte sich, daß der Beginn des

Berufslebens in der Nische der türkischen Ökonomie keine schlechte Voraussetzung dafür war, die Eltern allmählich davon zu überzeugen, daß ihre Kinder ein Recht darauf haben, in *dieser* Gesellschaft ein Fortkommen zu suchen: Es gibt etliche Beispiele von jungen Türkinnen, die beim türkischen (und exklusiv aufs türkische Publikum zugeschnittenen) Reisebüro ihre Lehre machten und mit ihrem Erfolg die Eltern davon überzeugten, daß ihr folgender Sprung in die weite nicht-türkische Welt der Touristik nicht Verrat, sondern ehrenwert ist.

Das heißt: Man kann die Ausbildungssituation ausländischer Jugendlicher – und sei es nur durch Unterlassungen – so arrangieren, daß der Mißerfolg vorausberechenbar ist. Man kann sie aber auch – mit Phantasie und der Bereitschaft, die Bürokratie nicht zur letzten Instanz zu machen – so gestalten, daß für diese Jugendlichen der Weg in die Berufswelt begehbar wird.

Vom monokulturellen Schulalltag

Kaum eine Institution war auf die zweite und dritte Generation der Migranten in der Bundesrepublik so schlecht vorbereitet wie die Schule. Bis heute hat die offizielle Schulpolitik der Bundesländer noch immer kein Konzept verabschiedet, wie in diesem so wichtigen Bereich interkulturelles Lernen sinnvoll stattfinden könnte. Von Anfang an fand Schulpolitik – bewußt oder unbewußt – unter der Erwartung statt, daß die Ausländer, die man nach Deutschland geholt hatte, samt ihren Kindern irgendwann wieder in ihre Herkunftsländer zurückkehren würden. So wird etwa in dem 1992 (!) verabschiedeten hessischen Schulgesetz in Paragraph 6, Absatz 4, der die besonderen Bildungs- und Erziehungsaufgaben der Schulen benennt, der Begriff der interkulturellen Erziehung nicht einmal erwähnt.[16] Besondere Bildungs- und Erziehungsaufgaben der Schulen, so heißt es dort, sind »insbesondere Umwelterziehung, Gesundheitserziehung, Sexualerziehung, Friedenserziehung, Rechtserziehung, Verkehrserziehung und die informationstechnische und kommunikationstechnische Grundbildung«. Gerade so, als ob ausländische Schüler mit ihren besonderen Problemen in Hessen gar nicht existierten.

Dabei wäre der Schulbereich dazu prädestiniert, die Integration von Kindern und Jugendlichen zu fördern. Nirgendwo sonst läßt sich Deklassierung besser und effektiver verhindern als in der Schule, denn es gibt keinen anderen Ort, an dem – außerhalb der Berufswelt – Deutsche und Ausländer derart organisiert zusammentreffen. Will man wirklich Integration, dann darf hier kaum etwas zu teuer und zu aufwendig sein.

Zwar gibt es in Hessen den per Verordnung landesweit eingeführten muttersprachlichen Unterricht als Pflichtleistung für junge ausländische Schüler. Aber auch diese Regelung, die letztlich von einem zusammenhanglosen Nebeneinander zweier bzw. mehrerer Kulturen ausgeht, wurde nur halbherzig eingeführt. Zum einen macht dieser muttersprachliche Unterricht im ersten Schuljahr nur zwei, im zweiten Schuljahr drei und ab dem dritten Schuljahr fünf Wochenstunden aus. Auch kann – ein schönes Beispiel für Multikulturalität – ab dem fünften Schuljahr muttersprachlicher Unterricht als Pflichtfremdsprache angeboten werden (nota bene: das »Eigene« als das »Fremde«), doch bis heute wurde diese Kann-Bestimmung in Hessen nicht konsequent umgesetzt. Zum anderen ist dieses Angebot nur für die Sprachen der sechs ehemaligen Anwerbeländer – und in einigen Landesteilen auch für Marokko und Iran – vorgesehen. Zudem wird dieser Pflichtunterricht zusätzlich zum normalen Schulpensum angeboten. Vor allem für diejenigen unter den ausländischen Kindern, die nicht in der Bundesrepublik aufgewachsen sind und mit Sprachproblemen zu kämpfen haben, bedeutet dies eine zusätzliche Erschwernis.

Erste Überlegungen, den muttersprachlichen Unterricht aufzuwerten, stecken in Hessen noch in den Kinderschuhen. So kam eine vom hessischen Kultusministerium in Auftrag gegebene Studie, die einen Modellversuch einleiten sollte, die Muttersprache als zweite Fremdsprache bis zum Abitur einzuführen, zu dem Ergebnis, daß zu einer landesweiten Realisierung dieses Vorhabens bislang an den Schulen die nötigen Konzentrationen von Schülern fehlen. Schulpolitik müßte aber den Mut haben, solche Modelle zu erproben, auch dann, wenn sie schwierig zu realisieren sind, auch dann, wenn durchaus die Gefahr besteht, daß sie scheitern können.

Ein gutes Gegenbeispiel stellen die Kinder von Aussiedlern dar. Weil deren Status klar, eindeutig und positiv gefaßt ist, fällt es den Behörden – allen Problemen im einzelnen zum Trotz – nicht schwer, Programme zu entwickeln, die auf die spezifische Situation dieser Kinder und Jugendlichen zugeschnitten sind. Da aber die Schulpolitik implizit immer noch davon ausgeht, daß sich die Kinder von Ausländern nur vorübergehend in der Bundesrepublik aufhalten, kann sie sich immer nur zu halbherzigen Maßnahmen durchringen, die oft zusätzlich noch dazu beitragen, die ausländischen Kinder und Jugendlichen in den Problemen ihrer prekären Zwitterexistenz einzuschließen, statt ihnen einen Ausweg daraus zu eröffnen.

Dazu trägt auch der Umstand bei, daß in den meisten Bundesländern – anders als seit 1986 in Nordrhein-Westfalen – der Islamkundeunterricht nur sehr zögerlich in die Curricula aufgenommen wird, obwohl doch inzwischen fast zwei Millionen Moslems in der Bundesrepublik leben. Gerade wenn man will, daß die Moslems sich nicht ausgegrenzt fühlen und auch deswegen gegenüber dem Fundamentalismus empfänglich werden, müßte man bereit sein, dem Islam in der Schule den Platz einzuräumen, der ihm – gemessen an der Zahl der moslemischen Bevölkerung in der Bundesrepublik – zusteht.

Um noch einmal das Frankfurter Beispiel anzuführen: Hier ballt sich eine ganze Reihe von Nationalitäten zu größeren Schülergruppen, die im Reglement des muttersprachlichen Unterrichts überhaupt nicht vorgesehen sind. So weist die Statistik der allgemeinbildenden Schulen der Mainmetropole unter anderen etwa 293 afghanische, 285 polnische und 283 pakistanische Schüler aus. Es gibt Frankfurter Schulen mit bis zu 29 verschiedenen Nationalitäten. Man hat errechnet, daß in Frankfurt ein Fünftel aller ausländischen Schüler aus über 100 Ländern stammt!

Charakteristisch für Frankfurt (wie für andere Großstädte der »alten« Bundesrepublik) ist jedoch nicht nur die Tatsache, daß außerordentlich viele Nationalitäten an den Schulen vertreten sind, sondern ebenso die Tatsache, daß die ausländischen Schüler insgesamt an den Schulen im Vormarsch sind. Wie ein vom Amt für Multikulturelle Angelegenheiten in Auftrag gegebener Bericht über die Schulsituation gezeigt hat, ist der prozentuale Anteil der Deutschen an der Frankfurter Gesamtschülerzahl von 1978 bis 1987 um 18.5 Prozent gesunken.[17]

In einigen Stadtteilen wären heute manche Grund- und Hauptschulen ohne ihre ausländischen Schüler gar nicht mehr lebensfähig. Gäbe es aber nicht die Eigeninitiative einer ganzen Reihe von Schulen und vor allem engagierter Lehrer, dann würde an Schulen mit hohen Anteilen ausländischer Schüler immer noch so getan, als gäbe es das Problem gar nicht. Zugleich muß man aber auch zur Kenntnis nehmen, daß Schulen mit einem extrem hohen Anteil nicht-deutscher Schüler (in Frankfurt gibt es etwa eine Gesamtschule, an der 80 Prozent der Schüler Ausländer sind) insofern Integration nicht gerade fördern, als deutsche Eltern in der Regel bemüht sein werden, ihre Kinder von solchen Schulen wegzubekommen – was wiederum den prozentualen Anteil der ausländischen Schüler erhöht, die zunehmend in ihrem Schulgetto gefangen bleiben. Es muß möglich werden, über Probleme dieser Art ohne ideologische Voreingenommenheiten zu beraten: Das Interesse ausländischer Schüler, an den Schulen auch mit Deutschen zusammenzusein, ist ebenso verständlich und legitim wie das Interesse deutscher Eltern, ihren Kindern eine Schulsituation zu ersparen, die diese faktisch auf die Verliererstraße schickt.

Um Wege zu einer Koexistenz beider Interessen zu finden, hat das Amt für Multikulturelle Angelegenheiten ein Projekt vorgeschlagen: Die genannte Schule, an der 80 Prozent der Schüler Ausländer sind, könnte z. B. durch ein neues Bildungsangebot aufgewertet werden – Abitur plus Lehre. Der Teil der Berufsausbildung könnte in Zusammenarbeit mit umliegenden Ausbildungsbetrieben realisiert werden. Diese Perspektive könnte es auch für deutsche Eltern wieder attraktiv machen, ihre Kinder auf dieser Schule zu belassen. Sie hätte zudem den Vorteil, daß sie die Eltern davon befreien würde, frühzeitig für ihre Kinder zwischen Abitur und Berufsausbildung wählen zu müssen. Die Schule könnte dadurch ein neues Image gewinnen. Um diesen Vorschlag in Angriff nehmen zu können, müßte zunächst erreicht werden, daß sich die Kultusbürokratie auf ein solches Experiment überhaupt einläßt. Und ebenso müßte das Lehrerkollegium – nach Jahren zermürbender Erfahrungen mit einer ebenso unhaltbaren wie unveränderlich erscheinenden Schulsituation – bereit sein, den neuen Ansatz auch zu wagen. Das Amt, mit geringer Kompetenz ausgestattet, kann nicht mehr tun, als zu versuchen, beharrlich alle Beteiligten zu überzeugen.

Alle Erfahrungen weisen darauf hin, daß es vor allem in den multikulturellen Ballungsgebieten sowohl der Öffnung der Schulen als auch adäquater Schultypen bedarf. Profitieren würden davon insbesondere Jugendliche, die aus Elternhäusern islamischen Glaubens kommen. Gerade für moslemische Mädchen ist die Schule oft der einzige Ort, an dem sie einen gewissen Freiraum haben, den sie – darin schon fest dieser Gesellschaft zugehörig – wollen, der ihnen aber in ihren Familien nicht gewährt wird.

Ein internes Papier, das an der Frankfurter Sophienschule verfaßt wurde, weist auf das Phänomen ebendieser sogenannten »Unauffälligen« (in der Mehrzahl moslemische Mädchen) hin: Sie »sind oft vor dem Unterricht in der Schule, bleiben lange nach dem Unterricht, hoffen, unentdeckt im Schulhaus, auf der Toilette, in einer Ecke verweilen zu können. Sie werden weggeschickt, sie sind erfinderisch, tauchen wieder auf. Zusätzliche Aufgaben übernehmen sie gerne: aufräumen, putzen, ordnen. Das können sie gut, und die Zeit in der Schule läßt sich so ausdehnen.«[18]

Gerade ihnen, aber auch den sogenannten »Seiteneinsteigern«, also Schülern, die im Schulalter erst in die Bundesrepublik kommen, würden Ganztagsschulen helfen: Sie würden den Raum vergrößern, in dem diese Schüler es lernen können, einigermaßen gefahrlos auf Distanz zu der Welt ihrer Herkunft zu gehen und sich auf das neue gesellschaftliche Umfeld einzustellen. Sowohl die Leistungsanforderungen als auch die kulturelle Selbstfindung könnten in diesem Schultyp, der ja zudem mehr Lernhilfen anbieten kann, besser bewältigt werden als in der herkömmlichen Regelschule.

Es dürfte deutlich geworden sein: Ausländische Schülerinnen und Schüler haben ungleich schlechtere Chancen als ihre deutschen Altersgenossen. Bedenkt man diesen gravierenden Startnachteil, dann fällt um so mehr auf, in welchem Umfang die jungen Ausländer inzwischen trotz allem vorangekommen sind. Um nur das Beispiel der weiterführenden Schulen in Frankfurt zu nehmen. Während hier an den Realschulen die nicht-deutschen Schüler 1978 nur 7.2 Prozent ausmachten, war ihr Anteil zehn Jahre später auf immerhin 34.1 Prozent angestiegen. Dies liegt zum einen sicher an der demographischen Entwicklung zugunsten der ausländischen Jugendlichen in der dritten Migrantengeneration, zum anderen aber auch daran, daß die hier aufgewachsenen Jugendlichen beim Schulerfolg eben nicht mehr so häufig an sprachlichen Barrieren scheitern. Und selbst an den Gymnasien haben die ausländischen Schüler Fuß gefaßt: 1978 noch mit gerade einmal 5.5 Prozent vertreten, stellten sie zehn Jahre später immerhin schon mehr als 15 Prozent.[19]

Dieser Fortschritt hat freilich eine Kehrseite: Auch an den Sonderschulen ist der Anteil der nicht-deutschen Schüler im Verlauf von zehn Jahren deutlich angestiegen, und zwar von knapp 15 Prozent im Jahr 1978/79 auf über 42 Prozent im Jahr 1987/88. Mit anderen Worten: Die Bildungschancen ausländischer Jugendlicher an Schulen haben sich deutlich polarisiert. Zwar hat sich der Anteil der Ausländer an den weiterführenden Schulen erfreulich vergrößert, zugleich aber hält Frankfurt beim Anteil der nicht-deutschen Sonderschüler noch immer einen Spitzenplatz. Einerseits gibt es so etwas wie einen »Bildungsboom« unter ausländischen Jugendlichen, den diese *trotz* der Bedingungen bewerkstelligen, die sie vorfinden; zum andern aber haben die institutionellen und kulturellen Benachteiligungen ausländischer Jugendlicher noch immer zur Folge, daß ein beträchtlicher Teil von ihnen scheitert oder auf äußerst bescheidene berufliche Karrieren festgelegt wird.

Die Frankfurter Nicht-Moschee-Moschee

Kein Zweifel: Die Nagelprobe für die multikulturelle Gesellschaft wird der Umgang der Deutschen mit der moslemischen Minderheit sein. Zwei Millionen Menschen islamischen Glaubens leben heute in der Bundesrepublik, davon 30000 bis 50000 allein in Frankfurt. Im folgenden schildern wir einen typischen

Konfliktfall zwischen moslemischen Migranten und deutschen Frankfurtern, der seit Anfang März 1992 schwelt und bei dem das Amt für Multikulturelle Angelegenheiten zu vermitteln versucht hat.

Frankfurt hat 16 islamische Gemeinden und ebensoviele Moscheen. Es sind dies keine aufwendigen Kuppelbauten mit hohen und weithin sichtbaren Minaretten, sondern oft Hinterhäuser, Fabrikräume oder Keller, die zu Gebetsräumen umfunktioniert wurden. Nur eine einzige dieser Moscheen – im Stadtteil Sachsenhausen – verfügt über angedeutete Minarette. In Frankfurt-Höchst nutzte die aus gemäßigten Fundamentalisten bestehende Ortsgruppe des islamischen Kulturvereins bislang eine angemietete Lagerhalle neben einem Einkaufszentrum am Rande der Altstadt als Moschee. Höchst hat einen Ausländeranteil von 32.5 Prozent, 20.4 Prozent davon sind Türken. Irgendwann kaufte ein Investor das Gelände neben der Gebetsstätte, das dem gleichen Eigentümer gehörte – freilich unter der Bedingung, daß die Moschee weichen müßte. Auf der Suche nach einem neuen Ort erwarb nun die islamische Gruppe ein Grundstück nebst ehemaliger Sauna im Zentrum der Höchster Altstadt, um dort eine Moschee sowie ein Gemeindezentrum einzurichten.

Als dieses Vorhaben bekannt wurde, meldete sich eine »Bürgervereinigung Höchster Altstadt« gegen das Projekt zu Wort. Ihren Protest formulierte sie nicht offen als Widerstand gegen die zukünftige Zweckbestimmung der Räumlichkeiten – derlei ist in Zeiten, in denen das Selbstentfaltungsrecht aller Kulturen zumindest auf dem Papier anerkannt ist, nicht besonders opportun. So kam die schlaue Bürgervereinigung vielmehr umweltbewußt daher und argumentierte mit der ökologischen Belastung, die von den Autos der zum Gebet herbeifahrenden Moslems verursacht werden würde. Man sei, so der Bürgerverein, nicht gegen die Moschee an sich, sondern gegen jede Form der Zusatzbelastung – gleichgültig, ob es sich nun um ein Gebetshaus oder um einen Supermarkt handeln sollte.

Der inzwischen mit dem Fall beschäftigte Ortsbeirat organisierte Vermittlungsgespräche, die das Amt für Multikulturelle Angelegenheiten vorgeschlagen hatte. In diesen Gesprächen kam immer wieder die eigentliche Befürchtung der Anwohner zum Ausdruck, das Gebetshaus könnte zum Symbol werden für die Eroberung der Altstadt durch den Islam. Die öffentliche Errichtung einer Moschee, so die Befürchtung der Bürger, würde zum permanenten und erkennbaren Zeichen für eine radikale Veränderung des Stadtteils werden – die liebenswerte, aus Fachwerkhäusern bestehende Altstadt wäre unwiderruflich dahin. Bemerkenswert ist hierbei, daß die betroffenen Moslems teilweise bereits seit mehr als 15 Jahren im Stadtteil wohnen. Man ahnte – schließlich lebte ein gut Teil der Höchster Moslems schon mehr als 15 Jahre in der Stadt – dunkel, daß eine nicht mehr provisorische Moschee endgültig offenkundig machen würde, daß diese Moslems in Deutschland bleiben wollen und sich darauf einrichten.

Der Konflikt hat zu einem kuriosen und bezeichnenden Zwischenergebnis geführt. Da die Bauaufsicht, aufgeschreckt durch die öffentliche Diskussion, die Baugenehmigung verweigerte, konnte der islamische Kulturverein nicht umbauen. Aber das Grundstück samt dem Gebäude der ehemaligen Sauna gehört ihm – und so kann den Moslems niemand verwehren, dort zu beten. So kam es, daß es in Frankfurt-Höchst eine Moschee gibt, die keine sein soll: eine Nicht-Moschee-Moschee.

Ein Gebetshaus kann auf Dauer gegen die Bevölkerung nicht durchgesetzt werden. Allerdings müssen Angehörige nicht-christlicher Glaubensgemeinschaften die Möglichkeit haben, ihre Interessen zu artikulieren, und sie müssen dabei ihrer Rechte genauso sicher sein wie ein deutscher Gesangsverein. Daher hat das Amt für Multikulturelle Angelegenheiten die moslemische Gruppe darin unterstützt, ein Grundsatzurteil über die Auflagen der Bauaufsicht zu erwirken. Denn diese Gesellschaft muß einsehen, daß die Religionsfreiheit für die islamische Religion genauso gelten muß wie für die katholische, evangelische oder jüdische. Das Amt für Multikulturelle Angelegenheiten unterstützt islamische Gemeinden in ihrem Bemühen, als gleichberechtigter Teil des gesellschaftlichen Lebens der Bundesrepublik anerkannt zu werden. Andererseits geht das Amt davon aus, daß sich die islamischen Gemeinden umgekehrt auch auf Bedingungen dieser Gesellschaft einlassen müssen – auch in der Perspektive, sich im Laufe der Zeit womöglich grundlegend zu verändern.

Nur wenn man sich für die Freiheit des Islam als Religion einsetzt, kann man legitimerweise auch die islamischen Gemeinden in die Pflicht nehmen und sie veranlassen, die vom Grundgesetz vorgesehene Trennung von Staat und Religion anzuerkennen. Marginalisiert man dagegen den Islam, trägt man dazu bei, die Mauern des Fundamentalismus höherzuziehen. Begegnet man dem Islam offen und liberal, wird es am ehesten möglich sein, ihm den Sprung in die notwendige Säkularisierung zu ermöglichen und zu erleichtern.

Der Islam und der Double-bind der Mädchen

Insbesondere in Frankreich wird spätestens seit der sogenannten »Kopftuchaffäre« eine intensive Debatte darüber geführt, ob der Islam mit der modernen westlichen Demokratie kompatibel sei. In der Tat, der Islam ist nicht einfach nur eine Religion, sondern ebenso eine theokratische Vision. Insofern müssen für ihn Demokratie und Menschenrechte nachgeordnete und zur Disposition stehende Werte sein. Es wäre falsch, das zu leugnen. Oft fanden in früherer Zeit vertriebene Juden im Osmanischen Reich Zuflucht – auch das ist Islam. Islam ist aber auch das bis heute nicht aufgehobene Todesurteil gegen Salman Rushdie.

Wir möchten dennoch davor warnen, die Debatte über den islamischen Fundamentalismus allzu fundamentalistisch zu führen. Natürlich kann es dort, wo der Bestand der Menschenrechte gefährdet ist, keine Kompromisse geben: Wer in der Bundesrepublik eine theokratisch inspirierte Politik ins Werk setzen und mit deren Wertvorstellungen in das Leben von Menschen eingreifen will, muß mit allen Mitteln daran gehindert werden. (Es war daher ein Skandal, daß das offizielle Bonn geflissentlich weghörte, als der iranische Außenminister Velayati bei einem Besuch in der Bundeshauptstadt erklärte, sein Staat respektiere die Menschenrechte – wenngleich im Rahmen der Scharia.) Umgekehrt wäre es aber weder sinnvoll noch der Realität des Islam in der Bundesrepublik angemessen, zur großen ideologischen Schlacht wider den Fundamentalismus zu blasen, und zwar aus zwei Gründen.

Erstens würde man den islamischen Fundamentalismus in der *Bundesrepublik* ganz falsch beschreiben, wollte man in ihm nur eine finstere Macht aus theokratisch-barbarischer Vergangenheit sehen. Sehr eindrucksvoll hat das der Ethnologe Werner Schiffauer in seiner bedeutenden Studie über Türken in Deutschland dargelegt.[20] Während man gemeinhin davon ausgeht, daß der islamische Fundamentalist eine finstere, atavistische Gestalt ist, aus der nur die dunkle Vergangenheit spricht, zeigt Schiffauer, daß für viele Moslems die fundamentalistische Option gerade den Bruch mit der Vergangenheit bedeutet. War bisher für sie der Islam eine festgefügte, daher aber auch in ihrem Inhalt eher nicht bedeutsame Konvention, ist es gerade die Erfahrung der (etwa durch Migration) in Bewegung geratenen Lebenswelt, die bei vielen von ihnen ein neues Interesse am Islam weckt.

Der Fundamentalismus war also nicht schon immer da, er wurde vielmehr bewußt gewählt, genauer: es wurde eine bestimmte fundamentalistische Fraktion auserwählt (die viele Moslems in der Bundesrepublik bald wieder zugunsten einer neuen verlassen). Es war nicht Konvention, sondern freie Entscheidung, nicht Tradition, sondern Option. Mit anderen Worten: Sosehr der Fundamentalismus in der Bundesrepublik auch gegen die moderne Gesellschaft Front machen mag – er ist zugleich ein Kind dieser Gesellschaft, geprägt von ihren Wahlmöglichkeiten. Schiffauer spricht denn auch, am Beispiel eines in der Bundesrepublik lebenden fundamentalistischen Türken, von einer »islamischen Bildungsgeschichte«.

Wir wollen damit den demokratiefeindlichen Impuls, der von einigen *kleinen* fundamentalistischen Gruppen in der Bundesrepublik ausgeht, nicht verharmlosen, sondern wollen nur andeuten, daß dieser Fundamentalismus von seinem Gegenüber längst angesteckt ist. Und das könnte in der Perspektive ja auch die Möglichkeit eröffnen, daß die Fundamentalisten – zumindest in unseren Breiten – den Weg weg von der Theokratie in die pluralistische Gesellschaft finden.

Wir sprachen von *kleinen* fundamentalistischen Gruppen in der Bundesrepublik. Umgekehrt heißt das, daß die weitaus überwiegende Zahl der Moslems in der Bundesrepublik der fundamentalistischen Versuchung ablehnend und gleichgültig gegenübersteht. Ähnliches gilt auch für Frankreich, wo der Islam ein ungleich größeres Problem darstellt. So hat etwa der französisch-marokkanische Schrifsteller Tahar Ben Jelloun am Beispiel der Reaktion der in Frankreich lebenden Maghrebiner auf den Golfkrieg von 1991 gezeigt, daß diese – die hier wirklich in einem schwerwiegenden Konflikt zwischen französischer und arabischer Identität standen – fast alles getan haben, um diesen Konflikt nicht öffentlich werden zu lassen: Sie haben alles getan, um den gesellschaftlichen Frieden des Landes, in dem sie lebten, nicht zu gefährden.[21]

Das weist darauf hin, daß von den westlichen Gesellschaften eine integrative Kraft ausgehen könnte, die vielleicht imstande ist, dem fundamentalistischen Impuls den Stachel zu nehmen. Deswegen auch ist das Amt für Multikulturelle Angelegenheiten nicht bereit, sich an der grundsätzlichen Debatte über den Fundamentalismus zu beteiligen. Es geht ihm vielmehr darum, dazu beizutragen, Integration und damit Abkehr vom Fundamentalismus zu ermöglichen, und zwar durch eine Politik praktischer kleiner Schritte.

So geht es z. B. um islamische Mädchen in Deutschland, die ständig zwischen zwei Kulturen lavieren müssen. Viele von ihnen übernehmen zu Hause die Rolle der Ersatzmutter; in die Schule dürfen sie oft nur zum Pflichtunterricht gehen, und meist ist es ihnen von den Eltern verboten, am Schwimmunterricht oder an Klassenfahrten teilzunehmen. In vielen eher traditionell orientierten türkischen Familien gilt die außerfamiliäre Welt als ein Bereich, vor dem man die Kinder schützen muß. Vor allem fürchten sich manche Eltern geradezu, ihre Kinder in Kindergärten und Schulen zu schicken – in der durchaus realistischen Sorge, diese könnten dadurch ihrer herkömmlichen Lebenswelt entfremdet werden.

Lehrer und Sozialarbeiter sind nicht in der Lage, diesen Konflikt zu lösen. Denn sie sind hier qua Funktion Partei. Dennoch können sie zur Vermittlung beitragen. Etwa durch Versuche, mit den Eltern ins Gespräch zu kommen, oder ganz einfach dadurch, daß sie die ständige Double-bind-Situation berücksichtigen, in der sich Mädchen aus Familien islamischen Glaubens oft befinden.

Das Amt für Multikulturelle Angelegenheiten hat natürlich nur äußerst begrenzte Möglichkeiten, in Konflikten etwas zu bewirken. Ein Beispiel: Unter Moslems vor allem der Unterschicht ist es noch immer üblich, Töchter gegen ihren Willen zu verheiraten – die oft, obgleich sie hier aufgewachsen sind, keine Möglichkeit sehen, sich dem zu entziehen. Und so kann es vorkommen, daß sechzehnjährige Mädchen ins Amt kommen, um Rat in der Frage zu suchen, wie sie ihr Jungfernhäutchen wieder zusammennähen lassen können. Das sind Situationen, in denen mit allgemeinen Reden über den Segen der multikulturellen Gesellschaft endgültig gar nichts mehr anzufangen ist.

Und es sind Situationen, die präzise den Konflikt beschreiben, in dem auch das Amt steht. Einerseits ist das Amt verpflichtet, in den Kulturkonflikten, die sich aus der Einwanderungssituation der Migranten ergeben, zu vermitteln. Andererseits kann es nicht so weit gehen, die Kultur der Fremden in ihrer Unterschiedlichkeit unbesehen zu respektieren. Das hat eine ständige Gratwanderung zur Folge: Die unerbittliche Durchsetzung der Normen dieser Gesellschaft wäre nicht weniger falsch als die Duldung von religiös oder kulturell bedingter Unterdrückung. Sicherlich trifft es zu, daß die zweite oder dritte Generation bessere Chancen hat, sich von dieser Unterdrückung zu befreien. Doch Emanzipationsprozesse lassen sich nicht verordnen. Eine Institution wie das Amt für Multikulturelle Angelegenheiten kann in solchen Fällen nur helfen und vermitteln, etwa dadurch, daß es mit den Eltern Kontakt aufnimmt. Um bei dem genannten Beispiel zu bleiben: Seine Position ist dabei immer die Parteinahme für die Töchter.

Mehmet, der Kämmerer

Weil den »Deutschen ohne Paß« derselbe fehlt, dürfen sie bis auf den heutigen Tag nicht wählen, nicht einmal auf kommunaler Ebene.

An dieser Situation kann das Amt für Multikulturelle Angelegenheiten vorerst nur wenig ändern. Aber es hat, in Zusammenarbeit mit anderen Behörden der Stadt, die erste Wahl zu einer

»Kommunalen Ausländer- und Ausländerinnen-Vertretung« (KAV) in Frankfurt vorbereitet, die Anfang Dezember 1991 stattfand. Es gab 300 Bewerberinnen und Bewerber um die 51 Sitze. Eine Vielzahl von Listen war angetreten, die ein ganz ungewöhnliches politisches Spektrum repräsentierten. Die Wahl führte zu keinen klaren Mehrheitsverhältnissen; hauchdünn lag eine sozialdemokratische Liste vorne.

Erstaunlich war vor allem die Wahlbeteiligung: Sie lag mit knapp 20 Prozent noch weit unter amerikanischen Verhältnissen (wobei interessanterweise die Wahlbeteiligung der Frauen geringfügig über der der Männer lag). Das hat sicher wesentlich damit zu tun, daß die Ausländervertretung real fast keine Entscheidungsbefugnisse hat. Es weist aber *auch* darauf hin, daß es unter den bei dieser Abstimmung wahlberechtigten Ausländern (unter denen die erste Generation überwog, die zweite nur schwach und die dritte fast gar nicht vertreten war) das Interesse an den Geschicken der Stadt und an dem Verfolg politischer Interessen vergleichsweise gering sein könnte.

Vor Jahren hat Dan Nitescu, ein junger rumänischer Immigrant, der eine Zeitlang an der Rezeption eines Hotels »im kosmopolitischsten, faszinierendsten und lebendigsten Viertel von Frankfurt«[22], nämlich im Bahnhofs- und Nuttenviertel, arbeitete, die Welt dieses Hotels als eine wahrhaft multikulturelle Enklave beschrieben. Der Besitzer ein Jude aus Rumänien, mit einer Deutschen verheiratet; Marokkaner, die das Personal an der Rezeption und in der Küche stellten; algerische und tunesische Musiker; Mulatten von der Insel Martinique, die irgendwelchen Geschäften nachgingen; osteuropäische Bauarbeiter; deutsche Frauen aus einem benachbarten Sauna-Club usw. Es ging in diesem Hotel ziemlich unübersichtlich zu. Jeder übervorteilte jeden, und jeder fand eine Nationalität, auf die er herabblicken konnte. Trotzdem verlief, wenn man dem Autor Glauben schenken darf, das Zusammenleben völlig problemlos.

Diese Beschreibung nahm der stark kapitalistisch orientierte Rumäne zum Ausgangspunkt für ein entschiedenes Loblied auf das Deregulierte an der multikulturellen Gesellschaft. Gegen die Visionäre einer harmonischen und selbstgenügsamen Multikulturalität brachte er vor: »Eine kosmopolitische Gesellschaft ist notwendigerweise konsumorientiert, kommerziell, kapitalistisch. Konsumenthaltsamkeit können die Immigranten kostengünstiger zu Hause üben.« Und der Rumäne, der längst als Bundesbürger sprach, fuhr fort: »Wenn wir eine liberale Einwanderungspolitik für unser Land wollen – und zugleich ein möglichst reibungsloses Miteinander –, dann müssen wir einen Preis zahlen: Wir müssen wieder lernen, mit Armut zu leben, ohne gleich in Ohnmacht zu fallen, wenn wir sie zu Gesicht bekommen. [...] jeder Versuch, das Einkommen dieser ärmeren Gruppen mit politischen Mitteln zu heben, würde den Neuankömmlingen jede Möglichkeit nehmen, einen Job zu finden – und durch niedrigere Löhne ihr Handicap gegenüber einheimischen Kollegen wettzumachen.«

Das klingt ein wenig nach Deregulierungsromantik und ist natürlich maßlos übertrieben. Bisher zumindest hat die Bundesrepublik solche krassen Armutsgefälle nicht geduldet, und viele Ausländer sahen schon nach zehn Jahren eher wie Deutsche als wie Kosmopoliten aus. Aber wahr an der These ist zumindest dies: Eine multikulturelle Gesellschaft neigt zur begrenzten Deregulierung. Staatliche, politische und fürsorgliche Regulierer, so könnte man folgern, ersticken eher das Vermögen der multikulturellen Gesellschaft.

Auch deswegen ist das Amt für Multikulturelle Angelegenheiten nicht als Institution zur Ausländerbeglückung angelegt. Wohl aber geht es ihm darum, daß Rahmenbedingungen entstehen, die es auch Ausländern ermöglichen, die Chancen, die sie haben könnten, auch zu bekommen.

Mehmet Yücelkan, Kämmerer der Stadt Frankfurt, würde sie vielleicht mit Fingerspitzengefühl angehen. Und vielleicht schiene es ihm daher sinnvoll sowie vertret- und finanzierbar, in einer Stadt mit einem Ausländeranteil von 26 Prozent eine Dienstleistungsbehörde für Migranten zu schaffen. In ihr wären Ausländerbehörde, Beratungsstellen und Teile der auf die Probleme der Migranten spezialisierten Verwaltungsabteilungen zusammengefaßt: eine Behörde, die in allen ausländerspezifischen Fragen der Stadt die Federführung besäße und mit entsprechenden Mitteln ausgestattet wäre.

8. Kapitel

Weder Ausgrenzung noch Assimilation.
Der Weg der multikulturellen Demokratie

Dieses Buch handelt von einem Thema, das es eigentlich gar nicht geben sollte. Denn in allen Fahrplänen der modernen Gesellschaft war Multikulturalität nicht vorgesehen. Über Generationen hinweg haben – spätestens seit den Zeiten Max Webers – die Säulenheiligen der Soziologie viel Energie darauf verwandt, es plausibel und unausweichlich erscheinen zu lassen, daß die Vereinheitlichung, die Nivellierung unser Schicksal sein wird.

Kein Platz, da war man sich ganz sicher, wird es mehr für herkömmliche Vielfalt und für Ungleichzeitigkeit geben. Noch bis in die sechziger Jahre hinein galt es als ausgemacht, daß über kurz oder lang eine uniforme Weltkultur siegen würde, und noch Pier Paolo Pasolinis Abrechnungen mit dem Konsumismus gingen davon aus, daß das Ungleichzeitige rundum verloren habe.

Es kam dann anders. Fortschrittskritische und regionalistische Bewegungen etwa traten, scheinbar unerwartet, auf den Plan. Eine Zeitlang galten sie als ausschließlich rückwärtsgewandt und schienen in ihrem atavistischen Impuls nur noch einmal die Dominanz der vereinheitlichenden Kräfte zu bestätigen. Diese Sicherheit ist heute dahin, spätestens seit das neuerliche Geschehen im Osten Europas gezeigt hat, daß nicht nur die deutsche Vergangenheit nicht vergehen will. Selbst in den Hochburgen der raffiniertesten Theorien der Moderne beginnt man vorsichtig darüber nachzudenken, was man falsch gemacht haben könnte.

Dabei liegt es vermutlich eher daran, daß man nicht richtig hingesehen hat – es lag an der Brille. Oder vornehmer ausgedrückt: Schuld waren die Beobachtungssprachen und die Annahmen, von denen man ausging. Sie verhinderten den Blick auf das, was es doch stets gegeben hatte. Das Ungleichzeitige, dessen jähes osteuropäisches Aufbäumen heute bestaunt wird und das auch – wenngleich in anderer Form – eines der Merkmale der multikulturellen Gesellschaft darstellt, ist alles andere als neu. Man hat es lange Zeit nur nicht sehen wollen.

Der Melting Pot: ein gescheitertes Modell

Wie immer gab es natürlich auch welche, die es doch gesehen haben. Vor allem (und sicher nicht zufällig) in Amerika. Denn hier, in der Einwanderungsgesellschaft *par excellence*, ging es im Grunde immer modern *und* ungleichzeitig zu. Und der kritische Blick auf diese Wirklichkeit hatte hier keineswegs derart um sein wissenschaftliches und kulturelles Daseinsrecht zu kämpfen wie in der Alten Welt.

Einer von denen, die die modernen Zeiten nicht auf dem Weg ins stählerne Gehäuse der Uniformität sahen, war ein gewisser Robert Ezra Park. Er gilt als der Begründer der Stadtsoziologie (der sogenannten »Chikago-Schule«), und er bestand – anders als manche andere aus seiner Branche – darauf, von der Anschauung auszugehen. Seine Soziologie – Park kam vom Journalismus[1] und lehrte von 1914 bis 1929 in Chikago – hatte ein klar umrissenes Ziel. Sie wollte herausbekommen, wie eigentlich die großen amerikanischen Städte *gesellschaftlich* funktionieren: Wie formt sich in diesen Gebilden, die gewissermaßen nur ein konstantes Phänomen, nämlich die Bewegung der Einwanderung kannten, Gesellschaft? Wie bilden sich Zusammenhänge und Wertvorstellungen heraus?

Für Park, einen überzeugten Kosmopoliten, war es schon aufgrund der Anschauung offensichtlich, daß das alte amerikanische Modell der schnellen Integration aller Neuankömmlinge in die Strukturen der amerikanischen Demokratie eher eine Lebenslüge war. Nicht Integration, sondern Abgrenzung fand statt. Parks Blick fiel auf das Offenkundige: Diese amerikanische Gesellschaft, die – dem offiziellen Verständnis zufolge – konsequent universalistisch angelegt sein sollte, sah eher wie eine Ansammlung von Partikularismen aus. Die Neuankömmlinge orientierten sich nicht an den universellen Werten der amerikanischen Demokratie, sondern verfolgten ihre eigenen Interessen und sahen vor allem im Bezug auf das »Eigene«, z. B. die Ethnizität, das beste Mittel, im Dschungel dieser Gesellschaft zu überleben. Es war also gerade die *moderne* Gesellschaft, die die Selbstbehauptungskräfte des Traditionalen auf den Plan rief.

Das Bemerkenswerte an Park besteht nun darin, daß er – wie gesagt, ein urbaner und demokratischer Kosmopolit – das nicht zum Anlaß nahm, zum zivilen Bekehrungsfeldzug wider die irischen, sizilianischen, ostjüdischen und chinesischen *communities* zu blasen, sondern Verständnis aufbrachte für das eigensinnige Hinterwäldlertum der Einwanderer, die sich in einer neuen Welt orientieren mußten. »Race and Culture«[2] heißt eines seiner Werke, und darin vertrat er den Gedanken, die ethnische Abgrenzung müsse keineswegs gleichbedeutend sein mit der Absage an Integration, könne vielmehr der erste Schritt dahin sein.

Park sah aus der Vermischung der Ethnien nicht nur in Amerika, sondern weltweit eine neue Kultur und Lebensweise entstehen. Insofern war er ein Anhänger der Philosophie des *melting pot*. Sehr klar sah er aber auch, daß die Idee der Assimilation – die bislang im offiziellen Amerika vorgeherrscht hatte – einen gewaltsamen Zug beinhaltete. Verlangt wurde damit im Grunde die Unterwerfung aller Zuwanderer unter das amerikanische Lebensmodell und die Aufgabe ihres bisherigen. In seiner Annahme, die Zuwanderer würden nichts Neues zur amerikanischen Lebensweise beitragen und damit immer wieder etwas Drittes – weder nur Amerikanisches noch nur Herkömmliches – entstehen lassen, hatte das Konzept des *melting pot* etwas Imperiales. Schließlich war es ja auch gegen die neuen Einwanderer aus dem Süden und Osten Europas gerichtet, die als Gefahr für die Einheitlichkeit der amerikanischen Gesellschaft gesehen wurden. Schon das Bild vom *melting pot* hat etwas Rohes: Menschen, Ethnien und Lebensweisen werden, dem Bild zufolge, zu einer neuen Masse zusammengeschmolzen. Das hat nichts Tätiges, nichts Aktives, die Teilnehmer eines solchen Prozesses sind Opfer; sie handeln nicht, sie entwerfen sich kein neues Leben – sie werden umgemodelt. Es ist *nicht* zivil, wenn eine Gesellschaft ihren Neuankömmlingen nur den Weg der Assimilation läßt.

Doch ist der *melting pot* nicht nur ein wenig demokratisches Modell: Vor allem funktioniert er nämlich nicht. Gerade das beweist ja die Geschichte der Vereinigten Staaten bis in die unmittelbare Gegenwart hinein. Die Unruhen von Los Angeles im Frühsommer 1992 waren ein deutliches und gewiß nicht das letzte Zeichen. Eine Gesellschaft, die von Einwanderung geprägt ist, untergräbt ihre Grundlagen, wenn sie es bei einem Nebeneinander der Zuwandererkulturen und Ethnien beläßt, wenn sie also auf Integration und die Herausbildung eines für *alle* verbindlichen Wertekanons verzichtet. Sie gefährdet ihre Grundlagen aber auch dann, wenn sie so tut, als müßten die Zuwanderer nur einfach das fertig eingerichtete Haus beziehen – wenn sie also so tut, als würde Zuwanderung die Gesellschaft nicht auch *verändern*.

Denn das rächt sich, wie das amerikanische Beispiel ja zur Genüge zeigt.[3] Ist offiziell eine unerbittliche Philosophie der Assimilation am Werk, mag diese – z. B. weil sie einschüchtert – vorerst erfolgreich sein. Auf längere Sicht provoziert sie eine Gegenreaktion. Denn irgendwann merken die scheinbar Assimilierten, daß sie einer Täuschung auf den Leim gegangen sind – und dann wenden sie sich mitunter um so entschiedener ihren »Wurzeln« zu, sehen in ihrer Differenz eine Waffe gegen die anmaßende Mehrheitsgesellschaft und nehmen etwa zu einer aggressiven Ethnizität Zuflucht.[4]

In dieser aggressiven Wendung von Ethnizität ist der Beweis für die These gesehen worden, daß Integration eben doch nicht möglich ist, daß über kurz oder lang der alte Adam und die alte Eva der Einwanderer eben doch immer zum Vorschein kommen werden. Wer so argumentiert, übersieht, daß diese Ethnizität in aller Regel *nicht* das Wiederaufleben des Vergangenen und der alten Heimat bedeutet, sondern etwas Neues und oft genug auch etwas mehr oder minder frei Erfundenes ist. Quer durch die Geschichte zeigt das amerikanische Beispiel, daß die Betonung des Eigenen spät kommt, und zwar dann, wenn die Eingewanderten (oft erst in der dritten oder gar vierten Generation) merken, daß sie trotz aller Bereitschaft zur Integration eben doch nicht ganz integriert sind. Das ist ein Moment großer Verunsicherung, und viele greifen nun zu anderen möglichen Sicherheiten. Vor allem Vergangenheit und Herkunft bieten sich an. Da es sie aber in der Jetztzeit nicht mehr gibt, sind sie oft fiktiv und Produkte kultureller Imagination. Zugleich aber verweisen solche Rückzüge ins Ethnische darauf, daß die Einwanderungsgesellschaft nicht aufmerksam genug mit dem *Besonderen* der jeweiligen Einwanderer umgegangen ist.

Mit anderen Worten: So richtig es ist, Zuwanderern den Weg der Integration nahezulegen – es genügt nicht, sie mit der Autorität der Mehrheitsgesellschaft zur Integration aufzufordern. Denn das muß (und oft zu Recht) bei den Einwanderern den Eindruck erwecken, sie hätten sich nicht ein-, sondern unterzuordnen und müßten auf alles, was sie mitgebracht haben, verzichten. Integration kann aber nur funktionieren, wenn die Mehrheitsgesellschaft aufmerksam mit dem Besonderen der Zuwanderer umgeht und bereit ist, durch dieses Besondere sich selbst zu verändern. John Higham hat das »pluralistische Integration« genannt.[5]

Es gibt Anhänger des Multikulturalismus, die in ihm die angeborene Kraft sehen, die Demokratie erblühen zu lassen: Vielfalt statt Einfalt. Dieser Meinung sind wir nicht. Demokratie ergibt sich *nicht* umstandslos aus der multikulturellen Situation. Demokratie braucht ein gemeinsames Verständnis verbindlicher Werte, über die Einigkeit hergestellt werden muß. Es liegt auf der Hand, daß Zuwanderer – die ja bisher nicht Teilhaber der Wertegeschichte der neuen Gesellschaft gewesen waren – dieses Verständnis vorerst nicht immer teilen werden. Die Einwanderungsgesellschaft muß daher auch diese wichtige Seite der Integration ermöglichen, fördern, organisieren.

Dabei ist es nicht hilfreich, wenn die Mehrheitsgesellschaft den Einwanderern Integration als Assimilationsleistung abverlangt. Und ebenso wenig hilfreich ist es, wenn versucht wird, das Besondere der Einwanderer gegen die Mehrheitsgesellschaft auszuspielen. Das eine produziert aller Voraussicht nach den ethnisch verkleideten Protest der Zuwanderer, das andere den ethnisch verkleideten Protest der Mehrheitsgesellschaft und insbesondere ihrer Unterschichten. Sinnvoller ist hier der Mittelweg. Auf ihm könnte die Vernunft eine Chance gegenüber den Emotionen bekommen.

Nur scheinbar ein Paradox: Wenn im Einwanderungsland die Integration der einstmals Fremden möglich sein soll, dann ist es ratsam, sparsam mit der Fremdenseligkeit umzugehen. Denn wir lieben sie nicht, die Fremden. Ist also kein Kraut gegen die Xenophobie gewachsen? Bleiben die Deutschen auf immer so, wie sie die schlichte antifaschistische Propaganda immer schon und immer wieder gesehen hat?

Um mit der zweiten Frage zu beginnen: Es gibt viele Gründe dafür, daß sich viele Deutsche an den Ausländern reiben, selbst bzw. gerade dann, wenn sie ihnen im Alltag so gut wie nie begegnen. Und ohne Zweifel hat das auch etwas mit der deutschen Geschichte zu tun. Während nicht viel dafür spricht, daß die Deutschen in der Zeit, als es Deutschland noch nicht gab, deutlich fremdenfeindlicher gewesen wären als etwa die Franzosen oder Spanier, gilt das für die Zeit der Nationalstaaterei nicht mehr. Das erlaubt einen ersten Schluß: Fremdenfeindschaft ist keine deutsche *Essenz*, sondern etwas, das Auftrieb bekam, als die zum einheitlichen Nationalstaat doch gerade *nicht* geeigneten Deutschen seit dem Beginn des 19. Jahrhunderts allmählich zu der Überzeugung kamen bzw. zu einem beträchtlichen Teil gebracht werden mußten, daß ihnen eben das zu ihrem Glücke fehle: der Nationalstaat. Da dazu jedoch aufgrund der Zersplitterung, aber auch der regionalen Vielfalt die Voraussetzungen fehlten, griff man zur kulturellen und dann völkischen Begründung des Unternehmens.

Man suchte nach einer *Substanz*, die Deutschland begründen könnte, und fand sie im angeblich unwandelbaren Volk, seiner Kultur, seiner Sprache, seinem »Wesen«. Herder, ein national-volkskulturell inspirierter Internationalist, wurde mit der nur-nationalen Brille gedeutet, und Fichte schlug dann in seinen unsäglichen »Reden an die deutsche Nation« (1807/8) schon den Ton an, der später die Regel werden sollte: das »Deutsche« (eine Fiktion, wohlgemerkt!) als das Wahre, alles andere als Formen von Verfall und Dekadenz. Ausdrücklich zog Fichte etwa gegen die »Ausländerei« zu Felde.[6] Seit dieser Zeit nahm in Deutschland (und ganz besonders bei seinen Eliten) mit zunehmender

Geschwindigkeit der Hang zu, die »anderen« – die Franzosen, die Engländer, die Juden, die Nichtseßhaften – für alle Probleme verantwortlich zu machen. Kurz: Weil die Form des Nationalstaats nicht politisch, sondern völkisch, also fremdenfeindlich, begründet wurde und weil sie so gar nicht zu den Deutschen paßte, fiel sie so chauvinistisch aus.[7] Der Nationalsozialismus, zwar keineswegs die unausweichliche Folge dieser Entwicklung, hat sie aber in brutaler Konsequenz fortgesetzt.

In allen europäischen Staaten haben die Erschütterungen der letzten 200 Jahre der Xenophobie Auftrieb gegeben. Unter anderem weil in Deutschland auch noch das Problem der unsicheren Staatlichkeit hinzukam, fiel hier die Xenophobie besonders radikal und grausam aus. Und das wirkt, wie alles, was auch mit Mentalitäten zu tun hat, nach. Und daher fällt es nicht schwer, von den heutigen Äußerungen deutscher Ausländerfeindlichkeit eine geschichtliche Linie in die Vergangenheit zu ziehen. Dennoch wäre es fahrlässig, eine deutsche Wiederkehr des Immergleichen zu unterstellen.

Denn wer dies tut, setzt sich über eine offensichtliche Realität kühn hinweg: darüber nämlich, daß in der Bundesrepublik Deutschland die xenophobe Tradition des Deutschen Reiches *nicht* vererbt wurde. Ausländerfeindlichkeit war in der Bundesrepublik (und zwar anfangs auch deswegen, weil sie nicht opportun war) nie politisch salonfähig; jeder, der sie dazu machen wollte, sah sich augenblicklich mit einer Gegenströmung, auch aus dem eigenen politischen Lager, konfrontiert. Der Erfolg der bundesrepublikanischen Demokratie, der Wohlstand, der Konsumismus und die Reisefreudigkeit der vielen Michels hat die Deutschen zu einer Gelassenheit im Umgang mit Fremden verführt, die noch Jahrzehnte zuvor gänzlich undenkbar gewesen wäre.

Gewiß, seit einiger Zeit sieht es so aus, als würde sich das wieder ändern. Mit den Ausschreitungen von Rostock-Lichtenhagen im August 1992 und der in den darauffolgenden Wochen nicht abbrechenden Kette von Anschlägen potentieller Mörder auf Asylbewerberheime hat die organisierte Xenophobie eine in dieser Breite bisher nicht gekannte Brutalität erreicht. Dennoch sind wir nicht der Meinung, hier bereite sich ein neuer Faschismus vor: Die xenophoben Brandstifter von heute sind *keine* neue SA, hinter der ein wohlwollendes Volk stehen würde. [8] Schlimm ist es freilich, wenn Politiker auch noch angesichts dieser Anschläge nicht davon lassen können, diese Xenophobie – die sich ja nicht speziell gegen Asylbewerber, sondern ganz allgemein gegen Ausländer richtet – für ihre ausländerpolitischen Initiativen zu nutzen. Und ungeheuerlich ist es, wenn die Brandstifter vergleichsweise risikolos operieren können und so der berechtigte Eindruck entstehen muß, das staatliche Gewaltmonopol sei im Wanken.

Fremde haben willkommen zu sein: Das scheint die multikulturelle Sittenpolizei zu fordern. Daß sie keineswegs immer willkommen sind, hat jedoch auch mit einem grundsätzlichen, keineswegs spezifisch deutschen Problem zu tun, nämlich mit einem tiefsitzenden, offenbar fast anthropologisch verankertem Unwillen nahezu aller Gemeinschaften, auf die, die nicht dazugehören, zuzugehen: Man definiert sich selbst und gewinnt Kontur, indem man sich von anderen abgrenzt; nur weil es welche gibt, die nicht dazugehören, kann man sicher sein, selbst dazuzugehören. Das gilt im übrigen meist für *beide* Seiten: Auch der Fremde kann sich seiner selbst sicherer werden, wenn in der Fremde die Grenze zwischen ihm und den *ihm* Fremden klar gezogen ist. Das Stocken, das Innehalten, die Vorsicht und auch das Mißtrauen gegenüber Fremden mögen eine Beschädigung ausdrücken – zugleich sind sie aber für Gesellschaften (zumindest für Gesellschaften westlich-abendländischen Zuschnitts) geradezu konstitutiv.

Und aus diesem Dilemma gibt es keinen Ausweg, es bleibt nur der sorgfältige Umgang mit ihm. Vor mehr als 200 Jahren hat der schottische Moralphilosoph Adam Ferguson das Prinzip, das zu diesem Dilamma führt, in seinem »Versuch über die bürgerliche Gesellschaft« ebenso schlicht wie präzise formuliert. In dem Kapitel, das »Von den Prinzipien des Krieges und der Zwietracht« handelt, schreibt er: »Die Bezeichnungen *Mitbürger* und *Landsmann* würden ohne die Gegensetzung der Worte *Ausländer* und *Fremder*, auf welche sie sich beziehen, außer Gebrauch geraten und bedeutungslos werden. [. . .] Im geselligen Umgang der Menschen genügt es, daß wir eine Möglichkeit haben, unsere

Begleitung zu wählen. Wir wenden uns von denen ab, die uns nicht gefallen, wir nehmen unsere Zuflucht zu einer Gesellschaft, die mehr nach unserem Sinne ist. Wir lieben Unterscheidungen. Wir stellen uns in Gegensatz zu anderen und streiten als Partei und Gegenpartei, ohne daß es einen handfesten Anlaß zur Auseinandersetzung gäbe.«[9]

Wir lieben Unterscheidungen. Das heißt: Wir diskriminieren (lat. *discriminare*, trennen, scheiden). Der auf *alles* gleich neugierig gerichtete Blick würde *nichts* wahrnehmen. Wahrnehmung beruht auf Auswahl und Unterscheidung, also Diskriminierung. Ohne jeden Skrupel befolgen wir dieses Prinzip im Privaten: Nicht alle sind unsere Freunde, sondern nur wenige, die anderen werden *ausgeschlossen* (und selbst dem beschwingtesten Völkerversöhnungsfreund müßte eigentlich einleuchten, daß eine Gesellschaft, in der die Freundschaft aller mit allen das Programm wäre, kaum besonders friedfertig ausfallen würde). Und was für das Private gilt, gilt erst einmal für das Öffentliche auch. Der Unterschied besteht nur darin, daß Aus- und Einschluß möglichst verbindlichen Regeln folgen sollen, die funktional und nicht mehr nach Lust und Laune begründet sein müssen. Also wohl: keine erklärten Feinde des Rechtsstaats, nicht aber: keine Bayern, Schwulen, Linkshänder oder Ausländer in den öffentlichen Dienst.

Eine zivile Gesellschaft zeichnet sich u. a. dadurch aus, daß sie strikt diese Regeln einhält. Das ändert freilich nichts daran, daß das grundsätzliche Problem der Diskriminierung bleiben wird. Denn soll die Einhaltung dieser zivilisierenden Regel garantiert werden, dann muß deren Geltungsbereich auch klar sein. Und nur die, die dazugehören, können ihn definieren. (Wer etwa »offene Grenzen« fordert, fordert damit die Aufhebung der Republik, die ja nur von denen getragen sein kann, die ihr *heute* zustimmen und sie ausmachen.) Es bleibt also stets dabei, daß eine Gesellschaft auch auf Regeln der Ein- und Ausschließung beruht. Und so notwendig es eben im Namen von Freiheit, Republik und Menschlichkeit ist, das Pendel *eher* in Richtung Einschließung ausschlagen zu lassen, so klar ist es andrerseits auch, daß das stets ein Akt der Anstrengung ist. Denn das Vertraute liegt immer näher, und die Vervielfältigung von Identitäten enthält immer auch ein Risiko. Mehr noch, in gewisser Weise ist die *offene Gesellschaft* ein Widerspruch in sich. Denn Gesellschaft schließt (wenngleich nach objektiveren und gerechteren Regeln als Gemeinschaft) stets auch aus. Will sie, weil sie es aus moralischer Einsicht oder ökonomischem Kalkül braucht, offen werden, muß sie sich das abringen und es institutionell absichern.

Von der Modernität der Xenophobie

Die Ausländerbeschäftigung ermöglichte den Aufstieg vieler Deutscher. Aber eben nicht aller. Und diejenigen, denen der Sprung nach oben nicht gelungen ist, *können* sich in der Tat in Konkurrenz mit Ausländern befinden – um Arbeitsplätze, Wohnungen, Kindergartenplätze usw. Und sie erleben das als Strafe, als Diskriminierung, als Ausschluß und als Marginalisierung. Wenn sie – am Arbeitsplatz oder in ihrem Wohnviertel – tagtäglich vielen Ausländern begegnen, teilt ihnen dieser Augenschein auch immer wieder dies eine mit: *Daß* sie es nicht geschafft haben, *daß* sie abgehängt wurden.

Die Xenophobie, die sie nicht selten an den Tag legen, ist aus den gleichen tiefen Quellen gespeist wie jede Xenophobie und hat insofern mit der realen Existenz realer Fremder nur wenig zu tun. Sie hat aber auch einen spezifischen Zug. Im Haß auf die Ausländer, also auf die, die ihm sozial und in der Hierarchie *nahestehen*, haßt der Deklassierte auch sich selbst. Er haßt Ausländer, weil sie für das soziale Milieu stehen, aus dem ihm der Aus- und Aufstieg nicht gelungen ist. Er haßt Ausländer als das lebendige *Symbol* für sein eigenes Scheitern. Wenn dann noch reale Konkurrenz hinzukommt, findet sein Haß den Weg der Begründung. Auch so entsteht – gerade in proletarischen Milieus, in denen die Sozialdemokratie bisher ein Abonnement auf Wählerstimmen gehabt hatte – die Klientel der »Republikaner«. Sowenig in Sachen Xenophobie je irgend etwas zu entschuldigen ist, so wichtig ist es andererseits auch zu sehen, daß es soziale Milieus und Konfliktzonen gibt, in denen die feindliche Abgrenzung gegenüber Fremden eines der wenigen verbliebenen Mittel ist, sich zu unterscheiden, Profil zu gewinnen und noch jemanden unter sich zu erkennen.

In diesen Milieus der sogenannten »Modernisierungsverlierer« ist es vergleichsweise schwierig, die multikulturelle Gesellschaft als Bereicherung, als etwas Vorteilhaftes und als etwas Entlastendes wahrzunehmen. Denn hier zeigt sie ihr häßliches Gesicht: Anschauungsunterricht in Deklassierung, Konkurrenz, Lärm, Unordnung und die Allgegenwart fremder Kulturen und Lebenswelten, die die eigene Fremdheit unterstreichen und mindestens verdoppeln. Der fortschrittliche Lehrer aus Berlin–Zehlendorf oder aus dem Frankfurter Westend hat es sehr viel leichter, der multikulturellen Gesellschaft etwas abzugewinnen. Auch deswegen, weil sie ihm nicht auf den Leib rückt. Er kann ihre Vorteile genießen, ohne sich ihren Nachteilen aussetzen zu müssen. Er kann, wenn ihm danach ist, in den Wedding oder ins Frankfurter Gallusviertel ziehen, er hat aber auch die Möglichkeit, die Hochburgen des praktischen Multikulturalismus wieder zu verlassen, wenn es ihm, seiner Frau oder seinen Kindern zuviel wird. Er hat die Wahlfreiheit, die der Deklassierte nicht hat.

Es sind nicht die Ausländer, die den Einheimischen Lebens- und Entwicklungschancen beschneiden. Gute Lebens- und Entwicklungschancen für die Einheimischen sind aber eines der wirksameren Mittel gegen Xenophobie. Das heißt freilich nicht, daß sich – wie in sozialarbeiterischen Kreisen zuweilen üblich – die Xenophobie sozial »erklären« ließe und folglich mit der Lösung sozialer Probleme auch verschwinden würde. Denn sie sitzt viel tiefer. Sie begleitet alle Gesellschaften, die von Modernisierungsprozessen erfaßt werden und in denen immer wieder der fremde Bote für die Botschaft genommen und zur Rechenschaft gezogen wird.

Eberswalde, Hünxe und Rostock zeigen, daß die organisierte Xenophobie »Modernisierungsverlierer« aller Art, auch Vereinigungsverlierer, anzieht. Ein Blick auf die Täter zeigt aber auch, daß sie mehr sind als Fleisch gewordene soziale Probleme. Und umgekehrt machen die fremdenfeindlichen Ausschreitungen, die es seit einiger Zeit auch im Paradies der Sozialstaatler, in Schweden, gibt, deutlich, daß es nicht die Armut sein muß, die zum Schlag gegen die Fremden motiviert. Es ist vielmehr, so oder so, das *Moderne* der Gesellschaften, das die Xenophobie auf den Plan ruft. Der Kampf gegen die Xenophobie ist kein Kampf gegen die Vergangenheit, sondern gegen das Dunkel, das vom Licht der Moderne erzeugt wird.

Gibt es ein Recht auf Stillstand?

Freilich ist die multikulturelle Gesellschaft auch eine Zumutung, und zwar für die Einheimischen und für die Einwanderer. Wenn sich der Konsens über die Spielregeln einer solchen Gesellschaft längere Zeit als haltbar, nützlich und der Qualität des Lebens förderlich erwiesen hat, kann das die Souveränität im Umgang mit den Fremden sowie deren Bereitschaft, sich zu integrieren, beträchtlich erhöhen. Eben darin besteht ja die Chance der multikulturellen *Demokratie*. Das ändert aber nichts daran, daß die Aufgeschlossenheit gegenüber der Neuerung und dem Fremden – anders als die blauäugigen Ausländerfreunde offensichtlich annehmen – vermutlich kein menschliches Grundbedürfnis ist.

Wir können – z. B. aus der Geschichte Europas – lernen, daß Bewegung besser als Stillstand und der Austausch mit den anderen in der Regel ein Segen ist. Wir können das *lernen*, und wenn wir gut sind, gelingt es uns, diese Einsicht in kulturelle und vor allem institutionelle Formen zu kleiden, die mit einiger Wahrscheinlichkeit garantieren, daß diese Einsicht nicht unter die Räder der Gewohnheit kommt. Sinnvoll wäre es also, gegen den Hang zur Bequemlichkeit, gegen unsere Freude am Wiedererkennen des Bekannten ein institutionelles Gegengewicht zu schaffen – in unserem eigenen Interesse.

Der Gesellschaftsvertrag soll uns daran hindern, zu Wölfen zu werden; deswegen willigen wir – gegen unsere unmittelbaren Interessen und daher häufig murrend – in ihn ein. Der multikulturelle Gesellschaftsvertrag soll uns daran hindern, zu sehr zu Stubenhockern, zu Traditionalisten, zu Genießern des Vertrauten zu werden; nur deswegen sollten wir in ihn einwilligen. Und dabei nie aus den Augen verlieren, daß wir ihn gewollt haben, weil wir ohne ihn mit Freuden im Bekannten hängenbleiben würden. Der Multikulturalist, der das Fremde wie das Manna preist, gibt zweierlei zu erkennen: Erstens, daß er das Eigene mißachtet (und daher mit dem Fremden nicht real, sondern kompensatorisch umgeht); und zweitens, daß er offensichtlich bereit ist, all die Querelen, die das Fremde fast seit jeher ausgelöst hat, allein der Verblendung der Menschen anzulasten.

Es ist üblich, das Lob der Aufgeschlossenheit, der Beweglichkeit und des Austauschs anzustimmen. Und in der Tat, geht man die geistigen, kulturellen, wirtschaftlichen, technischen und rechtlichen Errungenschaften durch, auf die wir nicht mehr verzichten wollen, dann finden sich überall die Spuren der Fremden: der Araber, der Juden, der Hugenotten, der Migranten. Doch leider, es gilt immer auch das Gegenteil: Wir lieben die Abgrenzung, die Ruhe, die Ordnung und die Verfeinerung, die sie möglich macht.

Eben das hat einmal – gegen das leichtfertige, weil naive Hohelied auf die Lust an der Veränderung – der Schriftsteller, Musiker und Maler Alberto Savinio, ein Bruder Giorgio De Chiricos, sehr deutlich herausgestellt. In einem Buch, das immerhin den Titel »Stadt, ich lausche deinem Herzen« trägt, also keineswegs eine antiurbane und antimoderne Polemik darstellt, schrieb er: »Eine ›geschlossene‹ Kultur ist eine sehr reife und in sich abgeschlossene Kultur, die von außen nichts mehr erwartet und von ihren Besitztümern lebt. Es ist die einzige Form der Kultur, die mich interessiert. Die einzige, die der ursprünglichen Bedeutung des Wortes *civiltà* treu bleibt und deren Funktion offenbart, nämlich das Formlose zu sammeln und es in der Stadt zu vereinigen, um es dort einzuschließen und ihm ein kleineres Format zu geben, es auf diese Weise erfaßbar, sichtbar, handhabbar zu machen. – Kultur bedeutet die strenge Anwendung eines bestimmten Komplexes von Kenntnissen. Sie bedeutet Ausschluß, Ignoranz, den Unwillen zur Kenntnis zu nehmen, was nicht zu diesem Komplex gehört. Nur das ist eine abgeschlossene Kultur, die sich abschließt, ohne Fenster, Löcher, Spalten ist, durch die andere und fremde Ideen in die Kultur eindringen und sie verseuchen, verderben könnten. Wahre Kultur ist nicht neugierig. Für sie gelten die allgemeingültigen Regeln der Hygiene nicht: Frischluft schadet ihr.«[10]

Diese Sätze enthalten mehr als nur ein Körnchen Wahrheit. Und diese Körnchen sollte man schon im Auge haben, wenn man der multikulturellen Gesellschaft entgegenblickt. Wenn es auch nur von ferne zutrifft, daß Neugier – also möglicherweise auch: der ziellos schweifende Blick vom eigenen Ort weg – der Kultur, ihrer Verfeinerung und ihrer Kohärenz schadet, dann muß in der multikulturellen Gesellschaft die Gefahr zumindest lauern, daß die strukturellen Verluste die Gewinne überwiegen könnten: auf dem großen Gebiet der Kultur wie auf dem der republikanischen Werte.

Plädoyer für die Anerkennung der Wirklichkeit

Alberto Savinio mag die geschlossene Kultur und den Unwillen preisen, das außerhalb von ihr Liegende zur Kenntnis zu nehmen. Wir aber haben es nicht mit einer geschlossenen Kultur zu tun, und das außerhalb Liegende müssen wir schon deswegen zur Kenntnis nehmen, weil es ständig zu uns kommt. Es kann demokratische Mittel geben, diesen Prozeß zu beeinflussen und ein wenig auch zu steuern. Es gibt aber keinen demokratischen Weg, ihn zu stoppen und zu unterbinden.

Weder wird *die* Dritte Welt uns heimsuchen, noch sitzt ganz Osteuropa begehrlich auf gepackten Koffern. Aber die Migration aus den Ländern der Dritten Welt wird, aus einer Vielzahl von Gründen, eher zu- als abnehmen. Und das gleiche gilt für die – seit den letzten Jahren des Zweiten Weltkriegs ja niemals abgebrochene – Migration aus Ost- und Südosteuropa. Auf die Ursachen beider Migrationsbewegungen haben wir nur sehr begrenzten Einfluß. Keine Entwicklungspolitik kann auch nur entfernt hoffen, das Desaster, das Elend und die Anomie der Dritten Welt beseitigen zu können. Und keine Transferleistungen, Einkommensverzichte und geistig-moralischen wie technologischen, politischen und kulturellen Zuwendungen können auch nur entfernt garantieren, daß der Osten Europas aus jener Zerrüttung, Selbstlähmung und Gesellschaftsfeindlichkeit herausfindet, die die sozialistischen Regime nicht geschaffen, sondern nur kongenial beerbt haben.

Für keines der Probleme, die schon lange existieren und die die neue Weltunordnung nur sichtbar gemacht hat, wird es *Lösungen* geben. Keines der Probleme wird in absehbarer Zukunft verschwinden. Westeuropa – überaus privilegiert und selbst ein Element in der Struktur der Probleme – wird es um den Preis der Demokratie, der zivilen Institutionen und auch der eigenen wirtschaftlichen Zukunft lernen müssen, auf die neue Weltunordnung nicht mit (ohnehin illusionärer) Abschottung, sondern flexibel und neugierig zu reagieren und dabei – im Vertrauen auf die historisch schon so oft bewiesene Anpassungskraft des Kontinents – die Grenze der Belastbarkeit eher nach oben hin offenzuhalten.

Die Migration ist nur ein Teilprozeß der neuen Unordnung. Dazu ein kleinerer, eher überschaubarer. Einer, mit dem – wie ein Blick in die Geschichte gut lehren kann – der Umgang vergleichsweise leicht zu lernen ist.

Es gibt keine Garantie, daß daraus etwas wird. Es gibt aber einige schlichte Voraussetzungen, die in jedem Fall erfüllt sein müssen, wenn etwas daraus werden soll. Was der Bundesrepublik Deutschland im Falle der real existierenden DDR letztlich wohl nicht geschadet hat, würde ihr hier sicher schaden: die Nichtanerkennung der Realität. Denn ein Staat kann zwar verschwinden, die große neuzeitliche Bewegung der Migration aber wird kein Staat und keine Politik der Welt abschaffen können: Menschen sind nun einmal wesentlich mobiler als Staaten.

Die Bundesrepublik Deutschland muß anerkennen, daß sie ein Einwanderungsland bleiben wird und daß das ein Tribut ist, den sie – wie jedes andere hochentwickelte Industrieland auch – zu zahlen hat. Sie muß verstehen, daß sie sich nur in begrenztem Maße aus der neuen Weltunordnung heraushalten kann und dann am ehesten von ihr ereilt wird, wenn sie sich wie eine Festung dagegen abschotten will. Sie muß sehen, daß sie von der Einwanderung, die einerseits klar definierbare Probleme schafft, andererseits in vieler Hinsicht profitiert. Und sie wäre gut beraten, wenn sie ihre grundgesetzlich verankerte Konzeption des Staatsbürgers, die eine Erbschaft des völkischen Chauvinismus aus dem 19. Jahrhundert ist, im Licht der Tatsache überdenken würde, daß Grenzen doch fallen sollen und daß die Frage, was denn ein Staatsbürger sei, weder das Paßamt noch die Hämatologie hinreichend beantworten können.

Sollen diese Einsichten an Boden gewinnen, bedarf es eines gesellschaftlichen Konsenses. Er sollte, damit er haltbar ist, nicht viel, sondern nur weniges, dieses wenige aber als eisernen Bestand umfassen. So könnte er aussehen: Wirklichkeit geht vor Wunsch, und Populismus bleibt ausgeschlossen. Alles Weitere hätte die Gesellschaft in Streit und Auseinandersetzung zu regeln. Und dabei darf jeder sich zu Wort melden: der patentierte Ausländerfreund ebenso wie der Anhänger des Reinheitsgebots des deutschen Blutes; der nach weiterer Zuwanderung rufende Yuppie-Ökonom ebenso wie der sozialdemokratische Kommunalpolitiker, dem die proletarische Klientel im Nacken sitzt; die vollmundige Multikulturalistin ebenso wie die fortschrittliche oder nicht-fortschrittliche Mutter, die die interkulturelle Schule aus Sorge um ihre Kinder für keinen Segen hält; und nicht zuletzt: der Innenpolitiker ebenso wie der, über den er befinden möchte: der Bürger mit dem immer noch »falschen« Paß.

Dieser Bürger mit dem »falschen« Paß, der ansonsten längst zu dieser Republik gehört, braucht Möglichkeiten, auf einfacheren Wegen als bisher in den Besitz des »richtigen« zu kommen. Die Ausdehnung der vollen Bürgerrechte auf Zuwanderer mag wie eine generöse, anerkennende Geste eines Staates erscheinen, der sich zum Wohlstand noch Toleranz leistet. Tatsächlich ist sie jedoch aus anderen Gründen nötig: Ohne sie würde eine Demokratie sich selbst zurücknehmen und untergraben. Der amerikanische Philosoph Michael Walzer unterscheidet zwischen Einwanderung, die er »Erstzulassung«, und Einbürgerung, die er »Zweitzulassung« nennt. Er schreibt: »Wenn der Weg zur Zweitzulassung versperrt ist, zerfällt die politische Gemeinschaft in eine Welt von Mitgliedern und Fremdlingen, in der es keine politischen Abgrenzungen zwischen beiden Gruppen gibt und in der die Fremden den Mitgliedern untertan sind. Letztere mögen untereinander gleich sein, aber es ist nicht ihre Gleichheit, die den Charakter des Staates bestimmt, in dem sie leben, sondern ihre tyrannische Herrschaft. Politische Gerechtigkeit läßt dauerhaftes Ausländertum nicht zu – ganz gleich, ob es sich um bestimmte Einzelpersonen oder um eine Klasse von wechselnden

Individuen handelt. Zumindest gilt dies für eine Demokratie.« Demokratische Bürger, so fährt er fort, stünden vor einer klaren Alternative: »Wollen sie neue Arbeiter ins Land holen, dann müssen sie auch bereit sein, ihre eigene Gesellschaft auszuweiten; wollen sie keine neuen Mitglieder aufnehmen, müssen sie innerhalb der Grenzen ihres Binnenarbeitsmarktes Mittel und Wege finden, die Verrichtung gesellschaftlich notwendiger Arbeit auf andere Weise, d. h. ohne Mitwirkung von Fremden, sicherzustellen. Diese beiden Verfahrensweisen sind die einzigen Möglichkeiten, die ihnen offenstehen.«[11]

Die Bundesrepublik hat sich aus vielen Gründen dafür entschieden, nicht auf die Mitwirkung von Fremden zu verzichten. Die Wahl, die sie verweigert, hat sie – als Demokratie – schon längst nicht mehr.

Einbürgerung: über das Aus- und Inländermachen

Das muß politische und institutionelle Konsequenzen haben. Sie betreffen die Einbürgerung, gehen aber darüber hinaus. Denn ebenso müssen sie die Zuwanderung und das Asyl betreffen. In dieser Reihenfolge werden wir im folgenden auf sie eingehen. Heute noch gibt es in keinem dieser Bereiche klare und handhabbare Regelungen. Soll es sie geben, müssen sie zugleich aufeinander bezogen und aufeinander abgestimmt sein. Vieles spricht dafür, daß jede Maßnahme, die als *Einzel*maßnahme angelegt ist und nicht den gesamten Komplex der Einwanderungsproblematik berücksichtigt, auch als Einzelmaßnahme scheitern würde.

Deutschland hat, wie bis vor kurzem auch die Schweiz, die höchsten Hürden vor der Einbürgerung errichtet. Wer anderswo längst schon Inländer ist, bleibt in Deutschland lange noch Ausländer – wenn es sein muß, bis ins dritte und vierte Glied. Wer Deutscher werden will, muß ein ganzes Sortiment von Bedingungen erfüllen. Er muß: einen Inlandsaufenthalt von in aller Regel mindestens zehn Jahren vorweisen, muß deutsche Sprachkenntnisse besitzen, unbescholten sein, eine eigene Wohnung sowie einen eigenen Unterhalt aufweisen; Voraussetzung ist des weiteren eine einheitliche Staatszugehörigkeit in der Familie sowie die Bereitschaft, auf die bisherige Staatsangehörigkeit zu verzichten. Sind alle diese Bedingungen erfüllt, dann ist – sofern »nach allgemein politischen, wirtschaftlichen und kulturellen Gesichtspunkten erwünscht«[12] – die Einbürgerung *möglich*.

Den (etwa nach einer bestimmten Aufenthaltszeit) automatischen Erwerb der deutschen Staatsbürgerschaft gibt es nicht; man kann nicht das *Recht* erwerben, Deutscher zu werden, man kann nur ein Bündel von Bedingungen erfüllen, die es möglich machen, die *Gnade* des Erwerbs der deutschen Staatsbürgerschaft zu erfahren. In den Worten des damaligen Bundesinnenministers Wolfgang Schäuble: »Wir – die alten Staaten des alten Europas – sind klassische Nationalstaaten. Wir schöpfen unsere Identität nicht aus dem Bekenntnis zu einer Idee, sondern aus der Zugehörigkeit zu einem bestimmten Volk.«[13] Damit unterstellte der Minister, alle alten Staaten des alten Europa seien in diesem Bekenntnis Gefolgsleute des deutschen Brauchs. Das trifft schon bei dem ziemlich alten Staat Frankreich nicht zu, der seit mehr als 200 Jahren – wie rhetorisch auch immer – auf eine Idee, nämlich die der Republik, gegründet ist. Und es trifft schon gar nicht auf die Einbürgerungspraxis des weitaus größten Teils der europäischen Staaten zu. Um nur ein paar Beispiele zu nennen:
– In *Frankreich* ist Einbürgerung schon nach fünf Jahren möglich. Jeder in Frankreich geborene Jugendliche erwirbt mit der Volljährigkeit automatisch die französische Staatsangehörigkeit, sofern er zu diesem Zeitpunkt seit mindestens fünf Jahren ununterbrochen in Frankreich lebt. Ein ausländisches Kind kann, sofern es mindestens fünf Jahre in Frankreich lebt, sogar schon vor dem 18. Lebensjahr die französische Staatsbürgerschaft beantragen. Und ein in Frankreich geborenes Kind ausländischer Eltern, die selbst schon in Frankreich geboren, aber noch Ausländer sind, erhält bei seiner Geburt automatisch die französische Staatsangehörigkeit. Mehr noch: Jedes auf dem Boden Frankreichs geborene Kind ist bei Geburt Franzose oder Französin, wenn die Eltern – gleich welcher Nationalität – es beantragen.
– In *Großbritannien* kann die Einbürgerung schon nach fünfjährigem Aufenthalt beantragt werden. Alle im Vereinigten Königreich geborenen Kinder von Ausländern, die zwar noch

Ausländer sind, aber über eine unbefristete Aufenthaltsgenehmigung verfügen, werden mit der Geburt automatisch britische Staatsbürger. Zudem hat jedes im Vereinigten Königreich geborene Kind, das nicht auf diese Weise Brite geworden ist, einen Anspruch auf die britische Staatsangehörigkeit, wenn auch nur ein Elternteil die unbefristete Aufenthaltserlaubnis erhält. Ferner hat jedes Kind, das die ersten zehn Lebensjahre im Vereinigten Königreich verbringt, einen Einbürgerungsanspruch.

– Um ein kleineres europäisches Land zu nehmen: In den *Niederlanden* werden bei der Einbürgerung ein mindestens fünfjähriger Aufenthalt im Land sowie eine Verbundenheit mit dem niederländischen Kulturkreis vorausgesetzt. Hingegen kann ein in den Niederlanden geborener Ausländer, der seit seiner Geburt stets in den Niederlanden gelebt hat, vom Moment der Volljährigkeit an die niederländische Staatsbürgerschaft durch *einseitige* Erklärung erwerben, d. h. der Staat hat keine Möglichkeit, sie ihm vorzuenthalten. Zudem erwirbt ein Kind ausländischer Eltern, von denen ein Elternteil von einer Mutter abstammen muß, die bereits in den Niederlanden ansässig war, die niederländische Staatsbürgerschaft kraft Gesetzes.

– Und schließlich *Schweden*, das sich selbst als Einwanderungsland definiert: Die Einbürgerungsbestimmungen sind hier vergleichsweise großzügig gestaltet; man kann schon nach fünfjährigem Aufenthalt die schwedische Staatsbürgerschaft beantragen – und es werden dabei weder Sprachkenntnisse noch erkennbare Integrationsleistungen zur Voraussetzung gemacht.

Deutschland hat die restriktivste Einbürgerungsgesetzgebung in ganz Europa. Berücksichtigt man die Einbürgerungspraxis fast aller anderen europäischen Staaten, die durchweg davon ausgeht, daß die in der neuen Heimat geborenen Kinder von Ausländern in ihrer Mehrheit potentiell vollberechtigte Bürger des Staates sein wollen und werden, dann fällt zudem sofort auf, daß ein gut Teil des bundesdeutschen »Ausländerproblems« hausgemacht ist: Die Gesetze bestimmen junge Bürger, die stets in diesem Staat gelebt haben und sich ihm zugehörig fühlen, zu

Fremden und Ausländern. Ginge man jedoch nach dem französischen Staatsbürgerrecht vor, dann würden augenblicklich mindestens 840 000 hier geborene jugendliche Ausländer zu Deutschen werden – und damit würde der Anteil der ausländischen Bevölkerung um mehr als 15 Prozent sinken. Oder ein anderes Beispiel: Würde man in der Bundesrepublik das französische oder schwedische Einbürgerungsverfahren übernehmen, dann hätten mehr als 70 Prozent der Ausländer (in absoluten Zahlen von 1990: 3684 700) sofort das *Recht* auf einen deutschen Paß.[14]

Wohl steht Deutschland – und allein das ist der Skandal – in seiner letztlich völkischen Begründung des Deutschseins ziemlich einmalig da. Es gibt aber kein einziges Land, das eine Politik der grundsätzlich und immer und für alle offenen Tür verfolgen würde. Alle Staaten organisieren die Einbürgerung nach einem mehr oder minder komplizierten Regelsystem, das den einzelnen, wie etwa im Falle Schwedens, mal weniger und, wie etwa im Fall der Niederlande, mal mehr an Integrationsvorleistungen abverlangt. Alle Staaten aber nehmen für sich zu Recht das Recht in Anspruch, ihre Regeln der Ausgrenzung und der Einbeziehung *selbst* festzulegen. Wer die Illiberalität und Weltabgeschlossenheit des deutschen Einbürgerungsrechts kritisiert, muß auch die Frage zulassen, welches Maß an Offenheit das richtige sein könnte.

Zwar ist – dies an die Adresse der Anhänger der Schäubleschen Theorie vom alten Europa – in Deutschland, das historisch zur Abwehr der Bürgerwerdung von Ausländern neigt, stets eher ein Mehr denn ein Weniger am Platz. Aber größere Offenheit allein ist – dies an die Adresse der rastlosen Türöffner – noch kein Garant für das Integrationsvermögen einer Gesellschaft. Am Beispiel Schwedens (mit seiner in den letzten Jahren beträchtlich ansteigenden Zahl von ausländerfeindlichen Ausschreitungen) etwa könnte man der Frage nachgehen, ob ein Einbürgerungsverfahren, das sich allein an der Aufenthaltsdauer orientiert und alle anderen Anforderungen gegen Null herabsetzt, längerfristig nicht eher zum Unfrieden als zum Auskommen zwischen Einheimischen und Fremden beiträgt.

Seit Jahren wirbt in Frankreich Jean-Marie Le Pen und der »Front National«, nicht ohne Erfolg beim Publikum, für die

Einführung des – am Blut orientierten – deutschen Einbürgerungsrechts und damit für die Abkehr vom *ius soli*, das die Staatsbürgerschaft an die Anwesenheit auf französischem Boden bindet; und nachdem Giscard d'Estaing diese Forderung aufgegriffen hat, ist sie über die Rechtspopulisten hinaus gesellschaftsfähig geworden. Das macht immerhin deutlich: Selbst in dem (neben den Vereinigten Staaten) zweiten der beiden Heimatländer der zukunftsweisenden Idee von dem politisch und gesellschaftlich begründeten Staat haben 200 Jahre praktischer Geschichte dieser Idee offensichtlich noch nicht ausgereicht, sie zur unbestrittenen Selbstverständlichkeit werden zu lassen.

Die Renaissance, die das Nationale zur Zeit in Osteuropa und, schwächer, in Westeuropa erlebt, verweist eher in die entgegengesetzte Richtung. Zuweilen ist heute zu vernehmen, damit sei wohl die Idee der vorrangig politisch begründeten Republik als eine endlich verblichene Vision der ewigen Fortschrittler entlarvt, die ja in der Tat häufig das politisch Herstellbare maßlos über- und die langen Wellen des Herkömmlichen maßlos unterbewerten: Die Nation, so heißt es, sei nun einmal etwas Greifbareres als das bloße Gedanken- und Vernunftskonstrukt der Nur-Republik. Wir glauben, daß das ein voreiliger Schluß ist, der nicht berücksichtigt, daß die Nation nach wie vor im Zusammenleben der Staaten eher Probleme schafft als löst.

Aber das rapide schwindende Ansehen des Projekts der europäischen Integration und der damit korrespondierende Aufstieg populistisch-tautologischer »Wir-sind-wir«-Parteien legt doch immerhin den begründeten Verdacht nahe, die Idee der prinzipiell nicht nur Volksgenossen offenstehenden Republik könnte vielleicht allzusehr im erhaben Proklamatorischen steckengeblieben sein. Und vielleicht lag es ja auch an der Abstraktheit, der Unausgegorenheit der Idee, an ihrer Ignoranz gegenüber der Tradition und gegenüber der Tatsache, daß Menschen vielleicht zwar in weltumspannenden Termini *denken* können, die Intensität ihres Empfindens und Handelns in aller Regel aber von der Nähe bzw. Ferne der jeweils anderen abhängt.[15]

Dies alles vorausgesetzt, fällt die grundsätzliche Antiquiertheit deutscher Einbürgerungspraxis um so deutlicher ins Auge. Man kann mit guten Argumenten darüber streiten, wie viele Jahre

Aufenthalt in einem Land der Einbürgerung vorausgehen und welche Bedingungen (Sprachkenntnisse, Integrationsbereitschaft usw.) Voraussetzung der Einbürgerung sein sollen; schließlich handelt es sich um den Erwerb voller *Bürger*rechte, der gerade in einem Land, das sich als Bürgerrepublik begreift, kein ganz so beiläufiger Akt wie der Erwerb eines Videogeräts oder der Beitritt in die Gemeinde der »Quelle«-Kundschaft sein sollte. Und man kann des weiteren hervorheben, daß die Bundesrepublik über einen Integrationsmechanismus verfügt, der – von Schweden und Österreich abgesehen – allen anderen Ländern Europas mehr oder minder fehlt: den des Sozialstaats, der ja die Ausländer im großen und ganzen einbezieht. Das alles zugestanden, erhebt sich dennoch um so drängender und unausweichlicher die Frage: Was gibt letzlich einem demokratischen Land das Recht, Menschen, die seit ihrer Geburt in ihm leben, die die Landessprache beherrschen und sich nicht als Aus-, sondern als Inländer empfinden, die vollen Bürgerrechte durch ein hypertrophes Regelwerk vorzuenthalten?

Das in Deutschland nach wie vor gültige *ius sanguinis* – also das Recht, das die Staatsbürgerschaft in erster Linie ans deutsche Blut seiner Bürger bindet – ist ohne jeden Zweifel ein Anachronismus, den uns die ungute, im 19. Jahrhundert eingeleitete Geschichte der Deutschwerdung Deutschlands nachhaltig beschert hat. Positiv hebt sich davon das *ius soli*, also das Recht ab, daß die Staatsbürgerschaft im Prinzip allen denen zugesteht, die – aus welchen Gründen auch immer – nun einmal *da sind*. Das *ius soli* hat gegenüber dem *ius sanguinis* den einen großen zivilen Vorteil, daß es die Menschen nicht (wie in vordemokratischen Gesellschaften üblich) an ihrer Herkunft, sondern an dem mißt, was sie geworden sind bzw. aus sich gemacht haben. Als ein Kind der menschenfreundlicheren Strömung der Aufklärung enthält es zudem – und zwar in seiner Konzentration auf das pure Faktum der *Anwesenheit* – ein gutes Maß an anthropologischem Optimismus: Es geht von der grundsätzlichen unbegrenzten Integrationsfähigkeit offener Gesellschaften aus und setzt darauf, daß die Werte und Normen dieser Gesellschaft derart attraktiv sind, daß sie über kurz oder lang allen Anwesenden als nachahmenswert und verbindlich erscheinen werden.

Es ist nicht schwer, darin ein Echo auf den Glauben an die ebenso unendliche wie unwiderstehliche Perfektibiliät der Bürgergesellschaft zu erkennen. Insofern drückt der Glaube an das allein- bzw. per se seligmachende *ius soli* auch eine charakteristische Selbstüberschätzung der westlichen Republiken aus. Wer das pure *ius soli* für ausreichend hält und zugleich die Republik im Auge hat, geht offensichtlich davon aus, daß das Wertesystem der Republik – ist es erst einmal zum Zuge gekommen – eine unwiderstehliche Kraft der Einvernahme entfalten wird.

Daran konnte man in den einfacheren Zeiten der Nachkriegsepoche vielleicht noch glauben. Heute wäre es jedoch fahrlässig, weiterhin allein und ungebrochen auf das sympathische Prinzip zu setzen, alle nun einmal Anwesenden mittel- und langfristig als von unsichtbarer Hand gelenkte Akteure des republikanischen Gemeinwohls anzusehen. Die nationalen Partikularismen sind ja mehr als nur ein fernes Wetterleuchten. Der republikanische Wertekanon ist heute auch aus dem Innern der westlichen Gesellschaften heraus einer nicht unbeträchtlichen Belastungsprobe ausgesetzt: Die Lebenslügen der Republik, die ja notwendigerweise und zu Recht die Gegenwart gegenüber der Tradition privilegiert, haben sich zu einem nicht eben unbedeutenden Komplex von Problemen verdichtet. Das europaweite Aufbegehren der »Modernisierungsverlierer« – also auch all derer, denen vieles zu schnell geht und die sich abgehängt fühlen – hat die Brisanz dieser Probleme nachdrücklich deutlich gemacht.

Kurz: das *ius soli* enthält noch keine Garantie aufs Gelingen von Republik und offener Gesellschaft. Das *ius sanguinis* aber noch viel weniger: Denn es wiegt die Gesellschaft, die das Recht des Blutes für verbindlich erklärt, in dem trügerischen Glauben, die Dinge könnten dann im Lot sein, wenn man unter sich bleibe – und es verbirgt dem interessierten Publikum die Tatsache, daß in der Regel nicht das Fremde, sondern das Ungeklärte und Verworrene am Eigenen Ursache des Niedergangs von gesellschaftlicher Kohärenz sind.

Auf die Einbürgerungspolitik der Bundesrepublik Deutschland angewandt heißt das u. a.: Dieser Staat nimmt seinen republikanischen Anspruch radikal zurück, wenn er Bewohnern, deren Eltern zwar von woher auch immer kamen, die selbst aber hier geboren wurden, gewissermaßen in Sippen- und Blutshaft das Recht vorenthält, automatisch oder wenigstens ohne größere Hindernisse die deutsche Staatsbürgerschaft zu erwerben. Es gibt heute in der Bundesrepublik hunderttausende von jungen Bindestrich-Deutschen, von Deutsch-Italienern, Deutsch-Türken, Deutsch-Griechen usw., die sich von den jungen Deutschen ohne Bindestrich nicht immer, aber sehr oft nur noch dadurch unterscheiden, daß sie einen anderen Paß haben. Verweigert man ihnen weiterhin den leichteren Zugang zur deutschen Staatsbürgerschaft, wird dadurch über kurz oder lang ein beträchtliches Konflikt- und Protestpotential entstehen (erste Anzeichen dafür gibt es ja schon): Denn niemand nimmt es auf Dauer klaglos hin, in der eigenen Heimat Fremder und Bürger zweiter Klasse bleiben zu müssen.

Gleichzeitig sollte man den Ausländern die Einbürgerung dadurch erleichtern, daß man diese nicht an die Aufgabe der vorherigen Staatsbürgerschaft bindet. Mit einem solchen Recht auf doppelte Staatsbürgerschaft würde der deutsche Staat den Kulturkonflikt, in dem sie viele junge, hier geborene Ausländer unausweichlich befinden, nicht länger leugnen, sondern anerkennen. Das würde vermutlich die Zahl der Anträge auf den Erwerb der deutschen Staatsbürgerschaft (über deren niedrigen Stand die Behörden gerne und nicht ohne vorwurfsvollen Unterton an die Adresse der angeblich integrationsunwilligen Ausländer klagen) deutlich erhöhen – übrigens wohl auch die Zahl der Antragsteller, die *nur* die deutsche Staatsbürgerschaft besitzen möchten. Denn von dieser Regelung ginge ein Signal aus. Das Verfahren der Einbürgerung hätte nämlich nicht mehr den unguten Beigeschmack des Abschwörens, den es heute noch hat. Wer Deutscher werden will, sähe sich nicht mehr dem Zwang ausgesetzt, sein bisherigen Leben gewissermaßen auf immer hinter sich zu lassen. Einer, der seit zehn oder mehr Jahren in der Bundesrepublik lebt und arbeitet, sähe sich nicht mehr dem Druck ausgesetzt, sein ganzes bisheriges Leben zur Vorgeschichte herabzuwürdigen. Seine nicht-deutsche Geschichte in der Bundesrepublik Deutschland wäre offiziell anerkannt.

Ein erster Schritt könnte die Einführung des kommunalen Wahlrechts für Ausländer sein, die volljährig sind und seit mehr als fünf Jahren ihren Lebensmittelpunkt in der Bundesrepublik Deutschland haben. Es wäre ein Zeichen an jene Ausländer, die hier seit vielen Jahren Steuern zahlen, daß sie auch als Bürger ernst genommen werden.

Einwanderung: Naturgewalt oder gesellschaftlicher Prozeß?

Die Offenheit gegenüber den schon Zugewanderten ist jedoch nur die eine Seite. Ergänzt werden muß sie durch die Offenheit gegenüber zukünftigen Einwanderern. Und diese wiederum hat zwei Seiten, die heute noch durch die Politik der Nicht-Regelung nicht klar voneinander zu trennen sind: Einwanderung und Asyl. Die Tatsache, daß hier nichts geregelt ist, schadet allen: den Einwanderern, den Verfolgten und den Deutschen. Die heute noch chaotische Realität stiftet Unfrieden. Regelungen dagegen, die eine – für viele sicher unangenehme – Wirklichkeit anerkennen und beeinflußbar machen, könnten friedensstiftend wirken.

Um mit den Einwanderern zu beginnen: Braucht die Bundesrepublik Deutschland Einwanderer? Ist Deutschland nicht zur Genüge mit sich selbst, mit seinem innergesellschaftlichen Ost-West-Gefälle und -Konflikt sowie mit seinen Aussiedlern beschäftigt? Es ist wahrlich ziemlich damit beschäftigt – doch niemand soll glauben, die große Zuwanderung von Übersiedlern und deutschen wie deutschstämmigen Aussiedlern, die durch die Öffnung des Eisernen Vorhangs beschleunigt wurde, werde eine weitere Zuwanderung von nicht-deutschen Fremden überflüssig oder gar unerwünscht machen. Denn diese Zuwanderung wird es zwar auch in Zukunft konstant geben, insgesamt wird sie jedoch vermutlich eher rückläufig sein, schon deswegen, weil es im Osten Europas kein unerschöpfliches Reservoir an Deutschen und solchen, die es sein wollen, gibt. Daher wird, allem Gerede von der Auslastung der Deutschen durch die neuen Deutschen zum Trotz, auch in Zukunft die Zuwanderung von Ausländern *sans phrase* nötig sein – wohlgemerkt auch dann, wenn die Zahl der erwerbstätigen Bevölkerung auch nur gehalten werden soll.

Nach einer Berechnung des Instituts der deutschen Wirtschaft in Köln könnte – der demographischen Zurückhaltung der Deutschen wegen – die gegenwärtige Zahl von Arbeitskräften bei einer jährlichen Zuwanderung von immerhin 300000 Menschen gehalten werden, allerdings nur bis zum Jahr 2007; dann würde die Zahl der Arbeitskräfte auch bei weiterer Zuwanderung in gleicher Höhe absinken. Und selbst unter der Voraussetzung, daß pro Jahr 500000 Menschen zuwandern, käme es zwar vorerst zu einem Anstieg der Arbeitskräfte, der aber schon ab dem Jahr 2010 wieder rückläufig und zehn Jahre später dann vollständig dahingeschmolzen wäre.[16]

Schon aus wirtschaftlichem und gesellschaftlichem Überlebensinteresse heraus muß die Bundesrepublik also daran interessiert sein, der Zuwanderung keine allzu großen Hürden entgegenzusetzen. Im Interesse an der Aufrechterhaltung ziviler Umgangsformen sollte diese Zuwanderung durch ein Einwanderungsgesetz geregelt werden, das die Grundlage für die Festlegung jährlicher Quoten oder Kontingente schafft. Diese sollten vermutlich nicht allzu niedrig angelegt sein. Denn die Bundesrepublik hat ja eben gerade bewiesen, daß sie auch unter größerem Ansturm – trotz aller beträchtlichen sozialen Probleme, die dieser verursacht – nicht zusammenbricht. Von 1988 bis 1991 sind 3.5 Millionen Menschen in die »alte« Bundesrepublik zugewandert: 1.2 Millionen Aussiedler, 900000 Übersiedler und 1.4 Millionen Bürger anderer Staaten (darunter übrigens etwas mehr als 670000 Asylbewerber, die damit weniger als ein Fünftel der Zuwanderung in diesem Zeitraum ausmachen[17]).

Verschiedene Wirtschaftsinstitute haben wiederholt errechnet, daß diese Zuwanderung insgesamt der Bundesrepublik durchaus genützt hat. Denn während das populäre Vorurteil davon ausgeht, daß Zuwanderer den Deutschen etwas von ihrem Kuchen wegnehmen, waren die Zuwanderer in der Regel eher damit beschäftigt, an diesem Kuchen fleißig mitzubacken. Sie übernahmen ansonsten schwer vermittelbare Jobs und trugen indirekt zur Schaffung von Arbeitsplätzen von Deutschen und damit zur Verringerung von Arbeitslosigkeit und Sozialausgaben bei; vom Sprachkurs bis zur Sozialhilfe nahmen sie zwar öffentliche Zuwendungen in Anspruch (1991 etwa 16 Milliarden D-Mark), sie zahlten aber auch Steuern und Sozialabgaben (1991 etwa 29 Milliarden D-Mark). Das Rheinisch-Westfälische Institut für Wirtschaftsforschung (RWI) hat dies alles gegeneinander verrechnet und kam zu dem Ergebnis, daß diese Zuwanderung den öffentlichen Kassen der Bundesrepublik 1991 einen Gewinn von 41 Milliarden D-Mark brachte.[18]

Deutschland braucht also eine geregelte Einwanderung. Es sprechen jedoch noch zwei weitere Gründe, die mit dem ökonomischen Nutzenkalkül nichts zu tun haben, für ein Einwanderungsgesetz. Denn erstens gibt es, wie wir gezeigt haben, für einen demokratischen Staat, der das auch bleiben will, keine Möglichkeit, sich der Einwanderung zu erwehren; er kann sich nicht abschotten. Wenn das aber so ist, dann ist es besser, diesen Prozeß, wo immer möglich, zu beeinflussen und zu gestalten, als ihn auf sich zukommen zu lassen und von seinen Folgewirkungen in Bedrängnis gebracht zu werden. Und zweitens gibt es – jenseits vom Asyl – auch moralische Gründe für ein Einwanderungsgesetz. Deutschland liegt nun einmal auf der glücklicheren Seite der Welt. Es ist (wie andere westliche Staaten auch) an der Misere der Dritten Welt – wie Osteuropas – nicht in der Weise schuld, wie das viele Dritt-Welt-Theoretiker und -Initiativen annehmen. Aber es ist über die Maßen privilegiert. Und jeder weiß, daß keine wie auch immer geartete Entwicklungspolitik an dem Gefälle zwischen industrialisierten Ländern und Dritter Welt (auch der Dritten Welt in Osteuropa) *schnell* etwas wird ändern können. Auch deswegen gibt es Einwanderung. Man muß sie nicht begrüßen; man muß aber sehen, daß es gute Gründe für sie gibt und es mehr als hartherzig wäre, ihr definitiv einen Riegel vorschieben zu wollen. *Diese* vergleichsweise kleine Unannehmlichkeit müssen wir schon in Kauf nehmen.

Wenn die Bundesrepublik sich offiziell zu dem bekennt, was sie schon ist – wie könnte dann ihre Einwanderungspolitik aussehen? Dazu hat der ehemalige Hohe Kommissar der Vereinten Nationen für Flüchtlingsfragen in Rom, Christopher Hein, einen Vorschlag gemacht, der zwar auf Europa bezogen ist, genauso aber auch auf die Bundesrepublik anwendbar wäre.

Christopher Hein schreibt: »Einwanderungsplanung schließt Einwanderungskontrolle ein. Dabei ist nicht von einem starren

Quoten- und Kontingentsystem auszugehen, wohl aber von einer Planziffer ('target') für die Zuwanderung innerhalb eines bestimmten Zeitraums (jeweils zwei oder drei Jahre). [...] An der Feststellung der Planziffer sind die relevanten gesellschaftlichen Gruppen und Einrichtungen wie Gewerkschaften, Arbeitgeberverbände, Wirtschaftsinstitute, Vertreter der Kommunen und der Regionen sowie repräsentative Vertreter ausländischer *communities* zu beteiligen. Für die Feststellung sind die Tendenzen und Erfordernisse des Arbeitsmarkts, die vorhandenen Aufnahmekapazitäten (Wohnbedarf, Erziehungs- und Gesundheitseinrichtungen usw.), der Spielraum für die Erstellung neuer Aufnahmekapazitäten, der vorhersehbare Migrationsdruck, die erwartete Zahl von Asylbewerbern und der nachreisenden Familienangehörigen, aber auch die erwartete Zahl spontaner oder geförderter Repatriierungen und Auswanderungen in Drittländer zu berücksichtigen.«[19]

Es geht also ganz einfach darum, einer ohnehin bestehenden Realität die nötige institutionelle Aufmerksamkeit entgegenzubringen. Die Einwanderung, die es nicht gibt, kann man nicht regeln, und da es sie doch gibt, sucht sie einen dann heim. Klarheit fördert die Handhabbarkeit. Dazu wäre auch eine Einwanderungsbehörde nötig, die im Innern Deutschlands das Einwanderungsgeschehen koordinieren würde – die aber z. B. auch in den Auswanderungsländern Anlaufstellen unterhalten könnte, die die Migrationswilligen beraten würden und sie etwa auch auf den unrealistischen Teil ihrer Erwartungen an die Migration hinweisen könnten. Eine solche Einwanderungsbehörde, deren Vorstellungsvermögen, ihrem Gegenstand angemessen, nicht an den Grenzen der Bundesrepublik Deutschland enden würde, wäre kein schlechter Beitrag dieser Republik zum Europa der offenen Grenzen – zu einem Europa, das sich auch als vereintes nicht als Festung verstehen darf.

Ganz offensichtlich ist die Bundesrepublik das attraktivste Einwanderungsland Europas. Gerade deswegen ist sie unter Druck geraten. Und ebenfalls deswegen wäre es nicht das schlechteste, wenn sie sich in dieser Frage nicht hinter den europäischen Nachbarn verstecken, sondern – vorerst auf Deutschland bezogen – eine europäische Lösung antizipieren würde.

Neben der Zuwanderung, die die Bundesrepublik braucht und die sie *auch* aus moralischen Gründen nicht unterbinden sollte, gibt es noch die, die sie aus ethischen Gründen nicht unterbinden *darf*: die Zuwanderung von Verfolgten.

Seit den siebziger Jahren geht die Bundesrepublik restriktiver mit der Zuwanderung um, und auch das hat dazu geführt, daß die Mehrzahl der Einwanderungswilligen sich nicht mehr traut, ihr wahres Motiv zu nennen: Wer einwandern will, muß es – es sei denn, er gehört seiner Qualifikation wegen zur dünnen Schicht der Hochwillkommenen – auf dem Asylticket versuchen. Kein Zweifel, das ist oft genug Mißbrauch des Asylrechts, und vor allem trägt es dazu bei, das Institut des Asyls durch dessen inflationäre Inanspruchnahme in Mißkredit zu bringen und auszuhöhlen.

Die Bundesrepublik befindet sich hier, wie wir im sechsten Kapitel dargestellt haben, in einer Falle. Mit dem ihr zur Verfügung stehenden Instrumentarium ist sie nur höchst unzureichend in der Lage, klar zwischen denen zu unterscheiden, die politisch verfolgt sind, und denen, die aus anderen – und nicht automatisch illegitimen – Gründen kommen. Das Grundgesetz verordnet ihr eine Generosität, die immer mehr unter Beschuß gerät – und zwar vor allem deswegen, weil die Kritiker ohne Mühe Fälle anführen können, in denen Zuwanderer das Asyl nur als Vorwand für ganz normale Einwanderung genommen haben. Ob es den Ausländerfreunden paßt oder nicht: Fälle dieser Art sind bestens dazu geeignet, das Institut des Asyls dem Druck der Straße und jener politischen Fraktionen auszusetzen, denen der Asyl-Artikel ohnehin schon immer ein Dorn im Auge gewesen war. Das Institut des Asyls kann durch die Straße bedroht werden – aber auch durch die, die es taktisch unter Verwendung der antifaschistischen Keule über die Runden retten wollen.

Man sollte anerkennen, daß sich die Bundesrepublik mit ihrem Asyl-Artikel in eine schwierige Situation manövriert hat. Obgleich seine Autoren sehr wohl auch Situationen im Auge hatten, in denen er massenhaft in Anspruch genommen werden würde, konnten sie nicht ahnen, daß die Bundesrepublik einmal ein veritables Einwanderungsland werden, daß sie das nicht wahrhaben würde und deswegen viele den Asyl-Artikel benutzen würden, um sich Zugang zu diesem Land zu verschaffen.

Es ist daher nicht sinnvoll, den Artikel 16, Absatz 2, Satz 2 für sakrosankt zu erklären. Die Asylpraxis muß zugleich enger und weiter gefaßt werden. Enger, um die inflationäre Inanspruchnahme einer unverzichtbaren und *in ihrem Kern* heiligen Einrichtung wirkungsvoll zu unterbinden. Weiter, weil zu den klassischen Verfolgungsgründen inzwischen andere hinzugekommen sind, die es zwar schon lange gibt, die aber außerhalb des Blickfelds der Autoren des Grundgesetzes lagen, welche nicht wissen konnten, daß fünfzig Jahre später nicht nur der Totalitarismus, sondern auch das Klima ein legitimer Fluchtgrund sein würde.

Was folgt daraus? Um noch einmal aus den Vorschlägen von Christopher Hein zu zitieren: »Der der Asylberechtigung zugrunde liegende Flüchtlingsbegriff sollte neu definiert werden, wobei die Definition der Genfer Flüchtlingskonvention zu erweitern wäre um Kategorien, die in einzelnen Ländern heute als ›De-facto-Flüchtlinge‹ ein ›De-facto-Asyl‹ erhalten. Fluchtgründe wie Krieg, Bürgerkrieg, allgemeine und schwerwiegende Verletzung der Menschenrechte, schwerwiegende Diskriminierung aufgrund von Geschlecht, Religion oder ethnischer Zugehörigkeit sowie existenzbedrohende ökologische Gründe müßten in der neuen Definition berücksichtigt werden.«[20]

Auch hier ein Paradoxon, das in Wahrheit keines ist: Erst wenn die Asylregelung *weiter* gefaßt ist, besteht die Möglichkeit, auf demokratischem Wege *enger* mit ihr umzugehen. Heute besteht die Gefahr, daß die generöse Regelung des Grundgesetzes engherzig ausgelegt wird, weil man weiß, daß blinde Passagiere an Bord sind. Gerade deswegen aber besteht die Gefahr, daß Asylsuchende, die zwar nicht im klassischen antifaschistischen Sinne des Grundgesetzes, sonst aber sehr wohl Verfolgte sind, durch den Rost fallen: Klimaflüchtlinge sind dann eben *nur* das, was fast alle Flüchtlinge *auch* sind: Wirtschaftsflüchtlinge.

Es braucht in der Asylfrage dreierlei: erstens Unerschütterlichkeit im Prinzip; zweitens die Fähigkeit, flexibel und schnell auf neue Situationen – etwa den Bürgerkrieg im ehemaligen Jugoslawien oder eine ökologische Katastrophe in der Dritten

Welt – zu reagieren; und drittens aufgrund von erstens und zweitens die Bereitschaft, denen den Zutritt zu verwehren, die einfach nur einwandern wollten und mit dem Asyl die falsche Tür gewählt haben.

Welche institutionelle Regelung wäre geeignet, allen drei Erfordernissen gerecht zu werden? Heute gibt es das Grundgesetz, Zirndorf, eine Reihe von Brandstiftern mit kahlem Schädel oder mit Schlips und Parteibuch sowie nicht wenige kirchliche, antifaschistische, linke und wie auch immer bewegte Verteidiger des Asylrechts, die oft das Prinzip hochhalten, seinen Mißbrauch aber wegreden. Das ist alles. Keine einzige Institution also, die sich der Asylfrage oberhalb der Ebene von Ideologie und Bürokratie annehmen würde.

Wir schlagen deswegen die Schaffung des Amtes eines Asylbeauftragten der Bundesrepublik Deutschland vor. Dieser wäre, im Interesse eines weitgreifenden gesellschaftlichen Konsenses, mit Zweidrittelmehrheit vom Bundestag zu wählen. (Heiner Geißler, Lieselotte Funcke, Jürgen Schmude und Waltraud Schoppe scheinen uns geeignete Anwärter zu sein.) Er bzw. sie und die dazugehörende Behörde hätten sich ganz offiziell dessen anzunehmen, was bisher zwischen Bonner Tür und Zirndorfer Angel verhandelt wird. Es wäre flexibel und von Fall zu Fall zu bestimmen, aus welchen Krisenregionen der Welt Flüchtlinge im Kontingent aufgenommen werden sollen. Und es wäre – angesichts der unsicheren Weltlage auch hier flexibel – stets erneut festzulegen, in welchen Ländern es keine ernsthaften Fluchtgründe gibt – mit der Konsequenz, daß den Zuwanderern aus diesen Ländern das Asylverfahren verweigert und sie auf das normale Einwanderungsverfahren verwiesen werden. Wobei freilich auch hier Ausnahmen nicht grundsätzlich ausgeschlossen werden dürften; denn es muß »sichergestellt werden, daß im Einzel- und Ausnahmefall gleichwohl Asylgründe geltend gemacht werden können. Dies gilt insbesondere hinsichtlich der Zugehörigkeit zu bestimmten ethnischen oder religiösen Gruppen innerhalb eines Landes und behaupteten Menschenrechtsverletzungen im Einzelfall.«[21]

Einwanderung von Menschen, die aus wirtschaftlichen Gründen kommen, ist – aller Propaganda wider die Wirtschaftsflüchtlinge zum Trotz – erwünschter als die Einwanderung von Flüchtlingen. Dennoch muß diese im Zweifelsfall den Vorrang haben. Das heißt: Sollte es – etwa weil in sieben osteuropäischen Ländern Bürgerkriege drohen und in drei Ländern der Dritten Welt der Boden nicht mehr zu bestellen ist – zu noch massiveren Flüchtlingsbewegungen kommen, dann hätten die Flüchtlinge Vorrang. In der jeweiligen auf zwei oder drei Jahre festgelegten Planziffer gingen die Flüchtlinge vor. Und das könnte auch zur Folge haben, daß das jeweilige Kontingent einmal *nur* von Flüchtlingen in Anspruch genommen werden kann. Die anderen potentiellen Einwanderer (zu denen auch die Aussiedler zählen würden), deren Gründe nicht minder legitim sind, müßten in diesem Fall zurückstehen. Das ist nicht gerecht, aber nicht zu vermeiden. Wie es ohnehin bei alldem nicht um die große Gerechtigkeit und die große Wiedergutmachung, sondern immer nur um etwas weniger Ungerechtigkeit gehen kann.

Harri Houdini und die Vervielfältigung der Identitäten

Es gibt, gestern wie heute, zahllose Gründe, den Weg der Migration zu wählen. Fast alle haben sie etwas mit Flucht zu tun. Das gilt auch für die Flucht des Harri Houdini. Sein Vater war, um dem Gefängnis zu entgehen, von Ungarn nach Amerika geflohen. Der Sohn entfloh im Alter von zwölf Jahren von zu Hause, um der drückenden Armut einer Familie zu entkommen, der ein erfolgloser Rabbi vorstand, der nie die englische Sprache lernte. Im Alter von achtzehn Jahren brannte er mit einem Mädchen aus einem Elternhaus durch, das ihn, den Judenjungen, nicht akzeptieren wollte. Dann wurde er Zauberer und spezialisierte sich – die Geschichte seines Vaters und seiner selbst nachbildend – auf die Kunst des Verschwindens, des Entkommens. Es wurde so etwas wie eine Obsession. Er begann mit zwei Personen, die – durch eine scheinbar undurchdringliche Barriere hindurch – die Position wechseln, und er setzte das beziehungsreiche Spiel mit zahllosen anderen Tricks fort, bei denen sich Menschen aus Fesseln, geschlossenen Wasserbehältern, Safes, Gefängniszellen und Särgen befreiten.

Er wurde im frühen 20. Jahrhundert Amerikas berühmtester Zauberer, nannte sich selbst »The World-Famous Self-Liberator« und hatte Erfolg vor allem deshalb, weil er seinem Publikum symbolisch die triumphalen Möglichkeiten vorführte, die die Migration bereit hält. In seinem ausgezeichneten Buch über die Immigranten im städtischen Amerika schreibt John Higham: »Houdinis Karriere ist – wie die Karrieren so vieler, die die moderne amerikanische Massenkultur geprägt haben – ein Hinweis darauf, daß zu Ende des 19. und zu Anfang des 20. Jahrhunderts ungeheuer viele Immigranten, die sich einem gewaltigen Assimilationsdruck ausgesetzt sahen, den alten amerikanischen Mythos von Freiheit und Mobilität auf geradezu verzehrende Weise erneuert und fortgesetzt haben.«[22]

Diese Bewegung der Flucht, die sich bei vielen Migranten in der neuen Heimat als Unruhe fortsetzt, verwirrt zuweilen die einheimische Mehrheitsgesellschaft. Und schon gar nicht mag diese begreifen, daß auch die mobilen Neubürger auf der Suche nach Stabilität sein könnten. Und deswegen ist sie überaus verblüfft, wenn gerade die Migranten – also, wenn man will, die leibhaftigen Beweise für die Fähigkeit zur Überschreitung kultureller Horizonte – von Zeit zu Zeit geneigt sind, zum Statischen, etwa zur Ethnizität, Zuflucht zu nehmen.

Es fehlt dann nie an Kritikern, die sofort zur Stelle sind und den Bestand der Republik gefährdet sehen. Auch nur die geringsten Anzeichen von ethnisch inspirierter Selbstdefinition erscheinen ihnen als Gefahr fürs Gemeinwesen, und im Multikulturalismus sehen sie nichts anderes als eine fortschrittlich verbrämte Politik, die die anderen, also auch die Migranten, in die Welt ihrer Herkunft einsperrt, statt sie daraus zu befreien und in die Republik zu integrieren.

Sie haben sicher darin recht, daß Ethnizität auf Dauer nicht in diese Gesellschaft, sondern aus ihr herausführt. Dennoch ist – gerade wenn man die verbindlichen Werte der Republik im Auge hat – Gelassenheit geboten. Der Eigensinn, den die multikulturelle Gesellschaft auf der Seite der Einheimischen wie auf der der Zuwanderer freisetzt, soll man weder verklären noch verteufeln. Er ist ganz einfach eine naheliegende und oft unvermeidliche Reaktion. Wenn man bereit ist, das als etwas wenig

Überraschendes hinzunehmen, wird es am ehesten auch wieder vergehen.

In einem Aufsatz über »Das neue Stammeswesen« in Osteuropa hat Michael Walzer für Gelassenheit plädiert. Nicht für eine, die den ethnischen Furor hinnimmt, aber für eine, die ihm Auswege eröffnet. Was er über dieses Stammeswesen sagte, gilt auch für die multikulturelle Gesellschaft und für den Umgang mit der Kirchturmpolitik, die sie bei Einheimischen wie Zugewanderten befördert: »Wenn ich mich sicher fühlen kann, werde ich eine komplexere Identität erwerben, als es der Gedanke des Partikularismus nahelegt. Ich werde mich selbst mit mehr als einer Gruppe identifizieren; ich werde Amerikaner, Jude, Ostküstenbewohner, Intellektueller und Professor sein. Man stelle sich eine ähnliche Vervielfältigung der Identitäten überall auf der Erde vor, und die Erde beginnt, wie ein weniger gefährlicher Ort auszusehen. Wenn sich die Identitäten vervielfältigen, teilen sich die Leidenschaften.«[23]

Die neue Weltunordnung hat Fundamentalismen der verschiedensten Art auf den Plan gerufen. Und auch jede multikulturelle Gesellschaft setzt – ob sie es will oder nicht – zum Fundamentalistischen neigende Impulse frei. Man soll sich davon jedoch nicht allzusehr ins Bockshorn jagen lassen. Es mag – unter den Einheimischen wie unter den Eingewanderten – viele geben, die Integration nicht wollen. Möglich ist sie doch. Ihre stärkste Waffe ist die Demokratie: der demokratische – also der prinzipienfeste *und* flexible – Umgang mit der verwirrenden, manchmal ärgerlichen und manchmal beflügelnden Vielfalt der multikulturellen Gesellschaft.

Anmerkungen

Einleitung:
Wem gehört Deutschland?
Über das Wagnis der multikulturellen Demokratie

1 Siehe: *Frankfurter Rundschau*, 25.8.1992. Äußerungen dieser Art ließen sich von fast allen namhaften Politikern zitieren. Es gab, soweit wir sehen, nicht einen unter ihnen, der das Mitgefühl mit den Opfern an die *erste* Stelle setzte. Eine Ausnahme machte nur Cornelia Schmalz-Jacobsen, die Beauftragte der Bundesregierung für die Belange der Ausländer, deren Stimme sicher nicht zu denen gehört, die im Bundeskanzleramt am meisten zählen.

2 Der Ausdruck ist dem Vorwort Klaus J. Bades zu dem von ihm herausgegebenen Sammelband *Deutsche im Ausland – Fremde in Deutschland. Migration in Geschichte und Gegenwart* (München 1992, S. 9) entnommen. Das Buch gibt einen ausgezeichneten Überblick über die Migrationsgeschichte *der Deutschen* wie über die Geschichte der Migration *nach* Deutschland.

3 »Wohlan, laßt uns hinabfahren und daselbst ihre Sprache verwirren, daß keiner mehr des andern Sprache verstehe. Also zerstreute sie der Herr von dort über die ganze Erde, und sie ließen ab, die Stadt zu bauen. Daher heißt ihr Name Babel, weil der Herr daselbst die Sprache aller Welt verwirrt und sie von dort über die ganze Erde zerstreut hat.« (1. Mose 11, 7–9) In dem Namen »Babel« hörte man einen Anklang an ein hebräisches Wort, das »verwirren« bedeutet.

1. Kapitel
Einwanderung und die neue Weltunordnung

1 Ein schönes historisches Dokument zur sog. »Hollandgängerei«, die seit dem Anfang des 17. Jahrhunderts im Raum von Osnabrück üblich war und viele Einheimische den Sommer über als Torfgräber und Grasmäher in die niederländischen Küstenprovinzen ziehen ließ, stammt aus der Feder des Gelehrten und Politikers Justus Möser (1720–1794). Der Autor, nicht eben als unbekümmerter Fortschrittsfreund bekannt, plädierte *für* die Zuträglichkeit dieser saisonalen Arbeitswanderung. Siehe: Justus Möser, *Sämtliche Werke*, Band 4 (»Patriotische Phantasien«), Oldenburg und Berlin 1943, S. 77–101.

2 Vgl. dazu als klassischen Text: Edward P. Thompson, »Die ›moralische Ökonomie‹ der englischen Unterschichten im 18. Jahrhundert«, in: ders., *Plebejische Kultur und moralische Ökonomie. Aufsätze zur Sozialgeschichte des 18. und 19. Jahrhunderts*, ausgewählt und eingeleitet von Dieter Groh, Frankfurt/ M., Berlin und Wien 1980, So.66–130. Eine Untersuchung mit ähnlichem Ansatz, die auf die deutschen Verhältnisse bezogen ist: Rainer Wirtz, ›Widersetzlichkeiten, Excesse, Crawalle, Tumulte und Skandale‹. *Soziale Bewegung und*

gewalthafter sozialer Protest in Baden 1815–1848, Frankfurt/M., Berlin und Wien 1981.

3 Quelle: verschiedene Jahrgänge des *Statistischen Jahrbuchs für die Bundesrepublik Deutschland*. Zahlen, die dieser Quelle entnommen sind, werden im weiteren in der Regel nicht einzeln nachgewiesen.

4 Ausführlich entwickelt und begründet wurde dieser Begriff von Friedrich Heckmann. Siehe: Friedrich Heckmann, *Die Bundesrepublik: Ein Einwanderungsland? Zur Soziologie der Gastarbeiterbevölkerung als Einwandererminorität*, Stuttgart 1981.

5 Vgl. *Daten und Fakten zur Ausländersituation*, hg. von der Beauftragten der Bundesregierung für die Belange der Ausländer, 13. Auflage, Juli 1992, S. 37. Präziser: Ende März 1992 lebten in den fünf neuen Bundesländern insgesamt 119304 Ausländer (etwa 0.75 Prozent der Gesamtbevölkerung). Ende 1989 waren es noch etwa 191000 (1.2 Prozent der Gesamtbevölkerung) gewesen; Quelle: *Statistisches Jahrbuch 1991 für das vereinte Deutschland*, S. 72.

6 Sogar auf der ersten Seite der *FAZ* war Erstaunliches zu lesen – so ziemlich das Gegenteil von dem, was dort sonst meist verkündet wurde. Rm. schrieb: »Die Aufnahmebereitschaft unseres Kontinents bleibt unendlich weit zurück hinter dem, was nötig wäre.« In: *Frankfurter Allgemeine Zeitung*, 27. 7. 1992, »Warum sie fliehen«.

2. Kapitel
Der multikulturelle Alltag –
ein Spiegelkabinett der Mißverständnisse

1 Zitiert nach: Dieter Oberndörfer, »Völkische Tendenzen in Deutschland – die Ausgrenzung von ›Gastarbeitern‹ und Asylanten«, in: ders., *Die offene Republik. Zur Zukunft Deutschlands und Europas*, Freiburg, Basel und Wien 1991, S. 67.

2 Zitiert nach: Eberhard Seidel-Pielen, »Deutscher werden und Türke bleiben«, in: *Der Tagesspiegel*, 20. 5. 1990. Die Informationen zu dem Pilotprojekt »Ausländer in die Polizei« sind diesem Artikel entnommen oder beruhen auf Nachfragen bei der Polizei, dem Innensenator und der Behörde der Ausländerbeauftragten in Berlin.

3 Siehe dazu: Helmut Weidelener und Fritz Hemberger (Hg.), *Deutsches Staatsangehörigkeitsrecht. Vorschriftensammlung mit erläuternder Einführung*, München ³1991, Einführung, S. 1–51; der Text des Gesetzes: S. 56–69.

4 Zu diesem Fußballbeispiel: Matthias Rüb, »Elf Fußballdeutsche. Deutsche Szene: Türkiyemspor kickt in Westfalen«, in: *Frankfurter Allgemeine Zeitung*, 25. 5. 1992.

5 Sofern nicht ausdrücklich anders vermerkt, beziehen sich die Zahlenangaben in diesem Buch stets auf die »alte« Bundesrepublik, und zwar aus zwei Gründen: Erstens würden bei der Einbeziehung der fünf neuen Bundesländer alle Zahlenvergleiche schief ausfallen, da der Ausländeranteil in der ehemaligen DDR inzwischen deutlich unter einem Prozent liegt; und zweitens ist es nun

einmal nicht zu leugnen, daß es trotz der staatlichen Vereinigung bei zwei ökonomisch, sozial und kulturell verschiedenen Gesellschaften geblieben ist und zumindest vorerst auch bleiben wird.

6 Die Zahlenangaben dieses Abschnittes sind den Informationen des Amtes für Statistik und Wahlen der Stadt Düsseldorf sowie der vergleichenden Großstadtstatistik (Schnellstatistik) des Deutschen Städtetages entnommen.

7 Landeshauptstadt Düsseldorf, Sozialdezernat (Hg.), *Ausländer raus!!!???* »*Stunde Null*«. *Ausländer verlassen die Stadt*, Düsseldorf, Januar 1992, S. 1. Fast alle Zahlenangaben und Beispiele des folgenden Abschnitts sind dieser Untersuchung entnommen.

8 Fernand Braudel, »Europa erobert den Erdkreis«, in: ders. (Hg.), *Europa. Bausteine seiner Geschichte*, aus dem Französischen von Markus Jakob, Frankfurt/M. 1989, S. 7.

9 Die Zahlen sind entnommen aus: Silvio Ronzani, *Arbeitskräftewanderung und gesellschaftliche Entwicklung. Erfahrungen in Italien, in der Schweiz und in der Bundesrepublik Deutschland*, Königstein i.Ts. 1980, S. 86. Bei der Gesamtzahl der Rückwanderer sind deswegen nur Schätzungen möglich, weil über die Rückwanderung aus den europäischen Ländern für den Zeitraum von 1900 bis 1920 keine verläßlichen Zahlen vorliegen. – Auch die folgenden Zahlenangaben über die italienische Wanderungsbilanz sind der Untersuchung von Ronzani entnommen.

10 Schon immer war übrigens ein beträchtlicher Teil der italienischen Migration *inneritalienische* Migration gewesen: bis 1960 ausschließlich nach Nordwestitalien, von da an auch nach Nordost- und Mittelitalien. Und seit 1972 ist die italienische Wanderungsbilanz (also Auswanderer minus Rückkehrer und Einwanderer) sogar positiv: 1974 etwa wanderten zwar noch 81 000 Italiener des Mezzogiorno aus, die Zuwanderung nach Nordwest-, Nordost- und Mittelitalien stieg aber auf die Zahl von 108 000 Menschen an, insgesamt wanderten also in diesem Jahr etwa 27 000 Menschen zu. Quelle: Ronzani, a. a. O., S. 88. – Es fällt leicht ein schiefer Blick auf das Phänomen der Migration, wenn man als Bezugsgröße von Nationalstaaten und nicht von Regionen ausgeht. Nicht andere *Staaten*, sondern vor allem andere *Wirtschaftsräume* sind das Ziel von Migrationsbewegungen.

11 Das ist nicht als Plädoyer für die Philosophie des *melting pot* zu verstehen. Die amerikanische Erfahrung beweist zwar, daß Integration grundsätzlich möglich ist. In vielen ihrer Facetten beweist sie aber auch, daß es dringend geboten ist, von einer allzu leichtfüßigen Philosophie der Integration Abschied zu nehmen. Nicht selten wurde erst nach Jahrzehnten deutlich, daß die angeblich so vollkommen Integrierten noch immer eher Gefangene ihrer Herkunft waren.

12 Der berühmte Nationalökonom Werner Sombart hat in dem Fremden die soziale Figur gesehen, die wie keine andere der Innovation gegenüber aufgeschlossen und die daher zu einer Schlüsselfigur bei der Herausbildung des – bekanntlich ziemlich traditionsabgeneigten – Kapitalismus geworden sei. Sombart gibt für diese Vermutung zahlreiche schlagende Beispiele. Vgl. Werner Sombart, »Die Fremden«, in: *Der moderne Kapitalismus. Historisch-systema-*

tische Darstellung des gesamteuropäischen Wirtschaftslebens von seinen Anfängen bis zur Gegenwart, Erster Band, zweiter Halbband, München und Leipzig 1921, S. 883–895. Freilich spricht er aus naheliegenden Gründen nur von dem Fremden, der schon in der Fremde ist, der also – aus welchen Gründen auch immer – die ursprüngliche Heimat verlassen hat. Der *Zwang* zur Aufgeschlossenheit gegenüber dem Neuen wirkt erst *in der Fremde*. Die Tatsache, daß einer in der Fremde zum Erneuerer wird, sagt gar nichts darüber aus, wie er sich verhalten hätte, wenn er geblieben wäre (denn es wandern ja nicht *nur* die Neugierigen und Innovativen aus). Ganz abgesehen davon, daß Sombart es unterläßt, von dem anderen Typus des Fremden auch nur in Andeutungen zu sprechen: von dem, der sich der Fremde gegenüber abschließt und sich an seinesgleichen oder an die Erinnerung klammert. Der Fremde kann ebenso Innovator wie Nostalgiker werden.

13 Ein großer Teil der politischen Philosophie der Neuzeit hat die Freiheit als etwas Erstrebenswertes beschrieben und auch ihre Schönheiten herausgestellt. In den letzten 200 Jahren kam (u. a. auch durch die seit der Französischen Revolution üblich gewordene Vermengung von Freiheit und sozialer Frage) das nachhaltig wirkende Mißverständnis auf, Freiheit sei etwas nur Angenehmes. Gegen dieses Mißverständnis arbeitet der amerikanische Philosoph Michael Walzer in einem bemerkenswerten (und übrigens angenehm zu lesenden) Buch eine ältere Tradition des Freiheitsbegriffs heraus: Freiheit als beschwerlicher Exodus: Michael Walzer, *Exodus und Revolution*, aus dem Amerikanischen von Bernd Rullkötter, Berlin 1988. Zur Vermengung von Freiheit und sozialer Frage im Gefolge der Französischen Revolution: Hannah Arendt, *Über die Revolution*, München 1974 (vor allem das zweite Kapitel, »Die soziale Frage«, S. 73–146).

14 Unter diesem Gesichtspunkt könnte man auch deuten, was seit Oktober 1990 in der ehemaligen DDR geschieht, insbesondere die allmählich Gestalt annehmende DDR-Nostalgie, die ja gerade auch die ergriffen hat, die zuvor diesen Staat möglichst schnell loswerden wollten. Verwunderte Beobachter sprechen von einem Widerspruch. Doch sie irren. Auch hier gilt: Das Ungenügen an einem bekannten und schlechten alten Zustand kann zwar zu Zorn und Auflehnung führen; wenn Zorn und Auflehnung aber zur Negation des alten Zustands und zur Heraufkunft des (scheinbar herbeigesehnten) *Anderen* und *Fremden* führen, kann es schnell zum Umschlag kommen. Denn jetzt wird deutlich, daß das zwar ungeliebte, aber vertraute Alte *wirklich* entwertet und annulliert worden ist. Die in der ehemaligen DDR auf so furchtbare Weise grassierende Xenophobie ist nicht nur die Quittung für vierzig Jahre verordneten Antifaschismus und Internationalismus auf der Seite der vermeintlichen Sieger der Geschichte und auch nicht nur eine Folge der Tatsache, daß dieser antikapitalistische Staat seine Insassen weitgehend vom Kontakt mit dem Fremden verschont hat, das im Kapitalismus durch alle Ritzen dringt. Sie ist auch eine Folge des aus allen Modernisierungsprozessen bekannten Umstands, daß die vom großen Treck des Fortschritts Abgekoppelten den Anschluß an diesen Treck ebenso herbeisehnen wie fürchten. In Umbruchsituationen der Art, wie sie die Bevölkerung der fünf neuen Bun-

desländer erlebt hat, wird auf krasse und existentiell bedrohliche Weise deutlich, was in der Moderne immer der Fall ist: Daß die Zukunft immer nur ein ungedeckter Wechsel sein kann. Es hat etwas Paradoxes, daß das in der ehemaligen DDR die am schmerzlichsten zu spüren bekommen, die selbst noch viel intensiver als jeder Ex-SEDler den Schock der Modernisierung erfahren haben: die wenigen verbliebenen Ausländer.

15 Wir beschreiben hier *Tendenzen*, daher das Idealtypische dieser Aussagen. Zu jeder von ihnen gibt es Ausnahmen und Gegenbeispiele. Es gehört zu den produktiven Eigenarten der Gesellschaften, die wir multikulturell nennen, daß sie das Vermögen der einzelnen, die vorgezeichneten Bahnen zu verlassen und sich eine vielfältigere Identität zu schaffen (im Sinne dessen, was Michel Foucault einmal die »Ausarbeitung des eigenen Lebens als eines persönlichen Kunstwerks« genannt hat), zwar vielleicht nicht exponentiell, aber doch mehr als nur beträchtlich erhöht. Wer das lobt, sollte jedoch die Gegenseite nicht verschweigen: Die multikulturelle Gesellschaft ist auch eine gefährliche Gesellschaft, die das Scheitern und den Absturz wahrscheinlicher macht als andere Gesellschaften und deren Vielfalt auch zum Verlust von Qualität, von kultureller Präzision und republikanischer Verbindlichkeit führen kann. – Das Zitat von Foucault in: *Von der Freundschaft als Lebensweise. Michel Foucault im Gespräch*, aus dem Französischen von Marianne Karbe und Walter Seitter, Berlin o.J., S. 135.

16 Ein beliebiges Beispiel: Bei einer Umfrage unter Italienern, Griechen, Spaniern, Türken und Jugoslawen zu Anfang der siebziger Jahre gaben 88 Prozent der Befragten an, sie hätten ihre ursprüngliche Zeitvorstellung inzwischen revidiert; und etwas weniger als die Hälfte von ihnen sah sich außerstande, genauere Angaben über die weitere Dauer ihres Aufenthaltes in der Bundesrepublik zu machen. Siehe: Ursula Mehrländer, *Soziale Aspekte der Ausländerbeschäftigung*, Bonn–Bad Godesberg 1974, S. 124.

17 Natürlich haben die bundesdeutschen Unternehmen und Institutionen sehr lange Zeit fast nichts unternommen, um den Ausländern Qualifikation und Weiterbildung zu ermöglichen; sie waren, im Gegenteil, an den Ausländern als unqualifizierten und daher billigen Arbeitskräften interessiert. Auf der andern Seite war nachweislich auch das Interesse der Arbeitsmigranten an Weiterbildung zu Anfang sehr gering: Die ersten Angebote haben sie eher nicht beachtet. Daß sie nur Arbeitsgänge lernten, nicht aber die Möglichkeit hatten, sich Arbeitssysteme zu erschließen, kam ihnen teilweise nicht ungelegen. Vgl. dazu etwa: Ursula Mehrländer, a. a. O. (wie Anm. 16), S. 68–70.

18 Um Mißverständnissen vorzubeugen: Der Ausdruck ist nicht so mutwillig und kreatürlich gemeint, wie er klingen mag. Er bezieht sich auf die amerikanische Diskussion über die große Einwanderung. Mit der dem Land und sogar seinen Wissenschaftlern eigenen Vorliebe für eine Poesie der Direktheit hat man den Einwanderern, also im Grunde den Amerika-Machern, den Namen »birds of passage«, Zugvögel, gegeben.

3. Kapitel
Einwanderung in Deutschland:
Der Weg zurück von der Wirklichkeit zum Dementi

1 Nimmt man ganz Deutschland als Bezugsgröße, dann liegt die Zahl der Zuwanderer noch höher. Denn ein Teil der Flüchtlinge und Vertriebenen ging auf das Gebiet der späteren DDR, und längst nicht alle von ihnen zogen später in die Bundesrepublik weiter.

2 Auf die Zuwanderung und die schwierige Integration der Flüchtlinge, Vertriebenen und Übersiedler sowie insgesamt auf die Geschichte Deutschlands als Aus- und Einwanderungsland gehen wir im fünften Kapitel ausführlicher ein.

3 Sowenig diese lange Zeit wahrgenommen wurde, so wenig ist heute im öffentlichen Bewußtsein präsent, daß es nach dem Ende des Zweiten Weltkriegs in Deutschland auch eine Auswanderungsbewegung gab. Nachdem die Auswanderung in den ersten Nachkriegsjahren von den Alliierten untersagt war, setzte 1948 erneut die Auswanderung nach Übersee ein. Bis 1960 wanderten etwa 367 000 Deutsche in die Vereinigten Staaten, knapp 230 000 nach Kanada, etwa 78 000 nach Australien und 21 000 nach Brasilien aus; insgesamt also fast 700 000. Mehr als ein Drittel von ihnen waren Heimatvertriebene und Flüchtlinge. Vgl. Klaus J. Bade, *Vom Auswanderungsland zum Einwanderungsland? Deutschland 1880–1980*, Berlin 1983, S. 65 f.

4 Die Literatur hierzu ist längst kaum noch zu überschauen. Unsere Darstellung stützt sich v.a. auf folgende Publikationen (die wir in der Reihenfolge ihres Erscheinens aufführen): Marios Nikolinakos, *Politische Ökonomie der Gastarbeiterfrage*, Reinbek 1973; Ursula Mehrländer, *Soziale Aspekte der Ausländerbeschäftigung*, Bonn–Bad Godesberg 1974; Ray C. Rist, *Die ungewisse Zukunft der Gastarbeiter. Eingewanderte Bevölkerungsgruppen verändern Wirtschaft und Gesellschaft*, aus dem Amerikanischen von Gerda Binning, Stuttgart 1980; Friedrich Heckmann, *Die Bundesrepublik: Ein Einwanderungsland? Zur Soziologie der Gastarbeiterbevölkerung als Einwandererminorität*, Stuttgart 1981; Klaus J. Bade, *Vom Auswanderungsland zum Einwanderungsland? Deutschland 1880–1980*, Berlin 1983; Meinhard Miegel, *Arbeitsmarktpolitik auf Irrwegen. Zur Ausländerbeschäftigung in der Bundesrepublik Deutschland*, Stuttgart 1984; Stephen Castles (zusammen mit Heather Booth und Tina Wallace), *Here for good. Western Europe's new ethnic minorities*, London und Sydney 1984; Ulrich Herbert, *Geschichte der Ausländerbeschäftigung in Deutschland 1880 bis 1980. Saisonarbeiter, Zwangsarbeiter, Gastarbeiter*, Berlin und Bonn 1986; Roland Tichy, *Ausländer rein! Warum es kein Ausländerproblem gibt*, München 1990; Klaus J. Bade (Hg.), *Deutsche im Ausland – Fremde in Deutschland. Migration in Geschichte und Gegenwart*, München 1992 (7. Kapitel: »Paradoxon Bundesrepublik: Einwanderungssituation ohne Einwanderungsland«, S. 393–464); Beate Winkler, *Zukunftsangst Einwanderung*, München 1992. Außerdem stützen wir uns auf verschiedene Publikationen des Statistischen Bundesamtes, der Bundesanstalt für Arbeit und des Büros der Beauftragten der Bundesregierung für die Belange der Ausländer.

5 Nach Ulrich Herbert, a. a. O. (wie Anm. 4), S. 179.
6 1950 bestand die Bevölkerung der Bundesrepublik aus etwas mehr als 50 Millionen Menschen. Zieht man von dieser Zahl die bis dahin zugewanderten Vertriebenen ab, so bleiben nur noch etwa 42 Millionen Menschen. Das ist (berechnet auf das Gebiet der späteren Bundesrepublik) etwa eine Million weniger als 1939!
7 Klaus J. Bade 1983, a. a. O. (wie Anm. 4), S. 60.
8 Vgl. dazu: Friedrich Heckmann, a. a. O. (wie Anm. 4), S. 149 f.
9 Dazu ein Beispiel aus dem Kaiserreich, das ebenfalls die Italiener betrifft: 1907 arbeiteten im Deutschen Reich 120000 Italiener, die meisten als Wanderarbeiter. Fast die Hälfte von ihnen war als Maurer und Erdarbeiter im Baugewerbe tätig; an zweiter Stelle folgte die Ziegel- und Steinbruchindustrie. Über die Italiener in den Ziegeleien hieß es in einer Untersuchung von 1916: »Der Großbetrieb führte zur Arbeitsteilung. Die Arbeit an den Maschinen erforderte geringere Körperkraft, aber größere Zuverlässigkeit. Die deutschen Arbeiter wandten sich mehr und mehr diesen Arbeiten an den Maschinen zu und wollten die schwere Arbeit in der Grube und am heißen Ofen nicht mehr machen. Dazu wurden in Süddeutschland Italiener herangezogen.« Zitiert nach: Friedrich Heckmann, a. a. O. (wie Anm. 4), S. 148.
10 Die folgende Darstellung stützt sich vor allem auf: Ulrich Herbert, a. a. O. (wie Anm. 4), S. 190 ff.
11 Siehe Klaus J. Bade 1983, a. a. O. (wie Anm. 4), S. 60.
12 Zudem gab es ja die (bis heute gültige) Bestimmung, daß bei der Besetzung eines jeden Arbeitsplatzes ein Deutscher einem Ausländer vorzuziehen sei. Dreht man diese Bestimmung herum, so kommt eine Aussage heraus, die an Deutlichkeit nichts zu wünschen übrigläßt: Wenn es trotz dieser Bestimmung (und später dann trotz nicht unbeträchtlicher Arbeitslosigkeit auch unter den Deutschen) zu beträchtlicher Ausländerbeschäftigung kommt, dann muß es sehr viele Arbeitsplätze und Beschäftigungssektoren geben, für die die Deutschen – auch die arbeitslosen Deutschen – grundsätzlich nicht mehr zu Verfügung stehen!
13 So z. B. Roland Tichy mehrfach allzu schönredend in seinem ansonsten ausgezeichneten Buch *Ausländer rein!*, a. a. O. (wie Anm. 4), etwa S. 41.
14 Der den »Massen« verbundene, in jedem Fall aber alle offiziellen Entscheidungen in den Verdacht der demos- und zivilisationsfeindlichen Illegitimität stellende kritische Kritiker könnte hier einwenden, dies sei keine Entscheidung *der* Bundesrepublik, sondern nur einiger ihrer damals politisch, vor allem wirtschaftspolitisch prägenden Schichten gewesen. Das ist – wie fast alles, was aus dem verdrießlichen Bermuda-Dreieck zwischen Bernt Engelmann, Alice Schwarzer und Franz Alt verlautet – gar nicht so falsch, doch eben nur der eine Teil der Wahrheit, dessen anderer von den Meistern der bundesdeutschen Grämlichkeit notorisch übersehen wird: die Tatsache nämlich, daß das, was die »da oben« wollten und in die Wege leiteten, denen »da unten« ganz gut zupaß kam, und zwar nicht wg. Verblendung und Volksgemeinschaft, sondern weil Alternativen nicht sichtbar waren. Die prästabilierte Alternative zum je Gegebenen, in deren Fehlen der kritische Kritiker

sich ohn' Unterlaß suhlt, hat es nie gegeben. (Auch deswegen übrigens nicht, weil der kritische Kritiker – dem die Distanz zur Realität stets wichtiger war als die Tätigkeit *in* ihr – wenig dazu beigetragen hat, sie plausibel und jenseits des kleinen kritischen Universums attraktiv zu machen.)

15 Meinhârd Miegel, a. a. O. (wie Anm. 4), S. 13. Miegel gilt – bei aller Aufmerksamkeit für die Bedeutung von Tradition, Kultur und Lebensform, die er neuerdings mit der Geste des Spätbekehrten zur Schau zu stellen pflegt – als ein unbestechlicher Advokat der marktwirtschaftlichen Ratio, dessen Urteile sich vor allem dadurch auszeichnen, daß sie der populären Stimmung des Tages *nicht* verhaftet sind, sondern sich souverän-elitistisch über diese erheben. Vor diesem Hintergrund ist es lustig zu beobachten, wie sehr auch die authentisch scheinende Stimme der marktwirtschaftlichen Welt dem Geist der Zeit verhaftet ist, über den sie sich – ganz den »Realien« verpflichtet – doch so erhaben fühlt. In der genannten Studie mit dem zitierten Bekenntnis zur Eigenverantwortung der Bundesrepublik für die Folgen der Arbeitsimmigration plädiert Miegel (mit Argumenten, auf die wir später eingehen werden und die vor allem auf die bequeme Seite der Ausländerbeschäftigung, nämlich auf ihre Innovationen scheinbar unnötig machende Wirkung zielen) sehr deutlich für einen konsequenten Kurswechsel in der Ausländerpolitik. Er schreibt: »Die Bundesrepublik, die faktisch zum Einwanderungsland geworden ist, darf nicht länger Einwanderungsland bleiben.« (S. 29) Ein paar Jahre später sieht es derselbe Intimus der ökonomischen Ratio vor einmal (und ohne den Meinungsumschwung seinem geneigten Publikum zu erläutern) ganz anders. In einem Vortrag verkündete Miegel im April 1992 in Leipzig: »Aber auch dann [gemeint: Wenn die Altersgrenze der Beschäftigten wieder nach oben hin flexibilisiert wird] wird Deutschland [. . .] nicht umhin kommen, im Rahmen der Europäischen Gemeinschaft eine unmißverständliche Einwanderungspolitik zu formulieren. Denn Deutschland wird mit oder ohne eine solche Politik in den nächsten Jahren endgültig zu einem Einwanderungsland werden, und es wäre falsch, diesen Sachverhalt zu verdrängen.« (Meinhard Miegel, »Die wirtschaftlichen und gesellschaftlichen Perspektiven Deutschlands in den neunziger Jahren«, Referat anläßlich der Eröffnung der Leipziger Niederlassung des IWG Bonn am 9. April 1992, Manuskript) Der Leipziger Miegel wird wohl recht haben. Er unterläßt es freilich, darin doch ein Kind der von der Autonomie der Diskurse begeisterten späteren Bundesrepublik, dem kritischen Publikum gegenüber Rechenschaft abzulegen über seinen Weg vom Gegner zum gefaßten Verkünder der Einwanderungsgesellschaft. Man sieht: Die Taktik des Mogelns, die schon zu Beginn der Ausländerbeschäftigung sehr en vogue war, setzt sich sogar bis ins dritte und vierte Glied derer fort, die doch dem taktischen Umgang mit der Realität auf immer den Laufpaß geben wollten.

16 Der Text des Abkommens ist abgedruckt in: *Bundesanzeiger*, Nr. 11, 17. 11. 1956. Unsere Darstellung folgt Ulrich Herbert, a. a. O. (wie Anm. 4), S. 191 ff.

17 Zitiert nach: Herbert Spaich, *Fremd in Deutschland. Auf der Suche nach Heimat*, Weinheim und Basel ²1991, S. 159.

18 »Es geht nicht ohne Italiener«, in: *Industriekurier*, 4. 10. 1955; hier zitiert nach: Ulrich Herbert, a. a. O. (wie Anm. 4), S. 192 (Hervorhebung von uns).

19 »Geht es ohne ausländische Arbeiter?«, in: *Handelsblatt*, 21.9. 1955; hier zitiert nach: Ulrich Herbert, a. a. O. (wie Anm. 4), S. 194.

20 Gerade diese Formulierung macht deutlich, wie ungeheuer weit wir uns heute von diesem Ausgangspunkt entfernt haben. Schon die Rede von *dem* Italiener ist inzwischen zumindest nicht mehr unumstritten. Daß »auch der Italiener!« Ansprüche an den Lebensstandard hat, konnte damals – wie das Ausrufungszeichen zu erkennen gibt – noch als Novum und fast als Sensation gelten: Selbst Italien lag noch immer so namenlos weit hinter dem Horizont, daß die »Menschenähnlichkeit« seiner Bewohner Erstaunen auslöste. Außerdem ist – wie ebenfalls das Ausrufungszeichen zu erkennen gibt – in der Wendung ein Ton der nach innen gerichteten Mißbilligung nicht zu überhören. Der Klartext würde etwa lauten: Es ist schon schlimm genug, daß beim gemeinen Volk im eigenen Land »die Ansprüche an den Lebensstandard und den Lohn hoch« sind – und dann gar noch »beim Italiener«! Man sieht, die Idee von der *sozialen* Marktwirtschaft und die Einsicht, daß Unternehmer und Staat nicht strenge Hausväter und großherzige Wohltäter sind, steckten noch in den Kinderschuhen.

21 John Berger und Jean Mohr, *Arbeitsemigranten. Erfahrungen, Bilder, Analysen*, unter Mitarbeit von Sven Blomberg, aus dem Englischen von Nils Thomas Lindquist, Reinbek 1976, S. 52. – Wir nehmen dies als ein Dokument, das einen Vorgang zutreffend beschreibt. Dessen – vermutlich ungewollte – Brutalität wird jedoch durch den empfindsamen Ton, der in der populären Literatur zur Arbeitsmigration leider häufig anzutreffen ist, eher verborgen als herausgestellt. Der migrantenfreundliche Miserabilismus mag den Bewohnern der Zitadellen des Wohlstands das gute Gefühl verschaffen, auf der »richtigen« Seite, also der der Armen, zu stehen. Das ändert nichts daran, daß er vor allem dazu da ist, denen das gute schlechte Gewissen ihrer Komplizenschaft mit einer gesellschaftlichen Ordnung zu verschaffen, die für die große Mehrheit der Migranten kein Alptraum, sondern eine Vision ist.

22 Es gab indes auch zumindest eine, wohl nicht zufälligerweise weibliche Stimme, die sich diesen imaginären Gewißheiten der vereinigten Stammtische nicht anschließen mochte. Sie nahm in gewisser Weise die Gegenposition ein und versuchte (mit den damals verfügbaren Mitteln des deutschen *showbiz*), die Lebenswelt der anderen Seite ins Feld zu führen. Wir meinen Cornelia (»Conny«) Froboess' um das Jahr 1962 populären Hit »Zwei kleine Italiener«, in dessen Refrain es heißt: »Oh, Tina, oh, Marina, wann werden wir uns wiedersehn«. Der Kulturkritik würde es – schon angesichts der beiden niedlichen *kleinen* Italiener – gewiß nicht schwerfallen, den kolonialherablassenden Gestus dieser Schnulze nach Gebühr zu »entlarven«. Wir geben nur eines zu bedenken: Die »zwei kleinen Italiener« (ansonsten ohne Zweifel Angehörige jener Fabelwesen, die damals deutsche Jungmädchen-Stuben bevölkerten) stehen immerhin am Bahnhof und warten auf den Zug nach Napoli. Das war, allem Kitsch zum Trotz, ein bemerkenswertes Einsprengsel von Wirklichkeit: Denn der Bahnhof – einzig sichtbarer Brücken-

kopf in die Heimat und Ausgangspunkt imaginärer Fluchten aus der ungastlichen Welt des Nordens – war ja tatsächlich lange Zeit der einzige *öffentliche* Ort, der den Arbeitsmigranten zum Flanieren wie zum Kontakt mit ihresgleichen zur Verfügung stand und der zugleich das kostenlose, alltägliche Abenteuer des gedanklichen *Take-off* ins vertrauterte Land der Herkunft bot.

23 Vor allem im Baugewerbe und in der Landwirtschaft waren die Italiener anfangs beschäftigt. Noch 1959 – also vier Jahre nach dem Anwerbevertrag – arbeiteten zehn Prozent der in der Bundesrepublik beschäftigten Italiener in der Landwirtschaft; vgl. Ray C. Rist, a. a. O. (wie Anm. 4), S. 65.

24 Quellen: Friedrich Heckmann, a. a. O. (wie Anm. 4), S. 151, und Statistisches Bundesamt, Statistische Jahrbücher für die Bundesrepublik Deutschland. Die Ausländerquote bezeichnet den prozentualen Anteil der Ausländer an der Gesamtzahl der Beschäftigten.

25 Vgl. Ray C. Rist, a. a. O. (wie Anm. 4), S. 99.

26 Vgl. die Übersichten bei Ulrich Herbert, a. a. O. (wie Anm. 4), S. 188 f., und Friedrich Heckmann, a. a. O. (wie Anm. 4), S. 151.

27 Zitiert nach: *Daten und Fakten zur Ausländersituation*, 13. Aufl., hg. von der Beauftragten der Bundesregierung für die Belange der Ausländer, Bonn, Juli 1992, S. 15.

28 Zitiert nach: Friedrich Heckmann, a. a. O. (wie Anm. 4), S. 191.

29 Nach: Klaus J. Bade 1983, a. a. O. (wie Anm. 4), S. 87, *Statistisches Jahrbuch 1991 für das vereinte Deutschland*, S. 28, und Friedrich Heckmann, a. a. O. (wie Anm. 4), S. 190.

30 Migration hat fast immer zur Folge, daß sich im Einwanderungsland bzw. der Einwanderungsregion das herkömmliche Kräfteverhältnis zwischen den verschiedenen Glaubensbekenntnissen verändert oder gar in ein Gebiet, das bisher im wesentlichen nur eine Konfession kannte, plötzlich neue Konfessionen vordringen. Sehr oft stellten die Konflikte, die sich daraus ergaben, das brennendste Problem im Zusammenleben zwischen Einheimischen und Einwanderern dar. Das galt im 19. Jahrhundert etwa für Iren und auch Deutsche, die erstmals dem Katholizismus in den Vereinigten Staaten eine Basis verschafften, oder auch für die »Ruhrpolen«, die plötzlich in einer bisher nahezu vollständig evangelischen Region den Katholizismus zu einer unübersehbaren Realität machten. Und es galt auch für die Vertriebenen und Flüchtlinge nach 1945, die in der Bundesrepublik zu einem kräftigen Anstieg des katholischen Bevölkerungsanteils beitrugen – was in etlichen Gegenden v. a. Norddeutschlands, wo der Katholizismus bisher als ein sehr fernes Übel gegolten hatte, für viel Mißstimmung und Streit sorgte. Weil dieser Konflikt von den Flüchtlingen und Vertriebenen schon ausgetragen worden war, spielte er später bei der Ankunft der Arbeitsmigranten keine Rolle mehr. Im Gegenteil, der gemeinsame katholische Glaube war nun eher eine Brücke. Das wurde erst anders, als die Zahl der Moslems in der Bundesrepublik merklich zunahm. Der Islam, der zu Beginn der sechziger Jahre in der Bundesrepublik keine nennenswerte Rolle spielte, stellt heute mit mehr als 1.6 Millionen Angehörigen die drittstärkste Religionsgemeinschaft in Deutschland dar. Noch deutlicher wird diese Entwicklung, wenn man nur die Neu-

geborenen berücksichtigt. Ein Beispiel: Selbst in Frankfurt/M. (wo zwar der Anteil der Ausländer an der Bevölkerung höher liegt als in jeder anderen Stadt, wo aber andrerseits der Anteil der Türken an den Ausländern sehr deutlich unter dem Bundesdurchschnitt liegt) stammten mehr als zehn Prozent aller neugeborenen Kinder aus Familien mit islamischem Glaubensbekenntnis. Quellen: *Statistisches Jahrbuch 1991 für das vereinte Deutschland*, S. 68, und *Statistisches Jahrbuch Frankfurt am Main 1991*, S. 28.

31 Quelle: Statistisches Bundesamt; und für die aktuellen Zahlen (Stand: 31. 12. 1991): Daten und Fakten zur Ausländersituation, a. a. O. (wie Anm. 27), S. 16.

32 Dieser Abschnitt sowie die beiden folgenden stützen sich vor allem auf: Ursula Mehrländer 1974, a. a. O. (wie Anm. 4), passim.

33 Es hat im übrigen nicht allzu lange gedauert, bis diese Kritik auf beträchtliche Resonanz stieß. Schon im August 1960 veröffentlichte *Die Welt* einen Artikel über die miserable Wohnsituation von Italienern, der eine breite öffentliche Diskussion auslöste; vgl. Ulrich Herbert, a. a. O. (wie Anm. 4), S. 202 f. Ein anderes Beispiel: Mitte der sechziger Jahre startete der Westdeutsche Rundfunk einen Wettbewerb unter seinen Hörern mit dem Ziel, einen besseren und menschenwürdigeren Begriff für die zu finden, die bislang »Gastarbeiter« genannt wurden (da keine der Einsendungen überzeugte, entschied sich die Jury für die neutrale Wendung »ausländische Arbeiter«); vgl. Herbert Spaich, a. a. O. (wie Anm. 17), S. 165. Im Mittelpunkt dieser humanitären Kritik standen die Wohnverhältnisse der Migranten, kaum jedoch ihre Arbeitssituation oder gar ihre rechtliche Stellung.

34 Das muß freilich sogleich relativiert werden. Zum einen ist es den Ausländern etwa in den Wohnheimen in z. T. beträchtlichem Maße gelungen, ihr karges Ambiente in eine Lebenswelt umzuwandeln – ein Vermögen, das die deutsche Seite oft genug mit dem Einsatz von Werkschutz und Polizei beantwortet hat. Und zum andern haben viele der Migranten schon bald die für sie geschaffenen Gettos verlassen und sich den öffentlichen Raum – Plätze, Bahnhöfe, sogar auch schon erste Kneipen – genommen. Dazu hat es, vor allem in der Boulevard-Presse dieser Jahre, den einen oder anderen besorgten Artikel und ein paar Leserbriefe gegeben – insgesamt aber hat die Mehrheit diese Exkursionen der Ausländer aufs gesellschaftliche Terrain ohne besondere Aufregung hingenommen. Und zwar aus einem einfachen Grund: In dieser Blütezeit der Arbeitsgesellschaft spielte, wie gesagt, der öffentliche Raum keine große Rolle, auf die Arbeit folgte der Rückzug ins Heim. Es gab also noch nicht (zumindest noch längst nicht so wie heute) die Lebens- und Erlebniswelt, auf der Deutsche und Ausländer um die knappen Ressourcen hätten konkurrieren können. Die Ausländer hatten also freies Feld. Das änderte sich erst später, als auch die Deutschen verstärkt vor die Tür zu gehen begannen. Erst da konnte und mußte es zu Konflikten kommen – auch das eher ein Phänomen der Normalisierung als der Zuspitzung.

35 Nur ein Beispiel: In seiner Streitschrift *Sturm auf Europa* (einer abenteuerlichen Mischung aus richtigen Beobachtungen, maßlosen Übertreibungen und apokalyptischem Ressentiment) schreibt Manfred Ritter: »Die Umwelt-

schützer müßten doch inzwischen erkannt haben, daß immer mehr Menschen unvermeidbar auch für immer mehr Umweltverschmutzung sorgen«. Manfred Ritter, *Sturm auf Europa. Asylanten und Armutsflüchtlinge: Droht eine neue Völkerwanderung?*, München ²1990, S. 43.

36 Vgl. *Daten und Fakten zur Ausländersituation*, a. a. O. (wie Anm. 27), S. 17.

37 1981 folgte Baden-Württemberg (10.1 Prozent), 1983 Hamburg (10.7 Prozent) und 1990 Hessen (10.5 Prozent). Quelle: *Statistisches Bundesamt*.

38 Quelle: Ray C. Rist, a. a. O. (wie Anm. 4), S. 73, und Statistisches Bundesamt.

39 Daten und Fakten zur Ausländersituation, a. a. O. (wie Anm. 27), S. 17.

40 Auch das ist nichts Neues in der Geschichte der Migration. Im preußischen Osten Deutschlands etwa war seit der Mitte der siebziger Jahre des 19. Jahrhunderts die herkömmliche und untertechnisierte großbetriebliche Agrarproduktion, die zudem hochverschuldet war, unter den Druck der internationalen Konkurrenz geraten, zumal die Landflucht gen Westen (ins Ruhrgebiet óder nach Berlin) der Krise die »Leutenot« hinzufügte. Nur durch v.a. polnische Wander- und Saisonarbeiter, die äußerst niedrige Löhne bezogen und fast keine sozialen Folgekosten verursachten, konnte diese überalterte Agrarproduktion am Leben erhalten werden. Vgl. Klaus J. Bade 1983, a. a. O. (wie Anm. 4), S. 38; ausführlicher: Klaus J. Bade, »›Billig und willig‹ – die ›ausländischen Wanderarbeiter‹ im kaiserlichen Deutschland«, in: ders. (Hg.) 1992, a. a. O. (wie Anm. 4), S. 311–324.

41 Nach: Silvio Ronzani, *Arbeitskräftewanderung und gesellschaftliche Entwicklung. Erfahrungen in Italien, in der Schweiz und in der Bundesrepublik Deutschland*, Königstein/Ts. 1980, S. 176 und 175. Ronzani folgert aus diesen Zahlen, daß die zuwandernden Ausländer in jenen Jahren kurzfristig die Bevölkerungsverluste in den Zentren ausgeglichen hätten, zu denen es durch die Binnenwanderung der Deutschen gekommen war (S. 177).

42 Errechnet nach: *Statistisches Jahrbuch Frankfurt am Main 1991*, Bevölkerungs- und Wirtschaftszahlen deutscher Großstädte im Jahre 1990, S. 183–190. Es handelt sich dabei um alle Städte mit mehr als 500000 Einwohnern; im einzelnen: West-Berlin, Hamburg, München, Köln, Frankfurt/M., Essen, Dortmund, Düsseldorf, Stuttgart, Bremen, Duisburg und Hannover.

43 Ray C. Rist, a. a. O. (wie Anm. 4), S. 79.

44 Vgl. hierzu sowie zum folgenden Abschnitt: Ray C. Rist, a. a. O. (wie Anm. 4), S. 83–87, und: Klaus J. Bade 1983, a. a. O. (wie Anm. 4), S. 99.

45 1975 kam auf vier neueingestellte Arbeiter der Ford-Werke nur ein Deutscher; Ray C. Rist, a. a. O. (wie Anm. 4), S. 85.

46 Zum Folgenden: Klaus J. Bade 1983, a. a. O. (wie Anm. 4), S. 98 ff.; Ray C. Rist, a. a. O. (wie Anm. 4), S. 67 ff.; Ulrich Herbert, a. a. O. (wie Anm. 4), S. 206–222.

47 Als EG-Bürger waren die Italiener von dem Anwerbestopp nicht betroffen. Sie mußten daher bei einer vorübergehenden Rückkehr nach Italien nicht befürchten, die Bundesrepublik würde ihnen später verschlossen sein. Und das führte dann dazu, daß sie – die *nicht* zur Rückwanderung genötigt wurden – tatsächlich in größerer Zahl als alle anderen Nationalitäten zurückgewan-

dert sind. Man sieht: Während die illiberale Regelung das Problem konserviert, schafft die liberale Regelung genau jene Flexibilität, die gewünscht war.

48 Zitiert nach: Klaus J. Bade 1983, a. a. O. (wie Anm. 4), S. 118 und 106.

4. Kapitel
Von der willkommenen Ausnahme zur ungeliebten Regel:
Ausländer in Deutschland

1 Damit soll keineswegs gesagt sein, daß die Zuwanderer nicht auch als Zudringlinge wahrgenommen worden wären. Da die ins Land geholten Migranten oft mit Privilegien ausgestattet wurden (z. B. ein Jahrzehnt lang von Steuern befreit wurden oder vom Militärdienst verschont blieben) und da sie nicht selten schnell wirtschaftliche Schlüsselpositionen besetzten, erregten sie häufig den Zorn bisher privilegierter Schichten, insbesondere des Adels. Diese Erfahrung mußten die Hugenotten und die Salzburger Glaubensflüchtlinge in Preußen ebenso machen wie – Jahrhunderte vorher schon – die nach Siebenbürgen ausgewanderten Deutschen, die dort unter besonderem Schutz des Königs von Ungarn standen. Zu den Hugenotten: Eckart Birnstiel und Andreas Reinke, »Hugenotten in Berlin«, in: Stefi Jersch-Wenzel und Barbara John (Hg.), *Von Zuwanderern zu Einheimischen. Hugenotten, Juden, Böhmen, Polen in Berlin*, Berlin 1990, S. 13–152, zu den Konflikten mit den Einheimischen S. 100f. Zu den Privilegien der Deutschen in Siebenbürgen: Annemarie Schenk, *Deutsche in Siebenbürgen. Ihre Geschichte und Kultur*, München 1992, S. 32ff.

2 Vgl. Wolfgang Köllmann, »Industrialisierung, Binnenwanderung und ›Soziale Frage‹. Zur Entstehungsgeschichte der deutschen Industriegroßstadt im 19. Jahrhundert«, in: ders., *Bevölkerung in der industriellen Revolution. Studien zur Bevölkerungsgeschichte Deutschlands*, Göttingen 1974, S. 110f.

3 Zitiert nach: Herbert Spaich, *Fremd in Deutschland. Auf der Suche nach Heimat*, Weinheim und Basel ²1991, S. 162. Dort auch eine ausführliche Beschreibung der gesamten Zeremonie. – Um das Stürmische in der Entwicklung der Ausländerbeschäftigung zu verdeutlichen: Dr. Mühlwarth hoffte, das Jahr 1964 »mit einem Saldo von 150000 mehr abschließen« zu können; tatsächlich war es dann ein »Saldo« von 217000!

4 Zitiert nach: Ulrich Herbert, *Geschichte der Ausländerbeschäftigung in Deutschland 1880 bis 1980. Saisonarbeiter, Zwangsarbeiter, Gastarbeiter*, Berlin und Bonn 1986, S. 197.

5 Die Informationen zu diesem Vorfall aus: Ulricht Herbert, a. a. O. (wie Anm. 4), S. 210f., und Herbert Spaich, a. a. O. (wie Anm. 3), S. 165f.

6 Wir stützen uns dabei vor allem auf: Friedrich Heckmann, *Die Bundesrepublik: Ein Einwanderungsland? Zur Soziologie der Gastarbeiterbevölkerung als Einwandererminorität*, Stuttgart 1980, S. 149–222; Ray C. Rist, *Die ungewisse Zukunft der Gastarbeiter. Eingewanderte Bevölkerungsgruppen verändern Wirtschaft und Gesellschaft*, aus dem Amerikanischen von Gerda Binning, Stuttgart 1980,

S. 60–123; Klaus J. Bade, *Vom Auswanderungsland zum Einwanderungsland?*
Deutschland 1880–1980, Berlin 1983, S. 67–95; Meinhard Miegel, *Arbeitsmarkt-*
politik auf Irrwegen. Zur Ausländerbeschäftigung in der Bundesrepublik Deutsch-
land, Stuttgart 1984; Michael J. Piore, *Birds of passage. Migrant labor and indu-*
strial societies, Cambridge u. a. 1979, S. 15–49 und 86–114; *Bericht zur Auslän-*
derbeschäftigung, hg. von der Beauftragten der Bundesregierung für die Integration der ausländischen Arbeitnehmer und ihrer Familienangehörigen,
Bonn, September 1986; »Ausländerbeschäftigung 1980 bis 1990«, in: *Amtliche*
Nachrichten der Bundesanstalt für Arbeit, Nr. 10, 1991, S. 1467–1489; »Ausländer und Aussiedler«, in: *Amtliche Nachrichten der Bundesanstalt für Arbeit*, Nr.
5, 1992, S. 735–742; *Ausländer-Daten. Wohnbevölkerung, Beschäftigung, Arbeits-*
markt, hg. vom Bundesminister für Arbeit und Sozialordnung, Bonn, Fe-
bruar 1992; *Daten und Fakten zur Ausländersituation*, hg. von der Beauftragten
der Bundesregierung für die Belange der Ausländer, Bonn, Juli 1992; *Statisti-*
sches Jahrbuch 1991 für das vereinte Deutschland, S. 28 und 40.

7 Michael J. Piore, a. a. O. (wie Anm. 6), S. 23.

8 Friedrich Heckmann, a. a. O. (wie Anm. 6), S. 159.

9 Beide Tabellen nach: Ray C. Rist, a. a. O. (wie Anm. 6), S. 110 f.

10 Vgl. Ray C. Rist, a. a. O. (wie Anm. 6), S. 24

11 Dabei muß man freilich berücksichtigen, daß es sich in der Regel um *sehr*
bescheidene Möglichkeiten des Vorankommens handelte. Und vor allem lag
der Ausgangspunkt der Migranten hier sehr deutlich unter der Stellung, die
sie in der Heimat innegehabt hatten. Um das am Beispiel der Türken zu
verdeutlichen: Von den Mitte der siebziger Jahre in der Bundesrepublik beschäftigten Türken waren in der Heimat nur knapp 15 Prozent als ungelernte
Arbeiter tätig gewesen. Vgl. Ray C. Rist, a. a. O. (wie Anm. 6), S. 51.

12 Vgl. Klaus J. Bade, a. a. O. (wie Anm. 6), S. 76. – In welchen Branchen die
Migranten landen, variiert übrigens von Land zu Land und richtet sich danach, welchen sozialen Rang bestimmte Tätigkeiten in dem jeweiligen Land
einnehmen. Ein Beispiel: In den Vereinigten Staaten war bis vor kurzem die
Arbeit in Automobilfabriken (und dabei auch die Arbeit an den Fließbän-
dern) sozial angesehen; so erklärt es sich, daß dort – anders als v. a. in der
Bundesrepublik, aber auch in Frankreich – die Zahl der Migranten in der
Automobilindustrie stets sehr gering war. Nur eines gilt für alle Einwanderungsländer gleichermaßen: Stets ist in ihnen der Anteil der Migranten vergleichsweise hoch, die im Bereich der einfachen Dienstleistungen arbeiten.
Vgl. Michael J. Piore, a. a. O. (wie Anm. 6), S. 17–19.

13 Zitiert nach: Friedrich Heckmann, a. a. O. (wie Anm. 6), S. 156. Die folgenden Zahlen ebenda S. 157.

14 Nach: Friedrich Heckmann, a. a. O. (wie Anm. 6), S. 159 f.

15 Vgl. Ray C. Rist, a. a. O. (wie Anm. 6), S. 155.

16 Eine Übersicht über die Entwicklung des Krankenstands bei Deutschen und
Ausländern findet sich bei Meinhard Miegel, a. a. O. (wie Anm. 6), S. 163.

17 Vgl. Friedrich Heckmann, a. a. O. (wie Anm. 6), S. 160.

18 Nach: Meinhard Miegel, a. a. O. (wie Anm. 6), S. 77 ff.; dort auch (S. 84) die
Angaben zu den Beschäftigungsschwerpunkten der einzelnen Nationalitäten.

19 Für 1973 nach: Friedrich Heckmann, a. a. O. (wie Anm. 6), S. 156; für 1991: errechnet nach: *Daten und Fakten zur Ausländersituation*, a. a. O. (wie Anm. 6), S. 21.

20 Das hat etwa – noch während die große Rationalisierungsoffensive im Verarbeitenden Gewerbe im Gang war – eine berühmt gewordene empirische, auf bundesdeutsche Betriebe bezogene Studie zweier Industriesoziologen ergeben: Horst Kern und Michael Schumann, *Das Ende der Arbeitsteilung? Rationalisierung in der industriellen Produktion: Bestandsaufnahme, Trendbestimmung*, München 1984.

21 Siehe dazu: Friedrich Heckmann, *Ethnische Minderheiten, Volk und Nation. Soziologie inter-ethnischer Beziehungen*, Stuttgart 1992, S. 79–85.

22 Das Folgende stützt sich im wesentlichen auf: »Ausländerbeschäftigung 1980 bis 1990«, a. a. O. (wie Anm. 6).

23 Das erklärt übrigens auch den inzwischen in der Tat höheren Anteil von Arbeitslosen unter den Ausländern. Dieser hat wohl kaum etwas mit einer bei Ausländern angeblich besonders verbreiteten Neigung zu tun, der Arbeit aus dem Wege zu gehen. Ausländer waren vielmehr von Arbeitslosigkeit besonders betroffen, weil sie vor allem in Bereichen arbeiteten, in denen durch die Rationalisierung dann Arbeitsplätze verlorengingen. Und danach hatten Ausländer weit geringere Chancen als Deutsche, durch Fortbildung eine neue Arbeit zu finden. – Zu den Zahlen der Arbeitslosigkeit unter Ausländern: Im Dezember 1991 waren 11.9 Prozent aller ausländischen Arbeitnehmer arbeitslos gemeldet; für Deutsche und Ausländer zusammen lag zum gleichen Zeitpunkt der Anteil der Arbeitslosen bei nur 6.5 Prozent. Vgl. *Daten und Fakten zur Ausländersituation*, a. a. O. (wie Anm. 6), S. 23.

24 »Ausländerbeschäftigung 1980 bis 1990«, a. a. O. (wie Anm. 6), S. 1473.

25 »Gastarbeiter – nützlich und gefragt, aber nicht beliebt«, in: *Industriekurier*, 12. 10. 1968, hier zitiert nach: Ulrich Herbert, a. a. O. (wie Anm. 4), S. 212.

26 Vgl. Friedrich Heckmann, a. a. O. (wie Anm. 6), S. 153. Zum Anteil der Ausländer an der Wohnbevölkerung: *Daten und Fakten zur Ausländersituation*, a. a. O. (wie Anm. 6), S. 15. 1968 machten die Ausländer 3.2 Prozent der Wohnbevölkerung aus, drei Jahre später 5.6 Prozent.

27 Dieses Bild wurde von Friedrich Heckmann geprägt. Vgl. Friedrich Heckmann, a. a. O. (wie Anm. 6), S. 163–165.

28 Ein mittelständischer Unternehmer aus Württemberg hat das Ende 1989 einmal sehr treffend formuliert. Auf die Frage eines Reporters, warum er in diesem Jahr der großen Übersiedlungsbewegung aus der DDR denn bisher noch keinen einzigen Übersiedler eingestellt habe, erwiderte er mit großer Selbstverständlichkeit und ohne jedes schlechte Nationalgewissen, es sei für ihn ganz undenkbar, auf »meinen Ali« und dessen türkische Kollegen zu verzichten.

29 Zum Folgenden: Karl Martin Bolte, Dieter Kappe und Josef Schmid, *Bevölkerung. Statistik, Theorie, Geschichte und Politik des Bevölkerungsprozesses*, Opladen 1980; Horst Klaus Recktenwald (Hg.), *Der Rückgang der Geburtenfolgen auf längere Sicht*, Mainz 1989; sowie: Roland Tichy, *Ausländer rein! Warum es kein »Ausländerproblem« gibt*, München 1990, S. 125–135.

30 Oder auch nicht. Dann etwa nicht, wenn ihnen die Vorstellung apart vorkommt, das Problem der angeblich unverbesserlich antidemokratischen Deutschen ließe sich am Ende durch deren Aussterben aus der Welt schaffen.

31 Nach: *Statistisches Jahrbuch 1991 für das vereinte Deutschland*, S. 28. Die Übersiedlerzahlen von 1962 bis 1989 nach: *Starke Städte für Deutschland und Europa*, Vorträge, Aussprachen und Ergebnisse der 26. ordentlichen Hauptversammlung des Deutschen Städtetages 1991, Stuttgart u. a. 1991, S. 162.

32 Es ist übrigens lustig zu beobachten, zu welchen Ergebnissen der Blick durch die nationalstaatlich-deutsche Brille führt, die zwar nicht die Wirtschaft, wohl aber zu beträchtlichen Teilen die Politik auf der Nase sitzen hat. Als 1989 die Zahl der Über- und Aussiedler sprunghaft anstieg, waren zahlreiche Politiker ganz begeistert. Und außer Oskar Lafontaine (der mit seinen abfälligen Äußerungen über die Aussiedler dem xenophoben Vorurteil das ebenso unsägliche germanophobe Vorurteil entgegensetzte) sahen alle nicht eine Last, sondern goldene Zeiten auf uns zukommen. Helmut Kohl sah in den deutschen Zuwanderern »einen Gewinn für unser Land«, die – so Norbert Blüm – helfen, »die Renten zu sichern«, oder die – so der Regierungssprecher, einen wichtigen Beitrag leisten werden, »um unser Sozialsystem zu sichern«. Das Bundespresseamt ließ ein Gutachten anfertigen, in dem nachgewiesen wurde, daß diese Einwanderer das Bruttosozialprodukt steigern werden. Und Elmar Pieroth befand: »Die Aus- und Übersiedler, die eigentlich alles brauchen, entfalten Nachfrage und damit Arbeitsplätze.« Zitiert nach: Roland Tichy, a. a. O. (wie Anm. 29), S. 32 f. Es bleibt ein Geheimnis all dieser Lobredner, warum ein solcher Segen von deutschen, nicht aber von ausländischen Einwanderern ausgehen soll.

Damit soll freilich nicht gesagt sein, Zuwanderung – insbesondere massive und schnelle – schaffe keine Probleme, etwa auf dem Wohnungsmarkt. Das haben Politiker der Regierungsparteien, die sonst nicht müde werden, auf die prekären Seiten der Einwanderung hinzuweisen, im vereinigungsbedingten Zustand verminderter Zurechnungsfähigkeit offenbar übersehen. Jetzt fallen ihnen die markigen Sprüche von damals auf die Füße, und sie reagieren darauf genauso kopflos und restriktiv, wie sie seit zwei Jahrzehnten schon auf die Zuwanderung Nicht-Deutscher reagieren. Um die allmählich ungehalten werdende Bevölkerung zu beruhigen, verkündete z. B. der Aussiedlerbeauftragte der Bundesregierung, Horst Waffenschmidt, Anfang August 1992, die Zahl der einreisenden Aussiedler sei inzwischen kontinuierlich rückläufig (vgl. *Frankfurter Rundschau*, 3. 8. 1992). Er vergißt jedoch zu erwähnen, daß die Bundesregierung – um Zeit zu gewinnen – ganz einfach die bürokratischen Hürden für die Ausreisewilligen aus der GUS, aus Polen und aus Rumänien erhöht hat. Die davon betroffenen knapp 600 000 potentiellen Zuwanderer tauchen so in der Statistik des Bundesinnenministeriums nicht auf. Auf heimliche Weise betreibt die Bundesregierung hier das, was sie lieber offen und nicht nur im Hinblick auf die fremden Deutschen im Osten tun sollte: Sie führt eine *Quote* ein, sie betreibt Einwanderungspolitik.

33 Vgl. Friedrich Heckmann, a. a. O. (wie Anm. 6), S. 170 f.

34 Errechnet nach: *Statistisches Jahrbuch 1991 für das vereinte Deutschland*, S. 28.

Vgl. auch Friedrich Heckmann, a. a. O. (wie Anm. 6), S. 191. Später hat die Erwerbsquote der Deutschen wieder leicht zugenommen, bedingt durch den Eintritt der geburtenstarken Jahrgänge in das Erwerbsleben. Als dieser Effekt zu schwinden begann, ist die Erwerbsquote der Deutschen durch den unerwarteten Zustrom von Aus- und Übersiedlern nach 1989 erneut vom Absinken bewahrt worden. Auch dieser nicht unerschöpfliche Zustrom wird über kurz oder lang versiegen, und fortan wird die Erwerbsquote der Deutschen erneut sinken.

35 Vgl. Meinhard Miegel, a. a. O. (wie Anm. 6), S. 115.

36 Vgl. Roland Tichy, a. a. O. (wie Anm 29), S. 91. – Auch hier könnte man übrigens, wie bei dem Anwachsen der Zahl der Angestellten, die Frage aufwerfen, ob das *nur* eine segensreiche Entwicklung war oder ob dadurch nicht auch eine – von den besten pädagogischen Motiven getragene – Entwertung und Verzerrung der Ausbildungszeit bewirkt worden ist.

37 Natürlich wurde die Arbeitszeitverkürzung auch durch Rationalisierung und Modernisierung der Produktion möglich. Sowohl in ihrer früheren arbeitskräfteintensiven wie in ihrer neueren eher dienstleistungsorientierten Phase war und ist die bundesrepublikanische Wirtschaft jedoch auch auf eine möglichst große Zahl verfügbarer Arbeitskräfte angewiesen.

38 Vgl. Meinhard Miegel, a. a. O. (wie Anm. 6), S. 116ff. Die folgenden Zahlen zum Rückgang der Arbeitsmenge der Deutschen: ebenda, S. 112.

39 Diese – nach wie vor stichhaltige – Argumentation wurde erstmals 1974 von dem damaligen Direktor des Instituts für Arbeitsmarkt- und Berufsforschung der Bundesanstalt für Arbeit, Dieter Mertens, entwickelt; vgl. Dieter Mertens, »Alternativen zur Ausländerbeschäftigung«, in: *Gewerkschaftliche Monatshefte*, 1, 1974, S. 1–10. Vgl. auch Klaus J. Bade, a. a. O. (wie Anm. 6), S. 83 f., und Friedrich Heckmann, a. a. O. (wie Anm. 6), S. 172–182.

40 Vgl. Meinhard Miegel, a. a. O. (wie Anm. 6), S. 28.

41 Zum Folgenden: Friedrich Heckmann, a. a. O. (wie Anm. 6), S. 166–169, und (aus marxistischer Sicht): Marios Nikolinakos, *Politische Ökonomie der Gastarbeiterfrage. Migration und Kapitalismus*, Reinbek 1973, S. 95–102.

42 Vgl. Roland Tichy, a. a. O. (wie Anm. 29), S. 99f.

43 Um Mißverständnisse zu vermeiden: Dabei handelt es sich keineswegs um eine zeitlose Konstante. Es scheint nur, als würden Migranten aus vorindustriellen Ländern und tayloristische Produktionsstrukturen vergleichsweise gut zusammenpassen. Sehr schlagend beweist das das Beispiel der Vereinigten Staaten. Als dort die Industrialisierung einsetzte, gab es zwar viele Farmer und eine entwickelte Mittelklasse; es fehlten aber die, die das für die Industrialisierung nötige Proletariat hätten ausmachen können. Die einheimischen, etablierten Schichten der Vereinigten Staaten kamen dafür nicht in Frage, denn ihr extremer, geradezu die Religion von Staat und Gesellschaft ausmachende Individualismus hätte sie die Arbeit in Betrieben mit Massenproduktion nicht einen einzigen Tag aushalten lassen: Sie wäre ihnen als eine antiamerikanische Hölle des alten Europa erschienen. Anders ging es dagegen den Einwanderern der zweiten großen Immigrationswelle, die in ihrer Mehrheit nicht mehr aus Nord-, sondern aus Süd- und Osteuropa kamen.

Sie entstammten vormodernen Gesellschaften, in denen der einzelne noch nicht als der Schmied seines individuellen Glücks galt und in denen die Einordnung in ein unhinterfragbares Ganzes zumindest teilweise noch selbstverständlich gewesen war. Eben deswegen waren diese Immigranten, denen ansonsten das moderne Amerika noch vollständig fremd war, fähig, sich in das Regiment der aufkommenden Massenproduktion einzupassen. Das heißt: Weil sie *vormodern* waren, paßten sie zu den damals *modernsten* Produktionsstrukturen. Vgl. dazu: John Higham, *Send These to Me. Immigrants in Urban America*, revidierte Ausgabe, Baltimore und London 1984, S. 23 ff. – Seit dieser Zeit neigen alle Einwanderungsgesellschaften dazu, die kruden, repetitiven und daher im Grunde überhaupt nicht modernen Arbeitsgänge der modernen Massenproduktion in einem beträchtlichen Umfang an Migranten abzuschieben. Es wäre jedoch auch vorstellbar, daß die – wenn man will – vormodernen Potentiale der Migration auch für anderes genutzt werden. Daß es diese Potentiale gibt, beweist z. B. die beträchtliche Zunahme von ausländischen Selbständigen in der Bundesrepublik. Mit anderen Worten: Wenn die vormodern-modernen Migranten an überalterten Arbeitsplätzen aus dem Museum der Industrialisierung landen, liegt das nur zum kleineren Teil an ihnen: Es ist vor allem die Einwanderungsgesellschaft, die nicht bereit und nicht innovativ genug ist, den Migranten andere, bessere und der gesamten Gesellschaft nützlichere Betätigungschancen zu eröffnen.

44 Roland Tichy, a. a. O. (wie Anm. 29), S. 41.

45 Zum Folgenden: Ray C. Rist, a. a. O. (wie Anm. 6), S. 36–59; Silvio Ronzani, *Arbeitskräftewanderung und gesellschaftliche Entwicklung. Erfahrungen in Italien, in der Schweiz und in der Bundesrepublik Deutschland*, Königstein/Ts. 1980, S. 62–72 und S. 199–222; Albert O. Hirschman, »›Abwanderung und Widerspruch‹: Weitere Anwendungsfelder«, in: ders., *Entwicklung, Markt und Moral. Abweichende Betrachtungen*, aus dem Amerikanischen von Joachim Milles und Hartmut Strahl, München 1989, S. 181–186.

46 Albert O. Hirschman, a. a. O. (wie Anm. 45), S. 182. Das muß jedoch nicht so sein, wie zwei historische Beispiele belegen, die Hirschman anführt. Zum einen sind die Bismarckschen wohlfahrtstaatlichen Maßnahmen, die in den achtziger Jahren des letzten Jahrhunderts einsetzten und die später in Skandinavien wie in England Nachahmung fanden, auch eine Reaktion auf die große transatlantische Auswanderung: Der Staat versuchte in dieser Zeit der sprunghaften und daher auf ein großes Arbeitskräftepotential angewiesenen Industrialisierung, der Auswanderung dadurch entgegenzuarbeiten, daß er für seine Bürger attraktiver wurde (ebenda, S. 185). Und zum andern spricht einiges dafür, daß die Abwanderung von Arbeitern in Spanien, Portugal und Griechenland »den Übergang zu einer stärker demokratischen, mehr Widerspruch zulassenden Ordnung erleichtert hat« (ebenda, S. 183).

47 1990 betrugen die Heimatüberweisungen der in der Bundesrepublik lebenden ausländischen Beschäftigten 7.45 Milliarden D-Mark. Das ist gegenüber dem Höchststand von 1984 (9 Milliarden D-Mark) ein vergleichsweise geringer Rückgang. Zu den Zahlen: *Daten und Fakten zur Ausländersituation*, a. a. O. (wie Anm. 6), S. 27.

48 Ähnliches gab es auch in Griechenland: Schon in den siebziger Jahren wurden dort Arbeitsplätze, die durch die Abwanderung freigeworden waren, mit Arbeitsmigranten aus Afrika besetzt. Vgl. Friedrich Heckmann, a. a. O. (wie Anm. 6), S. 149.

49 Und die vielen, die sich nach der Rückkehr eine selbständige Existenz aufbauen wollen, scheitern zu einem großen Teil. Die aber, die weiterhin als abhängig Beschäftigte zu arbeiten versuchen, finden – einer Umfrage des Essener Zentrums für Türkeistudien zufolge – in ihrer Mehrheit keine Arbeit, leben daher eine Zeitlang von den Zinserträgen ihrer Ersparnisse und drohen dann zu verarmen. Und so kommt es, daß fast die Hälfte aller Türken, die sich – u. a. durch die finanziellen Anreize der Bundesregierung motiviert – in den achtziger Jahren zur Rückkehr in die Türkei entschieden, heute am liebsten wieder nach Deutschland zurückkehren würden. Vgl. »Türkei-Heimkehrer wollen wieder nach Deutschland«, in: *Süddeutsche Zeitung*, 10. 8. 1992.

50 So wird argumentiert in: Karl Otto Hondrich und Claudia Koch-Arzberger, *Solidarität in der modernen Gesellschaft*, Frankfurt/M. 1992, S. 100–105.

51 Zitiert nach: Herbert Spaich, a. a. O. (wie Anm. 3), S. 171 f. Zwei Jahre später forderte Filbinger in seiner Eigenschaft als Oppositionspolitiker die Bundesregierung auf, Geldprämien an Gastarbeiter zu zahlen, die bereit seien, das Land zu verlassen. Die Bundesregierung lehnte ab – um wenig später selbst Maßnahmen in dieser Richtung vorzuschlagen. Vgl. dazu: Ray C. Rist, a. a. O. (wie Anm. 6), S. 88–90.

52 Das ließ sich zudem auch fortschrittlich-republikanisch begründen. Denn die Grundeinheit der Republik sind Individuen, nicht Gruppen (zumindest sollte es so sein). Mit diesem Argument wird denen, die als Apologeten der multikulturellen Gesellschaft gelten, also uns z. B., ein Rückfall in die Politik der Ethnizität vorgeworfen.

53 So gab es in der Bundesrepublik in den 18 Jahren von 1973 bis 1990 nur 256 000 sogenannte »Ermessenseinbürgerungen«, also gerade einmal etwas mehr als 14 200 pro Jahr. Um die Dimension zu verdeutlichen: Zu Beginn dieses Zeitraums lebten knapp vier Millionen Ausländer in der Bundesrepublik und an seinem Ende knapp 5.9 Millionen. Vgl. *Daten und Fakten zur Ausländersituation*, a. a. O. (wie Anm. 6), S. 26 und 15.

54 Die wären eine eigene Betrachtung wert. Zum einen, weil sie das erstaunliche kulturelle Adaptionsvermögen von Ausländern beweisen; zum andern, weil sie – in ihrer souveränen Mischung kultureller Elemente – zuweilen Blüten des Schrägen hervorbringen, die so manche bemühte Schöpfung unserer einheimischen, allenfalls aus Wien kommenden kulturellen Avantgardisten verblassen lassen. Was ist die *documenta*, was ist Beuys gegen die türkische Hausmeisterfamilie im deutschen Haus, die in der Adventszeit alle aufgeklärten deutschen Mieter mühelos in der Souveränität überholt, mit der sie die Fenster ihrer Wohnung mit schlittenbewehrten Nikoläusen, künstlichen Scheeflocken, Christkindern, Tannenbäumen und bunten Lichterketten zupflastert – und zwar so, daß das Ganze sehr deutsch aussieht, letztlich aber doch eher türkisch ist?

55 Der gesamte folgende Abschnitt stützt sich im wesentlichen auf die in Anmerkung 6 dieses Kapitels genannte Literatur.

56 Errechnet nach: *Daten und Fakten zur Ausländersituation*, a. a. O. (wie Anm. 6), S. 19.

57 Nach: Friedrich Heckmann, a. a. O. (wie Anm. 6), S. 189, und *Statistisches Jahrbuch 1991 für das vereinte Deutschland*, a. a. O. (wie Anm. 6), S. 72 und S. 28.

58 Die folgenden Zahlen zur Altersstruktur nach: *Statistisches Jahrbuch 1991 für das vereinte Deutschland*, a. a. O. (wie Anm. 6), S. 63; Karl Martin Bolte u. a., a. a. O. (wie Anm. 29), S. 172; Donald Vaughn, *Alte und Migration. Eine statistische Erfassung der älteren Arbeitsmigrantinnen und -migranten in Frankfurt am Main*, hg. vom Amt für Multikulturelle Angelegenheiten, Frankfurt/M., Juli 1992, S. 6 (dort die Zahlen über die Altersstruktur der ausländischen Bevölkerung im Jahre 1987) und S. 10 (dort die Zahlen über den Anteil der 55- bis 60jährigen im Jahre 1989).

59 Die Zahlen dieses Abschnitts nach: Friedrich Heckmann, a. a. O. (wie Anm. 6), S. 191; Meinhard Miegel, a. a. O. (wie Anm. 6), S. 68 ff.; *Ausländer-Daten*, a. a. O. (wie Anm. 6), S. 1; Faruk Şen, *Türkei. Land und Leute*, unter Mitarbeit von Kara Blume, München [3]1991, S. 147.

60 Vgl. Meinhard Miegel, a. a. O. (wie Anm. 6), S. 44–49. Zum Folgenden: *Statistisches Jahrbuch 1991 für das vereinte Deutschland*, a. a. O. (wie Anm. 6), S. 74; *Daten und Fakten zur Ausländersituation*, a. a. O. (wie Anm. 6), S. 18; Roland Tichy, a. a. O. (wie Anm. 29), S. 23; Ursula Pasero, *Familienkonflikte in der Migration. Eine rechtssoziologische Studie anhand von Gerichtsakten*, Wiesbaden 1990.

61 Zum Folgenden: Friedrich Heckmann, a. a. O. (wie Anm. 6), S. 194–203; vor allem aber: Werner Schiffauer, *Die Migranten aus Subay. Türken in Deutschland: eine Ethnographie*, Stuttgart 1991. Schiffauer untersucht anhand von Einzelschicksalen u. a. die Veränderung von Weltsicht und Lebensgewohnheiten nach Deutschland und Österreich ausgewanderter Türken. Wir kennen keine intensivere und gelungenere Darstellung dieses dramatischen Prozesses – die zudem den unschätzbaren Vorteil hat, daß sie ganz ohne den mitleidigen Ton auskommt, der in der Literatur über die Erfahrung der Migration sonst so verbreitet ist. Schiffauer beschreibt keine Regel, sondern Individuen, nicht *Opfer*, sondern (keineswegs immer erfolgreiche) *Handelnde*.

62 Zum Folgenden: Werner Schiffauer, a. a. O. (wie Anm. 61), S. 226–262.

63 Vgl. Roland Tichy, a. a. O. (wie Anm. 29), S. 23. Die folgenden Zahlen zur Schulsituation nach: *Daten und Fakten zur Ausländersituation*, a. a. O. (wie Anm. 6), S. 28; Amt für Multikulturelle Angelegenheiten (Hg.), *Nachrichten vom multikulturellen Schulalltag in Frankfurt: ein statistischer Bericht*, Frankfurt/M. 1991, S. 1, 2, 4 und 9.

64 Zum Folgenden: Meinhard Miegel, a. a. O. (wie Anm. 6), S. 158–171; *Daten und Fakten zur Ausländersituation*, a. a. O. (wie Anm. 6), S. 24; *Ausländer-Daten*, a. a. O. (wie Anm. 6), S. 19.

65 Etwa die legendären »Molly Maguires«, eine Geheimorganisation irischer Immigranten, die (vor allem in den siebziger Jahren des letzten Jahrhunderts) Benachteiligungen irischer Arbeiter mit Anschlägen und Morden beantwortete, die von eigens zu diesem Zweck angereisten Terrorkommandos der

Organisation ausgeführt wurden und mit denen tatsächlich die Gleich-, wenn nicht gar Besserbehandlung der irischen Arbeiter erzwungen wurde. Diese gänzlich ungreifbare Organisation konnte erst zerschlagen werden, als es gelang, Iren dafür zu gewinnen, sie zu unterwandern und auszukundschaften. Es waren übrigens diese irischen Detektive, die dann die Pinkerton-Agentur gründeten. Vgl. dazu: Louis Adamic, *Dynamit. Geschichte des Klassenkampfes in den USA (1880–1930)*, aus dem Amerikanischen von Joschka Fischer und Thomas Schmid, München 1974, S. 18–28.

66 Vgl. Everett V. Stonequist, *The Marginal Man. A Study in Personality and Culture Conflict*, New York 1961, S. 83–96 (dort auf S. 95 die berühmte Formulierung, in der der Einwanderer steht, gebe ihm manchmal das Gefühl, »daß er seine Zukunft ebenso verloren hat wie seine Vergangenheit«); und: William Isaac Thomas und Florian Znaniecki, *The Polish Peasant in Europe and America*, 2 Bände, Boston und New York 1958 (zuerst: 1918–1920). – Die folgende schöne Wendung stammt von Friedrich Heckmann, a. a. O. (wie Anm. 6), S. 239.

67 Sehr informativ dazu: *Ausländische Selbständige bilden aus. Ergebnisse eines Modellvorhabens zur Erschließung von Ausbildungsmöglichkeiten in ausländischen Betrieben*, hg. vom Bundesminister für Bildung und Wissenschaft, Bonn 1992 (Hauptautorin der Broschüre ist Heidrun Czock vom Zentrum für Türkeistudien in Essen).

68 Vgl. dazu: Andreas Goldberg, »Selbständigkeit als Integrationsfortschritt?«, in: *Zeitschrift für Türkeistudien*, Nr. 1, 1992, S. 75–92; sowie: Zentrum für Türkeistudien (Hg.), *Ausländische Betriebe in Nordrhein-Westfalen. Eine vergleichende Untersuchung zur unternehmerischen Selbständigkeit von Türken, Italienern, Griechen und Jugoslawen*, Opladen 1991.

69 Den Hinweis auf dieses schöne Beispiel, das wir frei nacherzählt haben, verdanken wir Andreas Goldberg vom Essener Zentrum für Türkeistudien. Die Arbeiten und Publikationen dieses Instituts verdienen ein größeres Interesse als das, das sie bisher erregen konnten. Die Adresse: Zentrum für Türkeistudien, Overbergstr. 27, 4300 Essen 1.

5. Kapitel
Neue Heimaten.
Szenen aus der Geschichte der Aus- und Einwanderung

1 Vgl. dazu: Elisabeth Heidenreich, »Leben in zwei Welten. Über Erfahrungen, Strategien und Aporien des Fremdseins«, Vortrag im Rahmen der Reihe »Das Eigene und das Fremde. Gespräche über multikulturelle Gesellschaft«, Frankfurt/M., 7. 5. 1992, unveröffentlichtes Manuskript.

2 »Die Fremden«, in: Michael Schulte (Hg.), *Alles von Karl Valentin*, München und Zürich 1978, S. 230 f.

3 Georg Simmel, »Exkurs über den Fremden«, in: ders., *Soziologie. Untersuchungen über die Formen der Vergesellschaftung* (1908), Berlin [4]1958, S. 509–512, die Zitate S. 509.

4 Aus: Benjamin Franklin, »Observations Concerning the Increase of Mankind and the Peopling of our Countries«, hier übersetzt nach: Hans Jürgen Wendler, *Universalität und Nativismus: Das nationale Selbstverständnis der USA im Spiegel der Einwanderungspolitik*, Phil. Diss., Hamburg 1978, im Original zitiert S. 383. – Die bäuerlichen Einwanderer aus Deutschland wurden damals, unabhängig von ihrer bestimmten Herkunft, verallgemeinernd »Palatines« (Pfälzer) genannt.

5 Zitiert nach: Klaus J. Bade, *Vom Auswanderungsland zum Einwanderungsland? Deutschland 1880–1980*, Berlin 1983, S. 112. Das Zitat stammt aus der ersten Fassung des Manifests, das später abgemildert wurde. Der Wortlaut in: *Frankfurter Rundschau*, 4.3. 1982 (Dokumentation).

6 Eines der ganz wenigen Einwanderungsländer übrigens, in dem die Migranten die einheimische Bevölkerung wirklich »überflutet« haben: Die Existenz der Vereinigten Staaten beruht auch auf der Auslöschung und Marginalisierung der indianischen Kulturen.

7 Die Zahlenangaben (die wie alle aus dieser Zeit auf Schätzungen beruhen) nach: Leonard Dinnerstein und David M. Reimers, *Ethnic Americans. A History of Immigration and Assimilation*, New York u.a. 1975, S. 2; und: Horst Dippel, *Die Amerikanische Revolution 1763–1787*, Frankfurt/M. 1985, S. 30. Das Folgende vor allem nach Dinnerstein und Reimers.

8 Vgl. dazu: Agnes Bretting, »Mit Bibel, Pflug und Büchse: deutsche Pioniere im kolonialen Amerika«, in: Klaus J. Bade (Hg.), *Deutsche im Ausland – Fremde in Deutschland. Migration in Geschichte und Gegenwart*, München 1992, S. 135–148; und: Heinrich Krohn, *Und warum habt ihr denn Deutschland verlassen? 300 Jahre Auswanderung nach Amerika*, Bergisch Gladbach 1992, S. 14–55.

9 Heinrich Krohn, a.a.O. (wie Anm. 8), S. 32.

10 Vgl. Hans Jürgen Wendler, a.a.O. (wie Anm. 4), S. 15 und 383.

11 Vgl. Heinrich Krohn, a.a.O. (wie Anm. 8), S. 52f.

12 Zitiert nach: Hans Jürgen Wendler, a.a.O. (wie Anm. 4), S. 15f.

13 Thomas Jefferson, *Betrachtungen über den Staat Virginia* (1782), hg. und eingeleitet von Hartmut Wasser, Zürich 1989, S. 331. Das übernächste Zitat: S. 197f.

14 Übersetzt nach: John Higham, *Send These to Me. Immigrants in Urban America*, revidierte Ausgabe, Baltimore und London 1984, S. 31.

15 Auch er im übrigen ähnlich inkonsequent wie mancher heutige Anhänger eines möglichst ausländerfreien Deutschland: Da die Deutschen nach den Engländern die zweitgrößte Bevölkerungsgruppe Pennsylvanias ausmachten, konnte er als Drucker auf die deutsche Kundschaft nicht verzichten. Es ist nicht ohne Ironie, daß es ausgerechnet der zeitweilige Deutschenfresser Franklin war, in dessen Betrieb die erste (und bald wieder eingegangene) deutsche Zeitschrift auf amerikanischem Boden, die *Philadelphische Zeitung*, gedruckt wurde. Vgl. Heinrich Krohn, a.a.O. (wie Anm. 8), S. 32f.

16 Das Folgende im wesentlichen nach: Christiane Harzig, »Lebensformen im Einwanderungsprozeß«, und Monika Blaschke, »›Deutsch-Amerika‹ in Bedrängnis: Krise und Verfall einer ›Bindestrichkultur‹«, beide in: Klaus J. Bade (Hg.), a.a.O. (wie Anm. 8), S. 157–170 und 170–179.

17 Vgl. dazu: Walter D. Kamphoefner, *Westfalen in der neuen Welt. Eine Sozialgeschichte der Auswanderung im 19. Jahrhundert*, Münster 1982, S. 123–155.

18 So warben z. B. deutsche Frauenvereine bei den Amerikanerinnen um Verständnis für das deutsche »Modell Hausfrau«. Vgl. Christiane Harzig, a. a. O. (wie Anm. 16), S. 170.

19 Monika Blaschke, a. a. O. (wie Anm. 16), S. 172.

20 Obwohl die meisten deutschen Einwanderer des 19. Jahrhunderts vom Land kamen und in Amerika Bauern werden wollten, blieb die Mehrheit von ihnen in den Städten.

21 Zitiert nach: Günter Moltmann (Hg.), *Aufbruch nach Amerika. Friedrich List und die Auswanderung aus Baden und Württemberg 1816/17. Dokumentation einer sozialen Bewegung*, unter Mitarbeit von Ingrid Schöberl, Tübingen 1979, S. 305; dort auch (S. 310f.) das folgende Zitat.

22 Nach: *Briefe aus Amerika. Deutsche Auswanderer schreiben aus der Neuen Welt 1830–1930*, hg. von Wolfgang Helbich, Walter D. Kamphoefner und Ulrike Sommer, München 1988, S. 126f. Dort auch (S. 134) das folgende Zitat aus dem Brief von Christian Lenz.

23 Vgl. *Briefe aus Amerika*, a. a. O. (wie Anm. 22), S. 31f. Dort auch die folgenden zitierten Briefauszüge: S. 71, 164, 165, 373, 565.

24 Zitiert nach: Walter D. Kamphoefner, a. a. O. (wie Anm. 17), S. 173.

25 Vgl. Monika Blaschke, a. a. O. (wie Anm. 16), S. 175.

26 Übersetzt nach: Leonard Dinnerstein und David M. Reimers, a. a. O. (wie Anm. 7), S. 68.

27 Das Heimweh (Nostalgia) ist seit dem 17. Jahrhundert als regelrechte Krankheit des Gemüts, insbesondere bei Soldaten, beschrieben worden. Später hat man eine ähnliche Krankheit unter Migranten auszumachen versucht (sie ist insbesondere am Beispiel von Migranten in der Schweiz untersucht worden). Und zur Politik der Vertriebenenorganisation nach dem Zweiten Weltkrieg gehörte es auch, ganz bewußt das Heimweh zu nähren: Das Heimweh sollte gewissermaßen zur Erbkrankheit der Vertriebenen werden. Vgl. dazu: Albrecht Lehmann, *Im Fremden ungewollt zuhaus. Flüchtlinge und Vertriebene in Westdeutschland 1945–1990*, München 1991, S. 77f.

28 Das Folgende im wesentlichen nach: *Allgemeine Deutsche Biographie* (1900), 45. Band, Nachdruck Berlin 1971, S. 467–469.

29 Vgl. Wilhelm von Waldbrühl, *Gedichte*, Opladen 1871. Dort ist ein ganzer Abschnitt mit »Vaterland« überschrieben (S. 146–172). Auch in den Gedichten dieses friedfertigen Kosmopoliten finden sich wütende und verächtliche Attacken auf Engländer und vor allem Franzosen.

30 *Allgemeine Deutsche Biographie*, a. a. O. (wie Anm. 28), S. 468.

31 Ein schönes Beispiel dafür, daß Loyalität der neuen Heimat gegenüber und die Erinnerung an die alte zusammengehen können, gibt Fontane in seinem autobiographischen Roman »Meine Kinderjahre«, in dem er am Anfang von der Herkunft seiner Eltern spricht. Auch zeigt er, wie sich in der Fremde noch nach mehr als hundert Jahren die Spezifika der Herkunftsregionen gehalten haben. Die Vorfahren von Vater und Mutter waren nächste Nachbarn, jedoch in einem Raum, in dem sich »zwei grundverschiedene Volksstämme

berühren« – »eine Verschiedenheit, die, völlig unbeeinflußt durch die inzwischen erfolgte Verpflanzung in's Brandenburgische, sich auch noch in meinen Eltern zeigte«: der Vater »ein großer stattlicher Gascogner voll Bonhommie, dabei ein Phantast und Humorist, Plauderer und Geschichtenerzähler«; die Mutter ein Kind der südlichen Cevennen, »eine schlanke, zierliche Frau von schwarzem Haar, mit Augen wie Kohlen, energisch, selbstsuchtslos und ganz Charakter«, von der der Vater sagte, »wäre sie in den Cevennen geblieben, so tobten die Cevennenkriege noch«. Fontane fährt ein paar Zeilen danach fort: »Gascogne und Cevennen lagen für meine Eltern, als sie geboren wurden, schon um mehr als hundert Jahre zurück, aber die Beziehungen zu Frankreich hatten Beide, wenn nicht in ihrem Herzen, so doch in ihrer Phantasie, nie ganz aufgegeben. Sie repräsentirten noch den unverfälschten Colonistenstolz.« Vgl. Theodor Fontane, *Meine Kinderjahre*, autobiographischer Roman, mit einem Nachwort von Otto Drude, Frankfurt/M. 1983, S. 21f.

32 Nach: Johannes Augel, *Italienische Einwanderung und Wirtschaftstätigkeit in rheinischen Städten des 17. und 18. Jahrhunderts*, Bonn 1971, S. 286–290.

33 Zitiert nach: Ute Knight und Wolfgang Kowalsky, *Deutschland nur den Deutschen? Die Ausländerfrage in Deutschland, Frankreich und den USA*, Erlangen, Bonn und Wien 1991, S. 131.

34 Fernand Braudel, *Das Mittelmeer und die mediterrane Welt in der Epoche Philipps II.*, 3 Bände, aus dem Französischen von Grete Osterwald, Frankfurt/M. 1990.

35 Fernand Braudel, a. a. O. (wie Anm. 34), Band 2, S. 127.

36 Fernand Braudel, a. a. O. (wie Anm. 34), Band 1, S. 486–489.

37 Fernand Braudel, a. a. O. (wie Anm. 34), Band 1, S. 228–231.

38 Fernand Braudel, a. a. O. (wie Anm. 34), Band 2, S. 102.

39 Zum Folgenden: Fernand Braudel, a. a. O. (wie Anm. 34), Band 1, S. 487, und Band 2, S. 102 und 554.

40 Zum Folgenden: Fernand Braudel, a. a. O. (wie Anm. 34), Band 2, S. 585–610.

41 Fernand Braudel, a. a. O. (wie Anm. 34), Band 2, S. 601.

42 Fernand Braudel, a. a. O. (wie Anm. 34), Band 2, S. 603 f. Die *Mudéjar*-Kunst war eine Stilrichtung, die nach dem Ende der Maurenherrschaft, vor allem im 14. und 15. Jahrhundert, vorherrschend war und in der sich abendländische und islamische Elemente vermischten. *Azulejos* (abgeleitet von span. *azulado* = bläulich) sind jene berühmten Kacheln und Fliesen, die mit das sichtbarste Zeichen für das Fortleben des islamischen Einflusses auf die iberische Kultur darstellen.

43 Vgl. dazu: W. Montgomery Watt, *Der Einfluß des Islam auf das europäische Mittelalter*, aus dem Englischen von Holger Fließbach, mit einem Vorwort von Ulrich Haarmann, Berlin 1988, insbesondere S. 31–33.

44 Zitiert nach: Fernand Braudel, a. a. O. (wie Anm. 34), Band 2, S. 607f.; dort auch (S. 609) das folgende Beispiel.

45 Vgl. Fernand Braudel, a. a. O. (wie Anm. 34), Band 1, S. 307f.

46 Zum Folgenden: Heinz Duchhardt, »Glaubensflüchtlinge und Entwicklungshelfer: Niederländer, Hugenotten, Waldenser, Salzburger«, in: Klaus J. Bade

(Hg.), a. a. O. (wie Anm. 8), S. 278–287; und Heinz Schilling, *Niederländische Exulanten im 16. Jahrhundert. Ihre Stellung im Sozialgefüge und im religiösen Leben deutscher und englischer Städte*, Gütersloh 1972; dort zu Frankfurt am Main: S. 52–59, S. 125–134 und S. 152–155.

47 Zu den Hugenotten in Berlin: Eckart Birnstiel und Andreas Reinke, »Hugenotten in Berlin«, in: Stefi Jersch-Wenzel und Barbara John (Hg.), *Von Zuwanderern zu Einheimischen. Hugenotten, Juden, Böhmen, Polen in Berlin*, Berlin 1990, S. 13–152; zu den Hugenotten im Kasseler Raum: Jochen Desel und Walter Mogk, *Wege in eine neue Heimat. Fluchtberichte von Hugenotten aus Metz*, Lahr-Dinglingen 1987.

48 Vgl. Gerhard Florey, *Geschichte der Salzburger Protestanten und ihrer Emigration 1731/32*, Wien 1977.

49 Heinz Schilling, a. a. O. (wie Anm. 46), S. 55.

50 Damit soll nicht gesagt sein, in der Zwischenzeit sei Frankfurt keine Stadt der Fremden gewesen. Entgegen aller verbreiteten Überzeugung von der geringen Mobilität vormoderner Zeiten würde etwa eine Analyse der Frankfurter Bevölkerungsstruktur im 18. Jahrhundert vermutlich ergeben, daß die Zugezogenen (etwa die große Zahl der Dienstmädchen, die nicht selten aus 400 Kilometer entfernten Dörfern stammten) insgesamt weit mehr als ein Viertel der Gesamtbevölkerung ausmachten. Für diesen Hinweis danken wir Rebekka Habermas.

51 Heinz Schilling, a. a. O. (wie Anm. 46), S. 56; dort auch das folgende Zitat.

52 Beide Zitate: Heinz Schilling, a. a. O. (wie Anm. 46), S. 129.

53 Das Schicksal, das die Stadt Köln ihren niederländischen Exulanten bereitete, ist ganz besonders abstrus. Obgleich die Niederländer den Mächtigen der Stadt von Anfang an ein Dorn im Auge waren, wurden die Fremden eine Zeitlang ausgerechnet von Teilen des Handwerks gestützt, das die technische Überlegenheit der Zugewanderten (insbesondere in der Seidenproduktion) neidlos anerkannte und – wie in mehreren Petitionen festgehalten – bereit war, von ihnen in Kooperation zu lernen. Dennoch erzwang der Rat der Stadt mit marodierenden Strafexpeditionen gegen die Werkstätten der Niederländer und dann mit expliziten Verboten deren schließlichen Wegzug. Dazu trug natürlich nicht zuletzt der militant gegenreformatorische Geist bei, der damals die städtische Obrigkeit prägte und der die Anwesenheit von »Ketzern« in den Mauern der Stadt für untragbar hielt. Vgl. dazu: Heinz Schilling, a. a. O. (wie Anm. 46), S. 59–65.

54 Johann Wolfgang Goethe, *Dichtung und Wahrheit* (Band 4, 17. Buch), in: ders., *Sämmtliche Werke in vierzig Bänden*, Stuttgart und Tübingen 1840, 22. Band, S. 329.

55 Zum Folgenden: Anton Schindling, »Bei Hofe und als Pomeranzenhändler: Italiener im Deutschland der frühen Neuzeit«, in: Klaus J. Bade (Hg.), a. a. O. (wie Anm. 8), S. 287–294; vor allem aber: Johannes Augel, a. a. O. (wie Anm. 32), insbesondere S. 140–143, S. 260–278, S. 282–306; alle folgenden Zitate sind diesem Buch entnommen.

56 Dagegen gelang den Italienern in katholischen Städten wie Mainz, Koblenz und Köln die Integration sehr viel schneller. Wo immer die Einwanderung

zur Koexistenz unterschiedlicher religiöser Bekenntnisse führt, erschwert das zusätzlich die Integration. Zuweilen handelt es sich hier um einen verschobenen Konflikt: Das Religiöse wird benannt, gemeint ist aber z. B. das Problem der wirtschaftlichen Konkurrenz. Dennoch wäre es ganz falsch, religiöse Konflikte als nur »ideologische« und als Ausdruck »falschen Bewußtseins« abzutun. Im Gegenteil: Der religiöse Konflikt dauert, weil sehr tief sitzend, meist dann noch an, wenn die wirtschaftlichen und auch die anderen kulturellen Konflikte längst entschärft sind.

57 1722 forderten die eingesessenen Gewürzkrämer und Spezereihändler sogar, man solle einheimischen Bürgerstöchtern und -witwen, die einen Italiener heiraten, das Bürgerrecht aberkennen. Vgl. Johannes Augel, a. a. O. (wie Anm. 32), S. 268.

58 Um Mißverständnissen vorzubeugen: Wir machen uns über diese Abwehr der Einheimischen keineswegs lustig. Die gewerbliche Modernisierung, die durch die Italiener ausgelöst wurde (die zudem in der Regel nicht eben rücksichtsvoll mit den in ihrer neuen Heimat vorgefundenen Besitzständen umgingen), hat natürlich das soziale Gefüge der Stadt erschüttert, viele bisher gültige Sicherheiten außer Kraft gesetzt und zahlreichen wohlhabenden wie weniger wohlhabenden Familien wirtschaftlich außerordentlich geschadet. In diesem Fall der Einwanderung waren vor allem die Einheimischen »Modernisierungsverlierer«.

59 Ein markantes Detail am Rande: Um die unerwünschten Italiener daran zu hindern, in Deutschland nur kurzfristig zum Gelderwerb zu bleiben, wurden sie in manchen Städten (etwa in Heidelberg oder Mannheim) per Dekret gezwungen, ihre Frauen und Kinder binnen einer genau festgesetzten Frist »anhero kommen zu lassen«: Vgl. Johannes Augel, a. a. O. (wie Anm. 32), S. 292. Auch hier schon: Die Furcht vor den Fremden führt zum Familiennachzug, der die Fremden erst recht zu Einheimischen machen wird. – Ein Unterschied gegenüber heute fällt jedoch auf: Nirgendwo wurde damals der Familiennachzug mit dem Argument kritisiert, er führe zur ethnischen »Überfremdung« der Deutschen. Diese Furcht vor der »Überfremdung« ist ein Produkt der späteren nationalen Epoche. Ethnisch oder gar rassisch begründete Xenophobie war den Menschen des vornationalen Zeitalters fremd.

60 Zitiert nach: Johannes Augel, a. a. O. (wie Anm. 32), S. 306.

61 Vgl. Werner Sombart, *Der moderne Kapitalismus. Historisch-systematische Darstellung des gesamteuropäischen Wirtschaftslebens von seinen Anfängen bis zur Gegenwart*, erster Band, zweiter Halbband, München und Leipzig ⁴1921, S. 891.

62 Vgl. Werner Köllmann, *Bevölkerung in der industriellen Revolution, Studien zur Bevölkerungsgeschichte Deutschlands*, Göttingen 1974, S. 112f.

63 Diese liberale Haltung kostete List drei Jahre später seine Tübinger Professur. Als Abgeordneter der Württemberger Kammer wurde er 1822 wegen angeblicher staatsfeindlicher »Aufreizung« zu Festungshaft verurteilt, der er sich durch die Flucht nach Frankreich entzog. Aus Straßburg ausgewiesen, ging er in die Schweiz, wo er nur unter Mühen das Aufenthaltsrecht erhielt. In der Hoffnung, vom König begnadigt zu werden, kehrte er nach Württemberg zurück, wurde dort jedoch auf die Festung Hohenasperg verbracht und nur

gegen das Versprechen freigelassen, nach Amerika auszuwandern. 1825 bis 1832 lebte er in den Vereinigten Staaten und betätigte sich dort als Farmer, Journalist, Schriftsteller und erfolgreicher Unternehmer.

64 Zitiert nach: Günter Moltmann (Hg.), a. a. O. (wie Anm. 21), S. 175; dort der gesamte Text des Berichts: S. 175–187.

65 Das Folgende nach: Wilfried Pabst, »Subproletariat auf Zeit: deutsche ›Gastarbeiter‹ im Paris des 19. Jahrhunderts«, in: Klaus J. Bade (Hg.). a. a. O. (wie Anm. 8), S. 263–268.

66 Das Folgende vor allem nach: Klaus J. Bade, a. a. O. (wie Anm. 5), S. 17–27; und: Leonard Dinnerstein und David M. Reimers, a. a. O. (wie Anm. 7), S. 10.

67 Das blieben übrigens noch ziemlich lange die Ziele der deutschen Auswanderungspolitik. Von 1928 an erschien eine diesem Thema gewidmete Zeitschrift, das *Archiv für Wanderungswesen. Studien und Mitteilungen zur Wanderungsbewegung der Kulturvölker*, dessen Herausgeber Hugo Grothe zugleich Leiter der »Mitteldeutschen Auswandererberatungsstelle« war. Die Zeitschrift enthielt neben ausgezeichneten Artikeln zu Einzelproblemen der Migration immer wieder weitschweifige Aufsätze, die bemüht waren, die – in der Zeit der Weimarer Republik wieder leicht ansteigende – Auswanderung der Deutschen in den Kontext von Siedlungs- und Kolonisierungspolitik zu stellen. Exemplarisch dazu das Editorial »Zur Einführung« des Herausgebers: *Archiv für Wanderungswesen*, 1. Jahrgang, 1. Heft, April 1928, S. 1–7.

68 Das Folgende vor allem nach: Karl Martin Bolte, Dieter Kappe und Josef Schmid, *Bevölkerung. Statistik, Theorie, Geschichte und Politik des Bevölkerungsprozesses*, Opladen 1980, S. 77–82; und Wolfgang Köllmann, a. a. O. (wie Anm. 62).

69 Wolfgang Köllmann, a. a. O. (wie Anm. 62), S. 37.

70 Der Prozeß der Land-Stadt-Wanderung wird meist als ein Prozeß beschrieben, der die Wandernden in die proletarische Existenz treibt. Für die vergleichsweise späte Fernwanderung aus Nordostdeutschland ist das sicher im großen und ganzen zutreffend. Aber es gab auch deutliche Gegentendenzen, die einmal mehr darauf hinweisen, daß Migranten oft auch Innovatoren sind. So zeigte z. B. die Berufs- und Betriebszählung von 1907, »daß in den Großstädten der ›bürgerliche‹ Anteil, d. h. der Anteil der Selbständigen, Angestellten, Beamten und freien Berufe, innerhalb der Binnenzuwanderer häufig höher ist als innerhalb der Ortsgebürtigen selbst«; Wolfgang Köllmann, a. a. O. (wie Anm. 62), S. 39.

71 Zum Folgenden: Christoph Kleßmann, *Polnische Bergarbeiter im Ruhrgebiet 1870–1945. Soziale Integration und nationale Subkultur einer ethnischen Minderheit in der deutschen Industriegesellschaft*, Göttingen 1978; Christoph Kleßmann, »Einwanderungsprobleme im Auswanderungsland: das Beispiel der ›Ruhrpolen‹«, in: Klaus J. Bade (Hg.), a. a. O. (wie Anm. 8), S. 303–310; Ralf Karl Oenning, »Als Schimanski noch Polak war...«, in: *Passage für Kunst und Politik*, Nr. 1, 1992, S. 17–29.

72 Die Furcht vor den Polen war ein verbreiteter Topos im Wilhelminischen Deutschland. Sie betraf nicht nur das Ruhrgebiet, sondern vor allem auch

den deutschen Osten. Vgl. dazu. Klaus J. Bade, »›Kulturkampf‹ auf dem Arbeitsmarkt; Bismarcks ›Polenpolitik‹ 1885–1890«, in: Otto Pflanze (Hg.), *Innenpolitische Probleme des Bismarck-Reiches*, München und Wien 1983, S. 121–142.

73 Vgl. Friedrich Heckmann, *Die Bundesrepublik: Ein Einwanderungsland? Zur Soziologie der Gastarbeiterbevölkerung als Einwandererminorität*, Stuttgart 1981, S. 147.

74 Es hat ernst zu nehmende Versuche gegeben, diesen Prozeß als die Entstehungsgeschichte eines neuen Volkes zu beschreiben. Vgl. etwa: Wilhelm Brepohl, *Der Aufbau des Ruhrvolkes im Zuge der Ost-West-Wanderung*, Recklinghausen 1948.

75 Zitiert nach: Ralf Karl Oenning, a. a. O. (wie Anm. 71), S. 18.

76 Zitiert nach: Ralf Karl Oenning, a. a. O. (wie Anm. 71), S. 21.

77 Das Folgende nach: Detlef Brandes, »Die Deutschen in Rußland und in der Sowjetunion«, in: Klaus J. Bade (Hg.), a. a. O. (wie Anm. 8), S. 85–134. Vgl. auch: Klaus D. Schulz-Vobach, *Die Deutschen im Osten. 1000 Jahre Siedlungs- und Kulturgeschichte*, Hamburg 1989.

78 Die beiden Zitate nach: Detlef Brandes, a. a. O. (wie Anm. 77), S. 124.

79 Das Folgende nach: Paul Traeger, *Die Deutschen in der Dobrudscha, zugleich ein Beitrag zur Geschichte der deutschen Wanderungen in Osteuropa*, Stuttgart 1922. Die Entstehungsgeschichte dieser ersten und bisher einzigen Arbeit über die Deutschen in der Dobrudscha ist bemerkenswert. Der Autor, Mitglied des »Deutschen Ausland-Instituts«, beantragte bei diesem während des Ersten Weltkriegs, »die durch die kurz vorher erfolgte deutsche Besetzung der Dobrudscha geschaffene günstige Gelegenheit zu einer Erforschung der dortigen deutschen Ansiedlungen zu benutzen«. So kam er im Troß der deutschen Armee 1917/18 dreimal in die Dobrudscha, wo er zuerst archäologischen Studien nachging, dann aber eine genaue Untersuchung sämtlicher deutscher Siedlungen und ihrer Geschichte anfertigte, die er selbst als ethnographisch bezeichnete. Alle von ihm beschriebenen Dörfer hat er selbst besucht, und mit allen Deutschen, derer er habhaft werden konnte, hat er umfangreiche Gespräche geführt.

80 Paul Traeger, a. a. O. (wie Anm. 79), S. 17.

81 Freilich mit bemerkenswerten Ausnahmen. Eine von ihnen begann mit der Meuterei auf dem Panzerkreuzer Potemkin 1905. Das Schiff war nach Constanţa geflohen, von wo aus 22 deutsche und mit ihnen einige russische Besatzungsmitglieder zu den Deutschen in die Dobrudscha gingen und dort blieben. Einer der Russen heiratete eine Deutsche und nahm sogar deren Familiennamen an. Vgl. Paul Traeger, a. a. O. (wie Anm. 79), S. 86.

82 Paul Traeger, a. a. O. (wie Anm. 79), S. 25; die drei folgenden Zitate: S. 25, 85 und 80.

83 Zum Banat, auf das wir hier nicht eingehen können: Anton Valentin, *Die Banater Schwaben. Kurzgefaßte Geschichte einer südostdeutschen Volksgruppe, mit einem volkskundlichen Anhang*, München 1959. Dieses Buch ist zwar in einem ziemlich eigentümlichen und oft auch chauvinistischen Ton geschrieben, enthält aber eine solide Darstellung der Geschichte der Banater Schwaben (die

natürlich sowenig Schwaben waren, wie die Siebenbürger Sachsen tatsächlich Sachsen waren).

84 Das folgende nach: Annemarie Schenk, *Deutsche in Siebenbürgen. Ihre Geschichte und Kultur*, München 1992, und: *Quellen zur Geschichte der Siebenbürger Sachsen 1191–1975*, gesammelt und bearbeitet von Ernst Wagner, Köln und Wien 1976.

85 Freilich kam es auch vor, daß einzelne Minderheiten die Kraft besaßen, sich dem zu entziehen. So etwa die Deutschen in Ungarn, die im 19. Jahrhundert das Programm einer »deutschungarischen Gemeinbürgerschaft« formulierten und damit eine Verbindung zwischen ungarischem Staatspatriotismus und deutscher kultureller Identität herzustellen versuchten. Die Deutschen in Ungarn wurden im 19. Jahrhundert von der deutschen Nationalbewegung *nicht* erfaßt. Das bekamen noch die Nazis während des Zweiten Weltkriegs zu spüren: Es gelang ihnen nicht, die deutsche Minderheit in Ungarn gänzlich »gleichzuschalten«. Vgl. dazu: Günter Schödl, »Die Deutschen in Ungarn«, in: Klaus J. Bade (Hg.), a. a. O. (wie Anm. 8), S. 70–84.

86 Zitiert nach: *Quellen zur Geschichte der Siebenbürger Sachsen*, a. a. O. (wie Anm. 84), S. 202.

87 Zitiert nach: *Quellen zur Geschichte der Siebenbürger Sachsen*, a. a. O. (wie Anm. 84), S. 210; das folgende Zitat: S. 211.

6. Kapitel:
Das Recht auf Zuflucht.
Über alte wie neue Fluchtbewegungen, Asylmißbrauch und das Prinzip der Generosität

1 Vgl. Albrecht Lehmann, *Im Fremden ungewollt zuhaus. Flüchtlinge und Vertriebene in Westdeutschland 1945–1990*, München 1991, S. 15.

2 Interview mit *Rheinische Post*, zitiert nach: *Frankfurter Rundschau*, 5. 3. 1992.

3 *Frankfurter Allgemeine Zeitung*, 29. 7. 1992, S. 3. Der Gerechtigkeit halber sei hinzugefügt, daß das für die *FAZ* nicht repräsentativ ist: Die Karikaturen der Zeitung liegen meist sehr tief unter dem sonstigen Niveau des Blattes.

4 Das folgende nach: Bernhard Landwehr, »Wie Schnitzel auf dem Boden die Volksseele erhitzten«, in: *Süddeutsche Zeitung*, 4. / 5. 7. 192, und: Horst Dieter Wenzel, »Haß gärt um Mannheims Flüchtlingsfestung«, in: *Frankfurter Rundschau*, 6. 6. 1992.

5 Zitiert nach: Klaus J. Bade, *Vom Auswanderungsland zum Einwanderungsland? Deutschland 1880–1980*, Berlin 1983, S. 166.

6 Das ist zugegebenermaßen oft ein Drahtseilakt. Wie man es auf jeden Fall aber nicht machen soll, dafür hat der SPD-Politiker Wolfgang Thierse nach den nicht nur asylbewerber-, sondern generell ausländerfeindlichen Ausschreitungen von Rostock im August 1992 ein Beispiel gegeben. Im ARD-»Brennpunkt« vom 26. 8. 1992 verurteilte er natürlich die Ausschreitungen, ging nach dieser knappen Bemerkung dann aber viel zu schnell dazu über, in allgemeiner Form über die Zurücksetzung der Bevölkerung der ehemaligen

DDR und obendrein über die nationale Frage zu philosophieren. Nicht einer seiner Sätze ließ erkennen, daß er auch nur den Versuch unternommen hätte, sich mit ähnlicher Feinfühligkeit in die Situation der *Opfer* von Rostock hineinzudenken. Wo aber Menschenleben aufs Spiel gesetzt werden, muß am Anfang jedes Diskurses die Parteinahme für die Opfer und nicht das soziologische Verständnis für die Täter stehen.

7 Karl Otto Hondrich und Claudia Koch-Arzberger, *Solidarität in der modernen Gesellschaft*, Frankfurt/M. 1992, S. 103.

8 Hans Joachim von Merkatz, zu Beginn der Einführung von: ders. (Hg.), *Völkerwanderung heute. Zum 70. Geburtstag von Peter Paul Nahm*, Bielefeld 1971, S. 10.

9 Die folgenden Beispiele aus: Albrecht Lehmann, a. a. O. (wie Anm. 1).

10 Albrecht Lehmann, a. a. O. (wie Anm. 1), S. 44.

11 S. Neuhold, *Die Kriminalität der Flüchtlinge*, Diss. jur., Köln 1948.

12 Vgl. Albrecht Lehmann, a. a. O. (wie Anm. 1), S. 171. Überliefert hat die Episode ein Schüler Czajas, der Historiker Lutz Niethammer.

13 Um die Dimensionen zu verdeutlichen: 1939 gab es in Bayern noch 1424 Gemeinden, die konfessionell völlig homogen waren – 1950 keine einzige mehr. Vgl. Albrecht Lehmann, a. a. O. (wie Anm. 1), S. 235. Das folgende Beispiel: ebenda, S. 175.

14 Otto Kimminich, *Asylrecht*, Berlin und Neuwied 1968, S. 8.

15 Zum folgenden sehr ausführlich: Hans Tremmel, *Grundrecht Asyl. Die Antwort der Sozialethik*, Freiburg, Basel und Wien 1992, S. 3–53.

16 Vgl. *Ewiger Friede? Dokumente einer deutschen Diskussion um 1800*, hg. von Anita und Walter Dietze, Leipzig und Weimar 1989; darin Kants Schrift S. 82–115.

17 Vgl. dazu und zum folgenden: Theodor Veiter, *Geschichte der Flüchtlingsforschung. 40 Jahre AER/AWR-Vaduz*, Wien 1991, S. 11–13; und: Hans Tremmel, a. a. O. (wie Anm. 15), S. 59–61.

18 Dies und das Folgende nach: Hans Tremmel, a. a. O. (wie Anm. 14), S. 89–95; und: Ursula Münch, *Asylpolitik in der Bundesrepublik Deutschland. Entwicklung und Alternativen*, Opladen 1992, S. 13–16.

19 Ursula Münch, a. a. O. (wie Anm. 18), S. 15.

20 Zum Folgenden: Ursula Münch, a. a. O. (wie Anm. 18), S. 17–21; und: Hans Tremmel, a. a. O. (wie Anm. 15), S. 61–64.

21 Nicht nur der Sozialdemokrat Carlo Schmid, sondern auch Christdemokraten, etwa der Abgeordnete Hermann von Mangoldt, argumentierten in dieser Richtung.

22 Sibylle Tönnies, »Kann Asyl ein Recht sein?«, in: *Zeitschrift für Rechtspolitik*, Heft 2, 1992, S. 42–44, das Zitat S. 43.

23 Manche Anhänger des Asylrechts halten dem entgegen, es müßte eben klarere Richtlinien und mehr Personal geben. Das ist mehr als naiv: Mit solchen Mitteln ist noch keine Bürokratie gezähmt worden.

24 Vgl. Andrea Böhm, »Kleine Geschichte des Asylmißbrauchs«, in: *Die Deutschen und die Fremden. Aus dem Alltag eines Einwanderungslandes*, taz-Journal, Frankfurt/M. 1992, S. 8.

25 Die genauen Angaben bei: Ursula Münch, a. a. O. (wie Anm. 18), S. 224.

26 Ausführlich dazu: Peter J. Opitz, *Das Weltflüchtlingsproblem. Ursachen und Folgen*, München 1988.

27 Vgl. dazu: Rainer Münz, »Völker unterwegs. Ein zeitgeschichtlicher Abriß der Massenmigration im Europa des 20. Jahrhunderts«, in: Wolfgang Müller Funk (Hg.), *Neue Heimaten – neue Fremden*, Wien 1992, S. 79–91, insbesondere S. 86 f.

28 Zum folgenden: Peter J. Opitz, a. a. O. (wie Anm. 26); die Zahlen des »World Refugee Survey«, dort im Anhang (S. 228–234).

29 Um die Beschleunigung mancher Flüchtlingsbewegungen zu verdeutlichen: Fünf Jahre später, im Sommer 1992, überschritt die Zahl der von Mosambik nach Malawi Geflohenen die Millionengrenze; insgesamt hat Malawi 8.5 Millionen Einwohner! Vgl. *Frankfurter Rundschau*, 31. 7. 1992.

30 Nach Angaben des UN-Sondergesandten für die Rückführung afghanischer Flüchtlinge, Nicholas Morris. Vgl. *Frankfurter Rundschau*, 1. 8. 1992. Es könnte gut sein, daß der erbitterte Kampf zwischen den islamischen Fraktionen bald erneut zu Fluchtbewegungen aus Afghanistan führt. (Insbesondere wenn man die ethnische Zersplitterung Afghanistans berücksichtigt. Die afghanische Bevölkerung besteht zu 43 Prozent aus Pashtunen und zu etwa 28 Prozent aus Tadschiken; die restlichen 29 Prozent verteilen sich auf elf Ethnien, und die Gebiete, in denen Angehörige mehrerer Ethnien leben, sind beträchtlich. Vgl. *Frankfurter Allgemeine Zeitung*, 6. 5. 1992.) In vielen Ländern der Welt wird es noch lange so bleiben: Das Ende einer Diktatur beendet oft nicht die Verfolgung, sondern führt nur dazu, daß der verfolgte Personenkreis ausgewechselt wird. Auch darauf muß sich die europäische Asylpolitik einstellen.

31 Die Zahlen nach: Ursula Münch, a.a,O. (wie Anm. 18), S. 224; und für die Zahl von 1991: Auszug aus der Geschäftsstatistik des Bundesamtes in Zirndorf, Stand 31. 12. 1991.

32 Das folgende vor allem nach: Hans-Ingo von Pollern, »Die Entwicklung der Asylbewerberzahlen im Jahre 1990«, in: *Zeitschrift für Ausländerrecht und Ausländerpolitik*, Heft 2, 1991, S. 78–85.

33 Alain Minc, *Die Wiedergeburt des Nationalismus in Europa*, aus dem Französischen von Ilonka Bertheau, Hamburg 1992, S. 159.

34 Nach Rita Neubauer, »In der Karibik endet jeder zehnte Fluchtversuch tödlich«, in: *Frankfurter Rundschau*, 1. 8. 1992.

35 Roland Tichy, *Ausländer rein! Warum es kein »Ausländerproblem« gibt*, München und Zürich 1990, S. 74; das folgende Zitat: ebenda, S. 75.

36 Zitiert nach: *Frankfurter Rundschau*, 16. 3. 1992.

37 Klaus Natorp, »Eine Welt auf Wanderschaft«, in: *Frankfurter Allgemeine Zeitung*, 7. 5. 1992.

38 Nach: Klaus Wittmann, »Mut zur Hilfe. Wie ein Dorf im Allgäu seine Asylbewerber schützt«, in: *Die Zeit*, Nr. 45, 1. 11. 1991.

39 Nach: Philipp Maußhardt, »Die Albaner bleiben. Eine kleine Gemeinde setzt sich durch«, in: *Die Zeit*, Nr. 11, 6. 3. 1992.

7. Kapitel
Kommunikation und Kleinkrieg.
Das Amt für Multikulturelle Angelegenheiten in Frankfurt

1 Zitiert nach: Ute Knight und Wolfgang Kowalsky, *Deutschland nur den Deutschen? Die Ausländerfrage in Deutschland, Frankreich und den USA*, Erlangen, Bonn und Wien 1991, S. 161.

2 Dieses Kapitel beruht zum größten Teil auf den Erfahrungen des Amtes für Multikulturelle Angelegenheiten. Wir danken dessen Mitarbeitern und Mitarbeiterinnen, insbesondere Rosi Wolf-Almansreh.

3 Zitiert nach dem internen Papier über die rot-grünen Koalitionsvereinbarungen, Frankfurt/M. 1989, S. 33.

4 Zitiert nach dem Entwurf des Berichts »Zweieinhalb Jahre Amt für Multikulturelle Angelegenheiten«, zusammengestellt von Rosi Wolf-Almanasreh mit Unterstützung der Mitarbeiterinnen und Mitarbeiter des Amtes für Multikulturelle Angelegenheiten, Sommer 1992.

5 Vgl. den Antrag der CDU-Fraktion im Römer vom 6.6.1990.

6 Vgl. Claus Leggewie, *Multi Kulti. Spielregeln für die Vielvölkerrepublik*, Berlin 1990, S. 46–68.

7 Vgl. »Die Kriminalität in der Bundesrepublik«, Bulletin des Presse- und Informationsamtes der Bundesregierung, Nr. 56, 29.5.1992, S. 529.

8 Michael Walter, »Ausländerkriminalität gestern – heute – morgen«, in: Bundeskriminalamt (Hg.), *Ausländerkriminalität in der Bundesrepublik Deutschland*, Arbeitstagung des Bundeskriminalamtes Wiesbaden vom 18.-21. Oktober 1988, Wiesbaden 1988, S. 75. Die folgende Darstellung stützt sich vor allem auf diesen Beitrag.

9 Michael Walter, a. a. O. (wie Anm. 8), S. 77.

10 Peter-Alexis Albrecht und Christian Pfeiffer, *Die Kriminalisierung junger Ausländer. Befunde und Reaktionen sozialer Kontrollinstanzen*, München 1979, S. 47.

11 Dazu gibt es eine bemerkenswerte Parallele aus den fünfziger Jahren. Auch Flüchtlingskindern, die ja immerhin Deutsche waren, konnte es ganz ähnlich ergehen. So kam es vor, daß ein Flüchtlingskind auf dem Schulhof Prügel bezog, weil es nicht den Dialekt der Einheimischen sprach – um wenig später zu Hause erneut verprügelt zu werden, weil es die Familiensprache des Ostens nicht mehr sprechen konnte oder wollte.
  Und ein anderes Beispiel belegt, daß die Kinder von Migranten nicht zwischen *zwei*, sondern oft zwischen *drei* Kulturen zu vermitteln haben. So gingen, wie ein Augenzeuge berichtete, in den fünfziger Jahren zwei Kinder von Flüchtlingen aus dem Böhmerwald, die in einer Barackensiedlung nahe dem hessischen Wetzlar lebten, nach Hause: Auf dem Weg sprachen sie untereinander reinstes Hessisch, gingen bei der Ankunft an der Baracke ins Hochdeutsche über, um beim Eintreten ins Böhmerwäldische überzuwechseln! Vgl. Werner F. Leopold, »Das Deutsch der Flüchtlingskinder«, in: *Zeitschrift für Mundartforschung*, 28. Jahrgang, Heft 4, 1962, S. 289–310, die Beispiele S. 291 und 303.

12 Quelle: Internationales Jugendzentrum, Frankfurt 1986.

13 *Daten und Fakten über Jugendliche ohne abgeschlossene Berufsausbildung*, hg. vom Bundesminister für Bildung und Wissenschaft, Bonn 1991.

14 Vgl. W. Heidemann, »Trendwende in der Qualifizierung? Alte Probleme und neue Herausforderungen«, in: *Gewerkschaftliche Monatshefte*, Heft 7/8, 1989, S. 209–220.

15 Vgl. dazu eine von höchst offizieller Stelle herausgegebene Broschüre: *Ausländische Selbständige bilden aus. Ergebnisse eines Modellvorhabens zur Erschließung von Ausbildungsmöglichkeiten in ausländischen Betrieben*, hg. vom Bundesminister für Bildung und Wissenschaft, Bonn 1992 (Hauptautorin der Broschüre ist Heidrun Czock vom Zentrum für Türkeistudien in Essen).

16 Vgl. dazu: Hessisches Schulgesetz vom 17. 6. 1992.

17 *Nachrichten vom multikulturellen Schulalltag in Frankfurt: ein statistischer Bericht*, Frankfurt/M. 1991, S. 2.

18 Zitiert nach: »Prävention von Verwahrlosung und Kriminalität – Herbeiführen von Chancengleichheit und Integration«, Sophienschule Frankfurt am Main, 1992, unveröffentlichtes Manuskript, S. 9.

19 *Nachrichten vom multikulturellen Alltag in Frankfurt,* a. a. O. (wie Anm. 17), S. 7 und 9.

20 Werner Schiffauer, *Die Migranten aus Subay. Türken in Deutschland: Eine Ethnographie,* Stuttgart 1991, S. 120–160 (»Yasar: Der Werdegang eines Fundamentalisten«).

21 Vgl. Tahar Ben Jelloun, »Die lange Suche nach der eigenen Identität«, in: *Die neue Völkerwanderung*, Sonderausgabe von *die tageszeitung*, 8. 6. 1991, S. 88 f.

22 Dan Nitescu, »Frankfurt – Die multikulturelle Stadt?«, in: *Pflasterstrand*, Nr. 3, 1990, S. 36–42.

8. Kapitel
Weder Ausgrenzung noch Assimilation.
Der Weg der multikulturellen Demokratie

1 Vgl. dazu die informative Untersuchung: Rolf Lindner, *Die Entdeckung der Stadtkultur. Soziologie aus der Erfahrung der Reportage*, Frankfurt/M. 1990.

2 Robert Ezra Park, *Race and Culture*, Glencoe/Ill. 1950 (insbesondere die Teile II bis IV, S. 81–392).

3 Über Nacht populär wurde das Bild vom *melting pot* durch das Melodram »The Melting Pot«(1908) des jüdischen Autors Israel Zangwill, das geradezu eine Apotheose des Wegs der Assimilation darstellte. Wie sehr sich hier der Wunsch gegen die Wirklichkeit durchsetzte, macht ein achtzig Jahre später erschienenes Buch sehr deutlich: Saul Bellows Novelle »The Bellarosa Connection« handelt davon, daß den Juden in Amerika – allen Bemühungen zum Trotz – die Integration doch nicht wirklich gelungen ist. Vgl. Saul Bellow, *Bellarosa Connection*, aus dem Anerikanischen von Helga Pfetsch, Köln 1992. – Zur Geschichte der Juden in den Vereinigten Staaten: Arthur Herzberg, *Shalom, Amerika! Die Geschichte der Juden in der Neuen Welt*, aus dem Amerikanischen von Sylke Tempel, München 1992.

4 Heute in den Vereinigten Staaten etwa in Form der PC-Debatte, in der ethnische und andere Minderheiten z.T. militant die »political correctness« der
Institutionen und der Gesellschaft einklagen. Hier wird versucht, den Min-
derheitenstatus in ein Privileg umzumünzen: Weil sie unterdrückt sind, sollen
Minderheiten besondere Rechte eingeräumt werden, und vor allem sollen sie
das Privileg besitzen, sich nicht an den gesellschaftlichen Konsens halten zu
müssen. Nicht selten agieren die Vertreter der »political correctness« als eine
Art Gedankenpolizei. So kann es vorkommen, daß ein Hochschullehrer, der
in einer Lehrveranstaltung dem sehr realen Problem nachgehen will, daß
insbesondere den Schwarzen in den Vereinigten Staaten die Integration nicht
gelungen ist, diese Veranstaltung unter Druck abbrechen muß. Die Begründung der PC-Kämpfer: Schon die Rede über das Problem der Schwarzen
diskriminiere diese. Vgl. dazu: Paul Berman, *Debating P.C. The Controversy
over Political Correctness on College Campuses*, New York 1992.
5 John Higham, *Send These to Me. Immigrants in Urban America*, revidierte
Ausgabe, Baltimore und London 1984, S. 248, und ausführlich dazu die Kapitel 1, 8. 9 und 10.
6 Johann Gottlieb Fichte, *Reden an die deutsche Nation*, Berlin 1912, S. 110.
7 Wir konnten das hier nur in knappster Form darstellen. Vgl. ausführlicher
dazu: Thomas Schmid, »Ach Deutschland! Nicht Nation, sondern Bund
Deutscher Länder«, in: ders., *Staatsbegräbnis. Von ziviler Gesellschaft*, Berlin
1990, S. 101–148.
8 In einem eindrucksvollen, feinziselierten Büchlein ist der Schriftsteller Bodo
Morshäuser am Beispiel des norddeutschen Städtchens Kellinghusen und
seiner Umgebung der ziellosen und dann auch neofaschistisch daherkom-
menden Gewalt von Jugendlichen nachgegangen. Das Buch trägt den Titel
»Hauptsache Deutsch«, und der Autor läßt keinen Zweifel daran, daß das
programmatisch gemeint ist. So aufschlußreich seine Schrift jedoch ist, es
gelingt ihm nicht einmal in bescheidensten Ansätzen, den Titel plausibel
erscheinen zu lassen. Vgl. Bodo Morshäuser, *Hauptsache Deutsch*, Frankfurt/
M. 1992.
9 Adam Ferguson, *Versuch über die Geschichte der bürgerlichen Gesellschaft* (1767),
herausgegeben und eingeleitet von Zwi Batscha und Hans Medick, aus dem
Englischen von Hans Medick, Frankfurt/M. 1986, S. 123 f.
10 Alberto Savinio, *Stadt, ich lausche deinem Herzen*, aus dem Italienischen von
Karin Fleischanderl, Frankfurt/M. 1989, S. 20. – Die Plausibilität dieser trot-
zigen Thesen ließe sich übrigens sehr gut am Beispiel der japanischen Gesellschaft diskutieren, die die Einwanderung (von wenigen Ausnahmen abgesehen) kategorisch unterbindet und deren Eliten auf die Homogenität der Kultur des Landes sehr stolz sind. Weil es die durchs Fremde ausgelöste kulturelle
Vielsprachigkeit *nicht* gibt, leben – so eine oft vertretene Meinung – alle in
einem homogenen kulturellen Raum. Man müsse nicht mit der Zerfledde-
rung der kulturellen Sprachen zurechtkommen und dabei Abstriche auf dem
Gebiet der Transparenz machen, sondern könne sich ganz auf die Vervoll-
kommnung des gültigen Eigenen, des verbindlichen Kanons konzentrieren.
11 Michael Walzer, *Sphären der Gerechtigkeit. Ein Plädoyer für Pluralität und*

Gleichheit, aus dem Englischen von Hanne Herkommer, Frankfurt/M. und New York 1992, S. 104 und 105.

12 Zitiert nach: *Ausländer in europäischen Staaten*, hg. von der Beauftragten der Bundesregierung für die Integration der ausländischen Arbeitnehmer und ihrer Familienangehörigen, Bonn, März 1990, S. 36. Hieraus (S. 36f.) auch die folgenden Informationen über die Einbürgerungspraxis anderer europäischer Staaten.

13 Zitiert nach: Ute Knight und Wolfgang Kowalsky, *Deutschland nur den Deutschen? Die Ausländerfrage in Deutschland, Frankreich und den USA*, Erlangen, Bonn und Wien 1991, S. 131. Schäuble sagte dies auf einer Tagung zum Thema »Asylrecht im europäischen Binnenmarkt« im Januar 1989.

14 Vgl. Roland Tichy, *Ausländer rein! Warum es kein »Ausländerproblem« gibt*, München und Zürich 1990, S. 25 und 28. Die Zahlen für 1990 nach: *Daten und Fakten zur Ausländersituation*, 13. Aufl., hg. von der Beauftragten der Bundesregierung für die Belange der Ausländer, Bonn, Juli 1992, S. 19 (über 60 Prozent der Ausländer lebten 1990 zehn Jahre und länger in der Bundesrepublik, und der Anteil derer, die 20 Jahre und mehr hier lebten, lag immerhin auch schon bei knapp 24 Prozent). – Natürlich darf man die Zahl der nach französischem oder schwedischem Recht *möglichen* Zahl der Einbürgerungen nicht mit der dann *realen* Zahl verwechseln: Es wird stets nicht wenige Ausländer geben, die auch nach langem Aufenthalt in der Fremde kaum bereit sind, eine neue Staatsangehörigkeit zu erwerben – erst recht dann nicht, wenn die doppelte Staatsbürgerschaft ausgeschlossen bleibt.

15 Jean-Marie Le Pen hat diesen Mechanismus einmal auf eine einfache und eindringliche Formulierung gebracht. Zur Begründung seiner Privilegierung des (angeblich) autochthon Französischen sagte er: »Ich liebe meine Töchter mehr als meine Cousinen, meine Cousinen mehr als meine Nachbarinnen, meine Nachbarinnen mehr als die Unbekannten [...] Ich liebe eher die Franzosen, das ist mein gutes Recht.« Zitiert nach: Ute Knight und Wolfgang Kowalsky, a.a.O. (wie Anm. 13), S. 98. Man kann dagegen leicht die vielen Beispiele dafür anführen, daß so manche Nachbarin mehr geliebt wird als die Cousine; und man kann ebenso leicht zeigen, daß so mancher Franzose zwar mit gutem Recht seine französischen Freunde liebt, von denen einige jedoch so wenig französisch sind wie Hitler deutsch war. Dennoch beschreibt Le Pen einen Mechanismus, der ohne Zweifel weithin gültig ist. Man könnte ihn so zusammenfassen: Da unser Vermögen, uns zugehörig zu fühlen, zwar beträchtlich, aber nicht grenzenlos ist, neigen wir dazu, das eher Nahe einzugemeinden und das eher Ferne auszugrenzen.

Der amerikanische Philosoph Richard Rorty hat genau diesen Sachverhalt (den man zur Kenntnis nehmen *und* gegen den man revoltieren muß) am Beispiel der Solidarität gegenüber Juden, die von der Deportation in ein Vernichtungslager bedroht waren und denen Dänen oder Italiener sehr viel häufiger einen Unterschlupf boten als Belgier oder gar Deutsche, erläutert. Rorty schreibt: »Sagten sie [die Dänen und Italiener] von ihren jüdischen Nachbarn, sie verdienten es, gerettet zu werden, weil sie Mitmenschen seien? Vielleicht sagten sie das manchmal, aber mit Sicherheit hätten sie auf eine diesbezügliche Frage *engere* Begriffe benutzt, um zu erklären, warum sie Risiken eingingen, um einen bestimmten Juden zu retten – zum Beispiel, daß dieser bestimmte Jude ein Mitbürger von Mailand oder ein Mitbewohner von Jütland, ein Mitglied derselben Gewerkschaft, ein Kollege, ein Clubmitglied im selben Boccia-Club oder einfach ein Schicksalsgenosse als Vater oder Mutter kleiner Kinder sei.« Und Rorty fährt fort: »Mit diesen Beispielen will ich zeigen, daß unser Solidaritätsgefühl am stärksten ist, wenn die, mit denen wir uns solidarisch erklären, ›zu uns‹ gehören und ›wir‹ etwas weniger Begrenztes als die Menschenrasse ist.« (Richard Rorty, *Kontingenz, Ironie und Solidarität*, aus dem Amerikanischen von Christa Krüger, Frankfurt/M. 1989, S. 307 f.) Die Beschränkung unseres Solidaritätsgefühls auf die Menschen unseres Nahbereichs enthält eine Ungerechtigkeit, gegen die im Namen des Universalismus angegangen werden muß; sie ist aber auch eine Tatsache, die nicht der Schlechtigkeit der Menschen, sondern ihrem begrenzten Wahrnehmungsvermögen zu verdanken ist.

16 Vgl. »Zuwanderungen: vier Optionen bis 2040«, in: *Informationsdienst des Instituts der deutschen Wirtschaft* (iwd), 5, 1992. – Das spätere Absinken rührt u. a. daher, daß sich Zuwanderer stets vergleichsweise schnell an die Gewohnheiten ihrer neuen Umgebung anpassen, also z. B. weniger Kinder bekommen oder sich der niedrigeren Erwerbsquote der einheimischen Bevölkerung annähern. Das heißt: Das Problem des Geburtenrückgangs (das u. a. insofern schwerwiegend ist, als dieser zur Überalterung, zur Erneuerungsfeindschaft und dazu führen kann, daß jeder Erwerbstätige einen Rentner finanzieren muß) ist durch Einwanderung *nicht* zu lösen. Es wird durch Einwanderung nur vertagt.

17 Vgl. *Daten und Fakten zur Ausländersituation*, a. a. O. (wie Anm. 14), S. 35.

18 Zitiert nach: »Einwanderer: Angst vor Dynamikern. Neue Bürger braucht das Land«, in: *Wirtschaftswoche*, Nr. 44, 25. 10. 1991, S. 16–21.

19 Christopher Hein, »Wie kann Europa das Problem der Einwanderung und des Asyls zukunftsweisend angehen?«, Gutachten im Auftrag des Amtes für Multikulturelle Angelegenheiten, Frankfurt/M., März 1992, S. 26.

20 Christopher Hein, a. a. O. (wie Anm. 19), S. 28.

21 Christopher Hein, a. a. O. (wie Anm. 19), S. 29.

22 John Higham, *Send These to Me*, a. a. O. (wie Anm. 5), S. 27.

23 Michael Walzer, *Zivile Gesellschaft und amerikanische Demokratie*, aus dem Amerikanischen von Christina Goldmann, hg. und mit einer Einleitung von Otto Kallscheuer, Berlin 1992, S. 136.